▲海基會副董事長兼秘書長邱進益(左三)，於一九九三年四月八日下午與海協會副會長唐樹備(右二)舉行辜汪會談第一次預備性磋商。

▼一九九三年四月十日下午，邱進益(左)與唐樹備(右)在北京釣魚台國賓館「芳菲苑」草簽文書查證與掛號信函查詢補償兩項協議。

▲邱進益(左二)於一九九三年四月十一日在北京會見海協會會長汪道涵。左為海基會副秘書長石齊平，右為海協會副會長唐樹備。

▼邱進益與海基會代表團於一九九三年四月十日上午前往長城參觀。

▲一九九三年四月二十七日，「辜汪會談」在新加坡海皇大廈舉行，台灣海基會董事長辜振甫(右)與大陸海協會會長汪道涵(左)握手，象徵兩岸關係的和平發展。

▼辜振甫(左)與汪道涵(右)在四月二十九日上午簽署四項協議，海基會副董事長兼秘書長邱進益(中排右二)、辜振甫夫人嚴倬雲(中排右三)、汪道涵夫人孫維聰(中排左三)、海協會副會長唐樹備(中排左二)、海協會秘書長鄒哲開(中排左一)及兩會人員在旁觀禮。

▲辜振甫與汪道涵簽署四項協議之後，全體與會人員合影，留下這個歷史鏡頭。

▼辜汪會談簽署的協議文本原件。

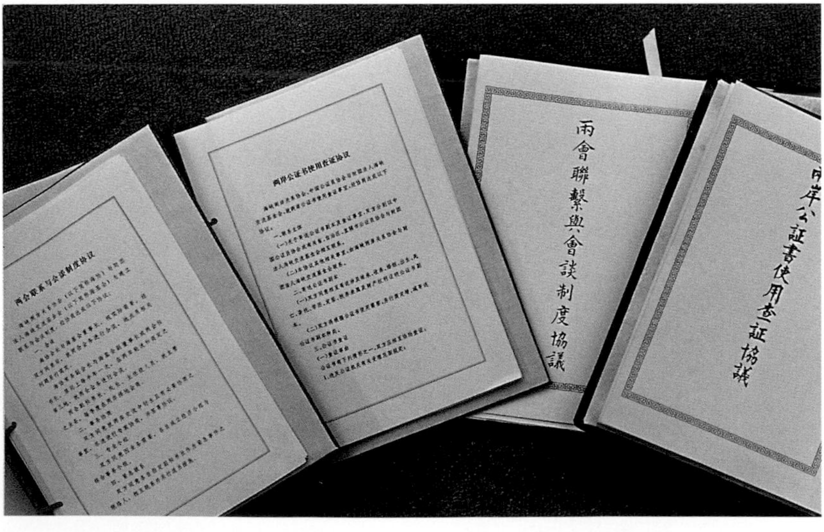

▲海基會代表團於一九九三年四月三十日返國，大陸委員會主委黃昆輝(右)前往機場迎接辜振甫(中)、邱進益(左)等會談代表。

▶陸委會副主委焦仁和(右)，前往機場迎接海基會副董事長兼秘書長邱進益(左)，七個月後，焦仁和接任海基會副董事長兼秘書長。

▲一九九八年十月十五日下午四時許，辜振甫(左二)、許惠祐(左)與汪道涵(右二)、唐樹備(右)在上海新錦江飯店舉行第二次晤談，會場以小圓桌的方式進行對話，達成邀請汪道涵來台訪問等四項共識。

▼一九九八年十月十五日晚上，辜振甫與汪道涵等兩岸代表，在上海蘭心大戲院觀賞京劇演出後，與演員合影留念。

▲海基會董事長辜振甫於一九九八年十月十七日上午，率領海基會代表團前往北京香山碧雲寺的孫中山先生紀念堂致敬。

▼辜振甫率領海基會代表團，於一九九八年十月十八日上午，在北京釣魚台國賓館二號樓，會見大陸副總理錢其琛。

▲辜振甫先生與海基會代表團，於一九九八年十月十八日下午，在北京釣魚台國賓館十八號樓四季廳，會見大陸領導人江澤民先生，雙方握手致意。

▼海基會董事長辜振甫先生與大陸領導人江澤民先生舉行「辜江對話」，暢論民主與兩岸關係。「辜江對話」之後，大陸領導人江澤民先生等人，與海基會代表團團長辜振甫先生及代表人員合照留念。

▲一九九四年八月四日，大陸海協會副會長唐樹備來台參加第二次「焦唐會談」，前往海基會拜會董事長辜振甫。

▼一九九四年一月十一日，海基會董事長辜振甫(中)、副董事長兼秘書長焦仁和(右)，在海基會接待大陸新聞媒體負責人訪問團團長、新華社副社長南振中(左)。

▲大陸新聞媒體負責人新華社副社長南振中(中)等人，由海基會人員陪同到花蓮參觀。

▶一九九七年七月二十九日，大陸廈門經貿參訪團由廈門市副市長張宗緒(右四)、海協會經濟部主任劉建中(左)率領，前來台灣訪問，海基會經貿處副處長方鵬程(左三)陪同參訪。

▶大陸電影導演張藝謀(左三)等人，於一九九五年十二月十六日來台訪問，海基會副秘書長李慶平(右三)接待。

▲海基會文化參訪團由副秘書長李慶平(左五)率領，於一九九三年六月二十日訪問西安。

▼「工商建研會訪問團」於一九九七年五月訪問福州、廈門、上海、北京等地，在上海會見海協會會長汪道涵後，合影留念。

▲一九九一年三月九日海基會掛牌開始運作，董事長辜振甫(左)、副董事長兼秘書長陳長文(左三)、副董事長許勝發(右)、副秘書長陳榮傑(左二)參加揭幕儀式。

▼一九九六年三月四日行政院大陸委員會主委張京育(左)到海基會視察，海基會董事長辜振甫主持簡報。

▲海基會在高雄成立南區服務處後，陸委會主委蔡英文(左二)、副主委鄧振中(中)、前往南區服務處視察，海基會秘書長許惠祐(左)、主秘黃玉霖(右二)、綜合處副處長方鵬程(右)陪同接待。

▼馬祖「小三通」於二OO一年一月二日啟航，行政院秘書長邱義仁(前排右)、陸委會副主委陳明通(前排左)，與政府有關單位代表前往福澳港碼頭，為馬祖「湄州島媽祖進香團」送行。

◀ 載運馬祖「湄州島媽祖進香團」前往馬尾，開啟馬祖「小三通」的「台馬號」輪船，於二OO一年一月二日清晨準備啟程。

▲海基會主辦「大陸台商協會負責人春節座談會」，董事長辜振甫致歡迎詞，行政院長游錫堃 (右二)、陸委會主委蔡英文(右)、海基會秘書長許惠祐(左)共同主持。

▼一九九八年一月二十七日春節前，海基會秘書長焦仁和(後排左四)、主秘吳怓(後排左三)與海基會書法社同仁合影。

▲一九九六年一月二十五日，海基會董事長辜振甫(中)、秘書長焦仁和(左二)、副秘書長石齊平(右二)、許惠祐(左)、主秘吳怨(右)，共同主持慶生會。

▼一九九六年十二月二日，海基會副秘書長石齊平(右三)辭職離開海基會前，在歡送會中，與法律處副處長謝福源(左)、經貿處副處長周慶生(左二)、旅行處副處長蔡金美(左三)、秘書處副處長徐建(右二)、文化處副處長方鵬程(右)合影留念。

◀二〇〇一年十二月八日，海基會董事長辜振甫及夫人，在陽明山與海基會同仁合影留念。

▶海基會四位前任秘書長陳長文(右三)、陳榮傑(左)、邱進益(右二)、許惠祐(右)，在一次聚會中與海基會董事長辜振甫(左三)、陸委會主委蘇起(左二)合影，留下這個歷史鏡頭。第四任秘書長焦仁和當時已出任僑務委員會委員長，因公在外，未能出席。

▶海基會董事長辜振甫的劇照。

台灣海基會的故事

方鵬程 著

臺灣商務印書館發行

序一 二〇〇五是兩岸關係的關鍵年

邱進益（總統府前副秘書長）

仔細讀完舊日同事方鵬程兄撰寫的《台灣海基會的故事》，讓我又回想起那段曾經參與兩岸事務的日子。

一九八八年十月，李總統登輝先生將我從史瓦濟蘭大使調回來，擔任總統府副秘書長，協助規劃穩定兩岸關係的大陸政策。因此，台灣在開放大陸探親之後，迅速建制了國家統一委員會、行政院大陸委員會、財團法人海峽交流基金會三個層次的大陸工作體系，也制訂了「兩岸人民關係條例」，並通過「國家統一綱領」，以及「關於『一個中國』的涵義」決議文，為複雜的兩岸關係策劃了可長可久的願景。

一九九三年四月的新加坡辜汪會談，是兩岸關係發展過程中一個重要的里程碑，兩岸以對等、互惠、互信、擱置爭議的精神，簽署四項協議，為兩岸關係的穩定發展奠定基礎。

在李總統的任務指派、以及海基會辜董事長的邀請下，本人有幸參與這一個歷史性的任務，從協調安排在新加坡舉行會談、在北京舉行預備性磋商、到正式在新加坡舉行辜汪會談。這其間，朝野各界人士都有不同程度的參與和貢獻，雖然國內意見紛紜，缺乏共識，但在包容與忍讓的過程中，使得這項光榮而重大的任務得以圓滿完成，海基會同仁也留下一次難忘的回憶。

在我擔任海基會副董事長兼秘書長前後，我曾提出兩岸簽訂「和平協議」，消除敵對狀態，作為兩岸關係穩定和平發展的基礎。當時的環境與時機尚未成熟，李總統也無法和大陸領導人江澤民先生會面，因此，失去了兩岸和解的機會。兩岸關係的突破，關鍵在對等、互信、互惠，雙方更應該要有一些「各自表述」的空間。

二〇〇五年是兩岸關係恢復制度化往來的一個關鍵年，相信兩岸都能化異求同。最近陳水扁總統公開邀請汪道涵先生來台灣走走看看，但願汪老可以成行，如此或可稍解辜老最終的遺憾。

從政策對話到政治談判，還有很長的路要走。談判與對話的方式很多，幕後溝通和正式對話，不僅有助於雙方的互相了解，更有助於未來的正式談判。雙方或許可以回顧過去談了些什麼，癥結在哪裏，對兩岸關係的重新出發，或有助益。

曾經為兩岸關係的穩定與和諧而奉獻心力的辜老，已經走了，「辜汪會談」也成為絕響。辜老在病榻中念念不忘的是兩岸關係能夠化解對立，恢復制度化往來與協商，為兩岸人民的福祉盡一分力量。辜老留下的遺願，我們後死者一定會更積極地去實現，以慰辜老在天之靈。

本書作者方鵬程是我在海基會工作時的老同事，希望我說幾句話，現在就以這些感想作為序言吧。

序二

海基會不是故事，而是進行式

許惠祐（行政院海巡署署長）

本書作者方鵬程先生，是我在海基會多年共事的好友，基於袍澤情誼，爰邀我為本書寫序，藉以闡明海基會的歷史定位及存在價值，自然責無旁貸。

為本書寫序時，心中充滿感傷和不捨，因為海基會大家長辜振甫先生甫於年初病逝於台北振興醫院，然辜老畢生致力推動兩岸事務，辜汪會談亦可說是兩岸協商互動的代名詞，個人追隨辜董工作有四千二百二十五個日子，獲益良多。現雖辜老已離我們遠去，但「昔人已逝，其風可追」，其對於海基會及兩岸事務所做的貢獻，勢將於未來歷史中留下見證。

我從海基會成立開始即擔任法律處處長，辜汪會談後升任副秘書長，曾暫時離開擔任陸委會副主任委員等職務，其後，又回海基會擔任秘書長。在此期間參與兩岸重要性會議及會談，可以說無役不與，談判經歷將伴隨著我和海基會一同成長及回憶。然以兩岸談判仍待進行，談判策略自應保留，相關問題，亦不能過度闡釋，以免壓縮未來的空間，我個人對於談判的看法自然不得不有所保留。

本書以海基會的故事為主軸描繪，其中多有涉及兩岸交流及談判之過程解析，鵬程兄以長時間從事兩岸事務交流活動之經驗，加以本身個人學養極為豐富，本書可說是彙集其個人之智慧及經驗之大成。本書更以時間為序列，用極為淺簡文字，鋪陳海基會在處理兩岸事務的點點滴滴，並蒐集及詳實記載歷次辜汪及焦唐會談相關內容及文件，讓讀者能輕易瞭解整體架構，並做近距離的觀察及瞭解，是本可讀性很高的好書。

海基會在辜董事長的領導下，曾有過輝煌的過去，有人認為「複委託」的出現，尤其辜董的去世，海基會已走到黃昏了，但是個人一向認為兩岸談判不單是方式的問題，更是實質的問題，兩岸要在根本的紛歧上找到雙方可接受的解決方式，才可能談得下去，只在方式管道上作文章，顯然文不對題；而汪道涵先生提到了「後有來者」亦是提醒我們，在辜董之後，吾人更應努力，在兩岸事務上有所承繼。現在陳總統一再釋出善意，大陸方面亦不無改善兩岸關係之意願，春節包機已成行，雙亞亦來弔唁辜董，海基會在歷經風霜艱困之後，正要面臨柳岸花明的到來，在此要祝福各位堅守崗位的同事們，海基會不是故事，而是進行式。

前言

一位海基會老水手的衷心祝福

海基會像台灣海峽汪洋大海中的一條船，多次航行於兩岸之間，為促進兩岸關係的穩定發展而努力。在十幾年的航行任務中，有風暴，也有風和日麗的艷陽天。同行的水手，有歡笑、也有苦惱。有人無法一展抱負，中途離去，也有人堅持到底，走完該走的路，然後才揮揮手再見，你記得也好，忘記了也罷，離去的人還是要長相憶，說出心中的衷心祝福。

1

海基會在七十九年底籌備成立的時候，我的政大新聞系同班同學張全聲曾經邀我參加，當時我剛從菲律賓被調回中央社台北總社，協助創辦「世界年鑑」、剪報資料、電腦查詢系統等工作，必須等這些工作告一段落才能離開。參與海基會創會的二十幾位同仁就先啓航了。

兩年後，總統府副秘書長邱進益調任海基會副董事長兼秘書長，總統府機要室主任焦仁和調任陸委會副主委，讓我想起當初曾經有過的機會。於是，趁著一股熱血未消的時刻，打電話給張全聲，詢問是否還有機會？

當時，陳榮傑秘書長已經請辭，邱進益秘書長尚未就任，駐會副董事長陳長文兼理會務，我通過了李副秘書長慶平、石副秘書長齊平、以及陳副董事長的面試，在八十二年三月底成爲海基會綜合服務處的副處長，開始投入新加坡辜汪會談的籌備工作。

這時候，我的另一個政大新聞系同班同學吳恕，也從總統府發言人室來到海基會，成爲秘書處處長。吳恕是中央社國內部主任，借調到總統府發言人室工作，我雖然也協助焦仁和主任撰寫一些文稿，但沒有去府裡工作，就轉到海基會來了。當時秘書處處長趙淦成辭職，所以吳恕就跟隨邱先生到海基會了。

進入海基會才一個月，新加坡「辜汪會談」就在四月底舉行了。張全聲與我協助撰寫許多致詞稿和新聞稿，雖然後來已經被上級有關單位改得面目全非，但我們已經獲得磨練的機會和難得的經驗。

綜合處要協助處理新聞聯繫和新聞發布的工作，對記者發言則由副秘書長以上層級負責。張全聲在海基會已經有兩年的新聞聯繫經驗，所以他參加了北京「邱唐會談」和新加坡「辜汪會談」，在四月二十九日辜汪簽署四項協議時，他和兩會代表都站在後面觀禮，留下一張「永垂不朽」的照片，足以作爲以後年老時光榮的回憶。兩岸還有許多在幕後協助完成「辜汪會談」的人員，想必也是「與有榮焉」吧，至少現在就可以「秀」出來宣揚一番。

「辜汪會談」之後，談判代表要撰寫工作檢討報告，綜合處要負責將會談經過撰印成書，張全聲花了不少時間琢磨文字，最後連同照片編印成《辜汪會談紀要》，還請專家翻譯成英文出版，成爲完整的紀錄。不過，這是官方版本，若要了解會談前後許多精采的對話與評論，則應參考海內外新聞界的報導，海基會資料室保存了完整的新聞剪報，值得翻閱。

2

辜汪會談之後，當年六月間，海基會秘書長邱進益與陸委會主委黃昆輝有一場「理念之爭」，也就是新聞界所說的「海陸大戰」。當時，我跟隨副秘書長李慶平帶領的「海基會文化訪問團」，已經從北京抵達西安，正在參觀法門寺寶塔內發現的唐代珍貴古文物。「海陸大戰」的消息經由新聞剪報傳來，我是第一次親身處在此一海陸爭議之中，同行的文化處長朱榮智、專員梁秋月、法律處專員黃國瑞，則冷靜以對。海協會陪同的副主任劉建中一副想問、又不便問的樣子，我們其實也不知眞正原因，只能繼續走完預定的參訪行程。

這次的「海陸理念之爭」，最後導致陸委會在半夜發表聲明，指責海基會不知定位與權責，兩會從來都不是兄弟關係，而是上下關係。邱進益氣憤得請辭不幹，在辜董事長等人的慰勉下，決定等到年底召開董監事會時再離職。但是，海基會同仁士氣受損，我更是感到難以了解，爲何海陸兩會一再發生理念之爭？

正在這個時候，在文工會擔任中央月刊社社長的王世豐，因爲調任他處的總幹事，就推薦我去接任中央月刊社長的職位。雖然當時中央黨部秘書長許水德已經批准了這項人事案，人事單位發現我正好跨過五十歲的門檻幾天，必須提交人評會討論。八月初我向海基會提出辭呈，邱秘書長對我說，你在海基會沒有發展的機會，但是一定要等到對方發布的白紙黑字公文才能離職，否則會有變數。邱秘書長對同仁如此照顧與關心，讓我非常感動，遂主動放棄爭取中央月刊社社長的機會，自願不計任何職位而留在海基會工作。這就是我爲何一直擔任副處長十年、輪流在各處工作而沒有中途離職的原因，一直到屆滿十年，我才沒有遺憾地選擇提前退休。

「理念之爭」的風波過去之後，邱秘書長接受各界邀約，前往發表有關兩岸關係的演說，這時，大部分的演講稿都由我執筆，後來還陪同他去演講。他對兩岸關係的理念，仍然執著於簽署和平協議，台灣可以組成類似美國和平工作團的團體，前往大陸協助農業發展、推動平民教育等工作，雙方以善意代替零和的敵對。每一次演講前，他都先闡述這些理念，我再加以發揮，寫成演講稿。

十月間，邱秘書長吩咐我寫一篇七個月來海基會的工作報告，準備提供給董監事參考。我琢磨邱先生的理念，寫出《凝聚共識、善意交流—海基會的工作、理想與責任》，一方面婉轉回應陸委會在六月間發表聲明對海基會工作的指責，一方面說明海基會的理念，工作成果，與未來展望。海基會雖然是一個沒有明天的機構，但是，會內同仁均能秉持「盡其在我」的理念，做好政府委託的工作。未來還有許多必須談判的事，加強訓練談判人才是刻不容緩的事。

在新加坡辜汪會談之後，邱秘書長就有意加強訓練與談判有關的各類人才，曾經在一次業務會報中提出他的構想，計畫由各處室主管輪流對新聞界發言，說明重要業務活動情形。但是，有人擔心失言或說錯話，造成不必要的困擾，這項訓練計畫遂無疾而終。邱先生在這篇「告別海基會」的工作報告中，再度強調培養人才的重要，與海陸兩會和諧共識的期望，可謂處處流露眞情，對離開海基會眞是充滿了不捨之情。

邱秘書長在十二月二日離開海基會，臨行還留下一首詩，影印送給各處室同仁，至今我還保留著這一首詩的原稿（請參閱第二十章）。

3

綜合處在八十三年初邀請大陸新聞媒體負責人來台參訪，因爲處理大陸傳眞來會的申請資料不愼，受到陸委會的指責，秘書長焦仁和趁此機會調整各處室主管陣容，以適應即將舉行的北京「焦唐會談」工作團隊的需要。這時我才了解到海基會工作的敏感性，和各界對海基會一言一行的密切關注。張全聲負起責任，調任旅行服務處處長，從事兩岸的救難工作。

張全聲在綜合服務處處長三年任內，曾經主辦邀請大陸新聞單位負責人來台訪問、也曾主辦「兩岸爲健康而跑」活動，親自帶領處內同仁梁玉珍、陳啓迪、林燕文到大陸去長跑，是一位曾經擔任中廣、華視採訪主任、很有新聞處理經驗的處長。在焦仁和擔任秘書長後，調任旅行處處長，因無法伸展所長而離職，從此一心向佛，追尋前世今生的奧秘與意義。他的夫人是參與創辦天下文化事業的王力行，也是大學同班同學。

梁玉珍是最早參與創會者之一，負責新聞聯繫與國會聯繫，是採訪兩岸新聞的記者都認識的人。另一位負責新聞聯繫與國會聯繫的盧正愷，因爲會內精簡人力而調到法律處服務。陳啓迪與田忠勇都來自外交部，陳啓迪現在是法律處的科長，田忠勇則是追隨邱秘書長來到海基會，後來轉到文化處服務，現在則在綜合處負責編印《交流》雜誌。林燕文的文筆甚佳，現在是海基會的文膽，負責撰寫許多重要文稿。負責剪報、圖書資料、與談判時傳送新聞剪報資料到前方給談判人員參考的劉郁敏，已經離職，圖書館則由邱雯華管理。負責電腦業務的李正芬，曾因被大陸拒絕前往參訪而出名。已離職的人員還有曾任副處長的張國葆，回到新聞局服務；專員方惠中則到台北市政府擔任馬英九市長的秘書。

4

處長調動人事命令發布的當天，我正陪同大陸新聞媒體負責人參訪團在故宮博物院參觀，副秘書長石齊平打電話告訴我被調任文化服務處副處長，我繼續完成各項陪同大陸新聞媒體負責人在台的參訪行程後，才到文化處去上班，從此我在文化處與新任處長歐陽聖恩、文化處同仁張璞先、梁秋月、李國安、汪雅玲、田忠勇、盧正愷等共事三年半。

歐陽聖恩是海基會第一任秘書長陳長文的學生，在七十九年年中最先被陳長文請來協助籌設海基會，擔任秘書處處長。後來海基會在八十年三月成立後，調任旅行服務處處長，曾隨同陳長文多次訪問大陸。八十三年一月調任文化處處長。

文化處的第一任處長是來自中原理工大學的周逸衡教授，因爲在八十年初規劃大陸文化訪問團的計畫事前被新聞界報導出來，受到陸委會的指責，乃於七月底辭職回到教學崗位，副處長朱榮智繼任爲處長，到八十二年年底離職，回到師大國文系。

文化處負責處理兩岸文化交流事宜。當時的大陸政策是以文化交流爲優先，海基會也因此辦了許多兩岸文化參訪活動。

歐陽聖恩在文化處工作三年，覺得沒有發展，對兩岸的僵持氣氛、與海陸兩會的不和諧關係，也有不同的看法，因此在八十五年底離職，後來擔任《卓越》雜誌總編輯等職務，文化處長則由綜合處長孫起明調任。

文化處處長孫起明，曾在中央日報等文化單位擔任重要職位，與我同時進入海基會，擔任文化處副處長。在焦仁和就任秘書長後的一次主管人員大調動中，升任綜合服務處處長。

歐陽聖恩是位謙和的主管，在海基會服務兩千個日子後離去，撰寫了一本《再見，白手套》，說出海基會的許多甘苦事，引起各界的重視與注目。

文化處同仁張璞先、梁秋月、李國安，盧正愷、汪雅玲、田忠勇等，都曾爲兩岸的文化交流默默提供了許多服務。已經離職的有湛華生、汪雅玲等人。

我在文化服務處三年半的期間，曾經隨同「台灣地區傑出青年訪問團」前往大陸訪問，在北京近郊的長城，與大陸地區的傑出青年共度中秋。九月中秋的長城，月亮照耀神州大地，寒氣乘著薄霧而起，想起蘇東坡的「水調歌頭」，咀嚼「大江東去、浪濤盡，多少英雄豪傑」的意義，兩岸究竟是對立還是和解？如何能夠「但願人長久，千里共嬋娟」呢？兩岸能夠經由文化交流而累積善意與共識嗎？想來也只有「盡其在我」，誠信以對了。

當時主管文化交流業務的副秘書長李慶平，是政大外交系畢業的，對兩岸文化交流有一份熱忱，曾經在「焦唐會談」時，與大陸海協會副秘書長劉剛奇討論兩岸文化交流有關的問題，雙方達成協議，列入「焦唐會談共識」，促進兩岸文化、新聞、科技、體育的方面的交流。

李副秘書長待人熱誠，曾經擔任教育部駐美代表，外交手婉熟練，八十一年加入海基會，參與歷次的兩岸文化參訪活動、與文化項目的會談，深受重視，一度有意問鼎國民黨台北市黨部主委，因為他的夫人反對而作罷。許惠祐接任秘書長後，李慶平轉任中廣公司總經理。

後來主管文教業務的副秘書長張良任，曾是陸委會聯絡處、文教處、港澳處的處長，在焦仁和擔任秘書長期間，受邀來會擔任副秘書長，曾主持九七台港航運會談，達成任務。香港回歸後，接替鄭安國成為駐香港代表多年，後來香港代表由陸委會主秘鮑正鋼接任。

5

我在文化處工作三年半，曾經在八十四年八月的焦唐台北會談協助處理議事組的工作。當時文化處同仁負責議事組，要準備一切必要的文具，引導雙方談判人員進入會場，注意會場的佈置與安全等議事組有關的工作，獲得許多寶貴的經驗。

八十六年七月間，經貿處處長潘憲榮發現腸癌，必須立即治療，經貿處副處長周慶生已經轉任陸委會經濟處副處長，經貿處亟需人手協助，李副秘書長推薦我去經貿處。我當時自認為曾經在中央社採訪過經貿有關的新聞、也在菲律賓採訪五年，了解經貿實務，因此同意在八月間調往經貿處服務。

經貿處負責兩岸經貿交流有關的業務，要協助台商解決一些問題，也要處理兩岸經貿糾紛等案件，工作甚為忙碌。

八十六年底兩岸關係解凍後，我曾接待過廈門副市長張宗緒率領的「廈門經貿訪問團」來台訪問，當時海協會經濟部主任劉建中也隨團來台。劉建中曾是汪道涵的撰稿人員之一，八十二年六月曾陪同海基會文化參訪團前往西安訪問，後來到甘肅擔任副縣長，從事扶貧脫困的工作一年多，回到海協會後升為經濟部主任。張宗緒則是掌有實權的廈門市副市長，八十七年我隨同「工商建研會大陸經貿訪問團」路過廈門，張宗緒已升為廈門副書記。

經貿處與經濟部合作，每月固定在台北、台中、高雄等地舉辦大陸經貿講座，邀請對大陸投資、稅務等問題有經驗、有了解的學者專家前來傳授經驗，提供必要的建議，深受民衆的歡迎。為了表示重視，大陸經貿講座都由副處長以上人員主持，我也就順理成章地主持了許多次的座談會，一直到我已調離經貿處，還是經常協助經貿處前往高雄、台中等地主持經貿講座。

八十二年時，經貿處處長是張宗麟，副處長潘憲榮，專門委員周慶生，專員羅懷家，都來自經貿單位或經建會，陣容堅強。

張宗麟離職後，潘憲榮從秘書處長轉任經貿處長，工作能力甚強，誠懇待人，深受經貿處同仁的擁戴。在經貿處一年多，即因病情日趨嚴重而轉任旅行處長，不久即不幸因癌症去世，經貿處長則由曾任黃昆輝秘書的廖運源接任。

廖運源原是陸委會的副處長，在焦仁和擔任秘書長期間，推動海陸兩會人員交流時，前來海基會擔任秘書處處長，再轉任經貿處處長，高爾夫球球技甚佳，曾任海基會高爾夫球俱樂部的會長多年，但張良任的球技則更勝一籌。

經貿處同仁多具有經貿實務經驗，羅懷家離開海基會後，在台灣區電子電機公會服務，經常往來兩岸，深受器重。負責處理經貿案件的陳新雄、饒仁宏，都具有法律專業訓練，曾經協助處理了許多經貿案件。李源清是留美的經貿碩士，姜宜君則是政大外交碩士。參與創會的陳榮元，曾是一家貿易公司的總經理，目前則是深受倚重的科長。許淑幸和葉耀蘭歷經秘書處的工作歷練後，轉到經貿處服務。已經離職的同仁有俞國珠、王中蓓、林甫毅等。領導經貿處業務的石齊平副秘書長，在離開海基會後，回到大學教書，並經常撰寫有關兩岸的評論文章。

6

八十六年二月，兩岸出現融冰跡象，春風吹走了焦仁和，在黃昆輝的極力推薦下，許惠祐接任海基會秘書長。

當時我在經貿處已經一年半，已經了解各項經貿業務，有意再接受其他業務的歷練，主任秘書吳恕願意協助我轉到秘書處去嘗試不同領域的工作，當許秘書長接見我，了解我的意向時，我竟脫口而出說我想去最熟悉的綜合處。

於是，在八月間，我回到曾經服務九個月的綜合處，所負任務是協助將《交流》改版為中英對照的兩岸關係政論性雜誌。

《交流》雙月刊，最初是以文化交流為報導主題，委外編印，海基會只是負責監督。在焦仁和時期曾經一度指派我研究如何改革編輯方向，我曾提出加強報導台灣各項建設與兩岸問題研究的建議，後來不知為何不了了之。

這次許惠祐當面說要以政論性的中英對照為改革方向，我主張收回自行編印，以節省經費。但是，改革必須逐步緩進，當時委外編印的契約尚未到期，只有先增加政論性文章，自行約稿，並選擇重要文章翻譯成英文，作一個初步的嘗試。

第一步改革成功後，再採取公開招標的方式，按照新的編輯方向招商負責編輯承印，自行召開編輯會議確定下一期的論述主題，約請學術界、政界人士撰稿，聘請外籍人士翻譯英文稿，會內同仁也自行撰稿、校對，提供照片，再由外包編輯美編印刷成書，按期出版。

爲了適應《交流》改版的需求，會裡接受我的建議，邀請各處室派人參與編輯、撰稿、校對工作。張璞先、李源清、陳啓迪、劉用群、葉耀蘭、許淑幸、歐陽純麗都曾爲《交流》的編校工作奉獻許多心力，焦德新和陳啓迪都提供了許多照片。編校過程中最難的是要找出英文翻譯的錯誤，外籍翻譯不一定精通中文，但英文絕對比我們精通。我們改的不是文法，而是可能錯誤的理解，因此必須對照中文原稿去找錯誤。編輯同仁校對後，還要經過處長、副處長再核校。

當時，綜合處處長林昭燦曾在國民黨海工會擔任總幹事，在焦仁和時期經人推薦進入海基會擔任綜合處處長。爲了《交流》的中英文稿件核對，經常嘔心瀝血，大動干戈，因此常說「壓力很大」。

現在，《交流》是台灣唯一定期出版、探討兩岸問題的中英文對照政論性雜誌，對於提供各界了解兩岸動態，甚有助益。

7

八十七年十月辜汪會晤與辜江對話在上海、北京舉行，我奉派負責新聞組的工作，從事撰寫辜董事長有關各種場合的致詞稿，擬定新聞發布計畫、聯繫記者等工作，新聞組同仁梁玉珍、盧正愷和我，都盡了一份心力。我們在大陸期間，特別租用一部車，趕在秘書長座車之後，隨時處理新聞聯繫事宜，後來還派上用場，成爲代表團團員的臨時機動接送車輛。

當時蔡英文負責對國際媒體說明會晤與對話的狀況，十月十八日下午，「辜江對話」之後，辜振甫先在記者會場的樓上，對國際媒體記者舉行說明會，由蔡英文翻譯解說，然後再到樓下記者會會場對兩岸記者舉行說明會，接受記者詢問。

在十月十九日經由東京轉機回台的班機上，我們新聞組已經寫完工作報告，呈給秘書長，作爲向陸委會報告的參考。

新聞聯繫工作必須注意記者的需求，協助記者解決發稿等問題，在台北舉行的兩岸會談，海基會新聞組都在會場設置傳眞機、電話、與寫稿空間，儘量讓記者方便採訪與發稿。

許惠祐對新聞組的要求甚嚴，除了要注意不能洩密之外，還要做好新聞資料蒐集的工作，在海協會人員舉行記者會的時候，要去聽聽對方說些什麼，對方也會派人來聽聽我們的說法，作爲回應的參考。

8

有一年，宜蘭大陸偷渡人員安置中心發生偷渡犯挾持警衛作爲人質，要求儘快將他們遣返大陸過中秋。大陸方面經常在累積一兩千人之後才派船接回一部分，因此，長久的等待也會引起大陸偷渡人員的焦慮。

當時，許惠祐正在立法院接受質詢，消息傳來，陸委會授權許惠祐前往宜蘭處理這個意外事件。我和旅行處長劉克鑫、專員蘇祥銓，立即隨同許惠祐驅車前往宜蘭安置中心處理。

許惠祐要求每到一個地方、新聞組應該立即成立新聞中心，我也常注意到當地有無電話、有無傳眞機的問題，以便接洽讓記者使用。

蘇祥銓與劉克鑫輪流在警衛的保護下，進入營房與肇事者對話，安排許惠祐與挾持人質的大陸偷渡犯代表談判。許惠祐了解原因後，同意立即連絡海協會在中秋節之前派船來接一批偷渡人員回去，但要求肇事者先釋放被挾持的警衛人員。肇事者不願立即釋放我方警衛人員，唯恐釋放後受到懲罰，而且無法迅速被遣返。雙方談判了兩個多小時，有僵持、也有進展。最後肇事者同意釋放被挾持的人員，我方同意不予處罰，並儘速與海協會連絡，但何時遣返則需看大陸方面的安排，這點也獲得對方了解，迅速解決了挾持事件。

在談判期間，許惠祐顧慮到焦急等待的記者與各界人士的關懷，就吩咐我不時前往談判會場外，向等候的記者們簡報談判的進展情形，因此，透過廣播電視的報導，各界人士也得以知道談判的進展情形，並讓陸委會有所決策與指示。這是我親身參與說明談判進展情形最精采的一次。

9

「九二一」大地震發生後，各界捐助災區的行動立即展開，海基會也不落人後，在第二天就組成工作團隊，驅車到南投去救災。

在許惠祐的率領下，我和徐建、劉克鑫、黃國瑞、劉用群、王正磊、李長根、林燕文、馬麗卿等同仁，夜晚抵達中興新村，在附近的一個國小空地搭帳棚過夜。第二天，開始到南投、中興新村等地，發放救濟品。當天早上，我隨同許惠祐到南投市發放日常用品後，就和林燕文再去採購日用品，送到受災最嚴重的集集市區給災民，路過中寮村等地，許多地方道路都已斷裂，無法通行，家住竹山的林燕文也無法回老家探視，霧峰附近的烏溪橋斷裂，我也無法順路去看牛欄貢溝溪畔的三連襟蔡新聲博士一家人，深以爲憾。

震災災情眞的很嚴重，集集市區一條街的房子，幾乎全倒塌了，災民遍地，但都在準備重整家園，南投縣體育館前堆滿了來自各地的救濟品，一車一車的救濟品和救難工程車不斷進入災區，當時的情景，眞的很令人感動，也很令人振奮。

後來海基會《交流》還特別出了一期以「九二一大地震」爲主題的報導，向外界說明大地震的災情與各界熱情救助的情形。

10

九十年年中，陸委會開始推動金門馬祖「小三通」，海基會受命負責了解「小三通」工作的進展情形，以供陸委會參考。

許惠祐在業務會報中指派我和專員盧正愷負責馬祖「小三通」的考察業務，旅行處副處長蔡金美和專員蘇祥銓負責金門「小三通」的考察業務，整體業務則由副秘書長顏萬進督導。

當時我以爲要常駐馬祖，所以跑去馬祖縣政府了解各種狀況，打聽如何在馬祖安家落戶。經過縣府秘書張龍德、陳寶銘、主任秘書林星寶的協助，得以見到劉立群縣長，完全了解馬祖「小三通」的推展情形，和各單位的需求與反應，然後呈報給陸委會參考。

馬祖曾經是戰地前線，近年來已經逐漸轉型爲兩岸「小三通」的接觸點，使得馬祖居民比較容易接觸到來自兩岸的商品，馬祖居民要前往福州尋親也比較方便。金門也是一樣。

九十一年元旦，我陪同當時的行政院秘書長邱義仁、海基會副秘書長顏萬進、及相關部會長官前往馬祖參加「小三通」啓航典禮，馬祖進香團準時啓程前往湄州島媽祖廟進香，揭開馬祖與馬尾「小三通」的序幕。

後來海基會因爲權責、經費、與人手不足，無法長期派員到金馬處理「小三通」業務，陸委會自行派員輪流前往馬祖、金門處理後續業務，一直到業務上軌道，工作才告一段落。

「小三通」與兩岸旅行有關，屬於旅行處的業務。旅行處長劉克鑫來自總統府，從總統府裡轉到海基會工作的還有劉用群、連正世等人。劉克鑫是黃昆輝的秘書，跟隨黃昆輝到陸委會、內政部、總統府，在許惠祐接任海基會秘書長後，轉到海基會來擔任旅行服務處處長。劉用群則是在邱進益擔任海基會秘書長後，進入旅行處服務。連正世曾任綜合處副處長，經貿處副處長，後來離職，回到公職單位。

參與創會的旅行處副處長蔡金美，曾經赴大陸處理過「莆田車禍」等兩岸意外事故，後來則協助了解金門「小三通」推動情形，與南區服務處的業務督導，與筆者兩人同時在二〇〇三（九十二）年四月一日提前退休。

退休前夕，經由董事長機要秘書葛保羅的安排，得以向辜董事長辭行。那天，辜董事長談了許多話，對我們多所鼓勵與關懷，談了一個多小時，才送我們到電梯口，至今那幅景象仍留在我的心中。

目前旅行處人員最精簡，負責處理兩岸旅行業務的有黃國瑞科長、以及專員蘇祥銓、劉用群，他們都曾為兩岸民衆處理過許多旅行糾紛、意外事件、與遣返業務。

11

一九九九（八十八）年十二月二十八日海基會成立南區服務處，為台灣南部地區的民衆提供文書驗證、兩岸諮詢等服務，由於經費有限，人力精簡，開辦初期，我和許多同仁都要輪流出差到高雄去上班兩個星期，後來業務固定後，蔡金美與我負責輪流前往高雄查看南區服務處的工作情形。

文書驗證屬於法律處的業務，自從兩岸在一九九三（八十二）年辜汪會談簽署「兩岸公文書查證協議」後，海基會辦理大陸文書驗證的工作日漸增加，每天都有上百位民衆前來海基會十六樓辦理各類文書驗證。爲了加強服務民衆，讓中部、南部的民衆能就近辦理兩岸婚姻等文書驗證，海基會陸續成立了南區服務處和中區服務處。

會內同仁在服務處開張初期，都要輪流去服務，處理文書驗證業務，我也因此學習了一些必要的知識，和法律處的同仁有了密切的互動。法律處長林淑閔是南區、中區服務處的正式督導，後來升爲主任秘書。二〇〇五年二月一日大陸海協會派孫亞夫、李亞飛、馬曉光代表汪道涵先生前來台北出席辜振甫先生的追思會時，林淑閔代表海基會前往機場接機。

海基會最受注目的是法律處，八十二年我初進海基會時，當時最受各界關注的是法律處處長許惠祐，副處長林貴美，以及許多經常參與兩岸事務性會談與服務工作的法律處同仁，如何武良、林源芳、高富月、黃國瑞、李長根、張峰青等，其中何武良具有公證員的資格，深受許惠祐的信任，在許惠祐擔任海基會秘書長期間，升任副處長，後來在林淑閔處長調升主任秘書後，何武良兼代處長。

當過法律處處長的還有林貴美、游瑞德、謝福源，離職後都有很好的發展。

12

秘書處是海基會的後勤補給單位。秘書處副處長徐建，從一九九〇（七十九）年奉陳長文之召進入海基會服務起，已經十多年。過去他曾經在參謀總長辦公室服務，他的父親是國畫家石上老人，曾經爲海基會畫了幾幅寓意深刻的國畫，至今懸掛在海基會的辦公室裡。徐建在焦仁和秘書長任內調升秘書處處長。

當時秘書處專員王正磊，曾經擔任駐韓國大使館武官，經常在會談時負責談判團隊的總務後勤工作，經驗豐富，歷經十三年，已經在二〇〇三年一月退休。彭雯漪則是最早參與創會的人員之一。焦德新負責攝影等業務，崔玉德調往法律處爲民衆從事文書驗證服務，吳漢曾是經國先生的侍從，與侍從隊長李祖怡、經國先生的攝影官高稚偉等人共事過。還有幾位機要秘書，例如邱進益的秘書呂國霞、焦仁和的秘書楊海華、李慶平的秘書林碧眞、許惠祐的秘書劉慧玲，都已離職。

秘書處和法律處還有許多同仁無法一一提及，他們都在各自的工作崗位上奉獻心力，値得敬佩。

海基會的人員來自四面八方，各有專長。有些人曾經在海基會短暫過渡，有些人以終生服務爲職志。兩岸工作雖然吃力而不討好，有時甚至挨罵，但是，問心無愧，我們都爲兩岸民衆提供必要的服務，協助解決問題，略盡個人的棉薄之力，期待兩岸關係和平穩定發展。

回顧過去一段歷史，許多人都曾參與締造兩岸和諧關係的奠基工作，新聞記者則紀錄了兩岸關係發展的每一個過程與細節。由於他們熱心、細心、耐心的報導，使我們得以重溫當年的盛況。因此，本書引用了許多當年採訪兩岸新聞的記者的報導，目的在保留歷史的眞實，同時也是對參與報導的記者們的一份尊敬之意。這些報導，都可以作爲新聞界與新聞系學生的參考。

離開海基會後，我深深祝福海基會同仁繼續完成時代賦予的特殊使命，爲兩岸和平穩定發展而盡力。本人在內人的支持下全心全意從事寫書的工作，歷經兩年，終於把海基會的故事寫出來，除了作爲個人一段特殊遭遇的美好回憶之外，同時也願將此書獻給曾經爲促進兩岸關係穩定、和平發展而努力的海基會同仁、各界人士、和海內外的新聞記者，讓我們共同爲我們所作的努力留下紀錄，留給子孫一個美好的明天。

這本書得以出版，要感謝台灣商務印書館總編輯施嘉明、副總經理曹依立、以及編輯李俊男的仔細審閱和指正。此外，對於首先看過試讀本、並提出許多建議的有關人士，例如海基會幾位前後任秘書長、相關同仁，陸委會相關人士，從中協調鼓勵的內人、大連襟振池夫婦等人，以及願意來看這本書的讀者，都請接受我的最誠摯的感謝。

九十四（二〇〇五）年一月十日
方鵬程寫於台北山中聽濤園

目次

第一章 海基會

一顆耀眼新星的誕生

1

記得那是一九九〇(民國七十九)年十一月的某一天,我的大學同班同學張全聲突然約我在長白酸菜火鍋店見面,說是有事要商量。一見面,他意氣飛揚地說,政府正在籌設一個與大陸交流談判的民間機構,名叫「財團法人海峽交流基金會」(海基會),由辜振甫擔任董事長,陳長文擔任秘書長,他擔任綜合服務處的處長,希望我去幫忙,委屈一下擔任副處長,一起處理新聞聯繫、撰稿、發言等有關的工作。

當時我剛從菲律賓被調回來,奉社長黃天才之命,正在中央通訊社(中央社)負責創辦「世界年鑑」,準備完成任務後再度擔任駐外特派員,採訪新聞。我曾於一九八九年四月間,由菲律賓會同丁遠超、賴勝權等四位中央社記者,前往北京採訪郭婉容部長參加第二十二屆亞洲開發銀行北京年會的情形,對兩岸關係的變化已有相當的了解。因此,張全聲所說的事,我已從新聞報導中知道海基會的任務,是政府的白手套,協助政府處理兩岸交流談判、協助兩岸人民處理有關問題的機構,將是一顆耀眼的明日之星,她的微笑與光芒,正在吸引著我。

海基會在一九九〇年六月由中華民國紅十字總會秘書長陳長文負責籌備。根據最先參加籌備工作的歐陽聖恩所寫《再見，白手套》透露，海基會第一批主管八人，除了一部分是陳長文的舊識外，其他都是各界人士推薦的。現任秘書處長徐建，當時正在阿里山度假，接到陳秘書長的徵召，立刻前來投效。張全聲則是透過遠見雜誌發行人高希均的推薦，離開華視新聞部而加入海基會。我應該加入這個新興的單位嗎？

我一邊和張全聲交換意見，一邊考慮如何回應。當時海基會對我有很大的吸引力，也符合我的專業能力與志願，誰不願意為兩岸人民作一些事呢，如果能夠促進兩岸和平相處的話，誰不願意呢？但是，我負責創辦的「世界年鑑」尚未完成，距離可以把工作告一段落的時間還差兩年。於是，我決定兩年後再來投效海基會，但我將以新聞記者的客觀立場，保持注意觀察海基會的一舉一動。

2

主管兩岸事務的「行政院大陸委員會」（陸委會），在一九九一年一月成立。完成籌備工作的海基會，也在三月九日正式掛牌運作，其實在一九九〇年十一月二十一日，海基會已經舉行捐助人會議、並舉行第一屆第一次董監事會議，推舉辜振甫擔任董事長，陳長文擔任副董事長兼秘書長，副秘書長有石齊平、陳榮傑（李慶平是在一九九二年五月加入的），創會的主管有：秘書處長歐陽聖恩、副處長徐建，法律處長許惠祐、副處長蔡明華，經貿處副處長張宗麟，文化處處長周逸衡、副處長朱榮智，旅行服務處副處長蔡金美，綜合服務處處長張全聲、副處長蒲叔華。這些創會主管到今天都已先後離開海基會，只有徐建碩果僅存，擔任秘書處長。另有二十七位創會同仁是登報公開招考來的，至今也所剩無幾了。今天回首去看創會當初的豪氣奮發景象，以及各界對海基會期望之殷切，海基會同仁應該會有「點滴在心頭」的感覺吧。

3

海基會是因應時代的需要而誕生的，也是兩岸高層人士透過直接、間接的溝通而接受作爲兩岸橋樑的中介團體。

台灣海峽兩岸自一九四九年以來，歷經三十年的武力對抗，從一九七九年中共與美國建交起，兩岸進入和平對峙時期，台灣在蔣經國總統的領導下，採取與中共「不接觸、不談判、不妥協」的三不政策。蔣經國在一九八八年一月十三日去世的前一年，實施開放政策，開放黨禁、報禁，從十一月二日起開放台灣地區居民赴大陸探親，打開兩岸人民四十年不往來的門禁，並進一步推動解除戒嚴。蔣經國去世後，推動兩岸和平往來的工作，落到繼任總統的李登輝身上。

大陸方面，鄧小平復出掌權後，一九七九年一月三十日在美國華府訪問時，提出「中國希望和平解決台灣問題」的說明，一九八四年六月二十三日在北京提出「一國兩制」的構想，確定以「和平統一，一國兩制」來處理台灣問題。

李登輝在一九九〇年三月經由國民大會代表投票，當選總統後，開始推動與大陸對等交流談判的大陸政策。在六月二十九日舉行的「國是會議」中，與會人士主張與中共「功能性的交流從寬，政治談判從嚴」，並同意以專責的政府機關，和經過授權的民間中介機構處理兩岸關係。這是成立海基會中介機構的最初構想。

海峽兩岸在互不承認的情況下，兩岸當局無法直接往來，更無法直接談判，所以，成立一個民間性質的中介機構，經由雙方政府授權，代表政府當局協商、處理兩岸交流衍生的有關問題，在現階段是必要的。

但是，李登輝採取明暗的兩手策略，來處理兩岸問題。明的策略是成立國家統一委員會，研訂「國家統一綱領」，經由陸委會、海基會來推動與大陸的交流談判。暗的策略則是透過可靠管道派人與大陸當局有關人士秘密會談，溝通推動兩岸交流談判有關的政策。

4

李登輝推動的秘密會談，有一些是已經獲得當事人證實的，有些仍未見公開。其中，可以證實的是：國統會研究委員沈君山曾與中共領導人江澤民舉行三次坦誠的對話、總統府秘書室主任蘇志誠曾與中共有關代表在香港等地舉行九次會談。蘇志誠則說「不止九次，比九次還多」。雙方談的主題，都是有關台灣與大陸之間非常重要的問題。後來李登輝在《執政告白實錄》曾詳細說出這些密談經過。

蔣經國在一九八八年一月十三日去世，當天李登輝繼任總統。中共當局在二月間就開始尋找傳話的對象，四月二十一日，中共「國民黨革命委員會」（民革）副主席賈亦斌，在香港告訴蘇志誠的易經老師南懷瑾，北京有意與台灣透過和平談判來解決國家統一問題。南懷瑾將賈亦斌談話的錄音帶秘密送給李登輝，並希望李登輝派人來香港一談。當時李登輝權位尚未穩定，因此沒有回應。（商業周刊，二〇〇〇年七月二十四日，〈李登輝時代兩岸九度密談實錄〉）後來蘇志誠證實確有其事，並將有關資料提供監察院調查小組。

兩岸官員的公開接觸，在李登輝時代已經開始。一九八九年四月底，李登輝委派財政部長郭婉容到北京參加亞洲開發銀行北京第二十二屆年會。當時作者正以中央社特派員身分在北京採訪此一年會有關的新聞，我們在人民大會堂看見郭婉容進入會場，至於是否曾與當時的中共國家主席楊尚昆單獨會面，因爲沒有確實證據，不便猜測。根據判斷，郭婉容應負有觀察的任務。

六四天安門事件之後，李登輝曾吩咐蘇志誠與南懷瑾聯絡，了解大陸對台政策的虛實。十二月二日南懷瑾要求李登輝派蘇志誠來香港親自了解大陸要求談判的眞正意圖。一九九〇年九月八日，南懷瑾應邀來台，與李登輝在官邸書房見面，蘇志誠作陪。南懷瑾滔滔不絕講了兩個小時，李登輝只聽他說話。

十二月三十一日，蘇志誠終於奉李登輝之命來到香港，在南懷瑾的家中見到中共國家主席楊尚昆的代表楊斯德，和民革副主席賈亦斌。蘇志誠一開始就告訴對方，李登輝正在準備終止動員戡亂時期，楊斯德則說中共已經決定以李登輝爲談判對手。

第二天，雙方繼續會談，蘇志誠應對方要求，詳細說明了台灣國統會、陸委會、海基會的功能與職權，也介紹了「國統綱領」三階段的構想。楊斯德認爲，與其台灣單方宣布終止動員戡亂，不如雙方共同宣布消除敵對狀態，但是中共不會宣布放棄對台動武。如果台灣願意，五月一日前即可談消除敵對狀態問題，蘇志誠沒有表態。

5

事實上這時候，台灣已經成立國統會，通過「國統綱領」，陸委會和海基會則正在籌備中。李登輝另有構想，希望與中共談簽訂兩岸和平協議，而不只是消除敵對狀態而已。

一個多月後，蘇志誠和鄭淑敏、尹衍樑在一九九一年二月十七日春節期間再度到香港與楊斯德、賈亦斌會談，目的是了解大陸方面對台灣即將宣布的終止動員戡亂會有何善意回應。蘇志誠爲了取信於楊斯德，還唸了一段六人決策小組的會議紀錄，說明台灣有意與大陸建立穩定關係，降低敵意，鼓勵民間往來，對中國統一會有幫助，還要注意不讓外國人支持台獨人士，問題才會輕鬆一點。

楊斯德要求台灣將中共定位爲友黨，將來停止軍事對峙、停止一切敵對行動、停止一切危害兩岸關係和統一的言論和行動，達成秘密或公開的協議。楊斯德並建議雙方先達成秘密協議，再同時發表聲明，不允許外國勢力干預中國人的事。

蘇志誠希望中共主席楊尚昆在台灣宣布終止動員戡亂後，對雙方共同承擔確保台海安全的責任能有所表態，並派出授權代表商討簽訂和平協議的事。楊斯德沒有答覆，雙方約定三月底再談。

由此可見，當時李登輝有意和大陸簽訂和平協議，穩定兩岸關係，但是大陸要的是台灣單方面宣布或雙方秘密協議達成「三停止」，大陸還說「針對外國人」，所以堅持不放棄對台動武。中共顯然擔心兩岸和平協議會使中共陷於不利的處境。

三月二十九日，雙方在香港舉行第三次會談。楊斯德要求先解決定位問題，蘇志誠說，最高層的意見是競爭性的政黨，競爭是正面的用詞。然後蘇志誠反問，你們對和平協議的構想如何？上次你們提出的設想（指三停止），李登輝認眞研究過，也徵詢其他重要人士的意見，大家都說大陸不會眞的願意去做。

這下可激怒了楊斯德，他說出眞話，統一當然是統一到中華人民共和國，台灣只能是地方政府，這一點不能改變，解決辦法就是「一國兩制」，不是單純簽訂和平協議，而是和平統一協議。上次所提「三停止」是最低要求，目的是結束敵對狀態，當然還應該有更高的目標，對歷史有所交代。

蘇志誠還沒有說出和平協議的內容，楊斯德已經被激怒而說出和平統一協議的構想。蘇志誠沒有接話，南懷瑾要兩人草簽「和平共存、協商統一」八字方針，楊斯德不肯，雙方不歡而散。

五月一日，李登輝按照預定計畫宣布終止動員戡亂，將中共看成一個統治大陸地區的競爭性政黨。中共中央台灣辦公室在六月七日發表「六七談話」加以回應，提出兩岸儘快協商三通交流、國共兩黨對等談判和平統一問題、歡迎國民黨負責人及授權人士訪問大陸交換意見等三項建議。

六月十六日，蘇志誠訪問香港，與中共國務院台灣辦公室（國台辦）小戴、小王舉行第四次會談，楊斯德沒有參加，蘇志誠意興闌珊，只希望對方認眞考慮簽署和平協議的事。此後雙方只談事務性的問題。

6

一九九〇年十一月二十一日，海基會舉行第一次董監事會議，並在新聞局舉行記者會，對外宣布海基會成立的消息，大陸方面當然也知道了，只是還不能了解海基會的功能和任務是什麼，將來要如何運作。大陸領導人江澤民在十二月十六日與國統會研究委員沈君山舉行第一次對話時，沈君山就提到孫運璿擔任海基會名譽董事長的事，江澤民歡迎孫運璿回大陸看看。

在這次談話中，江澤民談到了李登輝，他知道李登輝在年初當選總統時，曾說我們是一個中華民族，一個中國，又開了個國是會議，提到「兩國兩府」，不知用意何在。（九十年代，一九九六年年八月，〈江澤民與沈君山的三次談話〉）

江澤民明白地說，台灣的問題，我們的政策是清楚的，就是一個中國，一個主權，一個中央政府，一國兩府的觀點是不能接受的，後來又弄出一個「一國兩區」，兩區是什麼呢？江澤民不能了解台灣爲何不能接受「一國兩制」，他不了解台灣爲何能忍受那麼亂的國會亂象。

沈君山對江澤民談到民主與權力制衡的問題，也談到一國兩制與統一的問題。台灣與大陸隔絕的時間很久了，台灣人民對統一的確有疑慮，有本土情結，也有對共產黨的恐懼，還有生活水平的問題。

談到法統。沈君山說，中華民國的法統，作爲一個中央政府，一直到現在。話被江澤民打斷，他不能接受一個國家有兩個中央政府，不能由政府對政府談。他建議：

在適當時機，成立一個代表兩地的共同機構，作為主權統一的象徵，一方面促進兩岸的和平交流，一方面兩個地區也可以自己個別的治權與這統一的主權結合，參與國際活動，這就不產生兩個中國的問題了。

沈君山的構想，就是國統綱領第三階段的做法，也是兩個德國一起參加聯合國的方法，現在也類似歐洲聯盟的做法。但是，江澤民沒有接話，他也不能接受兩個對等政府的想法。

沈君山在這次對話中，告訴江澤民，兩岸交流的事務性問題是能談的，我們就搞了個交流基金會來談這些事務性的問題。至於像一國兩制這樣高層次的政治問題，雙方立場和觀念上有基本差異，官方和民間也有差異，那就只能像我們這樣自由談談，了解差異何在，這對以後正式的談有幫助。

所以，江澤民此時已經了解海基會的功能了，對台灣想要談的問題也大致知道是事務性的問題了。

7

海基會在一九九一年三月九日正式掛牌運作前，兩岸當局和台灣新聞界已經有不同的期待。大陸方面一開始對中介團體持否定態度，後來則改變態度，只要是經由政府授權、具有代表性，海峽兩岸能坐下來談，一切都好辦。可見當時中共的第一目標是兩岸先坐下來談判，也不堅持先從高層次的政治問題談起，只要先處理容易解答的問題即可。（中國時報，一九九一年三月九日，王美玉報導）

話雖然這樣說，中共並沒有放棄一向堅持的政治原則，對美國二十年的談判也是在堅持「一個中國」的原則下，先談容易解決的問題，然後設法製造「以民逼官」，達到改變對方的目標。所以王美玉說，中共這項對台政策的主要目的是，先透過民間事務性接觸與談判，進一步奠定兩岸官方的談判基礎，以達到他們對台新策略中標榜「以民逼官」的目標。

對於海基會所將扮演的角色與功能，民意也有相當的疑慮。十一月十八日，海基會召開第一次董監事會議的前三天，中時社論〈兩岸中介機構的屬性仍待釐清〉透露了當時的許多疑慮。這篇社論首先說，中共國台辦與台灣民間團體紅十字會在金門交涉遣返偷渡犯問題時，已創下先例，未來援例運作，與海基會談判應不成問題。但是，必須預為籌謀的是，將來雙邊事務將從量變轉化為質變，屆時恐非我方定位為民間團體的海基會所能因應。我方應如何早為下一階段的互動關係做好定位，實應有所準備。

這是一針見血的預言，海基會後來隨著兩岸關係的演變而轉變，也是不爭的事實。當時中時社論還引用研考會副主委高孔廉的話說，未來該基金會倘能順利運作，而又獲中共方面善意反應，政府將考慮提升此一機構至半官方或官方地位。

十年來，海基會已是準行政機關的組織，完全聽命行事，與政府政策採取一致立場，連說話內容都一樣，但卻被中共杯葛，執行兩岸管道的功能也受到影響，以至政府立法不排除以「副委託」的方式委託其他團體與中共談判，這也是一種彈性變通吧。

當時還有一種疑慮，海基會要不要接受政府與立法院的監督制衡？這是由民間團體定位引發的問題。中時社論分析，根據「行政院委託民間團體辦理大陸事務要點」規定，海基會具有公法人色彩，並有官署的性質，接受政府委託處理與行使公權力，完全屬於國家統治權行使的一部分，雖經由私法上契約的授權，屬於間接行政，不得擺脫公權力行爲在政府體系內應有的監督與制衡，將來應由陸委會負全責，並向立法院負責，不得迴避立法院的監督與制衡。

然而，由於海基會定位的問題，後來引發一些與陸委會與立法院之間的爭論，導致前後三任秘書長憤而辭職，眞是始料未及。在十多年後的今天來回顧過去這一段創會歷史，眞是不勝唏噓與感慨。究竟問題出在哪裡？

8

海基會在一九九〇年十一月二十一日召開第一次董監事會議後，接著在新聞局舉行記者會。董事長辜振甫說，海基會接受政府委託而行使部分公權力，不從事政策性工作，未來將以務實的態度處理兩岸民間交流的事務性、功能性工作。

副董事長兼秘書長陳長文說，由於基金會不涉政策性工作，將來執行業務時，若遇可能發生重大影響者，在作業前必將與大陸聯繫，或取得委託人的核可。

陳長文的用意是事前溝通，取得大陸方面和陸委會委託人的事前了解，但後來卻引起部分立委的質疑，這是後話。

辜振甫出任海基會董事長，是李登輝同意的，當時爭取這個職位的人很多，辜振甫是國民黨的中央常務委員，也是台灣水泥公司的董事長，經常代表政府出席重要的亞洲經濟合作組織等會議，從事國民外交，甚得層峰的信任。他對兩岸事務也有高度的使命感，是一位沉穩內斂、深具國際觀的人。

陳長文是哈佛大學的法學博士，主持理律法律事務所，同時也是中華民國紅十字總會的秘書長，獲得當時行政院長郝柏村的信任。在國是會議之後，陳長文曾代表紅十字會與大陸中國紅十字總會秘書長韓長林簽署遣返偷渡犯的「金門協議」，這是兩岸之間官方授權、民間團體簽訂的第一個協議。

根據中國時報記者王銘義撰寫的〈金門協議—國際紅十字旗下的兩岸紅會談判〉，當時台灣方面參加的有國防部參謀本部作戰次長室中將執行長鄧定秩（以紅會顧問名義參加）、紅十字總會秘書長陳長文、副秘書長常松茂、國際組主任徐祖安，大陸方面有國台辦交流局副局長樂美眞（大陸紅會理事）、紅十字會秘書長韓長林、紅會台灣事務部主任張希林、福建衛生廳長計克林、中共福州市委會常委方慶雲。（後來，樂美眞寫了一本《金門商談漫記》，一九九八年由大陸九洲圖書出版社所出版）

這項在一九九〇（七十九）年九月十二日簽訂的「金門協議」，至今仍是兩岸執行遣返偷渡犯、刑事犯的主要依據。兩岸兩會談判偷渡犯遣返協議，雖然在一九九五（八十四）年一月由焦仁和和唐樹備在北京會談談妥，但是陸委會堅持要等海上漁事糾紛協議談妥才一起簽，因此功虧一簣，兩岸至今仍沿用「金門協議」、由兩岸紅十字會負責遣返偷渡犯，再由海基會派人見證。

9

海基會是兩岸從一九四九年分治四十年後、第一個由政府成立的民間中介團體，因此在台灣遭到許多疑慮與質疑，最大的疑慮是：海基會經常與大陸方面往來，會不會做出出賣台灣的事？因此，海基會一開始就受到許多公公婆婆的監督和管制，稍有疑慮，立即追根究柢。

陸委會第一任主任委員施啓揚，在一九九○年十一月二十八日說，海基會受到基金會組織本身、行政與司法、國會、全民四個層次監督，不至於脫軌。（自立晚報，一九九〇年十一月二十八日，王英銘報導）

這就是說，全台灣的朝野官民，都睜大眼睛在看著海基會，只要一有差錯，即刻喝止。這在海基會成立的三年內，情況尤其明顯，因此，三年換三個秘書長，任期一個比一個短，受傷一個比一個重，一直到海基會轉型爲準行政機關，秘書長由陸委會副主委轉任，情況才獲得改善。

海基會於一九九一年三月四日舉行工作人員講習會，行政院長郝柏村告訴海基會人員，海基會本身沒有政策，只有協助執行政府的政策。在與大陸發展關係的過程中，海基會本身不談政治，只講業務。海基會每一部門應了解大陸現況，才能針對社會需求提供適當服務。與大陸隔離多年，意識形態也對立，凡事應特別謹慎，尤其是講話，話說太多，非常容易引起誤解及錯覺，甚至增加工作推展的困難。海基會工作沒有成例可循，也無法律、制度可循，應一面工作、一面發展，尋求建立達成使命的一定模式或制度。（工商時報，一九九一年三月四日，林俊輝報導）

行政院陸委會副主委馬英九也在講習會中告訴海基會人員「五大不變」原則：一個中國不變、中華民國主權涵蓋全中國不變、民主統一中國不變、終止戡亂後敵對狀態政策不變、與中共政權不做政治性官方接觸不變。

這「五大不變」原則是當時的大陸政策。三月十五日郝柏村又在立法院答覆立委質詢時重複地說了一部分，讓大陸派來香港與蘇志誠舉行「三二九會談」的中共代表楊斯德跳腳，質問蘇志誠，郝柏村說這話是什麼意思？

從現在看過去，時代在變，環境在變，政策也在變。政策是爲了因應環境、解決問題而提出的對策，當然會變。人事改變，政策也會改變，只有中共仍然堅持五十年來的基本政策「一個中國」，堅持「一國兩制」。海基會今天的困境，其實在成立之初就已經存在，經過幾次風波，有如燦爛新星的海基會，就顯現出難以解決的困境了。

最先參與籌備工作、歷任海基會秘書處長、旅行處長、文化處長的歐陽聖恩，在其回憶錄《再見，白手套》說，事隔多年，不論已離職的或仍在職的同仁，回憶起研習會的景象，都還能深深感受到當時政府對海基會委以重任的期望與重視。陳長文意氣風發，全體會務人員鬥志高昂，他們對海基會的明天充滿了無比的信心。

世事無常，曾幾何時，不到三年，曾經充滿鬥志、從總統府副秘書長連降四級到海基會擔任秘書長的邱進益，在海基會喊出「海基會是沒有明天的機構」，其中心酸，眞是不足以爲外人道，沒有在海基會服務、經歷其事的人，是無法了解「寒天飲冰水，點滴在心頭」的滋味。

當時，陳長文在海基會掛牌運作後，決定率團訪問大陸，以求建立兩岸連絡管道，開展海基會的工作，誰知卻惹來一場風波，這就是海基會經歷的第一場風暴。

第二章

啓動

海基會首次組團訪問大陸

1

海基會掛牌運作不到兩個月，基於建立與大陸連絡管道、了解大陸方面對今後如何處理兩岸事務性問題的看法、以及向大陸方面介紹海基會的功能的事實需要，經由中華民國紅十字總會透過大陸中國紅十字總會安排，在一九九一（八十）年四月二十八日組成一個十八人的訪問團，前往北京訪問七天。中共國台辦提出許多政治問題，海基會訪問團要如何應對呢？陸委會已經委託海基會與大陸有關單位磋商三項迫切需要解決的問題：對兩岸人民權益有關的文書驗證問題、不斷發生的兩岸海上漁事糾紛問題、日漸增加的大陸人民偷渡到台灣的非法入境與遣返問題。

2

兩岸自一九八七年十一月二日台灣開放民眾赴大陸探親以來，歷經三年多的交流，已經產生許多糾紛與問題，必須早日設法解決，海基會這次組團訪問大陸，就是在尋求建立處理問題的交流與協商管道。

海基會訪問團先遣小組，由副秘書長陳榮傑率領秘書處副處長徐建等四人，由中華民國紅十字總會副秘書長常松茂陪同，於四月二十六日先赴北京與國台辦商談安排訪問行程。根據歐陽聖恩的回憶，先遣小組無法確認接待單位，也無法得知行程要如何安排，心急氣燥，國台辦交流局局長張曉布卻在陳榮傑的隔壁房間觀察海基會人員的動靜。（歐陽聖恩，《再見，白手套》，頁三四）

四月二十八日，秘書長陳長文率領各處處長及同仁十四人抵達北京，中共接待人員才告知全部行程，總共要拜訪十四個單位，行程非常緊湊，逼得海基會訪問團有時候要兵分二路，分別去拜訪。

行程緊湊、兵疲馬困的問題還好處理，最傷腦筋的是中共人員頻頻提出海基會無法解答的政治問題，若不答覆，好像在聽對方宣示立場，若要答覆，海基會奉命不談政治與政策問題，這該如何是好，大批的台灣記者都睜大眼睛在看海基會如何應對，海基會人員的一言一行，都成了頭條新聞。

3

中共國台辦副主任唐樹備，在四月二十九日上午於北京釣魚台賓館、與海基會代表團展開會談時，首先提出兩岸交往「五點原則」。（自立晚報，一九九一年四月二十九日，林鳳飛報導）這五點原則是：

一、台灣是中國領土不可分割的一部分。

二、在處理海峽兩岸交往事務中，應堅持一個中國原則，反對兩個中國、一中一台、一國兩府。

三、在一中原則下，考慮兩岸不同制度，應消除敵意，加深了解，增進共識，建立互信，合情合理處理兩岸交流中的各項具體問題。

四、儘早實現直接通郵、通航、通商，鼓勵兩岸各方面雙向交流。

五、儘早促成兩岸有關方面以適當方式直接商談。

陳長文的答覆是：

一、台灣是中國的一部分，正如中國是台灣（作者認為意指中華民國）的一部分一樣，在「一個中國」的原則下，共同增進兩岸交流與了解。

二、中共反對「兩個中國」、「一中一台」，這不在海基會的職務範圍，他無法評論。

三、一中原則下增進了解、消除敵意、增進往來，這是毫無疑問的。

四、「三通」是政治問題，不在海基會的職務範圍，無法置評。

五、他已向唐樹備介紹海基會的性質與業務，中共如要與台灣其他民間團體交涉，並非海基會所願置評。

陳長文並就兩岸對等機構、文書驗證、糾紛處理、海盜、偷渡、司法協助等問題，與唐樹備初步交換意見，唐樹備也對偷渡、海盜問題表示關切，至於海基會的對口單位問題，將再研究。（聯合晚報，一九九一年四月二十九日，葉伶芳報導）

中共國台辦研究半年後，終於在當年十二月十六日成立「海峽兩岸關係協會」（海協會），作爲海基會的對口單位，展開爲期十年的事務性談判。

3

五月一日是勞動節，大陸放假，海基會代表團在陳長文的率領下，前往西山碧雲寺國父孫中山先生衣冠塚祭拜，下午則到長城參觀。

碧雲寺和長城都是我們從小讀過、了解其典故的地方，國父衣冠塚和南京中山陵，都是海基會代表團必定會前往瞻仰的地方，每次都吸引大批記者前往採訪。記者提出的問題，也是設法要知道所有的眞相。

陳長文對大陸記者們說，大陸當局在某些方面並未表現最高的誠意，在雙方條件不成熟的情況下，何必故意找難題來談，如此只會浪費整體中國人的時間與精力。（中央日報，一九九一年五月二日，孟蓉華報導）

他說，兩岸問題不是一朝一夕所能解決。大陸方面如能配合成立一個類似海基會的單位，或者由國台辦與其他部會出面來談一些基本又容易解決的問題，有關於兩岸人民日常生活的問題，例如文書認證，而且把溝通管道建立起來，不但有助於解決問題，也可有事先的規劃。

陳長文是針對唐樹備的「五點原則」而發，這些都不是海基會所能解決的問題，唐樹備說了也是白說，可是這就是中共一向的會談原則，先把基本框架訂出來，讓對方在框架内討價還價，寸步難行。

陳長文有意藉大陸記者的筆，轉達他的想法，雖然大陸記者不會全文照登，但會提供給大陸當局參考。大陸記者問到：「假如大陸給台灣國際政治空間，豈不造成兩國號、兩旗幟、變成兩個中國？」

陳長文答覆說：「以德國來看，兩個德國同時存在過，如果外人可以，爲什麼我們不可以？兩岸應該互相體貼、尊重，如果你們一意貶抑我們，我覺得會造成很多不必要的誤會，特別是現階段，大家都相當敏感的時候。」（中國時報，一九九一年五月二日，周梓萱報導）

5

五月二日上午，陳長文與海基會代表團再度與唐樹備會談，然後前往天安門廣場人民大會堂拜會國台辦主任王兆國。

據中國時報報導，陳長文、陳榮傑及六位處長：許惠祐、歐陽聖恩、張全聲、周逸衡、張宗麟、趙淦成，與王兆國、唐樹備、鄒哲開、孫亞夫進行座談，所談的都涉及政策性的問題，如三通、兩黨協商等，陳長文沒有獲得授權來談這些敏感問題，只能表達個人的意見。中國時報認爲這是中共欲藉陳長文「傳話」，動機堪尋味。

但是台灣方面對中共藉機大談政治問題卻反應強烈，正在醞釀一場質詢，看看陳長文有沒有出賣台灣人的利益。

五月四日，中共副總理吳學謙在中南海紫光閣會見海基會代表團，又提到一國兩制、兩黨對談、三通、雙向交流等敏感問題。陳長文也發表了自己的看法。

陳長文告訴吳學謙，在國際舞台上，台灣以中國的一部分角色出現，這已向全世界的中國人宣告過，大陸與台灣同時存在國際社會，兩部分加起來才是一個中國。（中國時報，一九九一年五月五日，周梓萱報導）

關於三通的問題，陳長文說，據了解，我們的政策不是單純從便利、成本的觀點來看，必須要就整體中國統一條件成熟與不成熟來決定，從我們台灣地區的中國社會來看，有許多其他條件需要大陸地區主管配合，在國際社會中共同存在，才能夠把海峽兩岸交流、統一的過程完成。李登輝總統提過這是個嚴肅的課題。

這樣答覆算是「傳話」嗎？陳長文說，這是對政策的詮釋，身為國民，他有義務、有權利來詮釋我們對統一的政策。

陳長文也對吳學謙說，大陸不應杯葛台灣以台澎金馬名義加入「關貿總協定」（GATT，後來改名為世貿組織，即WTO）。

加入關貿總協定是台灣當時的既定政策，大陸卻有意杯葛，不讓台灣比大陸早一步加入，陳長文應該是表達了台灣方面的政策。當年十一月十六日蘇志誠與大陸國台辦王局長在香港的第六次密談，就是協商加入世界貿易組織的問題，大陸方面表示，在中國大陸加入後，不反對台灣以獨立關稅區（台澎金馬）名義加入。蘇志誠說，台灣已在名稱做了讓步，將會以「台澎金馬」關稅區名義申請加入，這已顧及到「一個中國」原則，今天我是把台灣的最高機密都告訴你們了。（商業周刊，二〇〇〇年七月二十四日，頁七六）

當時，台灣已經組成國統會、陸委會、海基會來執行「國家統一綱領」，從近程的民間交流互惠做起。從十多年後的今天來回顧過去陳長文對吳學謙的談話，只是當時政策的反應與詮釋，卻讓台灣地區的民意擔心：與中共高層官員對話是不是會出賣台灣的利益？多年後李登輝派蘇志誠與中共官員在香港密談的內容被商業周刊刊登出來，也是引起一陣騷動，可見台灣民意對兩岸談判的內容有多敏感。

6

海基會代表團在拜會吳學謙、王兆國等中共高層官員時，海基會只有少數核心人士如陳長文、陳榮傑、及六位處長在場，親民進黨的法律服務處副處長蔡明華沒有在場。

在北京採訪的台灣記者對這樣的安排，故意作文章，在與陳長文閒談採訪時，有記者質問：「在這場高層而秘密的會談中，海基會是否有出賣台灣人之嫌？」

陳長文以台灣國語回答說：「我在台灣的時間比妳長，我在台灣的利益比妳大，從感情的因素、利益的角度和歷史的背景來看，我都不可能出賣台灣。」（聯合晚報，一九九一年五月四日，葉伶芳報導）

陳長文似乎也注意到我方內部的省籍情結及民進黨對國民黨的疑慮，因此在會晤王兆國時，副秘書長陳榮傑、法律服務處處長許惠祐、及文化服務處處長周逸衡等三位台籍人士都在場。爲了杜悠悠之口，在會見吳學謙時，也安排文化處專員湛華生在場作紀錄。這些都是海基會訪問大陸透明化的佐證。

蔡明華在回台兩個星期後，就以「理念不合」爲由，辭職不幹了，後來在公元兩千年民進黨執政後，蔡明華曾擔任副總統呂秀蓮的辦公室主任。

海基會是時代創造出來的特別組織，參與創會的人來自各行各業的精英，不論是有志爲兩岸交流作一番服務工作、或是要來爲時代作監督、見證，都有個人的理想色彩。但是，海基會本質上卻是一個不能堅持個人立場、必須依照政府政策辦事的團體，因此，個人立場與政府政策的衝突或磨合，就成爲個人必須面臨的抉擇，這也是海基會創會人員紛紛求去的原因，但也吸引了另一批有志的人士前來加入，後浪推前浪，前浪攤在沙灘上，少數前浪則奮勇再起，開出朵朵浪花，再領風騷。

7

陳長文率領海基會代表團首次訪問大陸，建立了連絡管道，初步對事務性問題談判交換意見，獲得了預期的成果，但也種下引發疑慮的苦果，一場大風暴正在醞釀成形。

五月六日，立委朱高正在一場座談會中，詢問陳長文，如果中共捐款資助海基會，海基會接不接受？

朱高正提出這個問題，是因爲他聽說中共準備以兩千萬美元資助台灣某政治團體，以分化國內各民間組織在推展兩岸事務的立場和步調。朱高正認爲，這對兩岸交流等於投下負面因素，政府應該立法禁止。

陳長文回答說，海基會歡迎大陸捐款，因爲這表示大陸認同海基會這個替兩岸人民服務的組織，不過，根據海基會捐助章程，捐款人一旦捐完款後，就必須「了事」，不得干涉海基會運作。（自由時報，一九九一年五月七日，宋申武報導）

陳長文又說，代理大陸辦事，很可能涉及「角色衝突」問題，如果只是代購台灣出版的書籍，或收集一些文物資訊的話，還沒有什麼關係，但絕大部分情況，是會有矛盾的，因此除非政府認爲中共某項委託不會產生衝突，才有可能受理，否則海基會基本上不宜接受對方任務委託。

朱高正的詢問，只是朝野許多人士對海基會的疑慮之一。海基會風頭愈健，愈受到各界的注意與疑慮。畢竟與大陸交往，就必須承擔被懷疑的風險，這就是從事兩岸交流的人所無法避免的宿命。

政策路線的競爭，也是影響海基會的因素之一。在整個大環境充滿疑慮的情況下，更大的風暴終於爆發了。

第三章

風暴

立法院備詢起風波

1

一九八七（七十六）年起，台灣解除戒嚴、終止動員戡亂時期、國會改選、反對勢力民進黨興起等一連串的政治改革，促使民意高漲、國會問政激烈，政府官員在立法院受到屈辱，被認為是民主的問政表現，不但是新聞報導的焦點，更是海內外電視觀眾可以看到的畫面。

海基會是一個民間團體，新台幣十九億的基金，除了一億三千多萬元是民間各界捐助外，其他十七億都是由陸委會逐年編列預算來捐助，因此，立法院在審查政府預算時，有權要求陸委會率海基會人員備詢，接受國會的監督。

一九九一年六月六日，行政院陸委會副主委高孔廉在立法院答詢說，陸委會正在草擬「海基會監督草案」，以規範監督海基會。原則上，海基會人員不得兼任他職，但主管機關許可者除外。這項原則限制了海基會人員的任何兼職，但卻成為後來陸委會人員兼任海基會職位的依據。

而陳長文以身兼法律事務所負責人的身分、接任海基會秘書長之職，曾在立法院引起立委的嚴重關切。（中國時報，一九九一年六月七日報導）

陳長文說，如果將來確定海基會人員不得兼職，他本人一定「依法辦理」。陳長文是四位秘書長中唯一自願不領薪水的人，理律法律事務所雖然在海基會同一棟大樓的七樓，上班時間陳長文絕不到七樓，他還特別指示「理律不可接辦與兩岸有關的案件」，避免遭人非議。但是，這些仍然成為國會問政可做的文章。（歐陽聖恩，《再見，白手套》，頁五二）

2

六月十五日，立法院預算委員會審查陸委會編列捐助海基會基金五億兩千萬的預算案，依憲法第六十七條規定，「得邀請政府人員及社會上有關係人員到會備詢」，要求陳長文以海基會秘書長名義到立法院備詢。

據報載（自由時報，一九九一年六月十六日，宋申武報導），陳長文當天接到通知後，於上午十時多抵達立法院預算委員會會場，在簽名簿上簽名，自稱「社會人士」，被會議主席郭政一質疑，不准他發言，並要求更正簽寫「海基會秘書長」，否則全數刪除對海基會的捐助經費，陳長文不得已只好重寫。

稍後，陳長文在休息時間與記者閒聊時，半開玩笑的詢問主席郭政一的身分說，「那郭老大是什麼來歷？」這話被民進黨籍的立委陳水扁聽到了。

會議恢復後，輪到陳水扁質詢。他質問陳長文，剛才你在問記者「郭老大是那裡人」，你把立法院當成什麼？你把今天的會議主席當成什麼？

陳長文說，當然沒有，你不必挑撥，你有什麼問題請直接問。

陳水扁針對這件事發揮，質問陳長文為什麼稱主席為郭老大，是把立法院當黑社會嗎？為什麼不簽名？

陳長文側坐翹腿，陳水扁質問你是什麼姿態，為什麼心不甘情不願？

陳長文說，我對你的言詞心不甘情不願，你要談海基會的事就談，不必挑撥我和郭委員的關係。

陳水扁接著又問為什麼不簽字的事，去陸委會開會也不簽字嗎，出席列席都不必簽字嗎？

陳長文說，無聊。

陳水扁說，你算什麼？

陳長文也回敬說，你算什麼？

雙方開始對罵，主席郭政一插話，你說我是郭老大，雖然你一再否認，我要進行蒐證，保留我的追訴權。

下午繼續開會，陳長文沒有到，陳水扁上台要求通過「譴責聲明」，他並表示掌握證據顯示陳長文的律師事務所有執行大陸相關業務的嫌疑，要求下周提案撤銷陳長文海基會秘書長的職務。主席郭政一當場宣布，朝野一致譴責陳長文對立法院不尊重，會議因此提早結束。

3

中時晚報在六月十六日刊登一篇陳琴富的文章，分析「社會人士」與立委爲何在立院對罵「你算什麼？」

陳琴富說，陳長文上午表示，他絕對尊重立法院，但立法院卻沒有對於當事人予以相對尊重，他昨天列席立法院是突然接到通知，放下手邊需要的工作趕赴立法院的，他強調，即使簽名為「社會人士」又有哪一點不對？海基會本來是一個民間團體。

陳琴富分析，立委與列席備詢者的衝突除了制度設計之外，一種泛民意政治文化的氾濫才是眞正的原因。

他指出，近來民意代表受到批評的情況有：對於列席者未予適當的尊重、民意代表多有作秀超過實質意識的心態。

陳琴富說，不可否認的，昨天涉事的當事人，陳水扁平日議事十分認眞，陳長文容或有個人的脾氣，但一個人不能完全沒有個性，尤其處理兩岸事務，帶有必須的一點「氣勢」，容或在兩岸交涉上不致吃虧，也是應該的。

報導說，不少讀者反映，台電總經理張斯敏被撒了煤灰還向立法院道歉，陳長文列席挨罵還要被發表聲明譴責，他們不能理解，為什麼替民衆爭取權益伸張公理正義的民意機構卻找不到公理與正義？

4

六月十七日聯合報刊登記者林美玲、游其昌訪問幾位立委的意見。作為新聞記者，平衡報導是必須的，客觀公正報導也是必須的。

陳水扁接受林美玲訪問說，每一位民意代表的問政方式都不一樣，而他的角色是反對黨的民代，站在民意的立場制衡國民黨的行政官員。他指出，從台北市議會到立法院，他的問政風格一直是如此，官員喜不喜歡是一回事，但是選民會給他評分，如果選民不接受他的問政方式，自然不會繼續投票給他。他強調，選民支持他到立法院不是要他去對官員逢迎巴結，因此對於他的問政風格，「只要選民高興就好，不必也要官員高興。」

國民黨立委郭政一、也就是指責陳長文不該簽名爲「社會人士」的會議主席，接受訪問說，民意代表和行政官員之間原本是應該要禮貌相待，以前一些立委對官員咄咄逼人的氣勢是有一點不應該。不過，前天海基會秘書長陳長文到立法院來的態度確實是太過分了。

民進黨立委盧修一說，爲何在陳長文事件上，朝野立委會一致對外，因爲長期立法權萎縮，行政機關藐視，立委要凸顯強勢，不以強烈方式，如何行使職權，就此情況而言，他認爲「矯枉必須過正」。

國民黨立委蔡璧煌說，立委長久以來不受行政官員尊重，而本屆立委對「自我職權」意識相當在乎，從心理學角度來看，多少帶有「對自我職權危機的焦慮感」，而這兩年政治改革的腳步快速，民意頗爲急切，立委當然急於反映，面對官員時，當然不會有太多的好話，這是行政官員應了解的。

5

海基會秘書長陳長文怎麼反應呢，爲什麼他會與立委口角？

六月十六日，中時晚報記者李祖舜訪問陳長文，給他表達意見的機會。

陳長文說：「我絕對沒有絲毫不尊重立法院的意思，也從未說過海基會不願受民意監督，但面對立委們毫無理由的謾罵，我難道不能回敬嗎？」

他強調，民意機關有無權限撤銷他海基會秘書長職務是技術問題，他個人不願置評，但他對兩岸交流事務奉獻的熱忱不會有絲毫影響，「只是深惡痛絕這些民意代表浪費時間的問政態度。」

他說，他一接到通知，立即趕到立法院，去了就表示對立法院的尊重。

他說，身爲老百姓，面對立委質詢時人格都受到這樣的踐踏，那官員情何以堪？

他感慨的說，他並不在乎個人的成敗，但實在不願看到政府形象遭到民意代表如此的踐踏。

6

一般民衆對這件質詢風波的反應如何呢？聯合報在六月十七日晚上對七百九十位民衆進行電話訪問，五十七位拒受訪，七百三十三位受訪民衆有百分之五十七認爲：大多數立委問政態度確實侵犯政府官員的尊嚴。五成二的受訪民衆滿意陳長文擔任海基會秘書長的表現，對陳水扁的表現，各有三成四的受訪民衆表示滿意或不滿意。

聯合報進一步分析發現，超過七成的民進黨支持者表示欣賞陳水扁的問政方式。

聯合報也說明，這項抽樣調查，依據抽樣理論，可能的誤差率爲三點六個百分點。

7

質詢風波並沒有就此了結，部分立委正在進一步醞釀解除陳長文的海基會秘書長職務。他們放話，將在六月十九日審查陸委會預算時，以附帶決議的方式要求解除陳長文的海基會秘書長職務，否則陸委會預算不得動用。

由於此一杯葛行動將影響到陸委會的下年度預算，因此，國民黨副秘書長徐立德、陸委會主委黃昆輝陪同陳長文，於六月十八日拜會國民黨立委黨部，設法化解溝通誤會。部分立委要求陳長文辭去律師職務，以免公私混淆，引發閒言。

陳長文解釋說，六月十五日下午他沒有到立法院備詢，是留在海基會處理「鷹王號」事件，絕沒有對立法院不敬的意思。

黃昆輝也向立委澄清，陸委會專責處理大陸事宜，與公權力有關者不便出面時，才由海基會處理，由此次「鷹王號」事件處理的情形看來，陸海二單位確能密切合作，並有明確的分工。（自由時報，一九九一年六月十九日，黃光芹報導）

鷹王號事件發生於六月十三日上午十一時，基隆船務公會接獲香港轉來巴拿馬籍貨輪「鷹王輪」的求救電訊，鷹王輪在從香港前往日本途中，於台中港外海遭六名未能辨明身分的持械男子挾持前往大陸。海軍方面立刻派艦前往營救，將人船帶回台中港處理。（《海基會八十年年報》，頁六一）

海基會接獲通報後，立即電傳大陸有關方面查證六名持械男子的身分，原來是廈門海關人員在海峽中線埋伏取締「鷹王輪」涉嫌走私香菸。

海基會在處理「鷹王輪」事件時，正好發生六月十五日上午立法院要求陳長文備詢、引發口角的事件。當天下午陳長文留在會中等待與大陸協調釋放大陸海關人員的事情，最後決定於六月十八日在香港交接人員及裝備，後來還引起一場爭執，海基會副秘書長陳榮傑一戰成名，此是後話，暫且按下不表。

黃昆輝說，陸海兩會在鷹王輪事件中合作良好，陳長文精明能幹，嚴守分際的特點，也在此事件中表露無遺。

黃昆輝認為，陳長文極具使命感，也極有分寸，在處理鷹王輪事件這段時間，有任何消息及資料，都會立即通知陸委會，兩人熱線電話一天數通，例如六月十七日即通了五次。海基會成立不久，卻已做了不少事情，這是大家有目共睹的。（中央日報，一九九一年六月十八日報導）

但是，中時晚報卻於六月十七日報導，鷹王輪事件六官員身分，陸委會被告知的時間比海基會還晚三小時。

陳長文表示，海基會十三日接獲政府有關部門通知後，立即透過福建廈門紅十字會轉達查證，證實六名中共海關人員的身分後，才回報有關部門及陸委會。

這則新聞的發生，顯然是陸委會官員透露給中時晚報記者的，不然記者怎會知道陸委會晚了三小時才知道大陸海關官員的身分。這就是歐陽聖恩《再見，白手套》所說的「海陸不和」事件，海基會剛成立不久，就已經受到陸委會與立委的嚴格對待，風波也不斷。

立委提案要撤換陳長文，也引起海基會人員的同仇敵愾。海基會一位高層人士說，立法院若眞的通過這些提案，將只會加深海基會的無力感，對推動兩岸交流事務毫無幫助。「立委們揚言要刪除行政院捐助基金，刪就刪啊，反正這是國家的事情。」（中國時報，一九九一年六月十六日，李祖舜報導）

這位人士說，只要政府認爲海基會有存在的必要，海基會全體工作人員都將全力以赴，但若政府或國會覺得兩岸交流業務沒有必要，海基會隨時可以結束業務。

以當時的政策和在野黨對兩岸交流的疑慮來看，他們怕的正是海基會「全力以赴」。黃昆輝執行的是李登輝的政策，兩岸關係要慢慢來，不能急。但是，海基會接受政府的委託，必須全力以赴去處理好有關兩岸關係的事情。要去化解兩岸事務性問題的紛爭，必須先建立連絡管道，才能處理事情。

海基會能夠與大陸簽約賣掉台灣嗎？海基會有這麼大的能耐嗎？民意有疑慮，但是海基會受託處理公權力有關的兩岸事務，海基會人員願意慷慨就義，反對力量卻希望越慢越好，這就是衝突的來源。怎樣才能取得平衡點？

8

當時，有一篇報導分析指出，制度、事務、與人的因素，是這次衝突的主要原因。

他說，制度的衝突，在於海基會是「政府出錢、受委託行使公權力的民間團體」，因此，立委認爲，海基會沒有理由不受國會監督。但是，海基會認爲，立委要監督海基會應透過陸委會，制度上立委監督不到民間團體。

事務的衝突是大陸事務的敏感性。立委最常批評海基會的是「黑箱作業」，「誰知道他們在大陸與中共談些什麼？」所謂「出賣」、「勾結」的影子常揮之不去，海基會則頗感委屈。例如三保警事件，奔波半個大陸，何止「僕僕風塵」？更周旋於共幹之間，好不容易達成任務，救回三保警，反而被疑神疑鬼。（聯合報，一九九一年六月十六日，胡文輝報導）

「三保警」事件發生於民國八十年三月八日晚上，台灣保七總隊程起、周憲光、趙宏贍等三位員警，在彭佳嶼附近海面查緝走私，登上大陸漁船「閩平漁五〇六九號」，被挾持到福建平潭，三月九日凌晨在航行途中發生打鬥，周憲光涉嫌開槍傷害走私嫌犯林武重傷致死，大陸公安將三保警移送檢察院處理。當時海基會正好在三月九日掛牌運作，兩岸聯繫管道尚未建立，政府決定由紅十字會出面處理，因此，中華民國紅十字會副秘書長常松茂、國際組主任徐祖安，三月十五日前往香港與大陸中國紅十字會副秘書長曲折、香港新華社副秘書長黃文放等人員會商解決辦法，大陸人員無法全權處理。到三月二十七日，身兼紅十字會秘書長的陳長文，與常松茂、徐祖安前往北京，與中共國台辦人員協商，雙方達成協議，三位保警不適用「金門協議」的刑事犯遣返原則，於四月三日經由香港搭機回國。

但是，聯合報在北京採訪的記者，於三月二十九日在報導中討論陳長文會見中共國台辦人員，算不算「官方接觸」？這個問題在今天還是存在的。當時，陳長文說，我們是來解決問題，大家不必把它政治化，没有必要，没有意義，事實上也没有這個意思。

中時晚報記者楊渡報導陳長文在北京，楊渡說，眞正的事情其實是未來的事情，也就是海基會組團赴北京訪問的事。中共方面形容「海基會」是「明明是官方接觸，卻又偏偏要戴著民間手套」。可見當時中共還有意製造兩岸已經展開官方接觸的印象，台灣則基於「三不政策」而成立海基會執行白手套政策。

四月十日，聯合報報導，據指出，海基會的設立雖然設定在事務性功能，但兩岸交涉過程中，仍難避免摻雜一些政治訊息的傳遞，也就是說，兩岸過去「隔空喊話」的情形，日後有可能轉由海基會扮演「空中飛人」，爲兩岸傳達有關訊息。

這就是當初台灣各界對海基會的疑神疑鬼。其實當海基會人員在與大陸方面交涉處理事務性問題時，李登輝正在派遣蘇志誠等人到香港與中共人員秘密會談，那才是最敏感的事，海基會只是轉移了大家注意的目標而已。

李登輝也在事前知道陳長文要去大陸傳達什麼話。據歐陽聖恩《再見，白手套》指出，陳長文以中華民國紅十字總會秘書長身分，於三月二十七日赴北京與大陸紅十字總會展開六天五夜的磋商。行前郝柏村特別向李登輝總統報告後，對陳長文說：「應該去，你告訴他們，兩岸關係的發展很重要，希望能把三人和裝備一起帶回。」

陳長文在福州處理「三保警案」時，接受上海文匯報記者訪問，對於「三保警」案無法在短期內得到解決，陳長文解釋其原因說，是由於大陸方面有關司法程序未能定案。大陸方面認爲，開槍警員周憲光必須擔負「防衛過當」的刑事責任。而台灣方面則認爲開槍傷人致死是由於公務，並因而涉及回台路線爭論，由於這一原因，台灣紅會一行在北京進行磋商後，又赴閩繼續就司法程序展開磋商，並堅持三保警必須同時返台，致使時間有所耽擱。陳長文還表示，福建有關部門奉大陸當局有關部門指示，曾動員數百人協助處理此事，顯示福建方面並沒有拖延時日的意思。陳長文最後認爲，本案顯示中共在考慮兩岸關係的同時，必須維護司法獨立與尊嚴。（文匯報，一九九一年四月五日，沈宏菲報導）

陳長文順利完成救回三保警的任務，並不表示就會獲得國內有關人士的信任，相反的，疑慮更深。蘇志誠在八十年二月十七日與中共代表楊斯德的香港密談，就坦白告訴對方說，郝柏村是一個軍人，對大陸政策並不了解。「我們的決策是在一個很小的範圍內，包括李總統和李元簇副總統在內只有六個人。」

可見當時郝柏村是李登輝想要排除的對象，陳長文是郝柏村推薦負責籌組海基會的人，李登輝派系對陳長文自然也保持嚴格監督的狀態。正如邱香蘭報導所說：「他以這種郝柏村親信的身分處理兩岸事務，也引起民進黨及無黨籍人士的極大疑慮。爲掃除疑慮，他也曾表示，願以半官方海基會秘書長的身分，到立法院備詢。即使如此，亦無法安民進黨諸人的心。例如去年九月的金門密談有關偷渡遣返問題，即引起了強烈的質疑，終於爆發了昨天在立法院中的衝突。」（自由時報，一九九一年六月十六日，邱香蘭報導）

立法院的質詢風暴，只是冰山的一角，陸委會對海基會的嚴格監督態度、和不同的大陸事務理念，造成兩會之間一連串的爭執，導致陳長文在八月間首次辭職求去。

第四章

衝突

海陸兩會的理念之爭

1

海基會和陸委會成立伊始，就對兩會運作、對待大陸的策略、從事大陸事務的態度，有不同的理念之爭，埋下了兩會不和的導火線。

海基會認爲，以民間團體身分處理兩岸事務，可以有比較大的揮灑空間，才能解決問題。對待大陸方面要以「中國的、善意的、服務的」態度，才能從事兩岸的協商、交流與服務，才有對話的共同基礎。政府捐助海基會基金，應該監督，但不是看得死死的，凡事都要向陸委會報准後才能執行，就會讓海基會無法發揮機動、民間、白手套的迴旋空間。

陸委會和立法院一樣，認爲海基會接受政府捐助基金，接受政府委託，從事公權力有關的事，當然要受政府和國會的嚴密監督，以免作出傷害台灣的事。對待大陸方面是否需要善意，要看大陸方面的善意回應而定。如果大陸當局對台灣還有敵意，就不必急著發展兩岸關係，慢慢來，不要被大陸吃掉了。兩岸如果不能做到「對等政治實體」的互相承認，最少也要有默認，大陸不要否定兩岸對等的關係，國統綱領才有可能進入官方往來的中程階段。

大陸方面則怕一旦承認台灣的對等地位，就會在國內外形成「兩個中國」、或「一中一台」

的印象，這是大陸領導人不能接受的事實。江澤民在一九九〇（七十九）年十二月十六日第一次與國統會研究委員沈君山對話時，就坦白說：「沒有一個國家有兩個中央政府。」兩岸可以包含各黨派來談，「但是不能政府對政府，那就成兩個中國了。」（九十年代，一九九六年八月，頁六八）

但是，中共會在統戰下工夫，善意對待他們有意爭取的人，尤其是從事兩岸協商、交流、服務的海基會人員；但也會故意冷落海基會的代表，以便創造對中共方面有利的條件。台灣方面一看海基會的代表受到中共善意對待，就會起懷疑，甚至加以打壓，或嚴密監督，這正好中了中共方面的統戰之計，敢於與中共善意往來而能達成使命的代表，很快就會在壓力下離職了。

2

行政院副院長施啓揚兼任陸委會主委不到半年，李登輝就派他所信任的黃昆輝在八十年五月底接任陸委會主委，以便執行李登輝的大陸政策。

當時，陳長文在五月二十九日還說，海基會只是陸委會的委託執行單位，他不認爲政務委員黃昆輝擔任陸委會主委，對於海基會未來的工作會有任何改變。（聯合晚報，一九九一年五月二十九日，葉伶芳報導）他沒有料到在黃昆輝任內，海陸大戰一波又一波，海基會連續折損了三位秘書長，一直到海基會被轉型收編，兩會關係才穩定下來。

海基會在四月底完成第一次組團訪問大陸後，接著規劃由副秘書長石齊平在五月底率團訪問大陸東南沿海五個城市，考察大陸投資環境。

陸委會認爲，中共在我方宣告動員戡亂終止後，發表一連串否定國統綱領的文章，使台灣民衆對中共產生高度不信任感和疑懼，因此兩岸交流不必太急，必須等到中共有善意回應時，

才進一步擴大交流的範圍與速度。（歐陽聖恩，《再見，白手套》，頁四七）

海基會則認為，台灣可以執行保守的大陸政策，但是不能不先了解大陸，還要不斷的接觸才能建立連絡管道，第二次大陸之行愈快愈好。

「海基會加緊踩油門，陸委會卻急煞車，兩會意見的分歧，此時已出現端倪」。在新任陸委會主委黃昆輝與高層會商後，到六月初才同意海基會與大陸方面接洽行程，七月五日才啓程赴廣州、廈門、深圳、上海訪問十一天。

海基會打鐵趁熱，在石齊平即將率團訪問大陸之際，文化服務處也規劃了一個小型的文化訪問團，預計在七月下旬由文化處長周逸衡率領文化處同仁到北京，與人民日報、中共廣電部、北大等文化新聞單位建立連絡管道。

這項計畫還沒有告知陸委會，就被一位中廣記者報導出來了。副秘書長陳榮傑表示，這是海基會自行規劃的業務，不一定要與陸委會研商。周逸衡也認為，在組織章程規定的權責內，應享有充分自主權。

這正是陸委會最擔心忌諱的事。陸委會認為，海基會一舉一動，都要讓陸委會知道，否則一旦立委質詢，陸委會卻不知道，這豈不是陸委會沒有做好監督海基會的責任？可見海陸兩會立場不同，理念與做法也不相同。

周逸衡不滿處處受到監督，於七月三十一日以「身體不適」為由辭職，早早脫離海基會這個是非地，重返中原大學教書去了。

3

陸委會為了監督海基會，曾應立委要求擬訂「海基會監督條例」，以便經行政院院會通過，送到立法院審查。這就是部分立委所說的「海基會監督條例」通過後，要陸委會撤換陳長文的風波。

陸委會爲了管制海基會，還有意將海基會人員降格對待。後來曾擬訂一個有關海陸兩會人員轉任條例，規定海基會秘書長職位是十四職等，其他職位人員都普遍比陸委會低一職等，例如，海基會處長級是十一職等，陸委會處長則爲十二職等，經過幾任秘書長的一再爭取，才改爲與陸委會同一職等或低一職等，海基會秘書長不列職等，陸委會副處長可以轉任海基會處長，處長則可轉任海基會副秘書長，副主委則可轉任海基會秘書長。

海基會文化參訪團規劃案尚未報備就曝光的事件發生後，海基會內部立刻做了檢討與防範，加強門禁，對記者也加強保密，陳長文也要求海基會同仁多與陸委會溝通，以求化解兩會日益增加的心結。

陸委會也在七月二十六日舉行化解心結的座談會，邀請兩會主管以上人員參加，海基會由副秘書長陳榮傑率領各處主管參加，陸委會由副主委謝生富率各處主管接待，最後兩會人員同意由法律部門就海基會各項業務逐一研究，以確定那項業務要事前報備、或徵得同意。這些管制措施雖然尚有爭議，但是海基會主管和各級人員，都注意在事前或私下與陸委會主管人員加強溝通，兩會人員私下也加強往來，逐漸化解兩會運作的磨擦，不過，這已是多年以後的事了。

4

事實上，海陸兩會的爭論愈來愈嚴重，最後導致陳長文、陳榮傑、邱進益三位秘書長先後辭職，任期一個比一個短。

陳長文首先在一九九一（八十）年八月間提出辭呈，但這次的辭職行動沒有曝光，直到陳長文在一九九二年二月再度請辭兼任秘書長，辜董事長才透露曾經在一九九一年八月慰留陳長文這件事。

爲什麼陳長文會在八月間請辭秘書長職務？一九九一年八月間的兩岸大事，是大陸紅十字會副秘書長曲折等人來台交涉「閩獅漁二二九五號」事件，以及李登輝秘密派遣華視文化公司執行副總經理鄭淑敏，於七月間前往北京會見中共國家主席楊尚昆、國台辦主任王兆國，協商兩岸合作打擊海上走私的問題。雙方談好後，再派陳長文去北京談判。

七月二十一日下午，大陸漁船「閩獅漁二二九四」和「閩獅漁二二九五」在通宵外海二十海里處，與高雄籍漁船「三鑫財號」發生絞網糾紛，「閩獅漁二二九五」船長吳勇涉嫌率員強登「三鑫財號」漁船，搬走船上羅盤、對講機、電視機、錄影機等貴重物品作爲抵償，並強押「三鑫財號」船長蕭清山之弟蕭清太，等到取得新台幣五千七百元後才放人。案經「三鑫財號」發出求救信號，海軍「一九八」軍艦、保七總隊人員以及附近兩艘漁船趕到救援，將兩艘大陸漁船帶回台中港處理。

海基會得知消息後，即與陸委會保持聯絡，並指派法律處長許惠祐前往台中，陪同大陸船員接受我方偵訊，並將偵訊結果電傳陸委會參考。

七月二十二日，陸委會邀集各有關單位及海基會研商處理原則，決定應由台中地檢署處理，海基會則負責將處理情形通知大陸有關單位，使大陸當局了解我方打擊犯罪的決心。

鄭淑敏是否在此一期間前往大陸秘密會商兩岸合作打擊海上走私犯罪事宜，商業周刊的資料只說是七月間，沒有確定日期，因此，李登輝是有可能藉此機會派員到大陸探路。在有關資料尚未解密之前，無法斷定事實眞相如何。如果眞的是李登輝在此事件發生後派鄭淑敏前往大陸談判，而不是派陳長文前往大陸溝通，是否會引起陳長文辭職？還是因爲得不到上層的信任、覺得無力感而辭職？這些都無法臆測。

七月二十五日，大陸國台辦電傳海基會，要求派專人來台探望十八名大陸漁民、了解情況，並希望儘快將人船釋回，由當事人協商解決。

海基會將大陸國台辦的要求轉告陸委會，陸委會原則同意可考慮由大陸紅十字會派遣一兩位不具官員身分的人員來台做人道探視，有關聯繫及接待事宜由海基會負責。

大陸紅十字會副秘書長曲折在我方尚未同意來台之前，已於八月十二日抵達香港，準備來台「協商案情」，我方拒絕。曲折最後同意只做人道探視。八月二十日，曲折與大陸新華通訊社（新華社）記者范麗青、中國新聞社（中新社）記者郭偉鋒來台，立即成爲新聞報導的焦點。

台中地檢署檢察官對「閩獅漁二二九四」船長蔡成家及船員十人偵查後，以不起訴處理。我方即按照蔡成家等十一人的意願，護送往金門，但大陸方面拒不接人，直到曲折來台協商達成協議後，十一位漁民於八月二十四日搭乘客輪自金門回到廈門，海基會人員陪同與大陸人員辦理人船交接手續。至於涉嫌搶劫的「閩獅漁二二九五號」船長吳勇等七人，被台中地方法院以海洋行劫罪起訴，經六次開庭審理，於八月三十日分別宣判六個月到一年二個月的有期徒刑。到八十一年一月二十七日完成司法程序後，才獲釋經香港返回廈門。

對於這個案件，大陸方面認爲是民事糾紛，台灣方面則堅持司法獨立，不應干涉，司法程序應與人道問題分開處理。海基會扮演的角色是吃力不討好的中間人，負責與大陸方面的聯繫、接待、協商，只要對大陸方面表現出應有的善意，即可能受到台灣部分人士的另眼看待，因此備感壓力。

兩岸不斷發生的海上漁事糾紛、海上偷渡、走私等犯罪行爲，終於促成兩岸正視兩岸合作打擊海上犯罪的問題，但是，揮之不去的還是「一個中國」的問題。

第五章 出擊

誰為李鵬帶信？

1

一九九一（八十）年七月間，李登輝秘密派遣鄭淑敏前往北京會見中共國家主席楊尚昆、國台辦主任王兆國，提出兩岸合作打擊海上走私的問題，大陸方面同意，雙方談妥原則性的意見，再安排雙方代表討論細節。（魏承思，商業周刊，二〇〇〇年七月二十四日，頁七六）

海基會按照有關單位的授權與指示，於十一月間由陳長文率團前往北京，會商有關共同打擊海上犯罪的問題。誰知回來後卻被部分立委質疑：陳長文是否替行政院長郝柏村帶信給中共總理李鵬。這是打擊陳長文與郝柏村的「一箭雙鵰」策略，陳長文雖然否認，不甘受辱，沒有多久就決定辭職了。

2

海基會代表團於十一月三日至七日訪問北京四天，陳長文率領陳榮傑、許惠祐、趙塗成、陳豐榮、高富月、謝幸姿，與中共國台辦就協商「兩岸共同打擊海上犯罪」的程序性問題，交換意見，同時還就兩岸交流涉及海基會業務的問題，例如文書驗證、兩岸司法互助、人道探視等，與中共相關部門初步交換意見。十一月七日上午與中共副總理吳學謙對話，然後經香港返台。

在這次會談中，中共國台辦副主任唐樹備認為，兩岸合作打擊海上犯罪應在「一個中國」原則下進行。陳長文認為，「一中」原則與兩岸合作海上打擊犯罪的程序無關，不必列入。如果確有必要，亦應依照「國統綱領」揭示的「對等互惠、相互尊重」精神來進行。

關於商談的議題，海基會提出合作項目包括：犯罪預防、建立通報管道、資訊交換、案件管轄、協助案件之調查與審理、以及相關人員之遣返、送回等。大陸方面認為，「犯罪預防」、「案件管轄」應由雙方自行辦理，不必列為合作項目，雙方交換經驗即可。其他項目原則同意在實質商談中再協商。

參加協商人員，大陸方面希望由有關單位人員以適當名義參加，海基會根據「國統綱領」近程階段「官方不接觸」原則，主張由授權機構各自決定，不必列入討論。

協商地點，大陸方面希望在大陸或台灣舉行，海基會主張現階段以第三地區為宜，大陸同意如有必要可在第三地舉行。

實質商談時間，雙方同意來年雙方準備妥當後儘快舉行。（《海基會八十年年報》）

3

關於文書驗證問題，海基會基於兩岸人民事實上的需要，已經開始辦理兩岸的文書驗證，以供有關單位使用。但是，對於海基會去函向大陸有關單位查證大陸公文書眞僞問題，大陸方面回函不多，各地方處理方式也不一樣，因此，海基會積極推動與大陸合作建立文書驗證的制度。

大陸司法部副部長魯堅認爲，台灣若干新聞媒體將兩岸文書驗證視同外交領事認證，這將形成國與國交往的性質，在此情況下，大陸方面不能同意。不過，司法部已經委託公證員協會研究此一問題。在「一個中國」原則下，兩岸可以具體商談文書使用問題，避免使用文書驗證這個名詞，以免引起誤會。

陳長文除了說明「國統綱領」的原則與精神外，也希望大陸方面積極配合提供大陸公證處單位名稱、公證書樣張、印鑑樣式等，以便爲兩岸人民辦理公證書驗證，至於合作方式、名稱問題，雙方可再交換意見。

有關兩岸司法機關相互協助問題，大陸最高人民法院副院長馬原表示，雙方法院可以直接接觸商談。大陸最高人民檢察院副檢察長梁國慶也表達雙方檢察單位直接接觸商談的看法。陳長文都根據國統綱領的原則，向對方說明在過渡期間兩岸官方不便接觸的理由，海基會可以依據授權代表協商有關問題。

大陸方面其實已經了解台灣依據國統綱領實施近程階段官方不接觸的原則，因此，國台辦主任王兆國透露，大陸方面計畫設立一個民間機構，推動兩岸交流。這個機構在十二月十六日成立，就是後來簡稱「海協會」的海峽兩岸關係協會。

中共副總理吳學謙在會見陳長文時，重提加速三通、一國兩制、兩黨對談等主張。

陳長文坦白告訴吳學謙，一國兩制或香港模式絕對不適合於台灣地區，而且在台灣的政治法律體制下，執政黨並不能代表政府，兩黨對談也不合適。「國統綱領」規定在中程階段才能進行三通，近程階段則以加強交流、建立互信爲主，大陸方面應表現誠意與善意，加強兩岸民間交流，讓台灣在國際社會發展雙邊或多邊關係，拉近雙方的距離，中國才可望邁向統一。至於未來中國應採何種制度，應由全體中國人來做最佳的選擇。

4

雖然陳長文在北京極力爲政府的大陸政策辯護，努力說服大陸方面暫且不提政治問題，先從實質的事務性問題著手，以善意與誠意改進兩岸關係，但是，在台灣民進黨的立委還是對陳長文有所懷疑，連陸委會都對陳長文表示不滿意，究竟是怎麼一回事？

根據當時擔任海基會旅行處長的歐陽聖恩所著《再見，白手套》說，陳長文於十一月七日回到台北，幾位民進黨立委先後提出質疑，指稱陳長文爲行政院長郝柏村帶信給中共總理李鵬，並將行政院擬訂的「兩岸直航方案」、和政府準備解散民進黨的整本報告，一起交給中共，因此，這位立委主張立即裁撤海基會。但是，多位國民黨籍立委表示不能認同這些指控。

事實上，在十一月十六日，李登輝指派蘇志誠和鄭淑敏前往香港，與中共國台辦的王局長等人，舉行第六次密談，討論台灣以「台澎金馬關稅區」名義加入世界貿易組織的問題。蘇志誠還告訴大陸官員說，台灣已在名稱上做了讓步，既沒有兩國，也沒有一國兩府或台灣，已顧及到一個中國原則。這件事在九年後，被商業周刊在西元二〇〇〇（八十九）年七月二十四日刊登出來。

政府高層處理重大問題時會顧及「一個中國」原則，可是，當時陸委會卻對海基會與中共談論「一個中國」有意見。是否因爲海基會是執行單位，只能做、不能說？陳長文回到台北，海基會人員告訴他：「陸委會表示此時不宜談『一個中國』，而且『一個中國』會被認爲是指中華人民共和國，對我方不利。」

歐陽聖恩說，陳長文頓時感到詫異和沮喪，「一個中國」幾乎是國統綱領所描述出來的眞理，陳長文依據這個眞理與中共據理力爭，居然會受到自己人的懷疑和不滿，還指示他不能對新聞界說「一個中國」已大部分達成共識，必須改說「一個中國」還有很多未達成共識。至此，陳長文確定自己是無法在這種保守的大陸政策之下去推動兩岸交流的工作了。

原來李登輝推動設立國統會、通過「國家統一綱領」，對「一個中國」有不同的解釋。國統綱領所說的是未來的「一個中國」，現在則是一個分裂、分治、兩岸對等的「一個中國，兩個政府」。因此在前言中明白指出：「中國的統一，在謀求國家的富強與民族長遠的發展，也是海內外中國人共同的願望。海峽兩岸應在理性、和平、對等、互惠的前提下，經過適當時期的坦誠交流、合作、協商，建立民主、自由、均富的共識，共同重建一個統一的中國。」

從國統綱領這段前言可以了解，兩岸在分裂分治的情況下，未來經過適當時期的交流、合作、協商，可以建立一個民主、自由、均富的統一的中國。但是在近程階段則主張：「兩岸應摒除敵對狀態，並在一個中國的原則下，以和平方式解決一切爭端，在國際間相互尊重，互不排斥，以利進入互信合作階段。」

大陸方面則認爲兩岸現在就是「一個中國」，大陸是中央，台灣是地方政府。所以大陸強調兩岸關係要在「一個中國」的架構下來談，台灣是以地方政府的地位來談。

但是，當時國民黨的政策認爲，一九一二年建立的中華民國還存在於台灣，應與大陸的中華人民共和國有對等的地位，冷戰時期國際上曾經以「共產中國」和「自由中國」來稱呼海峽兩岸。台灣在解嚴以後已將中共視爲競爭性的政黨，將來經過自由的民主選舉，國民黨仍然有機會在大陸贏得政權，再造一個統一的中國，因此，「一個中國」是未來的原則，而不是現狀的描述，台灣地區加上大陸地區才能形成一個完整的中國，陳長文、沈君山都是以這種觀念與中共當局對話。

不過，政治是現實的，李登輝不願意明白同意「一個中國」，不論是未來中國、或是遙不可及的「一個中國」，台灣大部分人民都希望維持現狀，而選票是權力的來源，以「一國兩區」來代替「一個中國」，會比較有利。於是，國統會在八十一年八月一日通過「關於一個中國」的涵義說明：

一、海峽兩岸均堅持「一個中國」之原則，但雙方所賦予之涵義有所不同。中共當局認為「一個中國」即為「中華人民共和國」，將來統一以後，台灣將成為其轄下的一個「特別行政區」。我方則認為「一個中國」應指一九一二年成立迄今之中華民國，其主權及於整個中國，但目前之治權，則僅及於台澎金馬。台灣固為中國之一部分，但大陸亦為中國之一部分。

二、民國三十八年（公元一九四九）年起，中國處於暫時分裂之狀態，由兩個政治實體，分治海峽兩岸，乃為客觀之事實，任何謀求統一之主張，不能忽視此一事實之存在。

三、中華民國政府為求民族之發展，國家之富強與人民之福祉，已訂定「國家統一綱領」，積極謀取共識，開展統一步伐；深盼大陸當局，亦能實事求是，以務實的態度捐棄成見，共同合作，為建立自由民主均富的一個中國而貢獻智慧與力量。

這項說明，就是當時政府的政策。當時，兩岸已經準備要舉行「辜汪會談」了，「一個中國」的涵義說明，目的在作爲「各說各話」的準備。陳長文於一九九一年十一月七日從北京協商回來時，「一個中國」的涵義尚在草擬階段，因此，陸委會認爲陳長文不宜談論「一個中國」問題。陳長文則認爲，主管大陸政策的陸委會，對在第一線作戰的海基會限制太多，海基會只能當聽話的白手套，令他心灰意冷。

三個月後，一九九二年二月十三日晚上十一時，陳長文親自以電話告訴海基會一級主管，聯合報已經獲悉他的辭職消息，即將在第二天刊出，他不能讓海基會的主管看了報紙才知道他的辭職，因此一一打電話告知。

陳長文辭的是秘書長職務，在辜董事長的慰留下，仍然以副董事長身分專任駐會，協助董事長處理會務，一直到一九九三年三月才卸任。

第六章

卸任

陳長文與兩岸協商

1

陳長文擔任海基會秘書長只有一年三個月，擔任海基會副董事長則有三年。這段期間正是兩岸交流脫序時期，交流規範尚未建立，協商管道明暗皆有，尚未走上軌道。兩岸關係的定位也在積極溝通中，國人對兩岸關係的發展尚未建立共識，敵意善意兼具。中共方面雖然一再強調和平統一政策，卻又堅持不承諾放棄以武力解決台灣問題，不願簽訂兩岸和平協議，不願給台灣與大陸有對等的政治地位，在國際間則繼續進行零和的外交爭奪戰，在經濟交流方面則努力吸收台灣的資金與技術，台灣則經由兩岸間接貿易而賺得巨額外匯。

在這種情況下，陳長文與辜振甫接受政府委託，嘗試為兩岸交流建立秩序，協助政府成立民間性質的中介團體海基會，接受陸委會的授權與委託，與大陸展開協商，為處理兩岸事務性問題鋪路。

然而，國人對中共的疑慮、民進黨對國民黨大陸政策的牽制、以及對特定對象的杯葛，陸委會因應時勢而採取緩進審慎的大陸政策，都使海基會成為毀譽參半、動輒得咎的爭議焦點，陳長文更是各界注目、爭議的對象，在這種氣氛下，理念熱忱都擋不住內外交逼的指責，不下台也難。

2

陳長文畢業於台大法律系，出國留學多年，先獲得加拿大英屬哥倫比亞大學法律碩士，又在美國哈佛大學完成法律碩士和法律博士學位。回國後主持理律法律事務所，又擔任政府若干部門的法律顧問，以這樣豐富的法學知識與經驗，來處理兩岸事務性協商與交流，確實對兩岸交流有所助益。

從一九九〇（七十九）年九月至一九九二年二月，陳長文帶領台灣紅十字總會與大陸中國紅十字總會簽訂「金門協議」，處理「三保警案」等兩岸漁事糾紛，帶領海基會第一次大陸訪問團和第三次大陸訪問團、與大陸有關單位協商，建立以協商處理兩岸事務性問題的共識，對「一個中國」等政治性問題，也表達了台灣方面的主張。

新聞界對陳長文的看法是譽多於毀。當一九九一年六月間在立法院發生質詢簽名風波時，新聞報導除了對陳長文的脾氣有所批評外，對他處理兩岸交流與協商，並無質疑，有些甚至明白讚揚陳長文對中共防守嚴密、得體。

自由時報專欄作家費邊說，陳長文向極自負，外表傲慢，和其他官員那種畢恭畢敬的姿態，形成另一種極端。

費邊又從陳長文的角度來看問題。他說，從陳長文的角度來看，他上次北京之行（指四月間海基會第一次組團訪問大陸），充滿挫折感，台灣這邊壓力那麼大，反對派對他不信任，立法院整天吵架，只在作秀，他是成功的大律師，不想做官，何必像一般政府官員一樣忍氣呑聲，他才不怕與立委作言辭辯論呢。

費邊說，客觀而言，陳長文是一位難得的人才，他與大陸接觸時步步爲營，防守得水洩不通，這種任務，要找比他更勝任的人，並不容易。不過，陳長文在立法院應該表現一點政治家忍辱負重的責任感。（費邊，自由時報，一九九一年六月十七日）

當時，陳長文也曾表達願意改變脾氣、希望立委不要因他而刪除陸委會預算。他說：「我知道自己脾氣太硬，今後會改一改。」（工商時報，一九九一年六月十六日，林俊輝報導）

但是，他認爲立委不要老是有抓小偷的心態，應該爲國家政策去質詢，而且要把證據拿出來。

陳長文處在一個解嚴之後「百家爭鳴」、國會問政倫理尚未建立的時代。面對反對黨的質疑與牽制，李登輝不願直接與大陸當局公開談判兩岸定位問題，因而採取秘密溝通兩岸關係定位、委託海基會公開與大陸協商兩岸交流實質問題的兩面策略。當大家把目光集中在海基會的一動一靜時，李登輝就可以悄悄派蘇志誠與大陸官員交換意見，討論簽訂「兩岸和平協議」等問題。

陸委會委託海基會處理兩岸文書驗證、兩岸糾紛處理、犯罪防制、遣返遣送、文書送達與查證、資料蒐集、文化交流、兩岸掛號信處理等事務，李登輝同時委派鄭淑敏等親信人士去北京與中共當局協商兩岸合作打擊海上犯罪等議題，然後再讓陳長文去進行實際談判的業務。在舞台燈光的照射下，海基會在陸委會的牽制、國會的監督下，接受了觀衆的喝采與批評。

3

「金門協議」是陳長文以中華民國紅十字總會秘書長名義，在籌備成立海基會之前，於一九九〇年九月十二日與大陸中國紅十字總會達成的兩岸第一個協議，爲兩岸遣返刑事犯與犯罪嫌犯、偷渡犯建立了司法合作的管道。

「金門協議」內容只有五條，包括遣返原則、遣返對象、遣返交接地點、遣返程序、其他。

由於兩岸在遣返偷渡客與搭載交通工具時，曾發生偷渡犯被船老大關在狹小船艙中，以致悶死的慘劇。因此，「金門協議」的遣返原則特別注重人道精神與安全便利的原則。

遣返對象，包括違反有關規定進入對方地區的居民、刑事嫌疑犯或刑事犯。但因捕魚作業遭遇緊急避風等不可抗力因素、必須暫入對方地區者，不在此列。

遣返地點，以馬祖馬尾爲遣返商定地點，但是考量被遣返者居住地分布、氣候、海象等因素，雙方也可以協議另以金門廈門爲遣返地。

遣返程序，包括通知對方有關被遣返者資料，對方應在二十日內答覆，並按商定時間地點，雙方以紅十字專用船懸掛紅十字旗幟辦理遣返交接。

其他，如有未盡事宜，雙方得另行商定。（全文請參閱《海基會八十年年報》，頁五四）

兩岸海基會與海協會歷經多年的協商，曾經達成遣返偷渡犯、劫機犯的協議草案，但因陸委會採取與海上漁事糾紛處理協議合併簽署的「連環套」策略，以致達成協議的兩項草案沒有草簽，雙方至今仍然沿用「金門協議」來處理遣返問題，紅十字會與海基會共同參與見證。

中國時報記者王銘義撰寫的〈金門協議─國際紅十字旗下兩岸紅會談判〉指出，金門協議具有五項靈活策略，包括不觸及政治原則、簽署書面文件不使用雙方正式名稱、簽署文件的負責人不使用正式的職銜、簽署日期只冠上年月日而不用民國或西元紀元、雙方使用紅十字會旗而不使用政治象徵的旗幟。

這些處理原則，正是雙方日後舉行高階層的「辜汪會談」所使用的模式。在兩岸協商交鋒的過程中，任何具有政治象徵的文字，都會遭到對方的反對，這也是兩岸自一九九三年新加坡

「辜汪會談」簽署四項協議以來，無法取得互信、一再交鋒爭論的焦點。兩岸只有在不觸及政治原則的模式下，才有可能達成對等互惠的協議。

王銘義也指出了台灣各界當時對秘密談判的疑懼。他說，「金門協議」是雙方商定以秘密方式進行，只有極少數的人士參與決策。因為「金門協議」的秘密進行模式，讓台灣民眾更加確信，不管是在邏輯上、理論上，兩岸隨時都可能正在進行著各種秘密授權的談判，或政治傳話。

兩岸政治傳話並非沒有，李登輝就曾派蘇志誠去香港與中共官員討論兩岸簽署「和平協議」等重要問題。政治傳話是不可避免的，可怕的是國家人民的利益被當權者秘密出賣，但是，海基會有與大陸當局簽約出賣台灣的能耐嗎？海基會與大陸方面達成的任何協議，都要經過陸委會、國會通過或備案，才能生效。

海基會將大陸方面的信息傳給有關單位參考是可能的，因為海基會是兩岸溝通的管道之一，有如沈君山、蘇志誠、或其他從事兩岸交流的人士，每一個管道都有可能、也有必要將得知的大陸官方訊息，傳達給最高當局了解，否則豈不失職？但是，立委卻常質詢海基會有無傳話，目的在了解兩岸交流對話的眞相，為人民的利益把關，其實也是無可厚非。

李登輝在一九九一年五月一日宣布終止動員戡亂時期，大陸國台辦在六月七日發表回應的「六七談話」，事前曾先傳訊給海基會知道。這種「事前告知」，在國際外交社會是一種尊重對方的表現，在兩岸之間可以看做是尊重海基會的意思。但卻引起新聞界質疑有無政治傳話。據報載，國台辦曾在六月七日中午電傳海基會「知會」此事，以致外界認為中共利用海基會管道造成政治傳話的事實。（自立晚報，一九九一年六月八日，林鳳飛報導）

陳長文對新聞界解釋說，中共國台辦電傳海基會，主要是表達歡迎海基會二度訪問大陸之意，順便談到將有重要談話，請及時閱知，只是一種「知會」，並非傳來談話的全文。陳長文幽默地說，現在用這種「隔空打牛」（意指空中對話）的方式，不是比由海基會傳話還有效嗎？

4

大陸當局在一九九一年十二月十六日成立海協會，作為海基會的對口單位，是兩岸交流協商過程中的一個里程碑。

一九九一年四月二十九日，陳長文率領海基會代表團第一次訪問大陸，與國台辦副主任唐樹備對話時，唐樹備發表兩岸交流五點原則，其中第五點是：「海峽兩岸許多團體和人士致力於促進直接三通和雙向交流，應繼續充分發揮他們的積極作用。同時，為解決海峽兩岸交往中各個方面的具體問題，應儘早促成海峽兩岸有關方面以適當方式直接商談。」

唐樹備言下之意，或可解讀為有意促成兩岸官方以適當名義直接商談。中共方面一向以官員兼任民間團體的負責人，因此，成立海協會也是以國台辦人員兼任的方式處理，這與台灣海基會成立初期完全由民間人士組成的方式有所不同。因此，唐樹備這時已經暗示大陸將有適當的單位與台灣交流協商了。

一九九一年十一月，陳長文再度率團去大陸訪問，討論有關兩岸合作打擊海上走私犯罪等問題，國台辦主任王兆國於十一月五日晚上宴請海基會代表團。席間，王兆國告訴陳長文，大陸方面計畫設立「民間機構」，推動兩岸交流。（《海基會八十年年報》，頁一二二）其實，這時候，海協會已經在籌備成立了。

海協會在一九九一年十二月十六日舉行成立大會，通過組織章程，由汪道涵出任會長，唐樹備擔任常務副會長，兩位副會長是經叔平、鄒哲開，並由鄒哲開兼任秘書長。海協會也聘請榮毅仁擔任名譽會長，三位台籍人士張克輝、林麗蘊、蔡子民擔任顧問，並聘請數十位有關單位人員擔任理事。

海協會成立後，除了電傳海基會告知此事外，並首次對海基會去函要求協助查詢台灣人民在大陸被扣押的案件有了答覆，發揮兩岸溝通聯繫管道的功能。

一九九二年一月八日，海協會成立三個星期，就來函邀請海基會董事長辜振甫、或副董事長、秘書長，率團訪問北京，就加強雙方聯繫與合作事宜交換意見，這是大陸提升兩岸對話層次的策略。對話層次愈高，對改善兩岸關係愈有助益。第一次「辜汪會談」已經開始推動了。

5

一九九二年二月二十一日，海基會召開第一屆第六次董監事會議，通過陳長文辭卸秘書長職務的決議，遺缺由副秘書長陳榮傑接任，陳長文專任駐會副董事長，協助處理會務。

據歐陽聖恩說，陸委會當時曾表示，陳長文辭職，是因爲現行海基會與大陸海協會的人事不對等。過去陳長文與唐樹備地位對等，陳榮傑與鄒哲開對等，現在海協會成立了，唐樹備擔任常務副會長，鄒哲開擔任副會長兼秘書長。

如果照陸委會的對等理論，陳長文專任駐會副董事長，以便和唐樹備有對等地位。那麼，陳榮傑就應該擔任副董事長兼任秘書長，才能和鄒哲開對等囉？但是，陳榮傑升任秘書長，並沒有兼任副董事長，或許這就是陳榮傑很快就「受傷」辭職下台的原因吧。

多年後，陳長文對辭職原因還是保持風度，沒有指責任何人。從一開始參與草創，到最後失望地離開，陳長文心裡有很複雜的感覺，這種感覺，莫過於現在不再以身爲海基會的一員爲傲。（聯合報，一九九三年九月九日，何振忠報導）

陳長文對何振忠說，民進黨、流派、都不是他當初請辭的原因。當初他的請辭，是「太天真」。他依照國統綱領、海基會組織章程、陸委會的授權，拚命地往前衝，盡全力推動兩岸民間交流，「可是感覺不到政府的全力支持」，他一心一意想做事，可是目標卻愈來愈遠，最後有「上不了檔」的空轉感覺，所以只有換人來做。

陳長文慨歎說：「政府到底想要海基會作幾分？」（聯合晚報，一九九三年九月十二日，劉淑婉報導）

他已經發現政府的審慎緩進政策，與海基會努力從事兩岸交流協商的期望，有相當的落差。他從辭卸秘書長職務起，繼續擔任一年多的副董事長，一直到陳榮傑又請辭，總統府副秘書長邱進益受命連降四級到海基會，陳長文才卸下重擔。

十年後，當海基會在二〇〇一年三月以低姿態紀念成立十週年時，陳長文在《交流》雜誌發表一篇文章，勉勵海基會同仁：「海基會不會對歷史交白卷。」他說，天下沒有突不破的困境，沒有無法克服的困難，長文對海基會仍充滿信心。

問題是，海基會有十幾年的困境，雖然沒有對歷史交白卷，但是，面對滔滔兩岸潮，海基會能夠東山再起嗎？

第七章

緊箍咒

「陸九條」約束海基會

1

陳榮傑於一九九二年二月二十四日接任海基會秘書長，陸委會悄悄擬訂的「兩會運作關係處理原則」草案，於三月底曝光，被新聞界戲稱為「陸九條」，像孫悟空頭上的緊箍咒一樣緊緊約束海基會，引起海基會同仁一陣錯愕與反彈。

根據歐陽聖恩《再見，白手套》，「陸九條」的主要內容是：規定陸委會為海基會的中央主管機關，對海基會有指示、監督之責。海基會的性質，對外是民間財團法人，對內則為受政府處理公權力事務的準行政機關。海基會秘書長人選，由海基會洽詢陸委會意見後提名，報經陸委會核轉行政院決定。

海基會也提出「海九條」，逐條對照表達海基會的意見。海基會認為應該保留海基會的民間性質，不宜成為準行政機關。秘書長人選，在正式產生前，同意與陸委會協調，但不希望以正式公文報轉核定，以示尊重海基會董事會。

五月七日，海基會舉行第一屆第七次董監事會議，許多董事都認為「陸九條」有待商榷，辜董事長認為兩會應該加強溝通解決。代表自立報系的董事吳豐山說，兩會「陸九條」風波，不可歸因於媒體的報導，陸委會基於主管立場可以監督海基會，但對引起兩會運作紛爭的原因卻不應該淡化處理。董事高希均認爲，如果將海基會定位爲「準行政機關」，海基會就不需要民間捐出那麼多錢，也不需要那麼多董事。董事謝學賢認爲，海基會應該更靈活些，愈靈活愈有機會。兩會事務只要協調就好，不必要書面的東西。

當時擔任海基會監事的行政院秘書長王昭明和陸委會副主委馬英九，都聽取了董事的意見，但沒有發言。王昭明在會後說，「董事會應具有自主權，行政院不能干預。」

「陸九條」最後以增加備註說明的方式處理，兩會都同意加強溝通。八月六日，行政院院會中正式通過「陸九條」，但改名爲「受託處理大陸事務財團法人監督條例」，條文已經增加爲十七條了，明確規定陸委會是主管機關，受託處理大陸事務財團法人的董監事人選都要事先經過陸委會同意。

其實，陸委會和海基會在陳長文擔任秘書長時期，就有互派代表參加對方業務會報的溝通方式。起初陸委會派處長級人員，參加海基會每週舉行兩次的業務會報，後來參加的層級從副處長逐漸降爲科長，起不了溝通作用，只能代表陸委會上級機關人員到海基會了解業務狀況。海基會則從頭到尾都派處長級人員參加陸委會的主管會報。

由於重要事情都不能當場溝通決定，一年後就停止這種溝通方式了。後來兩會又舉行每月一次的「高層聯繫會報」，雙方由主委、副主委、董事長、副董事長、秘書長、副秘書長出席。每三個月又舉行一次「工作主管會報」，由兩會處長級人員參加，由於流於形式，一有其他活動，相關人員就不能參加聯繫會報，沒有多久也就不再定期舉行了。

但是，「陸九條」卻讓陳榮傑感受到陸委會的緊箍咒的壓力，逐漸對陸委會不滿，並演變成公開的對抗。在一場兩岸問題的座談會上，陳榮傑公開發表對「陸九條」的九條觀察意見。

陳榮傑強調，我方對中共提出的「一個中國」問題不應迴避。目前兩岸交流沒有時間表，可以保持彈性，但彈性的反面就是惰性。

黃昆輝回答說，兩岸交流一定要有彈性，但也不能有惰性。他並強調說，從不迴避「一個中國」原則，但雙方對「一個中國」的定義不同，訂在協議之中等於承認對方是中央，我們是地方，不可不慎。

2

黃昆輝最光火的是，陳榮傑在廈門與海協會秘書長鄒哲開會面。這件事要從「霞工緝二號」事件說起。

一九九二年七月十一日，台灣「新華國十二號」漁船在彭佳嶼附近海域作業，遭大陸「霞工緝二號」鐵殼船追逐，並開槍射擊。涉案人員經台灣軍警帶回基隆處理。海基會受陸委會委託，函請大陸海協會協助查明船上人員眞實身分。海協會於七月十四日函覆，證實船上有執行公務的三名中共官員，台灣方面決定將三名中共人員及十九名未涉案的船員於九月十七日經金門原船送返廈門，另有十名涉嫌走私的大陸船員則由馬祖遣送回馬尾。

陳榮傑想藉著遣返「霞工緝二號」的機會，隨船到廈門，以了解兩岸遣返方式、過程與問題，並與海協會秘書長鄒哲開會面溝通兩岸文書查證協商問題。因此，在九月十四日的兩會高層聯繫會報中，陳榮傑向陸委會副主委馬英九報告此事，未提將與鄒哲開見面的事。後來黃昆輝得知陳榮傑將與鄒哲開會面的事，堅持必須經過正常程序報備。海基會才於九月十五日晚上將公文送達陸委會，陸委會在十六日上午緊急會見陳榮傑後，被迫發出核准的公文。陳榮傑則強調是因爲十五日才敲定與鄒哲開會面的事，因此當天才向陸委會報備。

九月十七日上午，陳榮傑在法律處長許惠祐等三位同仁陪同下，隨著「霞工緝二號」前往廈門，辦理人船交接事宜，陳榮傑和許惠祐則於當天中午在廈門東渡碼頭金寶賓館，與海協會秘書長鄒哲開、協調部主任孫亞夫、諮詢部副主任周寧等，會晤一小時，溝通兩岸文書查證協商有關事宜。下午回到台北後，陳榮傑立即去陸委會向黃昆輝報告廈門之行的經過，黃昆輝毫無笑容。

新聞界對陳、鄒秘密會晤之事，多持負面評價。台灣民意本來就擔心海基會人員與大陸方面秘密達成任何協議，中央日報因此批評說「難收時效卻自毀長城，恐將有百害而無一利」，秘書長親自出馬考察遣返業務，實嫌小題大作，眞正目的是要去廈門。原先我方堅持要在第三地協商文書查證事宜，並且堅持由技術階層人員來談，現在陳榮傑去了廈門，使我方的圍堵方案全然破功。

立委陳水扁也立即質詢，「兩門直航」是否意味著兩岸事務可以突破直航的禁忌？陸委會應該公開授權程序、決策過程、和會談內容。

陳榮傑則強調此行不是秘密會談，只是表達我方的立場和意見，雙方沒有達成任何協議，但已達到預期的效果。雙方如果眞要談判，就一定要用有尊嚴的方式去談，不需要歷經風浪顚簸，搭小船去談。

究竟是什麼原因促使陳榮傑必須冒著觸犯禁忌的風險，去廈門會見鄒哲開？原來兩岸文書查證會談遇到了「一個中國」原則的瓶頸。

3

一九九一年十一月，陳長文率團前往北京與唐樹備等中共官員洽商兩岸公證書查證協商事宜，雙方同意來年儘快進行。

海基會一再與大陸中國公證員協會聯繫協商日期，一九九二年一月四日對方來函，要求海基會在兩岸未取得共識前、應先停止單方面的文書查證。海基會在一月九日去函說明，海基會以簡便、科學化的方法，辦理大陸公文書驗證，是為了方便大陸公文書在台灣地區採認使用，以維護兩岸人民的權益，並不是單方面辦理文書查證，由於大陸方面不能配合，以致引起台灣方面對兩岸交流的疑慮。

兩岸在一九八七年展開交流後，雙方民眾為了維護應有權益，例如申報扶養親屬證明、結婚離婚證書的證明、收養子女關係證明等，都需要驗證對方所提出公文書的眞僞，海基會直接函請大陸地區公證員協會答覆有關公文書的眞假問題，雖然略嫌麻煩，但確實可靠。不過，兩岸當時尚未對公文書查證的處理方式達成協議，以致大陸各地公證員協會回函不多，台灣民眾在兩岸也無法辦理有關的權益證明，影響很大。所以，海基會急於與大陸有關單位展開協商談判。

海協會於一九九一年十二月十六日成立一個月後來函表示，海協會已接受大陸當局委託與台灣海基會協商有關事宜，希望海基會提出協商時間、地點、和協商方式。

海基會立刻研擬兩岸公文書查證協商等有關計畫，邀請陸委會、公證單位、郵政總局等有關單位，於二月十四日舉行協調會，達成共識後，於二月二十五日致函大陸公證員協會，表明將於三月中旬前往大陸協商公證書使用問題，並順道前往上海、福建、廣東等地考察兩岸婚姻實況。海基會同時致函敦促海協會舉行協商。

二月二十九日海協會來函，同意兩會於一九九二年三月中旬在北京協商公文書查證、兩岸掛號信遺失查證及賠償事宜。

三月四日，陸委會授權海基會就兩岸共同防制犯罪之程序性問題、及其相關問題，繼續與海協會協商。

海基會的協商計畫是分兩階段舉行，三月二十三至二十五日舉行工作會議，雙方達成共識後，再於三月二十七至二十八日進行第二階段的確認會議。然而，事與願違，兩岸在第一次的正式協商中充滿了爭議與疑慮，大家都謹慎推敲，小心防範。

三月十一日，大陸中新社報導說，海協會表示，海峽兩岸交往、交流中衍生的問題，是一個國家的內部事務，我們一貫主張兩岸有關方面商談及處理這些具體問題，應本著一個中國的原則。

原來中共對兩岸事務性問題的協商，仍然不放棄堅持「一個中國」原則，台灣方面則希望在事務性協商中不要觸及「一個中國」原則問題，這就是兩岸協商十幾年來最大的爭議所在。

當台灣方面在二月底舉行協調會討論協商問題時，中共方面也在三月上旬召開「全國對台工作會議」，與會的各地台辦人員都認爲兩岸的事務性談判是必要的，也是必然的發展趨勢。但是，會中也達成一項共識，兩岸關係發展至一定程度後，必須先確立「一個中國」的根本性問題，否則雙方的交流及事務性談判，必然會受到侷限，並影響未來的發展進程。（中國時報，一九九二年三月十七日報導）

當時，中共方面以「擴大交流、加強接觸」作爲當年度的對台工作目標，因此，海協會對記者談話都表達了對事務性談判可以達成具體協議的樂觀看法。但沒有想到「一個中國」原則，卻成爲兩岸協商成敗的主要關鍵。海基會按照政府的指示，不能談論政治或政策的問題，海基會負責人的一言一行，都受到陸委會及民意的監督與約束。陳榮傑設法要突破協商的障礙，最後卻傷害了自己。

第八章 交鋒

兩岸第一次文書驗證協商

1

一九九二年三月二十二日，海基會法律處長許惠祐率領副處長林貴美、專員黃國瑞、何武良、劉慧玲、王正磊，前往北京參加預定二十三日起舉行的兩岸文書驗證及掛號信問題第一階段協商。

六位團員中，許惠祐是政治大學法學博士，慕尼黑大學在職進修，曾任台南、台北地方法院法官。林貴美曾任新竹、板橋、台北地方法院法官。何武良具有公證人資格。秘書處專員王正磊曾任駐韓國大使館武官。

許惠祐在抵達北京機場、答覆記者詢問時說，文書驗證和間接掛號郵件的補償問題，與「一個中國」無牽連，相信海協會不會提出來。如果真的提出，許惠祐說：「將重申我們所認知的一個中國回應。」（聯合晚報，一九九二年三月二十二日，劉淑婉報導）

許惠祐的意思是希望海協會不要在會中提出「一個中國」的問題。如果一定要，海基會只有重申台灣方面的既定立場，形成各說各話的局面，於事無補。

三月二十二日晚上，海協會協調部主任孫亞夫等人，設宴接待海基會代表團，並商定協商議程、主談人選。文書驗證協商，海協會主談代表是諮詢部副主任周寧，掛號郵件補償協商，海協會主談代表是綜合部主任李亞飛，海基會主談代表都是許惠祐。

大陸方面則在會前放話，表示大陸方面可能讓步。據自立晚報記者張玉瑛二十三日報導，中共高層在政協開會時，爲儘快促使台灣在兩岸交往上由近程進入中程，將在此次海基會和海協會商談文書驗證等問題時有所退讓。張玉瑛沒有透露消息來源，這項消息也有可能是一種心理戰，目的在催促對方有所讓步。

海基會和海協會的正式會談，具有多方面的意義。聯合報記者何振忠報導說，透過白手套的過濾，兩岸間的試探動作可預見將紛紛出籠，但同時也是建立兩岸交流秩序的新契機。何振忠進一步解釋說，大陸國台辦體會到官方暴露在第一線的危機，因此成立海協會。在有效屏障下，兩岸政府都將無所顧忌地向對方試探。從這項報導看來，海基會承擔了台灣朝野的疑慮和不信任，也就理所當然了。

2

兩岸文書查證協商在三月二十三日舉行，過程並不順利，中午結束第一回合的會談時，許惠祐神情凝重地步出設在天平利園酒店的會場，周寧則表示樂觀。

原來，會談開始時，雙方互相介紹參與會談的團員。海基會有許惠祐、林貴美、何武良、黃國瑞、劉慧玲、王正磊；海協會有周寧、中國公證員協會副秘書長劉南征（中共司法部公證司官員）、理事周強、海協諮詢部人員丁利明。雙方在記者面前致開場白時，都強調希望儘早達成協議，解決兩岸文書使用問題，維護兩岸同胞的正當權益。

但是，記者離開後，開始正式會談，雙方就開始辯論了。許惠祐在中午休會時對記者說，海協會提出了「一個中國」問題，海基會則表示，此立場與文書查證問題沒有牽連，雙方對彼此的立場都已充分了解。會談中雙方對查證方式、聯繫主體等問題，還有許多分歧點，要在下午繼續商談。（中時晚報，一九九二年三月二十三日，陳琴富報導）

根據三月二十四日的新聞報導，我們幾乎可以還原會談的眞相。會中談論到下列十項問題：

一、「一個中國」原則

海協會希望在「一個中國」原則下協商，海基會強調「一個中國」的立場雙方都已互相了解，但與文書查證問題無關，不應列為協商的前提。海協會保留此一問題，沒有繼續堅持。雙方開始討論實質問題。

二、通案方式查證文書形式真偽問題

海基會希望大陸方面提供公證書簽章樣式，以建立簡便、科學化的文書查證制度，採取事前防範、而非事後查證的方法。海協會認為，大陸有數以萬計的公證員，不可能將每一個人的簽章方式都提供給海基會查證，雙方可以各自健全防衛體系，對有問題的部分才進行事後查證。

三、聯繫主體

海基會是接受授權為唯一代表台灣方面與大陸聯繫的主體；海協會認為兩岸公證單位可以直接聯繫，官方接觸。

四、文書查證範圍

海協會主張以公證文書為主，海基會初步同意以公證文書為會談範圍，對於公證文書以外的查證，將來再會商。

五、文書查證期限

海基會希望以一個月、或對方提出的合理期限。海協會認為一個月的期限太短。協商後雙方初步同意以三十天為原則。

六、查證文書的表格

查證表格牽涉到印章、西元或民國紀年等問題，雙方仍有歧見，未獲結論。

七、書面協議或口頭約定

海基會認為簽訂書面協議應標示民國紀年，海協會主張西元紀年。

八、協議名稱問題

海基會主張以「文書查證」為協議名稱，海協會主張以兩岸「文書使用方式」為名稱。

九、查證公證文書的送達方式

雙方曾討論以電傳方式、或掛號郵件投遞，但因兩岸掛號郵件業務尚未開辦，日後再協商。

十、查證費用的計算與負擔方式

雙方認為可以向申請查證的民眾酌收工本費，但兩會之間基於善意的互相協助，可以免收。

兩岸之間對於公文書查證問題就有這麼多的差異，可見兩岸更敏感的政治問題，將會有更大的歧見。如果沒有互相讓步，會談將無法進行。任何會商談判，第一次會談都是各自表達立場，雙方在了解問題與立場後，再考慮如何進一步討價還價。海基會和海協會的第一次公證文書查證會談也是如此，歷經一年多的協商才達成協議。這是一項非常重要而實際的協議，對兩岸人民的權利，有很大的影響，到今天還是兩岸之間最繁忙的業務。

3

兩岸間接掛號郵件遺失查詢及補償問題協商，於三月二十四日舉行，海基會原班人馬參加，大陸方面則有李亞飛、綜合部主任張勝林、中國通信學會郵政專業委員會綜合部部長宋瑞秋、管理部長武永田（兩人均是中共郵電部官員）、以及海協會人員葉向東。

會談前，李亞飛表示，如果兩岸郵電部來談就更好，海協會願意促成。許惠祐則說，目前還沒到達「通郵」的階段，希望循序漸進溝通。兩岸間接通郵以來，郵件數量已達四千萬封以上，為了確保重要郵件可以安全到達，兩岸有必要對郵件遺失的補償與查證問題進行協商。

當天上午，除了對「一個中國」原則各自表達立場外，雙方已對掛號函件遺失的查詢方式、期限、查詢表格達成共識，但對理賠方式則有待下午繼續協商。

經過一天的協商，雙方談論的主題有：

一、聯繫主體

海基會主張由海基、海協兩會負責形式或實質的聯繫；海協會則主張應由兩岸郵政部門直接聯繫。

二、查詢表單格式

雙方對查詢表單格式、查詢期限、答覆期限的歧見不大，但因聯繫主體未定，因此，對查詢程序、表單格式等實質問題，尚未定案。

三、理賠方式

海基會主張各自理賠，海協會提出依「歸責原則」對帳索賠，雙方同意日後再討論。後來在二十五日的會談中，決定各自理賠。

四、協議名稱

海基會主張將協議定名為「兩岸間接掛號郵件查詢、賠償」，海協會主張定名為「海峽兩岸掛號郵件查詢、賠償」，相差兩個字。

五、郵資計費標準

海基會認為非屬議題討論範圍，應由兩岸各自的郵電部門自行處理；海協會同意這項處理原則。

六、一個中國原則

海協會一再提及的問題，海基會只能以台灣方面既定的原則回應，雙方暫且擱置此一爭議。

4

海協會連續在兩天的會談中，提出「一個中國」原則問題，海基會認爲「文書查證」、「掛號郵件遺失查詢補償」都與「一個中國」問題沒有關聯，應該可以迴避不談，但是，海協會非常堅持。因此，兩會在三月二十五日舉行一天的綜合討論，海協會仍然認爲事務性問題應在「一個中國」原則下處理，而且應該由官方直接聯繫。

這是大陸方面的談判策略，先放話表示願意讓步，使對方樂觀地坐上談判桌。然後提出最重要的原則「一個中國」，如果對方同意，中共就已經不戰而屈人之兵，將對方收編在一個中國之下，北京爲中央政府，台北變成地方政府，這不是台灣所能接受的。

如果對方堅持不接受，大陸方面可以使談判破裂，並將責任歸咎於對方，以製造壓力。如果事實上還有繼續談判的需要，大陸也可以將「一個中國」問題擱置，暫且不談，先解決容易達成協議的事務性問題。或者在獲得具有彈性解釋空間的回應後，也可以暫時接受，以後再做對其有利的解釋，進一步縮小彈性空間。中共海協會對台灣海基會的事務性談判，就是採用這種策略。

在三月二十五日的綜合會談，雙方仍然無法在「一個中國」原則、和官方直接接觸原則取得共識。台灣方面在「國統綱領」的限制下，當時只能採取非官方的中介團體接觸方式來處理兩岸問題。

當天下午會談結束後，許惠祐對記者宣布，原訂三月二十七日起舉行的第二階段副秘書長層級會談或秘書長層級出面簽署協議的計畫，因「一個中國」原則、官方直接接觸方式兩項爭議無法解決，因此被迫延期。不過，海基會代表仍將暫時留在北京尋求突破。

爲了解開「一個中國」的結，許惠祐與林貴美曾於三月二十四日晚上秘密訪問海協會秘書長鄒哲開，對多項歧見交換意見，不過，顯然沒有效果，在二十五日的綜合會談中，雙方仍然各自堅持既定原則。

5

在兩會會談期間，北京與台北當局都各自放話，希望以有利的解釋，能促成「文書查證」與「掛號郵件查詢補償」會談達成協議。

陸委會先在三月十七日放出有意與大陸簽署「投資保障協定」的構想，並且不排除在名稱上讓步。

陸委會副主委馬英九在三月二十三日對晚報記者說，海基會與海協會協商兩岸文書查證及間接掛號郵件遺失查詢補償問題，是技術性及事務性的問題，在名稱使用上我方保持彈性，大陸不需凸顯「一個中國」的政治色彩。馬英九的意思是希望大陸不要提出「一個中國」問題來阻礙事務性會談。

大陸方面則透過新華社在三月二十三日發表評論指出，海基會的大陸之行，是海協會成立以來，雙方的第一次接觸商談，希望雙方本著一個中國的原則，達成共識，爲今後海協會與海基會的進一步聯繫與合作，開一個好頭。

大陸中新社在三月二十二日也發表評論指出，兩岸公證文書相互使用問題癥結在於「一個中國」原則。去年五月二十七日台灣某報報導稱，海基會對大陸公證文書的驗證「具有駐外使領館認證的性質」。大陸方面對這項報導非常介意，因此中新社特別指出，兩岸民間交流、交往中衍生的一些問題，不能把它當做國與國之間的事務來處理。

大陸方面堅持「一個中國」原則，不是因爲台灣某報的「駐外領事功能」報導而引起，但是，這樣的報導，使大陸更加小心避免可能造成的「駐外領事館認證」功能。其實，報紙的說法只是反應報社的立場，光憑文書驗證就會變成領事館的功能嗎？一些民間公證人也可以簽署公證書，他們也具有外交使節的領事功能嗎？這就是政治的敏感性。

根據聯合報報導，大陸郵電部長楊泰芳則在三月二十四日的人大小組會議上放話，只要台灣同意，兩岸很快可以直接通話。大陸規劃四條直接通話路線：雙方租用太平洋衛星、修復或鋪設金門與廈門之間的海底電纜、經由上海到香港、或廣州到香港的電纜轉接到台灣、兩岸設立微波接收站。

當時，兩岸的間接通話是經由美國等第三地區來轉接，必須對第三地區付出轉接費。但是，台灣限於「國統綱領」第二階段官方交流時期才開放直接三通的政策，並不同意兩岸直接通話，而是以間接「三通」、漸進的交流，避免被大陸快速地吸住。然而跨國企業考量的是成本與速度等有利因素，因此，形成「以民逼官、以商逼政」的情形。這正是中共的統戰策略。

6

在海基會代表團與大陸海協會在北京會談期間，台灣立法院又發生質詢海基會秘書長的風波。

立法院司法、內政、法制三個委員會於三月二十三日舉行聯席會議，審查「台灣地區與大陸地區人民關係條例」草案，多位立委再度對是否要制訂「海基會監督條例」引起爭議。一位民進黨立委質問海基會秘書長陳榮傑，爲何反對制訂「海基會監督條例」？

台大法律系畢業的陳榮傑答覆說，海基會依據「行政院處理大陸事務有關機關監督準則」的規範，從成立那天起，就接受陸委會、立法院及各界的監督，目前海基會已經完全透明化，是否有必要另外單獨制訂「海基會監督條例」，在法理上有斟酌的必要。

然後，這位立委將矛頭指向陳榮傑與陳長文之間的關係，質問：「你這個秘書長是幹眞的、還是幹假的？」話中意思是，你要不要每件事都向陳長文請示？

陳榮傑很嚴肅地說：「我這秘書長絕對是當眞的，請讓我做做看，一年後再來檢討。」他還解釋說，海基會的董事長、副董事長、秘書長職權，有明確的劃分，不會有任何逾越。（自由時報，一九九三年三月二十四日，黃玲華報導）

其實，在一個團體組織內，低層級人員向高層級人員請示政策問題，是常有的事。如果秘書長每一件事都自己擅做決定，那才要擔心。

當時，另一位民進黨立委林正杰（後來宣布離開民進黨）發言說，大家不放心海基會，是因爲有「陳長文情結」，「難道一定要陳長文從地球上消失不可嗎？」

立委李勝峰也說，憑辜振甫、陳長文、陳榮傑三人如何「出賣」台灣？希望大家要去注意幕後操控的那隻手，而非那雙白手套。

國會本來就是政策辯論的場所，立委反映部分選民的看法，在民主化的過程中，選民是否有足夠的能力去辨別民意代表的水準呢？海基會人員要像政府官員那樣，任何事都要向立委報告嗎？確實要，在三月二十一日中午，陸委會主委黃昆輝已經率領海基會有關人員，向立法院內政及相關委員提出有關兩岸第一次正式文書查證協商的簡報，讓立委了解海基會代表團要去大陸談什麼。可見海基會在當時是如何在台灣內部不信任的氣氛下，展開與大陸方面的事務性協商，所有的過程都要保持透明，以免被懷疑有沒有「賣台」？

立法院在三月二十三日通過決議，對海基會的監督，另以法律定之，海基會與大陸任何協議，均需在事前、事後獲得主管機關核可。司法機關得委託海基會在大陸地區送達文書、或為必要的調查。這些決議，使海基會納入立法院的直接監督之下，取得準行政機關的地位。

聯席會議同時決定，在對等的原則下，大陸地區的中介團體可以來台設立分支機構。由於這些規定，未來海峽兩岸中介團體活動，將完全在「準政府對政府」的架構下進行。（聯合報，一九九三年三月二十四日，徐履冰報導）

但是，大陸方面當時要的是兩岸官方機構直接往來，以突破台灣方面的「官方不接觸」政策。等到後來台灣方面希望官方管道對等接觸往來時，大陸方面就主張以適當名義來往了。

7

三月二十五日的會談結束後，許惠祐對記者宣布會談破裂。他說，兩會對於應否確立「一個中國」的根本性問題未獲共識，原訂二十六日展開的第二階段行程，由海基會高層人士前來北京確認協商共識的計畫，被迫延期。如果雙方歧見仍無法化解，有關此次會談的行程，至此將告一段落。

三月二十六日海基會代表再度與海協會人員會談，協商有關邀請十五位大陸資深記者來台訪問的事，大陸方面不再堅持要求台灣方面以書面保證共產黨員出入境的安全。但是對文書查證和掛號郵件遺失查詢理賠問題，仍然堅持「一個中國」和官方相關單位直接處理的原則，以致兩岸第一次事務性會談沒有獲得共識。海基會人員於二十六日、和二十七日分兩批返台。

當兩會人員的會談破裂後，台灣許多新聞媒體都分析了其中原因。中國時報記者王銘義在二十六日刊出的新聞分析說，有四項問題值得雙方檢討與省思：

一、兩岸民間機構的授權範圍有限，導致兩岸事務性會談難以開創新局。

二、兩會首次辦理幕僚階層工作會談，但因會談代表權限不足，經常形成協商阻礙，溝通效率不彰。

三、兩岸官方授權機構的政治立場鮮明對峙，影響兩會的運作功能。海基會代表在行前曾受到陸委會及國家安全部門的任務提示，應全力排拒談及「一個中國」的政治原則，嚴守立場，不得有任何妥協或彈性處理的態度。中共國台辦則將「一個中國」原則列為談判的必要前提，導致雙方在研擬協議草案時，失去彈性運作空間。

四、中共國台辦成立海協會，對台戰略目的以務實為原則，建立兩岸新階段的溝通渠道。但是，從海協會此次的會談立場來看，與早先中共國台辦所扮演的角色並沒有任何差距，而且也沒有展現解決兩岸事務性問題的誠意，海協會的角色與功能，勢必會因其「政治色彩」太濃，而減損其在兩岸交流所能發揮的影響力。

三月二十五日的中時社論〈兩岸交流溝通政治問題與事務問題不可糾纏不清〉，點出兩岸事務性問題協商破裂的主要原因。

這篇社論指出，依照國家統一綱領的設計，兩岸現正處於交流的近程階段，首重互信的建立。兩岸久經隔閡，雖然皆主張一個中國，但是政治觀點迥異，不可能立即從事政治談判，達成國家統一。

海協會雖然成立，中共追求政治談判的目的卻從未改變，所以海協會變為政治談判的催化劑，也可成為混淆政治談判與事務談判的利器。

社論又說，夾雜其間者，還有雙方因此而產生的不信賴感，隨時撥弄著對方。由於海基會一再表現出政治談判絕緣體的態勢，中共始終不能免除此間明修統一棧道，暗渡獨立陳倉的疑慮，於是在最近兩次海基會人員到訪時，均急於要求重申一個中國的立場，不安之情，可謂溢於言表。

社論認為，公證文書驗證本來只是一個極為技術層面的事務性工作，竟然可因政治問題上的不信賴，而延宕不決如此之久，可見兩岸交流互信互諒之不易，亦可見中國統一的確是需要長期耐心以融合異見的一項過程。

從中共對美國談判二十多年的經驗看來，先談原則問題，是中共一貫的談判策略。如果實在無法達成「一個中國」原則性的共識，中共也可以先談其他容易解決的問題，同時夾雜著「一個中國」原則問題，一直到對方被迫接受為止。談好的問題，也可以做對其有利的解釋，以便繼續協商，一直到滿意為止。兩岸事務性談判夾雜著「一個中國」原則的堅持，正是中共談判策略的反映。

第九章

再戰

香港會談與一個中國

1

兩岸在一九九二年三月舉行第一次文書查證與掛號郵件遺失查詢賠償北京會談後，雙方因「一個中國」與官方是否直接往來問題而僵持不下。但是，因爲這兩項事務性問題實在需要早日解決，台灣方面一再尋求再戰的機會，大陸方面則待價而沽。

五月十八日，海基會有意派團考察大陸地區公證制度，並順便就人民申請文書驗證的案件進行查詢，因此致函請海協會協調安排考察行程。海協會挑了個六月六日(斷腸時)回函，說是要等雙方就兩岸公證文書使用問題達成協議後再考慮。

海基會不死心，在六月十七日邀請法院、陸委會代表協商繼續委託赴大陸商談文書驗證事宜，司法院代表原則同意，若有必要，可將台灣地區各法院公證處印鑑、簽名式樣或公證書副本提供海基會參考，以辨識台灣地區公證書的眞僞。

海基會當初就是要求大陸方面也將各地公證處印鑑、簽名式樣提供海基會，作爲對照人民所提出大陸公證書眞僞的辨識憑證。但是，大陸方面已經在會談中拒絕，而且透過中新社在三月二十三日報導說，大陸現有三千多個公證機構、一萬多名公證員，加上人員經常流動，要把如此多的印鑑及文書格式等交給海基會進行驗證，也是不太現實的。

海基會沒有想出其他辦法嗎？雙方互相提供公證書副本，以便和公證書正本對照，一眼就可以看出眞假，這就是後來雙方達成協議的辦法，一直實施到現在。不過，大陸地區有些公證書正本和副本是分開打印的，不像台灣公證書印製一式兩份，不會打錯字。因此，有時候海基會還要去函查詢關係重大的錯字，此是後話。

六月二十四日，陸委會授權海基會，儘快就文書驗證事宜繼續與大陸方面聯繫協商。七月七日（準備長期抗戰）海基會去函建議海協會在第三地繼續協商。

當天（大陸也要長期抗戰），海協會迅速回函指出，國台辦曾明確表示，兩岸事務性商談之地點主要在大陸或台灣（以彰顯兩岸事務自己解決的涵義），如有特殊需要始在第三地進行。

看來兩岸在打筆戰了。海基會不甘示弱，考慮兩個禮拜後，也在七月二十五日去函答辯，強調在第三地繼續協商的理由，是考慮目前兩岸交流的現況及雙方的便利。

這個時候，大陸方面腦筋急轉彎了。他們有意提升兩岸會談層級到「辜汪會談」，以解決兩岸的交流原則問題。他們暫時不提香港會談，卻在八月四日由汪道涵具名邀請辜振甫在當年擇日擇地會面，「就當前經濟發展及雙方會務諸問題」進行兩會負責人會談。

提升會談層級是中共對外談判的一貫策略，因爲層級高的會談，才能對政策性問題作出決定。辜振甫深受李登輝的信任，汪道涵則受到江澤民的敬重，兩人都是具有相當份量的元老，見面對談兩岸事務，自然有一種兩岸祥和往來的象徵。但也因爲他們已經成爲兩岸關係的指標，反而不能隨緣見面，甚至在兩岸關係逆轉時，他們更是被迫隔絕不相往來。

海基會在八月十四日（空戰勝利日）藉著與陸委會舉行兩會高層聯繫會報的機會，對海協會的邀請案交換意見。陸委會也認爲，兩岸兩會高層負責人如能會面商談，將對兩會的運作與功能有所助益。因此，同意海基會進行籌備。海基會乃於八月二十二日由辜振甫具名答覆接受邀請，並表示：「鑒於邇來兩岸交流日趨頻繁，雙方如能開誠務實，加強溝通，諒對兩岸關係之穩定增進，尤其兩會會務之開展，有所裨益。」辜董事長並建議在當年十月中下旬或其他適當時日在新加坡，就有關兩會會務及兩岸文化、經貿交流問題，進行商談。

從兩會函電往來中可以看出，大陸方面是把當前經濟發展問題擺第一，台灣方面是把兩會會務擺在優先地位。

海基會秘書長陳榮傑作起事來像「拚命三郎」，急於設法完成任務；大陸方面對於事務性會談卻像慢郎中，一點也不急。陳榮傑遂藉著九月十七日遣返大陸「霞工緝二號」漁船回廈門的機會，以考察爲名隨船到廈門，與海協會秘書長鄒哲開會面。

陳榮傑告訴鄒哲開，有關台灣方面堅持在第三地協商的理由，並希望對方「勿將一個中國的原則與事務性會談混在一起討論，以免形成兩岸交流的障礙。」當時鄒哲開雖然沒有肯定的具體回應，但也表示目前確是解決有關文書查證等問題的時機。（《海基會八十一年年報》）

鄒哲開的意思，可能是指在「辜汪會談」以前解決文書驗證問題，現在正是時候了。

陳榮傑的廈門之行，惹來陸委會主委黃昆輝的震怒，和立委的質詢與責難，新聞輿論也不太支持，眞是招誰惹誰，無故惹來一身腥味。但是，陳榮傑自認「此行非常値得」，大有「雖千萬人，吾往矣」的氣慨。

不過，據歐陽聖恩《再見，白手套》說，陳榮傑在第二天，九月十八日（九一八事變之日，不吉）參加行政院所召開的第一屆「大陸工作會議」時，對媒體記者脫口說出「和大家相聚的日子不多了」，引起大家一陣錯愕與猜疑，陳榮傑倦勤了？洩氣了？還是又要辭職了？從現在看來，眞的是「時日無多了」。

2

陳榮傑的「廈門之行」是促成海協會同意恢復兩岸協商的原因之一嗎？其實，大陸方面是在多方面的考慮下，才做出決定的。

中共第十四次全國代表大會在十月十二日至十八日在北京舉行，在完成「十四大」以前，中共無暇顧及兩岸協商，所以兩岸協商無法在十月中旬以前舉行。

其次，江澤民在十月十二日的「十四大政治報告」中，爲兩岸談判定調。他說：

我們再次重申，中國共產黨願意同中國國民黨儘早接觸，以便創造條件，就正式結束兩岸敵對狀態，逐步實現和平統一進行談判。在商談中，可以吸收兩岸其他政黨、團體和各界有代表性的人士參加。在一個中國的前提下，什麼問題都可以談，包括就兩岸正式談判的方式問題同台灣方面進行討論，找到雙方都認為合適的辦法。

大陸方面堅持「一個中國」前提，台灣方面早就料到，而且嚴肅面對，沒有迴避。國統會在八月一日通過界定「一個中國」涵義，表明：海峽兩岸均堅持「一個中國」之原則，但雙方所賦予之涵義有所不同。中共當局認爲一個中國即爲「中華人民共和國」，將來統一以後，台灣將成爲其轄下的一個「特別行政區」。台灣則認爲「一個中國」應指一九一二年成立迄今之中華民國，其主權及於整個中國，但目前之治權，則僅及於台澎金馬。台灣固爲中國之一部分，但大陸亦爲中國之一部分。

這是台灣方面對「一個中國」涵義最完整的界定，中共方面可以接受「海峽兩岸均堅持『一個中國』之原則」這句話，但是，中共要的更多，所以後來才有「一個中國各自以口頭表述」

的「九二共識」。

果然，中共新華社在八月二十七日報導，海協會負責人，對台灣「國統會」於八月一日就「一個中國」涵義做成「一個中國，兩個地區，兩個政治實體分治」的結論發表評論，重申兩岸交往過程中的具體問題是中國的內部事務，應本著「一個中國」原則協調解決。在事務商談中只要表明堅持「一個中國」原則的基本態度，即可不討論其涵義。海協會這項「八二七」文件，也重申「和平統一、一國兩制」的主張，並反對「兩個中國、一中一台、兩個對等政治實體」。

所以，唐樹備在十月十九日對前往北京採訪的自立早報記者陳威儐說，由於台灣方面的「八一」文件和海協會「八二七」文件都明確堅持一個中國原則，兩岸已經對「一個中國」獲得基本共識，這將有助於即將在香港舉行的文書查驗的工作性質會談。（自立早報，一九九三年十月二十日，陳威儐報導）

陳威儐問到，是否堅持將「一個中國」的共識落款於協議文件？唐樹備明白的說，希望在香港會談時能解決這個問題。

這就是九月三十日海協會來函同意依照海基會的建議、在香港恢復協商的原因。大陸方面爲了促成「辜汪會談」早日舉行，也可以同意在第三地恢復協商，但是，一向堅持的「一個中國」原則並沒有改變。

十月八日，海基會去函，提出十月二十二日至二十四日、或十月二十七日至三十日在香港會商兩岸文書查證、及掛號函件問題。十月十六日，海協會回函同意在十月二十八日至二十九日兩天，將與中國公證員協會組成商談小組，赴香港商談。原來海協會只要在兩天內商談兩岸文書查證一項議題，目的何在？台灣方面必須審慎研究。

海協會在回函中明白指出，這次商談是「爲兩會負責人在北京或台灣就此問題進行正式商談創造條件」。海協會準備談出共識後，再提到兩會負責人會談中確認定案。但是，海協會屆時會出什麼招數呢？

陸委會副主委馬英九說，我方與大陸會談，有國會和輿論的壓力，大陸卻沒有這方面的壓力，往往大陸會利用這一點，使我方在談判上陷於不利的地位。所以對於海協會的來函，陸委會和海基會必需要仔細研究其內容和因應策略。（自立早報，一九九三年十月十七日報導）

3

十月二十七日，海基會代表團由許惠祐率領前往香港，團員包括：林貴美、何武良、高富月、黃國瑞、陳淑華。秘書處專員王正磊和法律處專員黃國瑞則提前一天到香港預做安排。海協會代表團則由周寧主談，團員有劉南征、張勝林、周強、馬曉光、任全利。

海基會爲了積極促成香港會談達成共識，特別在二十七日上午去函告訴海協會，在這次文書查證磋商獲得結果後，將由海基會秘書長陳榮傑率員於適當時機前往香港，與海協會草簽文書查證協議，並和海協會進行「辜汪會談」的預備性磋商。

當天，一位不具名的陸委會官員說，這種安排，主要是希望中共方面能拿出誠意解決拖延已久的文書認證問題，不要只是爲協商而協商，或又用「一個中國」等政治話題干擾協商進行，混淆了手段與目的。（中時晚報，一九九三年十月二十七日，馬維敏報導）

文書查證的歧見在「一個中國」原則與官方是否直接接觸的問題，大陸方面認爲必須先解決這兩個問題，其他細節都好辦。

十月二十八日上午在香港世貿中心恢復舉行兩岸文書查證協商。果然，周寧先提出「一個中國」原則問題，許惠祐則認為事務性協商不需要涉及「一個中國」的問題。

據中時晚報記者陳維新、陳國君報導，周寧很敏感，中午結束第一回合的會談後，就對記者們說，他感覺到海基會已獲得授權討論「一個中國」，雙方各自堅持立場。自立早報記者陳威儐則說，在會談中海協代表的聲調高亢，海基會代表相對顯得低抑沉穩。

在第一天的協商中，雙方對文書查證問題取得相當的共識，包括：協議名稱確定為「兩岸文書查證協議」，聯繫主體以海基會、海協會及中國公證員協會為對象，查證範圍以公證文書為主，其他文書亦應一併妥善處理，副本送達適用範圍以繼承、婚姻、收養、學歷證明、身分證明、出生證明、課稅證明七項為主，查證費用各自處理，查證程度涉及發證單位及內容的眞僞。

在會後的記者會中，周寧堅持在二十九日舉行的協商中，繼續就「一個中國」的表述問題進行討論。許惠祐則說，如果海協會如此堅持，他將聽對方如何對「一個中國」原則加以表述，反正不可能在會談中限制對方的發言內容。

原來，陸委會已經事先研究出多種「一個中國」的表達方式，許惠祐也獲得陸委會授權在協商中談論此一問題，但堅持以口述為原則，不得正式列入協議文件中。只是當時還沒有透露雙方所提的各種方案，新聞報導也不很完整，一直到後來兩岸一再對「一個中國，各自表述」問題有所爭議，海基會才透露雙方曾經討論過十三項表述方法。

4

一九九二年十月二十八、二十九日，海基會、海協會在香港會談討論有關「一個中國」的十項表達方式，台灣新聞媒體都報導雙方對「一個中國」的表述沒有共識，但不知道討論什麼內容，雙方主談者也都密而不談，中央社記者瞿德忻曾於當年十月三十一日從香港報導說，許惠祐在當天公布了幾種表述方式，包括三項提案，和海協的四項提案。一直到二〇〇〇年六月陳水扁在就任總統滿月記者會，以「沒有共識的共識」來解讀九二年香港會談對「一個中國」的表述方式，引起海協會反擊，眞相才逐一揭露出來。

原來，陳榮傑在九月十七日不顧一切前往廈門與鄒哲開會面，就透露了台灣方面準備對「一個中國」的表述方式提出五種方案，當時許惠祐也在場。「據透露，海基會秘書長陳榮傑今年九月十七日在廈門臨時會見海協會秘書長鄒哲開時，曾以該會已獲有陸委會授權處理政治原則表述方式的訊息，尋求海協會能配合在香港進行商談。同時，陳榮傑當時也非正式地告知我方對表述方式的各項腹案。」（中國時報，一九九二年十月三十一日，王銘義報導）

由於海協會已經事前獲知海基會可能提出的五項表述方案，所以，周寧在第一天的香港會談中，即提出大陸方面擬定有關「一個中國」原則的五種表述方案。

根據王銘義在八十九年六月二十二日刊出的報導，海協會提出的五項方案是：

一、海峽兩岸文書使用問題，是中國的內部事務。

二、海峽兩岸文書使用問題，是中國的事務。

三、海峽兩岸文書使用問題，是中國的事務。考慮到海峽兩岸存在不同制度（或國家尚未完全統一）的現實，這類事務有其特殊性，通過海協會、中國公證員協會與海基會的平等協商，予以妥善解決。

四、在海峽兩岸共同努力謀求國家統一的過程中，雙方均堅持一個中國之原則，對兩岸公證書使用（或其他商談事務）加以妥善解決。

五、海協會、中國公證員協會與海基會依海峽兩岸均堅持一個中國之原則的共識，通過平等協商，妥善解決海峽兩岸文書使用問題。

海協會提出這五項表述方案，是準備寫在兩岸文書查證協議的前言的。其中第四項表述方式最接近台灣國統會八月一日通過的「一個中國」涵義界定方式。許惠祐隨後根據陸委會授權也在會中提出五種對應方案：

一、雙方本著「一個中國，兩個對等政治實體」的原則。

二、雙方本著「謀求一個民主、自由均富、統一的中國，兩岸事務本是中國人的事務」的原則。

三、鑒於海峽兩岸長期處於分裂狀態，在兩岸共同努力謀求國家統一的過程中，雙方咸認為必須就文書查證（或其他商談事項）加以妥善解決。

四、雙方本著「為謀求一個和平民主統一的中國」的原則。

五、雙方本著「謀求兩岸和平民主統一」的原則。

在這五項方案中，第三項表述方式與海協會提出的第四項方案最接近，差別在台灣方面強調兩岸分裂現狀。所以許惠祐對記者說，如果中共方面接受我方對一個中國附加涵義的表達方式，即將「一個中國，自一九四九年起處於分裂狀態，由兩個對等政治實體分治兩岸」，我方當然可以同意。（自立晚報，一九九二年十月三十日報導）

雙方經過兩天的討論，都不能完全接受對方的表述方式，海基會請示陸委會後，決定再提出三種表述方案，海協會也同意在三十日下午延長半天會期，繼續協商。

當時，台灣有關方面已經向記者透露「各說各話」的策略。王銘義從香港發出專電說：「據透露，海基會已獲授權可以根據我方對一個中國的認知加以處理，如果海協會也可接受『各說各話』的表述方式，三十日的會商可能有轉機。」（中國時報，一九九二年十月三十日，王銘義報導）

海基會提出三項修正方案：

一、鑒於中國仍處於暫時分裂之狀態，在海峽兩岸共同努力謀求國家統一的過程中，由於兩岸民間交流日益頻繁，為保障兩岸人民權益，對於文書查證應加以妥善解決。

二、海峽兩岸文書查證問題是兩岸中國人間的事務。

三、在海峽兩岸共同努力謀求國家統一的過程中，雙方雖均堅持一個中國的原則，但對於一個中國的涵義，認知各有不同。惟鑒於兩岸民間交流日益頻繁，為保障兩岸人民權益，對於文書查證，應加以妥善解決。

但是，三十日下午的會商還是沒有突破。許惠祐曾在會談過程中，建議雙方可以在未來簽署協議時，用「口頭表達」的方式，各自發表一篇聲明，來解決彼此對於一個中國認知不同的問題。但是，周寧拒絕。（工商時報，一九九二年十月三十一日，陳駿逸報導）

周寧的層級似乎無權決定是否可以「各自以口頭表述」一個中國的原則。因此，海協會代表團結束會談，於十一月一日中午離開香港前，周寧電告許惠祐，如有必要可在台北或北京舉行類似的會談，可見當時海協會有意擇地續談。海基會代表許惠祐告訴周寧，將繼續留在香港三天，等候大陸方面的回應，隨時可以恢復會談。

事實上，香港會談已經在此劃下休止符，只是雙方還在幕後繼續努力，檢討雙方談判策略，研判會談終止的原因，並透過新聞報導傳話，希望還能促成恢復會談，形成共識。

5

十一月一日中午，許惠祐在香港發表五點聲明，說明香港會談破裂的原因，以及會談的情形（中央日報在次日刊出全文）。許惠祐歸咎於大陸方面將文書查證問題與「一個中國」的政治問題相互牽扯，海基會建議「在彼此可以接受的範圍內，各自以口頭方式說明立場就可以」，但是大陸方面沒有肯定的答覆。

陸委會副主委馬英九在十月三十一日發表談話，表達立場說，在一個中國的原則問題上，中共如果想用模糊的概念把我們吃掉，我們是絕對不會接受的，我方不能接受不加註說明的「一個中國」原則。（青年日報，一九九二年十一月一日，葉莉青報導）

海協會卻在十一月二日致函海基會，建議在北京、台北、金門或大陸其他適當地點，舉行辜汪會談的預備性磋商。大陸方面似乎有意提高談判層級，確定「一個中國」原則，以便早日舉行「辜汪會談」。辜振甫對記者說，地點並不重要，重要的是兩人會面時要談的內容。

台灣方面似乎決定要對影響香港會談的政治因素做個了結，十一月二日晚上黃昆輝召集三位副主委馬英九、高孔廉、葉金鳳，和海基會副秘書長石齊平、李慶平研商對應策略，決定在香港繼續完成文書查證會商。因此，海基會在三日上午發函告知海協會。

海協會卻在三日上午由副秘書長孫亞夫以電話告訴陳榮傑，大陸方面決定對「一個中國」表述方式有所讓步，同意以口頭方式表述「一個中國」的原則，具體內容則另行協商。

海協會同時透過新華社報導了這項消息，顯示這是大陸當局經過研究的決策，「以退爲進」，先同意口頭各自表述「一個中國」原則，再進一步協商表述的內容，這也是中共一向採取的「分兩步走」策略。

消息傳出後，台灣的記者開始查證消息的正確性，陳榮傑證實確有其事。但是，中央日報記者孟蓉華進一步詢問：這通電話是否表示，大陸方面已同意兩岸在「一個中國」的原則上「各說各話」？陳榮傑說，他曾以此問題詢問海協會人員，對方卻未能回答。孟蓉華認爲，這顯示大陸方面雖同意對「一個中國」的原則不載入文字，對「各說各話」卻仍持保留態度。（中央日報，一九九二年十一月四日，孟蓉華報導）

台灣方面當時將海協會的電話，簡要概述爲，大陸方面同意「一個中國，各自表述」。中央日報的標題是：〈「一個中國」原則海協會同意以口頭表述〉。

由於海協會同意各自口頭表述「一個中國」原則，海基會代表團續留在香港一天，等候恢復談判。但是，海協會在十一月四日透過中新社表達此次香港文書查證會談已經中止，必須等待與有關單位研究評估後，才能展開進一步的協商。海基會代表團遂於十一月五日返回台北。陸委會則發表聲明，指責海協會將政治問題與事務性問題牽涉在一起，並互設爲條件，阻礙了問題的解決。

6

十一月十六日中午，海協會致函海基會，表達大陸方面對「一個中國」的表述內容，並提到兩岸事務性會談不涉及「一個中國」的政治涵義，因此，公證書使用與其他問題都可妥善解決。後來兩岸在西元兩千年爭執究竟有無「九二共識」，這封信再度引起各新聞媒體的重新刊載。海協會的來函全文可供研究：

海峽交流基金會：十月二十八至三十日，我會、中國公證員協會人員與貴會人員就海峽兩岸公證書使用問題進行了工作性商談，同時也就開辦海峽兩岸掛號函件遺失查詢及補償問題交換了意見。這次工作性商談，不但在具體業務問題上取得了相當大的進展，而且也在海峽兩岸事務性商談中表述一個中國原則的問題上取得了進展，這是有關各方面共同努力的結果。

三月份北京工作性商談結束後，我會一再表明，海峽兩岸交往中的具體問題是中國的事務，應本著一個中國原則協商解決；在事務性商談中，只要表明海峽兩岸均堅持一個中國原則的基本態度，可以不討論「一個中國」的政治含義，在事務性商談中表述一個中國原則方式可以充分討論協商，並願聽取貴會及台灣各界的意見。

在這次工作性商談中，貴會代表建議在相互諒解的前提下，採用貴我兩會各自口頭聲明的方式表述一個中國原則，並提出了具體表述內容（見附件），其中明確了海峽兩岸均堅持一個中國的原則，這項內容也已於日後見諸台灣報刊。我們注意到，許惠祐先生於十一月一日公開發表書面聲明，表達了與上述建議一致的態度。十一月三日貴會來函正式通知我會，表示已徵得台灣有關方面同意，「以口頭聲明方式各自表達」。我會充分尊重並接受貴會的建議，並已於十一月三日電話告知陳榮傑先生。

為使海峽兩岸公證書使用問題商談早日克盡全功，現將我會擬做口頭表述的重點函告貴會：海峽兩岸都堅持一個中國的原則，努力謀求國家的統一，但在海峽兩岸事務性商談中，不涉及「一個中國」的政治含義。本此精神，對兩岸公證書使用（或其他商談事務）加以妥善解決。

我會建議，在貴我兩會約定各自同時口頭聲明之後，在北京或台灣、廈門或金門繼續商談有關協議草案中某些有分歧的具體業務問題，並由貴我兩會負責人簽署協議。

海峽兩岸關係協會

一九九二年十一月十六日

附貴會於十月三十日下午所提的口頭表述方案：

在海峽兩岸共同努力謀求國家統一的過程中，雙方雖均堅持一個中國原則，但對於一個中國的含意，認知各有不同。惟鑒於兩岸民間交流日益頻繁，為保障兩岸人民權益，對於文書查證，應加以妥善解決。

海基會接到來函後，在陸委會的指示下，等候進一步研究後再公開內容。十一月十七日下午海陸兩會高層人員在陸委會研商對策，陳榮傑沒有出席。會中認爲，我方已清楚表達「一個中國」的含意，因此不須再行約定共同發表口頭聲明。海基會副秘書長李慶平在接受記者訪問時，說明了雙方曾經提出十四個表達方案（包括海協會十六日的方案），自立早報也列表刊出這十四個方案的內容。

事實上，國民黨主席李登輝在十月底已經指示要研究「一個中國」的意涵。十一月十二日舉行的中常會，曾爆發「一中一台」案的激烈辯論。當時李登輝曾發表長篇談話，說明「一個中國」意涵過於模糊，應區分「中華人民共和國」的「一個中國」，與「中華民國」的「一個中國」。因此，革命實踐研究院主任華力進研擬了一份文字稿，先請中常委過目後，再由中常會政治小組研究。政治小組討論後，決議依照國統會對「一個中國」的解釋，發表五點嚴正聲明，重申堅持「一個中國」，反對台獨及「一中一台」的立場。（自立早報，一九九二年十一

月十九日，蘭萱報導）

這項聲明經十二月二日中常會通過，正式發表。其中第一點即強調：「一個中國」即為中華民國，本黨絕不接受中共主張之「一國兩制」，亦絕不承認「中華人民共和國」足以代表中國。第二點說明目前國家暫處分裂，必須確保台灣之安全，依據國統綱領分階段完成統一。第三點主張反對台獨與一中一台。

大陸方面有關「一個中國」的表述問題，已經引起台灣內部對這個問題的爭議。據蘭萱的報導，十二月十二日的中常會中，「李煥、沈昌煥、蔣緯國、許歷農等強烈抨擊一中一台案國家認同問題很嚴重，會引起中共壓力，李登輝主席則於爭議後發表講話。」

當時李登輝曾說：「本黨同志搞不清楚，所謂一個中國係指中華民國，抑或指中華人民共和國？不是我要批評，本黨裡面有些同志目前看到中共，不是一面倒，就是要借中共來壓迫我們自己人，這種人還不少哩。」可見當時李登輝對沈昌煥等人已經很不滿了。

李登輝認為要明確區分兩岸不同的「一個中國」涵義。這個想法在一九九九年七月九日接受「德國之聲」記者訪問時，明確說出兩岸「至少是特殊的國與國關係」。在二〇〇〇年卸任後接受日本作家小林善紀訪問，坦白地說：「台灣的實際狀態，在現實上缺乏充分的措辭來形容，其實應該要是『一個中國，兩個國家』的想法才算正確。」國統會對「一個中國」涵義的界定，明確區別了中華民國與中華人民共和國，所以李登輝可以接受。但是，大陸方面強調「海峽兩岸都堅持一個中國原則，卻不提「但對於一個中國的涵義，認知各有不同」，這是李登輝所不能接受的。當然，民進黨更不能接受了，所以，陳水扁在第一次就任總統後，就提出九二年的香港會談，「是一個沒有共識的共識」。兩岸再度為有無「九二共識」陷入爭議。

7

十二月三日，海基會去函海協會，直接表達兩岸對「一個中國」的認知各有不同，同時說明有關辜汪會談的問題。爲使讀者對雙方的立場有充分而公正的了解，轉載去函全文是必要的：

海峽兩岸關係協會：

關於「兩岸文書查證」商談等事，十一月十六日及三十日大函均悉。

鑒於「兩岸文書查證」及「兩岸間接掛號信函查詢與補償」是兩岸中國人間的事務，問題懸宕多時，不但影響兩岸人民權益，且使人民對於交流產生疑慮，誠屬遺憾。頃接貴會上述二函，顯示「願以積極的態度，簽署協議」、「使問題獲得完全解決」，對此，我方表示歡迎。

我方始終認為：兩岸事務性之商談，應與政治性之議題無關，且兩岸對「一個中國」之涵義，認知顯有不同。我方為謀求問題之解決，爰為議以口頭各自說明。至於口頭說明之具體內容，我方已於十一月三日發布之新聞稿中明白表示，將根據「國家統一綱領」及國家統一委員會本年八月一日對於「一個中國」涵義所作決議加以表達。我方此項立場及說明亦迭次闡明，香港地區、大陸地區及台灣地區之媒體，對於雙方立場及說明，先後已有充分的報導。

目前當務之急應在於解決事務性實質問題，我方已依在香港商談所得初步共識，並充分考慮貴方之意見，整理協議草案，在香港面交貴方商談代表，貴會對於「兩岸文書查證」及「兩岸間接掛號信函查詢與補償」二草案若仍有「遺留的分歧」，請速函告以利我方研究。

有關辜董事長與汪會長在新加坡之會談，我方至為重視。至於會談之相關事宜，本會當於積極研究後，另函相告。

耑此　順致

時祺

財團法人海峽交流基金會
十二月三日

十二月十日，海協會來函表示，願尊重海基會所提建議以電函方式交換意見，隨函並附來海協會對香港會談有關「文書查證」協議草案的修改意見。兩會遂一再經由函電交換意見，這也是另一種協商的方式，雙方避開了媒體採訪的壓力，也可對問題作詳細的研究與考慮。在「一個中國」原則已經各自以口頭表述之後，事務性問題的協商也順利進行，一直到雙方覺得時機已經成熟，遂約定下一次的會談時間、地點，準備早日完成這兩項事務性問題的協商，早日舉行辜汪會談。

8

究竟兩岸一九九二年十月的香港會談有沒有達成「九二共識」？這不是簡單的「有」、或「沒有」所能解答的問題，雙方必須從共識的定義、內容、精神各方面來討論，才能了解其中奧妙，就好像爭論中共與美國建交公報中，美國有沒有承認中共的「一個中國」原則一樣。

一、共識的定義

共識是什麼？是雙方意見一致，還是沒有共識之下達成「各說各話」的共識？

在香港會談中，雙方各提出五個有關「一個中國」的因應方案，台灣方面是依據「國統綱領」的解釋而擬定的界說，後來台灣又提出三個修正案，其中第三個方案與大陸所提第四個方案大部分相同，但當時海協會沒有同意，所以海基會提議各自以口頭表述就可以了。大陸方面經過研究之後，決定接受「各自以口頭表述一個中國原則」的建議，同時將雙方的提議附在函中傳眞給海基會。

海基會代表許惠祐於十一月一日在香港發表五點聲明，其中第四點強調：「雙方的基本立場不同，自然無所謂共識。」後來在海協會同意各自表述後，海基會也依據國統綱領的原則，透過新聞報導和發表聲明，說明雙方對一個中國的涵義認知各有不同。台灣方面概稱爲「一個中國，各自表述」，意思是：一個中國的內容，各自說明，台灣可以說成兩岸是一個中國，也可以說成「一中一台」，或「一個中國，兩個對等政治實體」。但以當時執政的國民黨在十二月二日通過聲明來看，當時李登輝和國民黨是主張：「一個中國即是中華民國，也反對一中一台和台獨的。」

大陸方面則認爲只要堅持一個中國就可以了，內容暫時不必討論，所以大陸方面認爲香港會談有共識，台灣認爲認知不同，所以香港會談沒有共識，但可以接受各自以口頭說明，是一種「没有共識的共識」。

二、共識的內容

海基會在香港會談提出的第三項修正案是：「在海峽兩岸共同努力謀求國家統一的過程中，雙方雖均堅持一個中國的原則，但對於一個中國的涵義，認知各有不同。惟鑒於兩岸民間交流日益頻繁，爲保障兩岸人民權益，對於文書查證，應加以妥善解決。」

海協會最初提出的第四項方案是：「在海峽兩岸共同努力謀求國家統一的過程中，雙方均堅持一個中國之原則，對兩岸公證書使用（或其他商談事務）加以妥善解決。」

雙方的差別是：海基會強調對一個中國的涵義，雙方認知各有不同，海協會略而不提內涵問題，後來則說是在事務性會談中，不涉及一個中國的內容，所以可以接受台灣的第三項修正案，海協會認爲這就是「兩岸都堅持一個中國原則」的共識。

當雙方爲了進行事務性協商、或爲了舉行更高層的「辜汪會談」，雙方可以不計較共識的內容。等到有一方認爲情勢發展對其不利時，就會提出不同的說法。在中共的談判策略上，逐步作出對其有利的解釋，是一貫的技巧，從其對美國的談判經驗，可以看出這種趨勢。對台灣的談判也是如此。所以，大陸方面後來強調雙方對「一個中國」有共識；而台灣方面則強調：「既然是各自表述，就是沒有共識。」

據中國時報記者王銘義在二〇〇〇年六月二十二日發表的特寫〈九二年香港會談表述方案倒帶，一中原則兩岸實無具體共識〉指出：「兩會在會談過程確曾出現具有共識的方案，或相當接近的表述文字，但嚴格地說，並沒有海陸兩會近年來簡化歸納爲『一個中國、各自表述』的八字共識。同樣的，也沒有海協會最近斷章取義，片面理解兩會曾達成『雙方均堅持一個中國原則』的具體共識。」

如果當年雙方曾達成「堅持一個中國原則」，海基會就不必花那麼多時間和海協會討價還價了，原因在於對「一個中國原則」、雙方認知各有不同」，也因爲彼此都無法說服對方接受自己的方案，所以只好各說各話。九二年所達成的共識，其實是「擱置爭議」，妥善解決兩岸事務性問題的精神。

三、共識精神

海基會董事長辜振甫在二〇〇一年各界爭論有無「九二共識」時，曾多次談到此一問題。二〇〇一年三月一日辜董事長曾公開宣示九二年達成的共識就是「一個中國各自以口頭表述」，這也是民進黨政府組成後，辜振甫首次對「九二共識」提出看法。

辜董事長在同一年四月二十七日「辜汪會談」八周年前夕指出，海基會、海協會一九九二年達成的共識，其實是「各自以口頭表述一個中國」，而非中共所謂的「兩岸共同堅持一個中國原則」。他呼籲應秉持九二年的精神，擱置爭議，繼續協商。

許惠祐在十一月五日說，「九二共識」這個名詞是前陸委會主委蘇起去年才提出的，至今還沒有明確定義，現在根本不可能討論「有沒有九二共識」或「接不接受九二共識」的問題。（聯合報，二〇〇一年十一月七日，何振忠報導）

許惠祐的說法，引起辜振甫的關切，因爲這種說法可能讓外界扭曲了辜振甫與海基會一貫的堅持。十一月六日，兩人會面後，許惠祐接受勁報記者陳邦鈺訪問說，九二年海基、海協會談的結論，應是體現「擱置爭議，對話交流」的精神。

陳邦鈺又報導辜振甫的談話說，兩岸兩會當年達成的是「一個中國、各自表述」，而非大陸方面所宣稱的「雙方均堅持一個中國的原則」。辜振甫特別強調，九二年香港會談期間雖無「一個中國，各自表述」八個字的文獻紀錄，但中國人講求的是「一諾千金」。

四月二十七日舉行的記者會中，辜振甫當時曾提到海協會孫亞夫在香港會談後，在一通電話中告訴陳榮傑，對於我方先前提出「一個中國的內涵各自以口頭聲明方式表述」的建議，海協「同意並予尊重」。辜振甫說：「兩岸會晤的負責人說相互尊重，你說沒有共識？」

蘇起認爲，辜振甫在「辜汪會談」八周年前夕談話的重點，就是「一諾千金」四個字。

前陸委會主委、現任國民黨智庫國安組召集人蘇起、與前陸委會副主委鄭安國合編《「一個中國，各自表述」共識的史實》，在二〇〇二年十一月一日「九二共識」屆滿十周年前夕出版。他認爲，九二共識的形式是函電往返與各自的口頭表述，不是雙方簽署的單一文件，但仍是換文的一種，具有一定的政治約束力。「一個中國，各自表述」八個字雖不曾出現在九二年兩岸函電往返文字中，但此八字正是九二年兩岸共識的精髓所在。共識核心內涵有同有異，同的是兩岸均堅持採一個中國原則，歧異點是：我方強調對等，台灣與大陸都是中國的一部分；大陸強調主從，僅指台灣是中國的一部分。因爲有堅持一個中國的相同點，大陸對「台灣不搞台獨」有信心，因此兩岸展開協商序幕。（中央日報在二〇〇二年十一月五日曾刊出該書序言的摘要）

兩岸爭論有無「九二共識」的焦點是在「一個中國」原則，中共、國民黨、民進黨各有不同的解讀，爭論必將沒有結果，不如回到九二年「一個中國，各自以口頭表述」的精神，擱置爭議，恢復協商，才是國家人民的福氣。

9

爲什麼台灣方面要依據「國統綱領」的精神，以國統會通過的「一個中國」界說，去對應大陸方面堅持的「一個中國」原則？

當年擔任總統府副秘書長、國統會執行秘書，並負責擬出「一個中國」的涵義的邱進益，接受中時晚報在二〇〇一年二月二十五日刊出的訪問說，國統綱領是用時間來換取空間的大策略。十年來的作用，使兩岸趨於穩定，關係可以從統一之爭，拉回來實實在在解決彼此互動所發生的問題，也才有後來的多次事務性會談。

邱進益又說，國統綱領之所以設計統一的方向，就是著眼於維持兩岸關係的穩定，以時間來爭取我們與大陸政治談判的空間，兩岸雙方能夠良性互動、軍事和平及競爭共處，到了一個時段後再來選擇結束對立。

邱進益認為，再從十年時空背景角度來看，假如不是因為後來中國大陸對於李總統訪問美國的誤判，以及隨後的軍事演習，否則十年來兩岸關係基本上是穩定的，在這樣的狀況下，為什麼要把穩定的結構把它拔除掉，這絕不是一個有智慧的舉動。假如「台獨黨綱」是民進黨的神主牌，「統一」字眼或政綱也是對岸的神主牌，當兩方各自堅持自己的神主牌時候，彼此就沒有迴旋的空間。

據主持草擬有關「一個中國」涵義稿的邱進益說，很少人注意到，國統會的共識已出現將「中華民國」與「中華人民共和國」並置的安排。換句話說，當時的共識就是：你對岸是什麼，我們就是什麼，這才是我們談判團隊的指導要津，而對岸一直不想同意，道理也在此，既已數度翻案不同意，又何來什麼「九二共識」？（台灣日報，二〇〇一年五月二十五日，唐詩報導）

邱進益所說的對岸「既已數度翻案」，是指大陸方面一再利用各種機會緊縮「一個中國」的涵義，把一九九二年兩岸達成的「一個中國，各自以口頭表述」共識，說成「兩岸都堅持一個中國原則」，而不顧台灣方面所說的：「雖然兩岸都堅持一個中國，但對其涵義，雙方認知各有不同。」

對已經達成的協議，作對其有利的解釋，或者翻案再重新談判，就是中共一貫的談判策略。

10

中共在一九九二年爲什麼要同意兩岸對一個中國、各自以口頭表述？

在戰略上，中共的對台方針，已經決定有所改變。據一九九二年十一月五日自立早報引用親北京的香港鏡報月刊的報導說，鏡報登載中共領導人鄧小平的談話說，統一的最主要前提是兩岸對「一個中國」的確認已經沒有分歧，現在要看雙方能否作出一些讓對方接受的行動。報導說，這顯示中共對台方針和策略將有新意和突破。

據說，鄧小平這次談話中還表示，在突破兩岸關係方面，中共可以再做些實際的讓步和修正某些政策。

鄧小平強調，首先要解決兩岸談判的方式、名稱、性質，以便取得基本共識。所做的讓步，要從兩岸中國人民的長遠利益去考慮。

據報導，鄧小平還要求幹部，周全地研究台灣提出的以政治實體對等談判的要求，包括對統一後的憲法修改、政府結構的改變，包括所謂「聯邦」或「邦聯」的範疇、性質以及實施的實際可能性。

鄧小平的講話，一九九二年八月初已經向大陸軍界高層傳達，中共中央總書記江澤民也在十月初的中央政治局委員會議上，轉達鄧小平的意見，並總結說：「形勢有利、工作要緊跟上、思想要開放些，儘早有突破。」

或許是中共高層對兩岸談判已有政策指示，所以，海協會發現海基會已提出依據國統綱領所做的「一個中國」解說，可以找到「兩岸都堅持一個中國」的共同點，因此同意各自以口頭表述這項共同點，而不去提歧異的觀點。這樣一來，國內外都會注意到兩岸的共同點，而忽略了海基會所提的：「雙方對一個中國的涵義，認知各有不同。」

其次，大陸方面認爲以後可以再對「一個中國」的涵義另行討論，事務性問題的協商因此可以不涉及「一個中國」問題，以便早日進行高層次的「辜汪會談」。這也是一項突破，海協會或國台辦可以向中共高層有所交代。這或許是一九九二年雙方在談判策略上的妥協吧。

兩岸自一九四九年分治以來，雙方對「一個中國」已經有不同的認知和解說，今後還是會繼續爭論下去，這就是「一個中國，各自表述」吧？

「一個中國，各自以口頭表述」的共識，雖然使兩岸事務性協商得以繼續下去，但卻在台灣內部引起爭議。海基會首當其衝，山雨欲來風滿樓，陳榮傑開始面對另一個風暴的來臨。

第十章

去職

陳榮傑離開海基會

1

當海基會完成一九九二年香港會談，海協會來函同意雙方各自以口頭表述「一個中國」，並準備舉行高階層的「辜汪會談」之際，海基會秘書長陳榮傑卻在十二月五日向辜董事長提出辭呈，引起新聞界再度注意到海陸兩會的矛盾。隔年，一月六日陳榮傑在立法院和陸委會主委黃昆輝有一段尖銳的對話，陳榮傑離開海基會已成無法避免的事實。究竟海陸之間存在什麼樣的矛盾，會逼得海基會秘書長一再請辭？

一九九二（八十一）年十二月七日，聯合報報導，海基會秘書長陳榮傑已在日前向董事長辜振甫提出辭呈。在陸委會、海基會相繼成立不到兩年的時間中，海基會已有兩會秘書長、三位以上的處長有意求去；陸委會也已有一位副主委、一位處長離職。（聯合報，一九九二年十二月七日，何振忠報導）

何振忠認爲，陸海兩會之間的協調運作，始終不夠順暢，近來雖致力於改善關係，但仍然存在有人爲的芥蒂亟待化解。但就其根本，主要還是在於兩會所扮演的角色不同，加上中共配合程度不夠的客觀環境下，使得一些原來懷抱著對兩岸事務高度理想與熱忱的人士，相繼遭遇挫折乃至灰心。

他分析說，陳長文的請辭，以其省籍和個性因素，或可找到理由，但以陳榮傑本省人的背景及處事作風，仍會萌生辭意，甚至連陸委會本身的官員也有掛冠之意，顯然問題已不單純。

他說，海基會的自主權限該有多大？陸委會的監督權力所及爲何？至今仍無一套客觀標準，是當前問題的主要原因。海基會急於「做事」的心態，與陸委會「事必躬親」的作風，若無法從中取得妥協，最後只有產生互爲掣肘的效果。而這當中，「人」的因素遠大於「制度」的設計，唯有開誠佈公的體諒彼此角色和立場，才是釜底抽薪之道。

據說，陳榮傑在辭呈上的請辭理由是「困難重重，多所阻礙」，以致海基會無法完成受託的相關業務。於公，他對不起社會的期許與董監事的愛護；於私，因工作壓力已影響他的健康，所以有此痛苦決定。

這項報導立即引起陸委會和新聞界的反應。當晚陸委會已去函要求聯合報更正。函中指責聯合報不應在「陳榮傑辭態未明」之際，使陸委會蒙受不白之冤。

陸委會在函中駁斥，陳榮傑前天（五日）傳出辭意後，昨天（六日）他個人則已出現不置可否的態度。連主角自己要不要辭職，都尚未拿定主意，陸委會怎會獲悉？而且其辭呈是否與陸委會有關，於情於理而言，均待商榷。

函中也指出，陸委會副主委謝生富調立法院任秘書長，法政處長朱武獻最近調任考試院主任秘書，基本上兩人離職是基於高升，若指該會兩主管去職是倦勤，實是「報導不實」。（自由時報，一九九二年十二月八日，林宏洋報導）

陳榮傑爲何要辭職，立即引起各報的關切。十一月七日當天，三家晚報都開始追蹤其原因。中時晚報記者李建榮說，近因是海基會內部戲稱的「九一七事變」，遠因則是陸委會擬定的「陸九條」。陳榮傑爲了突破兩岸文書驗證的僵局，於九月十七日藉遣返之便，赴廈門與海協會秘書長鄒哲開晤面，事後卻得不到陸委會的諒解。陸委會制定監督海基會的「陸九條」，海基會在協調會現場才拿到會文。海基會成立之初，定位在非官方的白手套，突顯兩岸官方不接觸，後來陸委會在立法院要求監督海基會時，順勢將海基會視爲「臣屬」的上下關係。對於海基會發布新聞，陸委會也要求事前核閱，凡此均種下陳榮傑「百事難爲」的心境。

自立晚報記者張玉瑛報導陳榮傑的解釋：「人有時會因過度疲勞而想到不如歸去。」但保留風度，沒有批評陸委會。陳榮傑的妻女最近從南非回國，女兒看到父親又瘦又累，十分心疼。種種因素使他有不如歸去的念頭。

陳榮傑和陳長文是台大法律系的同班同學，一九七一年進入外交部，是外交領事人員第三期的學員，早年曾擔任外交部條約法律司副司長，後來派駐南非大使館政治參事，一九九〇年底接到陳長文邀約參加籌組海基會的電話後，將妻女留在南非，一個人回到台北擔任海基會副秘書長，在一九九二年二月接任秘書長，全心全意爲海基會工作，但卻「百事難爲」。

張玉瑛認爲，陳榮傑一直視海基會工作爲日後努力的方向而孜孜不倦，但是國內的政治氣候對於兩岸事務特別的敏感與慎重，海基會的工作一直受到民衆的特別關注，陸委會自然也不敢掉以輕心，使得兩會在對大陸工作上往往出現意見相左的情況，海基會秘書長的位置對於意圖有所表現的人自然是常常感受挫折，陳榮傑的請辭多少和內心挫折感有關。

聯合晚報記者陳家傑報導說，陳榮傑在處理「鷹王號」事件和「閩獅漁」事件的成功，獲得行政院長郝柏村在一九九一年八月二十七日的行政院院會中公開表揚，稱讚陳榮傑「具有政治智慧和法律素養」。

這兩件事奠定他在海基會的主導地位，但同時也爲他帶來外界更多的關注與壓力。由於擔任海基會發言人，曝光率很高，發言不卑不亢，一九九二年三月七日還獲得新聞局長胡志強頒發「一九九一年傑出公關獎」的「傑出發言人獎」。

爲何陸委會說陳榮傑辭意未明？聯合晚報記者劉淑婉報導說，陳榮傑表示，辭職有一定的程序，在該程序未完成前都不能算是辭職。在董事長尚未批准前，都不能算辭職。

當時辜董事長正好在十二月六日、以工商協進會理事長身分，前往東京參加「東亞經濟會議」。開完會回來之後，辜董事長設法挽留陳榮傑，一直到發生立法院尖銳對話事件後，才開始依序處理這個問題。

3

海基會有些同仁慣稱陳榮傑爲「阿傑」，是一種親切的稱呼。一九九一年六月十三日發生巴拿馬籍貨船「鷹王輪」被六名中共武裝男子押往大陸之事，台灣方面接獲求救信號，派出海軍船艦將「鷹王輪」和六名大陸男子一起帶回台中港處理。後來海基會透過管道與大陸連絡，查出王燕平等六名大陸男子是廈門海關的關員，在台海中線附近取締走私。雙方協調於六月十六日在香港交人。

據當時擔任旅行服務處處長的歐陽聖恩說，六月十八日上午，阿傑率領有關人員搭乘華航班機前往香港，大陸國台辦綜合局局長鄒哲開、會同香港新華社台灣事務部部長黃文放等人到機場接人。

陳榮傑等人到達啓德機場後，大陸方面拒絕在機場以公開方式交接，要求陳榮傑將六名關員帶到秘密地點移交，不能有記者在場。阿傑立即反對，堅持要有記者在場採訪。雙方僵持不下，阿傑拒絕下機，並放話說：「如果不接受我方的做法，華航班機會將六名關員原機送回台北。」華航人員打電話回台北請示，答覆是：「陳榮傑已獲得充分授權，接受其指揮。」

中共方面終於接受公開交接的安排，黃文放親自登機接人。陳榮傑堅持立場，完成任務，因此聲名大噪。

這個事件落幕才一個月，七月二十一日又發生「閩獅漁事件」。大陸兩艘漁船與高雄籍漁船「三鑫財號」在通宵外海二十海里處發生絞網糾紛，其中「閩獅漁二二九五」漁船船員涉嫌搶奪「三鑫財號」漁船的財物，並涉嫌擄人取償，案經海軍及保七總隊帶回台中港偵辦。

海基會全體動員，負責聯繫、協商處理大陸紅十字會副秘書長曲折等人來台人道探視的問題。曲折不顧我方是否取消其入境許可，照其原定行程於八月十二日抵達香港，卻不能入台，只能停留在香港繼續協商。一星期後，曲折才獲准來台。抵達桃園中正機場時，興奮過度地說來到「祖國的寶島台灣」，前往接機的陳榮傑立即毫不留情地當場指責曲折的談話是「照本宣科」。這段對話成爲新聞報導的焦點，所以，行政院長郝柏村在八月二十二日的行政院會中，嘉許陳榮傑與中共的交涉是「恰如其分，堅守原則」、「具有政治智慧和法律素養」。

但是，阿傑並不是從此一帆風順，反而從此受到陸委會的關注，尤其是在一九九二年一月二十一日接任秘書長之後，雙方各有立場，終致使阿傑灰心，甚至不再出席陸委會舉行的會議，也對記者公開表示「相處的時日不多了」。

4

阿傑在三月底接任海基會秘書長，海基會在三月二十三至二十五日在北京與海協會協商「文書查證」與「掛號信件遺失查詢補償」問題，同時在三月二十五日與大陸方面對邀請大陸記者來台訪問有關事宜達成協議。

邀請大陸記者來台，是海基會綜合服務處處長張全聲負責規劃的業務，目的在讓大陸記者親眼看看台灣各方面的實際情形，改變其原有的印象。但是，陸委會對海基會在未經授權的情況下，就與大陸方面談論邀請記者來訪一事，表示不滿。海基會在四月間邀請陸委會及有關單位協調大陸記者入境參訪的各種問題，包括如何申請、向誰申請、行程如何安排等，因此，十八位大陸記者到九月五日才抵台參訪八天。

四月間，陸委會草擬「兩會關係及運作處理原則」（俗稱陸九條），並以密件函告海基會，這項原則在草擬過程完全沒有知會海基會，因此海基會同仁有不受尊重的感覺，董監事會也有反彈。後來兩會雖然定期舉行「高層聯繫會報」，但因業務忙碌，一些高層人員經常不能參加，會議遂流於形式。

六月間，海基會發生一些主管提出辭職的問題，再度引起各界的注意。

六月二十三日下午，法律處長許惠祐在下班時提出辭呈，將私人物件打包帶走，第二天起休假不再上班。法律處副處長林貴美、專員高富月等五人也相繼提出辭呈，集體休假。

法律處只有十幾位同仁，工作非常繁重，文書驗證等申請案累積了數千件，因為大陸方面不能配合，工作無法推展，民眾難以諒解，因此壓力很大。

據歐陽聖恩在《再見，白手套》說，這件辭職風波，主要是火爆脾氣的許惠祐對陳榮傑的領導方式不滿所引起的，許惠祐一再要求增加人手，陳榮傑沒有積極回應，因此引起許惠祐辭職。陳榮傑也請休假，兩人不願見面解決問題。陳榮傑說：「我總有一天也要遞辭呈，海基會內最應受到安慰、鼓勵的人，我應排前幾名。」阿傑工作要求很認眞，大小公文都要經過他看過才可以出門，每晚將公文帶回家攤在地毯上看。

許惠祐對外界保持沉默，不亂發言，辜董事長和陳長文副董事長緊急出面協調，因此，許惠祐休假一周後，銷假上班，從此奠定他在海基會的地位。陳榮傑對同仁也不再那麼嚴苛，變得比較隨和，容易溝通，海基會同仁又恢復團結融洽的氣氛。

5

八月間，「希望工程」問題又成爲海陸兩會爭議的焦點。

「希望工程」是針對大陸地區失學青少年而提出的兩岸合作計畫。中共「國家統計局」公布統計數字，說明大陸地區每年有一百六十萬的七至十二歲兒童因家庭貧困而失學。一九八九年十月，大陸「中國青少年發展基金會」發起「希望工程」，長期資助失學兒童重返校園，並在偏遠貧瘠的地區創辦「希望小學」，提供貧困失學兒童接受教育的機會。

教育是百年大計，大陸未來的主人翁對兩岸關係的發展會有很大的影響。海基會爲了突破當時兩岸關係的瓶頸、以教育紮根方式提高下一代中國人的教育水準、讓大陸當局及民衆了解台灣同胞的善意，凝聚台灣民衆對大陸的關懷，推動兩岸交流，因此由綜合服務處擬定兩岸共同推動「希望工程」計畫，每人每年只要捐助人民幣四十元（當時約新台幣二百元，美金五元），就可幫助一位大陸兒童復學。這項計畫經一九九二年八月二十一日董監事會議通過，陸委會卻不贊成，並印發說帖說明大陸發起「希望工程」的背景，呼籲社會三思。海基會則認爲這不是陸委會委辦事項，而且不涉及政治，海基會應有自主權。

聯合報記者何振忠在次日發表焦點評論，認爲「希望工程」已跳脫政治僵化模式。他說，在海基會通過協助大陸「希望工程」之前，據了解，陸委會曾給予高度的關切，甚至希望海基會撤銷提案，這和中共打壓我國國際空間顯得一樣的小器。

何振忠說，站在中共的角度，若能放寬胸襟與視界，讓兩岸並存於國際社會，不見得就是對中共不利；對中國長遠的發展也絕對相信是正面的價值。在講求整合和合作的國際環境中，若只見中國人不斷內鬥削弱自己的力量，是難以讓人看出政治家應有的胸懷與智慧。

後來，陳榮傑與綜合處長張全聲應媒體之邀，前往參觀「希望工程」攝影展，被陸委會指責為「被人利用」，陳張兩人表示難以接受這種說法。

到十一月間，「希望工程」在台灣已引起廣泛的注意和議論。由中國時報舉辦的「希望工程」攝影預展結束後，十一月十八日起正式在台北、台中、高雄等地展出四十一天。中國時報記者陳春木當天的報導說，許多民衆在看了照片之後都有感覺，都以實際行動──義買或捐款來表達他們的同情和關切。沒想到，這一單純的舉動，卻引起了極端的看法和爭議。有人認為，捐款無異幫忙中共推展共產教育。我們當然不否認，中共目前對我們並未全然的善意對待和回應。

當天，陳長文也在中國時報發表焦點評論，標題是：「救井裡的孩子，要先問他是那家的嗎？」他說：「台灣的發展經驗告訴我們，社會的富裕繁榮要件之一，就是有普及而高品質的教育，因為，教育改變觀念，觀念改變行為。法治、民主、均富，都是依循這條路而來的。」

陳長文接著說：「如果大陸的教育不能普及和提升，近五分之一的人民依舊愚昧無知，經濟改革、政治民主化、社會多元化是很難達到的。改革不能成功，兩岸差距將不能拉近，可以想見，兩岸關係將會趨於緊張，對台灣地區兩千萬人是有害的。」

陸委會卻擬定說帖，趕在海基會十一月二十六日舉行董監事會議之前發表，說明中共發動「希望工程」的負責人都是統戰部和共青團的人，大陸的教育投資每年只占國民生產毛額的百分之二點五，低於台灣的百分之五點五。陸委會認爲，我們應該促使中共正視教育問題，妥善分配教育資源，從根本做起，才是眞正造福大陸失學兒童。

海基會董事長辜振甫在十一月二十一日到海基會視察業務，接受記者訪問說，他剛訪問美國回來，對整個事情還不十分了解。不過，海基會和陸委會沒有必要互相批評，不要這麼吵，對那方都沒有好處。如果是對，就去做，不對就不要做。（自立早報，一九九二年十一月二十二日，陳威儐報導）

負責推動支持募集資助希望工程的海基會副秘書長李慶平說，推動該項活動本是董事會的意願，而今陸委會站在主管機關立場，將該活動的來龍去脈和背景向一般大衆說明，海基會絕對尊重陸委會的立場。因此，海基會不再介入民間支持「希望工程」的活動。

當時，台灣社會對是否支持「希望工程」也有兩極化的爭議。一項對研究教育問題與兩岸問題的專家學者所做的民意調查報告發現，百分之五十六的受訪者贊成參與「希望工程」，百分之三十七反對；其中非常贊成的有百分之二十一，非常反對的也有百分之十九，比例非常接近。（張五岳，聯合報，一九九二年十一月二十二日）

淡江大學教授張五岳認爲，正反兩面的觀點並非不可調和。「希望工程」值得肯定推動，其對大陸發展與兩岸良性互動利大於弊自不待言。

政治家需要有長遠的眼光、開闊的胸襟、和大開大闔的智慧，兩岸何時可以看到眞正偉大的政治家出現，來拯救兩岸人民免於戰爭的恐懼呢？對立的觀念和爭鬥，只有加深兩岸的爭議和懷疑，最後誰來收拾殘局？

6

陳榮傑前往廈門會晤海協會秘書長鄒哲開的「九一七事變」，使陸委會對陳榮傑更加憤怒。

一九九二年七月十一日，台灣「新華國十二號」漁船在彭佳嶼附近海域遭到大陸鐵殼船「霞工緝二號」開槍射擊，涉案的人船經台灣軍警帶回基隆處理。後因罪證不足，涉案的大陸三位公安人員及其他船員均在八月一日獲判無罪。

在此案審理期間，海基會負責與大陸海協會聯繫，雙方同意於九月十七日在廈門完成人船交接。陳榮傑三次以電話或口頭向陸委會副主委報備，他將隨船前往廈門了解遣送業務，同時與海協會秘書長鄒哲開會晤，對兩會業務交換意見。陸委會堅持要用書面呈報，所以海基會在十五日晚上送出正式公文，陸委會認爲是被迫同意。

據中國時報記者王銘義報導，陳榮傑曾將陸委會研擬的有關「一個中國」涵義五種表述方式告訴對方，希望早日恢復協商兩岸文書查證問題，當時許惠祐也在場。因爲台灣方面已經準備依據「國統綱領」的精神回應「一個中國」原則，使大陸方面找到兩岸對話的共識基礎，所以海協會在經過研究之後，來函同意於十月底在香港恢復協商，最後達成雙方各自以口頭表述「一個中國」的共識，爲新加坡「辜汪會談」奠下基礎。

但是，陸委會卻對陳榮傑不表諒解，外界也質疑陳榮傑爲何急於和大陸恢復談判，新聞界也有不利的報導，使陳榮傑感到灰心，指摘陸委會主管「有失政務官風範」，並認爲外界的批評對他不公平，同時也有辭職的心理準備了。據透露，陳榮傑在接任秘書長後，就已經把辭呈擺在抽屜裡了，表示不戀眷職位，隨時可以辭職。

十一月二十四日，廣西桂林空難事件發生後，海基會數度去函促請海協會同意海基會派員陪同九名台灣罹難人員的家屬處理善後，但是大陸方面均不同意。陸委會主張強烈抗議，海基會認爲不宜使用強烈字眼。據聯合報報導，十二月四日，陸委會借海基會之名去函海協會言辭指責。歐陽聖恩也在《再見，白手套》指出，陳榮傑無意扮演黑臉，多次拖延之後被迫勉強發布，海陸心結更加深一層。

次日，十二月五日，辜董事長前往海基會辦公室視察業務，陳榮傑提出辭呈。六日，聯合報記者何振忠知道這個消息，七日就見報了，引起新聞界一連串的追蹤報導，眞相終於大白，聯合報在一九九三年一月十一日還將海陸兩會一年來的爭議大事記列表報導，使讀者更容易了解海陸兩會對大陸事務的不同立場與見解，可見兩岸事務在交流初期是多麼地難以推動，不但兩岸缺乏互信與共識，台灣內部也是意見不一，莫衷一是，海基會人員推動兩岸關係的熱忱，正是他們的致命傷。

7

陳榮傑在一九九三年一月六日以社會關係人士身分應邀在立法院法制、內政委員聯席會議備詢，卻與陸委會主委黃昆輝發生尖銳對話，引起新聞媒體大幅報導，自立晚報甚至以「海陸大戰」來形容，新新聞周刊則以對話方式刊出雙方精采的對話。眞的是海陸大戰嗎？

這天，立法院法制與內政委員會舉行聯席會議，審查行政院提出的「受託處理大陸事務財團法人監督條例草案」、以及民進黨立委陳水扁提出的「財團法人海峽交流基金會監督條例草案」，陳榮傑在聯席會議中應邀說明海基會的業務與看法。

陳榮傑說，海基會成立的時候，已經受了許多嚴密的監督，再制定一個監督條列，只是徒具型式，沒有實質意義。假如監督條例能使海基會業務更加順暢，我舉雙手贊成，但是，「我在海基會工作兩年，我的感覺是，第一年我是坐在輪椅上，大家推著我往前走，今天我像是躺在擔架上，一點活動能力也沒有，在這種情況之下，是否有必要制定監督條例，請各位冷靜思考。今天，將海基會秘書長的地位貶得如此低，要求卻又如此多，如何使秘書長到中國大陸去面對強悍、僵化的共產黨呢？」

他又強調一次：「今天我所提供的意見，並不是為我個人，而是為整個海基會的運作及兩岸關係的順利運作，不過，就我個人的感覺，今天即使沒有此一條例，海基會也已經是躺在擔架上了。」

此話一出，立即引起立委和新聞界的興趣與關注。黃昆輝應邀提出答辯。他說：「在推動大陸政策時固然要以法制來運作，但也不要忘記其政治性，目前政府唯一授權與大陸交涉的單位就是海基會，這樣的任務具有高度敏感的政治性，為國人所高度重視，所以法律要跟政治走，而不是政治跟法律走，由政治需要來制定法律。海基會陳榮傑秘書長一向非常謙虛，而海基會也做得不錯，即使是躺下來也會做得很好。」

立委立刻展開詢問，要求雙方說明事實的眞相。陳榮傑舉例說，海基會要採購書籍、發布新聞、辦繪畫比賽，都需要呈報陸委會，一份計畫核了好久，使海基會一年辦不到幾件事，令他痛苦萬分。海基會的帳目，陸委會都找了三位會計師前往查帳，讓他覺得不被尊重。

黃昆輝則說，監督條例要趕快制定。譬如去年九月陳榮傑要去大陸與海協會秘書長會面，陸委會事先並不知情，他主動打電話求證，陳還支吾其詞不願正面回答，經他追問，陳才承認約了人見面，所以要求他立即完成程序。雖然他說有事先跟馬副主委提到這幾天想要過去，也沒讓任何人知道什麼時間去要去做什麼？對這種脫序的現象，唯有制定適切的監督條例，兩會才可能進入法制化的正常階段。

中國時報記者王銘義詳細報導立委對海陸兩會關係的看法。國民黨籍立委王天競說，如果海陸兩會的運作關係無法有效解決，海基會乾脆納編為陸委會之下的局處，或升格直接由行政院監督算了。

無黨籍立委林正杰強調，海基會民間團體的法律地位相當清楚，對於涉及公權力的部分，陸委會才可以管，但其他交流業務，應有其獨立的財團法人地位，陸委會沒有權力反對或干擾。

民進黨立委陳水扁說，黃昆輝應展現魄力，徹底整頓海基會的人事，不要使大陸政策的推動面臨「因人廢事」的處境。

民進黨立委謝長廷則說，陳榮傑的說辭充滿委屈和不服氣，顯見兩會問題嚴重。陸委會官員不要高高在上，而應充分溝通解決互動的問題。

自由時報則報導了陸委會官員的看法。陸委會聯絡處一位一級主管說，去年十月間香港會談文書查證問題，陸委會從上到下，在「後方」針對「前方」海基會協商人員回報的各種狀況，忙著研訂策略和因應方案，而當徵詢海基會在台北的主管級人員意見時，發現除了陳榮傑之外，海基會兩位副秘書長石齊平、李慶平，對這麼一件大事的來龍去脈，竟然是所知不多，是不是陳榮傑沒有跟他的屬下好好溝通過？

陸委會企劃處一位一級主管說，陳榮傑應該好好想一想海基會當初成立的目的是什麼？政府從一九八九（七十八）年行政院大陸工作會報時代、開始設計成立一個兩岸中介團體時，就是定位於代替政府出面，與大陸方面接觸的層次而已。在這個前提下，海基會自然不可以便宜行事。陸委會要求對海基會的各類去函事先送審，當然是要對信函用字遣辭仔細斟酌，因為函一出去，不僅代表海基會，而是代表我方整體、和政府的大陸政策，若措辭不當，不但中共會趁機提出需索和反擊，連台灣各界也可能不諒解，陸委會怎可不小心應對？

自立早報記者陳威賓報導了辜董事長的反應。辜振甫在一月六日下午到海基會參加海基會同仁爲他舉行的七十七歲慶生會後，接受記者們的詢問說，陳榮傑在立法院的發言是個人意見，海基會自應接受陸委會的監督，在討論如何監督的過程中，不要情緒化。陳榮傑總有一點太情緒化。

其實，當時新聞報導已經透露陳榮傑即將出任某報的負責人。他確實已經和台南一中的高中同學、自立報系的董事長吳豐山說好要轉跑道了，所以在立法院奮力一搏，要讓大家知道海基會的處境已經是躺在擔架上了，誰知黃昆輝卻說即使是躺在擔架上也做得很好。新聞界和立委的反應則是好壞參半。

司馬文武在自立早報發表台北隨筆：〈自家人何必鬧意氣〉，他說，海基會的誕生，一開始即胎位不正，後來又發現父母不詳，從此注定其災難的一生。

司馬文武指出：「它從一個基金會的民間組織，逐漸成陸委會的被監督單位和受指揮單位，從國內政治環境而言，實難避免。加上原海基會秘書長陳長文與郝柏村的關係，使其一起步即充滿郝派強烈色彩。而陸委會雖然隸屬行政院，但黃昆輝卻是李登輝的親信，他執行的是李登輝的大陸政策，兩者靠山不同，流派不同，加上個性不同，芝麻小事也會搞得不愉快，日積月累成爲宿怨，非一吐不快。」

司馬文武主張另起爐灶，或重新改組海基會，使陸委會發揮一條鞭的指揮效果，不必再擔心官方色彩的問題。

一月十一日，陳榮傑邀集海基會主管，正式告知有關他將在近日內請辭的決定。新聞界則報導他將出任自立報系社長。一月三十日，海基會同仁歡送陳榮傑，送給他的紀念牌寫著：「功在兩岸」。陳長文致詞說，陳榮傑曾經被罵爲「台奸、賣國賊」，但爲了做好工作，外界的譭謗都忍受下來了，他十分敬佩陳榮傑的表現。

或許這就是海基會人員的宿命吧，當他們離開海基會的時候，一切凡間的寵辱都已成爲過去，唯有一塊「功在兩岸」的紀念牌陪伴他們度過悠悠歲月。

但是，海陸兩會的大戰，會隨著陳榮傑的離開而結束嗎？誰要來跳入海基會這個火坑？

第十一章

心牆

邱進益要拆兩岸的「柏林圍牆」

1

總統府副秘書長邱進益，在李登輝總統的授意之下，轉任海基會副董事長兼第三任秘書長。一九九三(八十二)年三月十二日在海基會董監事會議通過這項人事任命案後，邱進益帶著一塊柏林圍牆的紀念石到海基會，接受記者訪問說，這塊紀念石給他很深的感觸，柏林圍牆在一九六一年八月十三日築起，一九八九年十一月九日被推翻，柏林圍牆的建立阻隔了德國的統一，柏林圍牆的推翻導致德國的統一。

邱進益又說：「海峽兩岸經過多年的分隔，彼此間已有一道心理的柏林圍牆，在擔任海基會秘書長後，希望兩岸人民共同努力將這道心理的柏林圍牆拿掉。兩岸交流的過程中，如果沒有人爲的障礙，兩岸關係的推動，一定可以更爲順利。」

邱進益也對記者們提到他的理念，聯合報記者何振忠整理出七項主題，簡要報導了邱進益的談話內容：

一、海基會未來任務

國統會是戰略層次，陸委會是政策層次，海基會為戰鬥層次，海基會將來會扮演更建設性的執行政策角色，透過海基會與大陸接觸訪得的第一手資料，將大陸的想法、看法、及可能的做法帶回供決策單位參考。

二、和平協定

邱進益說他從一九九一年起就以個人身分提出兩岸簽署和平協議，受到很多批評。中共擔心簽了和平協議就變成兩國。但是中共也應體認到若想走向統一，只有不使用武力才能夠會合台灣兩千萬人的民意。如果無時無刻都有武力威脅，使台灣人民生活在恐懼、憂慮當中，如何從事交流？這勢必難以獲得台灣兩千萬人的認同，雙方建立這個共識最重要。

三、台獨問題

邱進益說，套一句李總統的話，台獨是一條走不通的路。政府的政策相當明確，現在、未來都是如此，若中共要我們宣示不搞台獨才願意放棄武力，這是畫蛇添足。

四、投資保障協定

中共應將「鼓勵台胞投資二十二條」從行政命令提升為法律，最好是達到簽署協定或協議的層次。這是兩岸間的事務，沒有必要透過新加坡等第三地來進行。

五、辜汪會談

議題尚未確定，很難談到期望。但文書查證等事務性協商已談了一年多，應先將此事務性問題告一段落。

六、直航問題

直航必須與國統綱領扣起來，在進入中程之前，相關的硬體及心理建設完成了沒有？所以在進入中程之前，首先要建立和平的環境，直航與政策不能分開的。

七、對民進黨的期望

希望能跳出現有格局，不要老排斥統一，統、獨與維持現狀還是有很多選擇機會，不必將自己限制在一定的格局，總統說在兩岸事務要參與、主導，不要置身事外，民進黨囿於意識形態相當可惜。

其實，邱進益談的問題，可以說是反映了李登輝的大陸政策理念。李登輝在一九九一年二月二十七日派蘇志誠到香港與中共楊尚昆的代表楊思德舉行第二次密談，蘇志誠就提到希望兩岸商討簽訂和平協議，但楊思德在三月二十九日舉行的第三次密談中明白地說，中共要的是「和平統一協議」，因此，密談不歡而散。李登輝後來對自由時報記者鄒景雯口述《執政告白實錄》時也承認確有其事。

李登輝顯然曾經交付邱進益一些任務，希望使兩岸關係有所進展，這從當時的一些動作、和有關的談話可以看出來。他派出參與策劃成立國統會、陸委會、海基會等大陸工作體系的邱進益，去擔任海基會副董事長兼秘書長。同時又安排總統府機要室主任焦仁和去陸委會擔任副主委，加上已經擔任陸委會主委的黃昆輝，此時李登輝已經實際上掌握了整個大陸工作體系。

當時，中央日報記者孟蓉華引用權威消息明確指出，焦仁和經過陸委會的資歷，無疑已經是海基會秘書長的下任人選。在邱進益親身處理過兩岸事務後，再出任陸委會主委則更具說服性，黃昆輝在跨部會類似「小內閣」的陸委會歷練完成後，再出掌接近中央決策的位置，也較爲適當。（中央日報，一九九三年三月二日，孟蓉華報導）孟蓉華的判斷似乎有所根據，後來的發展，除了邱進益另有任用外，其他兩人都如願了。

究竟李登輝交給邱進益什麼任務呢？邱進益沒有完全透露。中央社在三月一日報導說，邱進益表示，李總統曾經召見他，談及他出任海基會秘書長的事，但拒絕透露談話內容。其實，李登輝兩度慎重地找邱進益進行長談，希望他轉戰海基會，成功地開好「辜汪會談」。李登輝曾對鄒景雯說：

兩岸的第一次高層會談攸關深遠，只許成功不許失敗。邱進益原是國統會、陸委會、海基會這個體制的設計者，若能及時到第一線去糾正並改善海陸兩會的互動關係，將可有效防止陣前內鬨的不利情事發生。

事實上，當時「辜汪會談」已經迫在眉睫，兩岸幾乎已經了解這項歷年來最高層次的會談，極可能於四月間在新加坡舉行。海基會原任秘書長陳榮傑在一月底離職，副秘書長石齊平暫代秘書長。在這種情況下，李登輝只有派最了解大陸工作理念與策略的邱進益先去海基會完成「辜汪會談」的任務，看情況再對兩岸關係的發展做進一步的安排。

2

邱進益爲了完成李登輝交付的任務，先將「辜汪會談」成功地完成，以便達到預期的效果，因此在就任海基會新職前後，已經運用許多籌碼，對中共方面放話，要談和平協議、投資保障、直航等問題，大陸方面對邱進益能夠出任海基會秘書長，也寄予厚望，在三月三日海協會就致函海基會，希望在三月底或四月初舉行「辜汪會談」，海基會回函說，等人事確定後再說吧。

邱進益親自走到第一線執行李登輝的大陸政策，立即引起民進黨的嚴重關切。立法院已經在一九九二年底改選，翌年三月十五日，改選後的內政委員會立委邀請黃昆輝、邱進益接受質

邱進益要拆兩岸的「柏林圍牆」

詢。

民進黨立委陳水扁質詢說，中共曾揚言，台灣若發生「聯俄」、「發展核武」、「主張台獨」、「發生暴亂」等四種狀況，將以武力犯台，但邱進益在一九九二年五月十日曾公開表示，兩岸可考慮簽訂互不侵犯協定，現在邱進益擔任海基會秘書長，是否仍認爲中共沒有武力犯台的條件？是否仍維持推動簽訂和平協議的理念？（自由時報，一九九三年三月十六日，張挺立報導）

邱進益回答說，他是在一項學術研討會中提出這項主張，兩岸若能不使用武力，並以和平為唯一前提，對台灣具有象徵的意義。而中共也不應常以武力恫嚇台灣，徒然造成雙方的緊張。再者，依據中共一項報告指出，如果要攻打台灣，至少須耗費五千億以上的人民幣，準備時間將長達兩個月，中共應不致貿然開打。何況所謂中共犯台四條件亦不存在，他以個人身分堅持認為仍應推動兩岸簽訂和平協定，才能以「和平方式」進行統一。

民進黨此時已經準備介入兩岸談判，立委張俊宏在內政委員會提議由民進黨與中共進行「黨對黨」談判，黃昆輝在內政委員會答覆質詢公開表示反對。他說，他不贊成黨對黨談判，只有政府對政府談判才具有效力，任何一個黨去談什麼事都不能代表政府。現階段是政府委託民間團體進行接觸商談，將來進入國統綱領中程階段，就可以進行政府對政府談判。

當晚，邱進益對於外界傳言不排除在「辜汪會談」後，由兩會負責人共同發表兩岸和平聲明一事，接受中時晚報記者陳維新訪問指出，在民進黨沒有共識以前，政府不會與中共商談簽訂兩岸和平協議。「辜汪會談」雖然是兩岸關係轉變的契機，但絕不可能在第一次會談就與海協會共同發表兩岸和平聲明。邱進益同時建議民進黨讓黨員以個人身分參加國統會等大陸事務機構。後來民進黨也逐漸參與大陸事務機構的工作，包括康寧祥在一九九〇（七十九）年起擔任國統會委員、陸委會也聘請民進黨學者參與諮詢顧問，以及楊黃美幸等擔任海基會監事，逐漸參與兩岸事務。張俊宏更在民進黨執政後出任海基會副董事長。

雖然邱進益很努力與民進黨溝通協調，交換意見，以求建立大陸工作的共識，但是，民進黨要求參加辜汪會談，決策方面沒有同意，因此，在邱進益前往北京、新加坡安排「辜汪會談」預備會議時，都在桃園機場受到民進黨人士拉白布條抗議，希望不要出賣台灣的利益。

事實上，高層人士已經在三月二日對新聞界放話，為邱進益護持，強調邱進益不會「出賣台灣人的利益」。

總統府一位高層人士透露，最高當局同意安排邱進益出掌海基會，主要著眼點是因為目前海峽兩岸互動過程中，往往因錯誤的資訊傳遞，造成不必要的緊張關係。邱進益接掌海基會後，將可親赴中國大陸，直接向中共當局傳遞台灣方面最正確的資訊。邱進益入主海基會，除可提升海基會工作人員的士氣，化解海基會目前的尷尬處境，也可進一步去除人民擔心海基會「出賣台灣人利益」的疑慮。（民衆日報，一九九三年三月二日報導）

由此可見，大陸工作多麼難為。陸委會是決策層次，海基會則是站在第一線的戰鬥層次，任何動作都會怪到海基會和陸委會頭上，因此，陸委會採取謹慎緩慢的態度處理大陸問題，但是海基會要去執行，必須設法完成任務，衝得太快或走得太慢，都會遭到民衆的批評，邱進益何嘗不懂得這個道理？但是，已經「撩」下去了，只有勇往直前、開好「辜汪會談」，再為李登輝尋求兩岸關係的發展了。

3

為什麼要舉行辜汪會談？大陸方面一向認為提高談判層次才能解決問題，因此，推動舉行兩岸最高層次的「辜汪會談」，等於是舉行兩岸領導人的代理人會談，可以開啓國共第三次和談的契機，再伺機進行兩岸統一談判。

但是李登輝另有打算。據《執政告白實錄》記載，在一九九二年八月一日國統會通過關於「一個中國」的涵義說明之後，李登輝已經將中華民國與中華人民共和國並列，將兩岸分治的現實、與「兩國論」的精神彰顯出來，不怕中共使用「一個中國」來糾纏。所以，根據八月一日「一個中國」的定義，「李登輝非常放心地展開推動辜振甫與汪道涵的會面，他希望經由一個國際的場景，把兩岸的新關係做出確定。兩岸接續的交涉過程中，中共係以國共第三次會談的思維邏輯看待兩會高層會晤；台灣則經由國統會的討論，確立談判的目的必須突顯兩岸對等。」（《執政告白實錄》，頁一八四）

大陸海協會在一九九一年十二月十六日成立，三個星期後，也就是九二年一月八日，就致函海基會，邀請辜董事長、副董事長、或秘書長率員訪問大陸，就雙方聯繫與合作事宜交換意見。海基會隨即回函表示「將於雙方便利之時機專程拜訪」。

一九九二年八月一日國統會通過「一個中國」的定義後，汪道涵在八月四日又來函邀請辜董事長於當年擇日擇地，「就當前經濟發展及雙方會務諸問題」，進行兩會負責人會談。八月十四日，海基會在「兩會高層會報」中提出這項邀請案，與陸委會交換意見。陸委會同意海基會進行此項會談的籌備工作，也就是說，李登輝在此期間已經知道汪道涵來函的事，經過研究後，已經同意進行會面，所以在八月十四日的兩會高層會報中，透過黃昆輝正式告知，由海基會開始準備。海基會辜董事長遂在八月二十二日函覆接受邀請，建議在當年十月中下旬或其他適當時日、在新加坡就兩會會務及兩岸文化、經貿交流問題進行商談。

九月三十日，海協會來函表示：「汪會長對辜先生接受邀請，擇期會晤，甚爲歡迎。」當時，雙方的「文書查證」及「掛號函件遺失查證補償問題」的事務性會談，從三月底在北京協商，因大陸堅持加入「一個中國」原則而使談判沒有結果，雙方擱置未再續談，一直到十月「香港會談」後，海協會副秘書長孫亞夫在十一月三日打電話告訴陳榮傑，接受海基會建議，雙方各自以口頭表述一個中國涵義，海協會隨後又來函說明表述內容，並說在事務性會談中不涉及一個中國的涵義問題，雙方因此不再討論「一個中國」的內涵。

對於「文書查證」與「掛號函件查補問題」，海協會也接受海基會的建議，雙方改用函電交換意見，互相修正兩項協議的草案，並達成相當的共識。海協會乃於十一月三十日來函建議，於十二月上旬在北京或台灣、或大陸其他適當地點、或金門舉行「辜汪會談」預備性磋商，十二月下旬實現「辜汪會談」，有關會晤地點，海協會願積極考慮辜董事長的要求。

海基會將海協會的來函轉交陸委會做政策決定，陸委會似乎維持「連環套」的決定。陸委會原先對「文書查證」及「辜汪會談」間，有「連環套」的政策設計。也就是說，「文書查證」先在香港談妥、簽字後，立即就地舉行「辜汪會談」的預備會議，後來大陸反對，協議也沒簽成。如果在文書查證與掛號信函問題兩項草案沒有達成協議，在辜汪會談中是否還要浪費時間來繼續談這兩項事務性問題呢？因此，這兩項草案勢必要在辜汪會談以前達成協議。（聯合報，一九九二年十二月一日，徐履冰報導）

一九九二年十二月是立委選舉期間，辜董事長也另有行程安排，要去參加中美經濟合作會議，所以，海基會希望在來年一月以後再舉行。

一九九三年一月二十一日，春節前夕，汪道涵透過新華社說，在新的一年裡，希望能早日同海基會辜董事長進行會晤，以便能就兩岸事務性問題商談、取得更廣泛的進展，能夠儘快建立多層次、制度化的協商管道。

陸委會發言人馬英九也在同一天針對衆所矚目的「辜汪會談」對記者發表談話。他說，辜董事長與汪會長的會晤，必須在海基會秘書長人選確定、事務性商談有了結果並進行協議草簽，以及預備性磋商決定出雙方同意的議題後，才能進行。

當時，海基會秘書長陳榮傑已經在一月十三日公開對新聞界說，離開海基會是痛苦的決定。一月三十日海基會歡送陳榮傑，會務暫由副秘書長石齊平代理。二月二十日新聞媒體已經報導，高層屬意邱進益出任海基會秘書長。據經濟日報記者黃秀義報導，高層人士日前已向邱進益提起這項安排。

這應該是李總統第一次向邱進益提起這件事，府內某高層人士立即向新聞界透露這個消息，似乎是要運用報導來測試邱進益和各界的反應。邱進益則對新聞界說，他到府外工作的意願不高，但若是任務交付，他當然哪裡都要去。言談中已經暗示確有其事，而且既然是李總統的「任務交付」，大概也推不掉了。後來在各界爭相推薦人選之下，邱進益還是接受了李登輝的安排。

三月十二日，邱進益在海基會上班的第一天，海協會就來了兩封信邀請他到北京訪問。第一封是由唐樹備、鄒哲開具名表示祝賀之意，同時希望與邱先生早日面晤，共商兩會會務，討論雙方關心的問題。另一封是由海協會具名，除了祝賀之外，還邀請邱進益早日率團訪問北京，可商談兩會會務、兩岸公證書使用、掛號函件業務問題、「辜汪會晤」準備事項、以及雙方關心的問題。邱進益對新聞界說，他還要請示陸委會。

三月十三日，海陸兩會高層會報決定，在兩岸文書驗證與掛號信查證達到草簽協議階段以前，暫不考慮讓邱進益回應海協會的邀請赴北京訪問。

其實，海基會在二月十八日把修正後的兩項協議草案傳眞給海協會，雙方只剩下一、兩項技術上的小問題，很容易解決，只看海協會如何回應了。

4

海協會爲何要積極進行「辜汪會談」，而且還願意積極考慮在新加坡舉行？事實上這是一項兩岸高層已經拍板定案的事，雙方也同意在新加坡舉行，所有公開的邀訪、函電往來、或新聞放話，都是按照秘密會談的共識在公開演出而已。

《執政告白實錄》記載，李登輝派遣蘇志誠、鄭淑敏，在一九九二年六月十五日前往香港，十六日和汪道涵、楊思德、許鳴眞秘密見面。蘇志誠除了應邀說明李登輝推動總統直選的構想外，還倡議兩岸公開簽訂和平協議。汪道涵沒有回應，卻提出兩岸可舉行黨對黨談判，討論統一問題。蘇志誠除了說明兩岸不可能「黨對黨談判」外，還順勢提出「李江會」的建議，但在李江兩人見面之前，先由辜汪兩人先見面，爲兩岸營造友好的開始。

蘇志誠說：「汪先生德高望重，是深受大陸領導階層信賴的大老，辜振甫先生在台灣也是受到社會大衆尊敬的長者，他與台灣最高領導之間的關係非比尋常，不如由汪先生與辜先生兩位先見面，爲兩岸營造友好的開始。」（《執政告白實錄》，頁一九九）

事實上，汪道涵在一九九二年一月八日就已經來函邀請辜董事長率員訪問大陸，蘇志誠在六月十六日的提議，當然是李登輝的意思。汪道涵還是沉吟了一會兒，才說這是好主意，但是要談什麼呢？

蘇志誠說，不談政治問題，不談統一問題，不談具體結果，兩岸在分隔多年後，第一次廣泛交換意見，最重要的是先建立官方授權的高層對話機制，彼此可以藉此溝通觀念。

汪道涵說要回去請示，還問起地點要在哪兒舉行才好？蘇志誠就趁勢提出在新加坡舉行最好，「李光耀先生是我們兩方共同的朋友，他也一向關心兩岸間事，一事不煩二主，若行得通，可以傳話給李光耀，請他來代爲安排，至於公開的細節，則由海協、海基兩會就事務性的部分進行商談。」

雙方顯然並沒有敲定時日，因爲汪道涵還要回去請示江澤民。不過，提升會談層次一向是中共對外談判的策略之一，舉行「辜汪會談」也是海協會首先提出的邀請，剩下的是地點的問題。海協會已將「辜汪會談」列爲當年度的最優先的工作，是否爲了將台灣高層拉上談判桌，因而同意在新加坡舉行，這應該是中共考慮過的策略。

李登輝聽了蘇志誠的報告後，將「辜汪會談」的問題提交政府高層會議討論。在策略上決定在新加坡舉行後，李登輝還派華視副總經理鄭淑敏前往大陸，與汪道涵、王兆國見面，對這項共識加以確認，「辜汪會談」遂成爲兩岸積極推動的高層次會談。

李登輝在一九九二年八月一日通過「國統會」的決議，主導公布「關於一個中國」的涵義後，認爲已經對中共的「一個中國」策略解套了，決定放心地推動「辜汪會談」，辜振甫也已經在八月二十二日回函接受邀約，但建議在新加坡會談。陸委會則採取「連環套」策略，不完成文書查證及掛號信函查補兩項協議草簽，就不舉行「辜汪會談」的預備性會談。雙方在僵持中也互有妥協，或許這就是兩岸關係的本質吧。

5

從海協會在一九九二年一月八日提出邀請辜董事長前往大陸訪問、到雙方確認將在新加坡舉行「辜汪會談」，歷經一年的折衝，國人如何面對這一項四十年來最高層的接觸呢？經國先生所制定的「不接觸、不談判、不妥協」政策，是不是要放棄、或做根本的改變呢？

邱進益於三月十八日在立委程建人主辦的「兩岸關係的現在與未來」公聽會中說，「三不政策」已經完成階段性的任務，應該適時調整。這項大膽的談話，立即引起各界的注意與討論。

邱進益說，由行政院陸委會最近一連串開放政府官員前往大陸參觀、考察，以及行政院長連戰在立法院答覆質詢時表示，如果有必要，陸委會主委黃昆輝也可以到大陸等跡象來看，顯示「三不政策」已經鬆動。邱進益還說，這可以被解釋為調整「三不政策」的預兆。（中時晚報，一九九三年三月十八日，陳維新報導）

他強調這是他個人的意見。他認為可以隨著兩岸關係的進展，自然調整「三不政策」。

「三不政策」是蔣經國總統於一九七九年四月四日提出的，當時是針對美國與中共於當年一月一日建交、中共人大常委會發表「告台灣同胞書」要求商談解除敵對狀態、進行三通、交流的狀況而擬定的政策，有其時空背景。兩岸關係從那時起歷經十三年的發展，經國先生已經在一九八七年十一月二日開放台灣民衆赴大陸探親，李總統也在一九八九年四月派遣財政部長郭婉容到北京參加第二十二屆亞銀年會，打破兩岸官員不接觸的政策。從一九九一年陸委會、海基會成立後，兩岸已經有一連串的訪問、事務性商談，事實上已經打破「不談判」的禁忌。談判就需要妥協，兩岸在達成各自以口頭說明「一個中國」涵義時，就已經是一種「不妥協的妥協」，但是，在兩岸關係的大原則上，大陸還是以地方政府來看待台灣，台灣則以兩岸對等政治實體來處理，並沒有妥協。

其實，邱進益所說的，並不是個人意見，他是在替李登輝執行大陸政策。聯合晚報記者劉淑婉當時就報導說，陸委會完全知情。當時擔任陸委會企劃處長的鄭安國也參加了公聽會。鄭安國說得比較婉轉，他對劉淑婉說，「三不政策」仍可繼續維持，只是執行上，「三不政策」

要因應時機而有所變化，不應成爲拘束或規範我們謀取國家利益的綱領。從以往到現在，我們在「三不政策」的執行上，的確因時因地作不同的詮釋和運用。

邱進益和鄭安國都畢業於政大外交系，兩人在不同的立場使用不同的外交辭令來說同一件事：「三不政策」可以隨著時勢而調整的。

當時立委陳水扁也接受劉淑婉的訪問。他說，「三不政策」事實上早就已經改變，只是政府一直沒有公開說明而已。他認爲，以邱進益的背景，可以看出李總統在大陸政策的決策地位已經走到第一線，這種既有決策權、又不受立法院監督的「太上行政院」現象，民進黨堅決不准許再發展下去。

陳水扁還透露，早在郭婉容前往大陸出席亞銀年會後，他就聽說兩岸間已建立「總統熱線」。他的說法沒有引起新聞界進一步追蹤，不知他是否指蘇志誠與大陸官員直接密談往來這件事？事實上，據《執政告白實錄》透露，蘇志誠曾與大陸官員會談二十七次，前九次是南懷瑾參與的，後十八次是直接往來的，曾建立與江澤民的辦公室主任曾慶紅直接對話管道，後來因爲新黨立委郁慕明揭發他們兩人在澳門會面，大陸方面遂停止這種面談方式，兩岸熱線還是保持著交換意見的功能。

秘密溝通管道可以發揮互相了解、避免誤判、決定政策的功能，但是，兩岸交流的實質問題，還是要透過海基、海協兩會的正式協商來解決。處長級的協商只能處理技術性的問題，提升協商的層次才能達到既定的目標，「辜汪會談」就是兩岸各有期許的一次最重要的會談。

在邱進益放出「三不政策」已經完成階段性目標的心理建設談話後，國人心理了解兩岸即將進行高層次的對話，兩岸官方也將進行某種程度的接觸，兩岸關係也將有某種程度的突破，這對抱持反對態度的民進黨而言，自然是一個挑戰。民進黨希望派人參與會談，但是，李登輝沒有表態同意，黃昆輝也無權決定，最後，民進黨將砲火針對辜振甫作人身攻擊，使得辜振甫大爲痛心，決定要辭去海基會的董事長，不去參加「辜汪會談」。

萬事俱備，只欠東風，「辜汪會談」還唱得下去嗎？看來，要順利舉行高層次的會談，還有許多問題要克服，包括文書查證、掛號信函查補問題都要事先解決，辜汪會談的預備性磋商才能接著舉行，民進黨要參與的問題要處理，辜董事長的辭職要挽留，兩岸的和平之路，眞是步步艱難，寸步難行，兩岸人民之間四十年來的「柏林圍牆」能在一夕之間拆除嗎？

第十二章

鋪路

第三次文書查證協商

1

海基會秘書長邱進益於就任四天後，在一九九三年三月十六日首次去函海協會，促請對方儘快就文書查證與掛號信函查補兩項協議草案提出意見，但對海協會的邀訪未做回應。

海基會在陸委會的決策下，必須先完成兩項協議的草簽，才能進行辜汪會談的預備性會議。如果海協會不對草案提出確認和草簽，協商就不算完成。一星期後，海協仍未回函，大陸正在舉行「八屆人大第一次會議」，對即將舉行的「辜汪會談」提出許多建議，海協會也正在積極籌備「辜汪會談」有關事宜，同時似乎仍在觀察台灣方面的動向。

陸委會爲了讓民衆了解「辜汪會談」的定位，已經在三月十八日發表說帖，將定位、議題、參與人員、地點、時機、以及預備性磋商的必要性，全面公開，顯然是採取一切透明的策略，以求化解民衆及反對黨的疑慮。海協會則在三月二十三日對陸委會的說帖發表書面談話，增加了經濟性的定位，同時再度邀請海基會負責人及早舉行預備性會議，卻對兩項協議草案沒有回應，可能是認爲可以在預備性會議中解決。

海基會規劃在三月底進行兩岸接觸，海協會則熱切等待「辜汪會談」的預備性磋商，遲遲對兩岸協議草案的協商不表態。海基會在三月二十三日與陸委會舉行高層會議，研討策略後，於三月二十四日上午九時致函海協會，表示將派許惠祐等六人，於三月二十五日前往北京，就文書查證及掛號信函問題的草簽預作準備。

中共國台辦與海協會立即緊急研商因應對策，決定接受。因此，海協會很迅速地在當天上午十一點半回函表示非常歡迎，雙方同意在北京舉行三天的協商。海協會副秘書長劉剛奇表示，海協會對這次會談的結果抱持相當樂觀的態度。目前兩岸對於「一個中國」採取各自表述的原則已有共識，至於一些技術問題所遺留的歧見，只要雙方能夠本著異中求同、相互尊重的原則，這次協商可望出現令人滿意的結果。（聯合報，一九九三年三月二十五日，郭宏治、王美惠報導）

海基會副秘書長李慶平在三月二十四日對新聞界說，若雙方未能就文書查證等協議草簽達成共識，我方代表團不排除繼續留在北京，直到解決兩岸歧見為止。

據工商時報報導，邱進益認為，不必堅持把文書查證等協議草簽的完成，視為預備性磋商的先決條件，否則是自己卡死，下一步便談不下去，要保持彈性，雙方都應該讓對方有談判的迴旋空間，這也是談判上的常識。（工商時報，一九九三年三月二十五日，童再興報導）邱進益說的是外交辭令，其實，兩岸已經透過幕後管道，取得早日完成兩岸文書驗證等兩項協議草簽的共識。

但是，報導又說，黃昆輝仍然強調，希望雙方完成文書查證等協議草簽的共識後，再進行辜汪會談預備性磋商。從海陸兩會負責人的談話看來，好像海陸兩會負責人對此仍有歧見，有待進一步溝通。

陸委會扮演黑臉的角色，海基會扮演白臉的角色，是否兩會曾經達成此一共識，還是兩方愼的見解不同，一個是從外交的角度去處理談判工作，另一個則是從政策的角度去維持審愼緩進的大陸政策？觀念不同、立場不同，自然看法也不同，外界可能沒注意到海陸兩會本質的不同，已經產生談判的認知問題了。看來「辜汪會談」還有一段艱辛的路要走。

2

一九九三年三月二十五日，許惠祐率領何武良、高富月、黃國瑞、劉慧玲、王正磊前往北京，海協會秘書部副主任喬鋒到機場接機，安排海基會代表團先行進關，再補辦入關手續，因此，許惠祐對記者說，他感覺這裡的氣氛愈來愈好，是否暗示雙方可能達成協議，還是爲協商製造良好氣氛？

晚上，海協會副秘書長孫亞夫率領李亞飛、周寧、喬鋒等人設宴款待海基會代表團，並舉行工作會談，確定兩天的議程，二十六日上午討論文書查證問題，下午研商掛號信函問題，二十七日行程則視會談結果彈性安排。

三月二十六日上午，許惠祐與周寧就文書查證問題進行協商，經過兩個多小時的討論，終於達成共識。當天下午，許惠祐與李亞飛商談掛號信函遺失查詢補償問題，一個多小時後就達成協議了。可見雙方都有達成協議的準備，沒有運用政治問題來卡住技術性的會談。

三月二十七日上午，兩會人員依據後方對協議草案研究後的指示，繼續對兩項草案進行最後的文字修定工作，很快就完成定稿，各自傳回上級單位確認。由於會談進行順利，當天下午，許惠祐與孫亞夫協商「辜汪會談」預備性磋商的確切時間，海協會希望儘早在四月初舉行，許惠祐表示須等回台後、向邱進益報告後再做決定。

文書查證與掛號信函遺失查詢補償兩項協議的草案將由邱進益在「辜汪會談」預備性磋商

時，與唐樹備共同進行草簽，等到「辜汪會談」時，再由辜振甫與汪道涵正式簽署，以示慎重。

協議文本以簡體字和正體字兩種文字表達，內容一樣。協議生效日期採取各自生效的原則，大陸方面認爲可自正式簽署之日起生效，台灣方面則依「兩岸人民關係條例」的規定，須經行政院陸委會核准，並報立法院備查後才能生效。後來雙方同意自簽署日起三十日後生效實施。

3

「兩岸公證書使用查證協議」是因應兩岸開放交流之後所產生的權益義務問題而擬訂的。兩岸自一九八七年開放交流以後，人民需要使用公證書去證明其權利與義務。台灣地區的民衆在一九九一年海基會成立後，陸續提出將近一萬件的公證書申請驗證案，海基會轉向大陸各地公證員協會要求證實其所簽發公證書的眞僞，但是，限於大陸的對台政策，各地公證員協會回函不多，致使海基會積壓的申請案無法處理，民衆嘖有怨言，政府遂委託海基會與大陸方面協商處理問題。

從一九九一年到九二年，歷經陳長文的非正式協商，陳榮傑時期的正式協商，兩會在一九九二年三月北京會談、同年十月香港會談，都不能達成共識。十一月間雙方達成各自以口頭表述「一個中國」原則後，雙方開始以電傳方式交換意見，解決了大部分的技術問題。最後因爲雙方推動「辜汪會談」，必須先將兩項協議草案達成共識，因此，大陸方面不再杯葛，台灣方面也積極處理，遂在一九九三年三月二十六日確定兩項協議的文稿。

「兩岸公證書使用查證協議」共有九條條文，包括聯繫主體、寄送公證書副本、公證書查證、文書格式、其他文書、協議履行變更與終止、爭議解決、未盡事宜、簽署生效。

有關聯繫主體問題，雙方同意在寄送公證書副本及查證事宜，由海基會及大陸各地公證員協會及中國公證員協會相互聯繫，有關本協議的其他相關事宜，則由海基會與海協會聯繫。大陸方面最先堅持由兩岸官方相關單位爲聯繫主體直接接觸，現在已經不再堅持。

寄送公證書副本的範圍，初步列入相互寄送的有繼承、收養、婚姻、出生、死亡、委託、學歷、定居、扶養親屬、及財產權利證明十項。雙方得依據使用需要，另行商定增減寄送公證書副本種類。

公證書有下列七項情形之一時，可相互要求協助查證：違反公證機關有關受理範圍規定；同一事項在不同公證機關公證；公證書內容與戶籍資料或其他檔案資料記載不符；公證書內容自相矛盾；公證書文字、印鑑模糊不清，或有塗改、擦拭等可疑痕跡；有其他不同證據資料；及其他需要查明事項。但是，未敘明查證事由，或公證書上另蓋有其他證明印章者，接受查證一方得附加理由拒絕該項查證。查證函應於對方接件起三十日內答覆。查證費用由雙方決定。基本收費每件十五美元，特別收費因快遞等支出，需要每件四十美元。

公證書副本的寄送、查證與答覆，應經雙方協商使用適當的文書格式。

公證書以外的其他文書查證事宜，雙方同意進行個案協商並予以協助。

有關協議的履行，雙方同意應遵守協議。如有變更或終止，應經雙方協商同意。

在爭議的解決方面，因適用本協議所生的爭議，雙方同意應儘速協商解決。其他如有未盡事宜，雙方得以適當方式另行商定。

這項協議一式四份，雙方各執兩份。自簽署之日起三十日內生效。一九九三年五月二十九日起正式生效實施，兩岸開始寄發公證書副本，進行文書查驗證服務。海基會將收到的公證書副本掃描存入電腦，公證書正本則由當事人帶到海基會，經法律服務處人員判定正本與副本是否吻合、內容是否正確無誤後，發給當事人一紙證明，當事人即可將這張證明連同公證書影本提交政府有關機關，辦理各項手續。後來海基會完成進一步的電腦化後，在高雄、台中各設辦事處，方便民衆就近辦理文書驗證。經由網路連線，四十分鐘左右就可完成文書驗證，民衆即可拿到證明書，相當方便。

4

「兩岸掛號函件查詢、補償事宜協議」是因應兩岸間接通郵的需要而產生的。掛號函件一經寄出，有時候有如石沉大海，無從查詢。海基會接受政府委託，從一九九一年起與大陸方面就文書查證與掛號信函有關問題同時展開協商，最初大陸方面也是堅持要由兩岸郵政單位直接接觸協商，後來在了解台灣方面依國統綱領規定，交流初期兩岸官方不直接接觸協商，大陸方面才成立海協會負責與海基會協商。

這項協議全文十二條，包含開辦範圍、聯繫方式、傳遞方法、查詢期限、答覆期限、繕發驗單、各自理賠、文件格式、協議履行變更與終止、爭議解決、未盡事宜、生效實施。

掛號郵件係指信函、明信片、郵簡、印刷物、新聞紙、雜誌、及盲人文件。雙方得以書面協議增減項目。

掛號函件的查詢，由海基會與大陸中國通信學會郵政專業委員會或其指定的郵件處理中心聯繫辦理。其他相關事宜則由海基會與海協會相互聯繫。

傳遞方法，掛號函件通過第三地轉運辦理。

掛號函件的查詢，應自原寄件人交寄次日起十二個月內提出。接受查詢的一方，應於收受查詢文件之日起三個月內答覆。

一方接受他方封來之函件總包，遇有掛號函件遺失、被竊、或毀損等情形，應即繕發驗單，由對方迅予查覆。

掛號函件發生遺失、被竊、或毀損，概由原寄一方負責補償，不相互結算。

雙方各依郵政慣例印製查詢表格、驗單、答覆函及簡函，相互認可後使用。

雙方應遵守協議，如有變更或終止，應經雙方協商同意。因適用本協議所生爭議，雙方應儘速協商解決。本協議如有未盡事宜，雙方得以適當方式另行商定。

本協議自簽署之日起生效實施。從一九九三年五月二十九日生效實施以來，雙方尚稱順利。

5

兩岸文書查驗及掛號函件查補問題順利獲得協議，成爲海基會、海協會成立以來、兩岸官方主導談判成功的第一個案例，如果你仔細思考，這項成就不是偶然的，而是雙方策略與善意表達的結果。

在策略方面，雙方都以達成協議爲目標，各種障礙都已經在兩年內排除或擱置，使得雙方可以在第三次協商時順利達成共識。主談代表許惠祐在三月二十六日雙方達成協議後，曾對記者表示：「雙方觀念的變化、客觀情勢的改變、以及是解決問題的時間到了，是海基與海協會今天能夠突破僵局、形成共識、解決兩岸文書及掛號信函問題的主要原因。」

許惠祐說，不僅海協會觀念在變，我們也在變。這份轉變促使雙方不再有過多不必要的堅持，有時候堅持顯得僵化，僵化的結果是故步自封，不能解決問題。客觀環境在變，兩岸事務性問題待解決，不容雙方不採取彈性調整方法解決問題。事務性問題解決了，有助兩岸高層會談的進行。（聯合報，一九九三年三月二十七日，王美惠、尹乃馨報導）

許惠祐強調：「觀念在變、客觀環境在變，雙方因此也在變。」其實，我們可以做更詳盡的分析，因為客觀環境在變，導致兩岸決策人士改變觀念來處理問題，所以提出不同的策略來解決問題。

說得明白一點，就是兩岸採取和平往來政策後，人民交流往來需要有一定的規範，文書查證與掛號信函處理問題只是其中的兩項問題，還有共同防制犯罪、台商投資保障等經濟交流問題、海上漁事糾紛處理等事務性問題必須早日解決。如果文書查證及掛號信函兩項比較容易處理的問題不早日解決，其他事務性問題以及更高層次的問題，都不能進行協商。所以，經過將近兩年的協商後，雙方都有早日達成協議的意願。我們可以從形勢、策略、做法三方面來分析：

一、形勢

1.台灣方面，李登輝在一九九三年二月逼退郝柏村，任命連戰擔任行政院長，同時派遣總統府副秘書長邱進益擔任海基會副董事長兼秘書長，加上原任陸委會主委的黃昆輝，可以說已經完全掌握大陸政策的決定權，可以開始在穩定兩岸關係方面著力，以便進行內政改革與務實外交。在此形勢下，為了進行具有「兩岸對等」象徵意義的「辜汪會談」，勢必要儘快完成文書查證與掛號信函兩項協議，技術性的細節可以稍作讓步與妥協。

2.大陸方面，江澤民在一九八九年「六四天安門事件」後，受鄧小平提拔出任中共總書記，後來又繼任中央軍委主席，掌握軍權，一九九三年三月二十五日「八屆人大一次會議」通過江澤民出任「國家主席」，江澤民已經完全掌握黨政軍。在此之前，鄧小平已經對兩岸問題有從寬處理的指示，因此，大陸方面也希望設法改善兩岸關係，並在一九九二年十一月達成「雙方以口頭表述一個中國原則」的共識，為了早日舉行具有「兩岸和談」象徵意義的「辜汪會談」，技術性細節就不再堅持。

二、策略

*1.*台灣方面，國統會在一九九二年八月一日通過關於「一個中國」涵義的解說，將中華民國與中華人民共和國定位爲對等的政治實體，將「一個中國」界定爲自一九一二年成立的中華民國，可以和中共的「一個中國」形成各說各話的效果。因此，李登輝透過海基會與海協會的香港會談，提出兩岸可以「各自以口頭表述一個中國」的建議。在中共同意後，李登輝放心推動「辜汪會談」。陸委會則採取「連環套」三階段策略，先達成文書查證與掛號信函兩項協議，再舉行「辜汪會談」預備性磋商，然後舉行新加坡「辜汪會談」。海基會秘書長邱進益則提出「雙贏」策略，取代以往的「零和」策略，希望雙方各讓一步，早日對兩項協議達成共識，早日舉行「辜汪會談」。同時他又放話表示可以有彈性，希望大陸方面也有彈性來處理事務性問題。

*2.*中共方面，在一九九二年十一月同意雙方各自以口頭表述「一個中國」原則後，中共認爲已經初步達到堅持「一個中國」的共識，爲了早日將台灣拉上高層談判桌，早日舉行兩岸四十年來最高層次的「辜汪會談」，決定在事務性問題的會談可以不涉及「一個中國」的內涵，使兩岸事務性會談有達成協議的基礎。只要順利舉行辜汪會談，將來就可以早日進入政治性會談。所以，海協會在三月二十四日也放話說，以不影響預備性磋商爲原則，以全力促成辜汪會談爲目的，海協會決定儘量使文書查證達成協議，如果掛號信函賠償問題差距過大，就先擱置不談，同時也理解海基會採取三階段會談的堅持。在這種策略下，雙方已經在會談之前表達了可以達成協議的意願。

三、做法

*1.*台灣方面，從一開始海基會受命不能談政治問題，到國統會通過對「一個中國」涵義的解釋，海基會在香港會談奉命提出八個表述「一個中國」的方案，大陸方面都不能同意，最後

提議「各自以口頭表述一個中國」，經過大陸當局考慮後，在十一月三日來電表示同意以口頭各自表述一個中國，隨後海協會並傳來表述內容，希望海基會也以文字表述。台灣方面經過研究，決定不再以文字表述，只以新聞稿和談話方式間接表述。對於文書查證及掛號信函問題，海基會也建議雙方改採函電往來方式交換修改意見，節省會談的時間與經費，海協會也同意。因此，雙方從一九九二年十一月起，開始以函電交換意見，將修改後的文本傳給對方，對方也將修改後的文本傳回，經過幾次往來，只剩下一些細節有待處理。所以，在一九九三年三月二十五日的北京商談，很快就將這些細節處理完成，雙方達成了共識。

2.大陸方面，在成立海協會後、雙方既然已經在「一個中國」原則問題達成各自以口頭表述，大陸有關單位後來就放棄原先堅持的兩岸官方直接接觸的主張，改由海基會與海協會爲雙方接觸協商的管道，但是，大陸公證員協會直接將公證書副本寄給海基會，台灣的公證書則透過海基會寄給大陸各地公證員協會。至於掛號信函，雙方則各自成立郵件處理中心，各自依照郵政慣例處理查詢賠償有關事宜，郵件則經過第三地，維持間接通郵的方式。細節都談妥了，自然協議也就達成了。雙方都在協議中留下但書，如有問題，需要增減項目，都可以另行協商。後來雙方依據這項但書，協議增加了公證書寄送的範圍。

6

海基會、海協會達成文書查證與掛號函件查補協議草案後，雙方也曾對「辜汪會議」預備磋商的日期，初步交換意見，大陸方面希望在四月初舉行，台灣方面原則上沒有反對，但需要等許惠祐回來再做進一步研究。

其實，在三月二十七日上午，黃昆輝已經召集海陸兩會人員，包括陸委會三位副主委高孔廉、葉金鳳、焦仁和、主秘何希淳、企劃處長鄭安國、海基會董事長辜振甫、秘書長邱進益、副秘書長石齊平，在行政院舉行早餐會報，討論有關邱進益訪問大陸的事。會中確定邱進益可以去北京會談，但任務以預備性磋商爲主，不主動提出拜會，但若對方有適當的參訪安排，將等許惠祐把對方的安排帶回來再考慮。對於參與預備性磋商的人員層級，會中也做了決定。

海基會代表團在三月二十八日下午返台，晚上六時三十分先向辜董事長報告協商經過。晚上八時再由邱進益帶隊前往陸委會提出簡報，行政院政務委員丘宏達也參與會議，對辜汪會談有關的問題交換意見。

雖然新聞界對兩岸會談結果給予好評，並寄予希望，但是，民進黨卻不信任兩岸的會談，積極運作要參與會談，要組觀察團去監督兩岸的談判。兩岸三方面都運用即將舉行的「辜汪會談」大顯神通，發揮最大的影響力。

大陸方面此時也在對辜汪會談預備性會議作政策性的規劃。首先，大陸有關人士透過台灣記者放消息說，中共當局已經原則同意讓即將到訪的海基會秘書長邱進益下榻釣魚台國賓館，並安排會見新當選的副總理錢其琛或其他副總理、及國台辦主任王兆國。(中國時報，一九九三年三月二十九日，張所鵬報導)

報導說，中共方面對此次兩會的協商成果表示滿意，海協會與台辦等有關部門商議後，已達成「儘量滿足台灣方面的要求，全力爭取邱進益早日來訪」的決定。

有關大陸方面將比照當年接待陳長文的規格、由一位主管台港澳業務的新當選副總理會見邱進益的決定，已經由海協會副秘書長孫亞夫告訴許惠祐，許惠祐則說，台灣方面希望不要有太濃的政治味道。對於辜汪會談的議題，雙方在初步溝通中並沒有達成協議。

這項報導立即引起台灣新聞界進一步的追蹤採訪，形成一個引人注意的討論議題。陸委會擔心外界過多揣測，希望邱進益任務單純，不要安排會見中共高層。海基會則認爲，過去陳長文曾經會見中共當時的副總理吳學謙，並無特別之處，我方實在不必自我降低層次。目前認爲比較可行的方法是安排在公開場合「不期而遇」。

對於通關方式，報導說，希望比照郭婉容參加北京亞銀年會憑邀請函入關。至於住在釣魚台國賓館，陸委會憂慮會被外界認爲是「秘密會談」而無法監督。

聯合報記者王美惠、尹乃馨則在三月二十九日從北京報導了唐樹備的談話，證實將安排邱進益會見一位副總理，並將給予適當的禮遇。

對於民進黨提議跟隨邱進益到北京參與「辜汪會談」預備性磋商，唐樹備說，這是海基、海協兩會的會務，他不希望存在任何黨派問題，但歡迎民進黨人士以「個人身分」來北京談兩岸關係。

任何會談中，如果有不同意見的第三者參與，雖然表現出兩岸會談沒有秘密，但是不能保證第三者不會發言影響會談，如此一來，必定形成各說各話、甚至造成激烈辯論而翻臉，影響兩岸關係的穩定，這正是大陸方面的顧慮。所以，唐樹備說，邱進益是來北京就海基、海協兩會的會務交換意見，磋商自應以兩會人員爲主。只要是兩會人員，台灣方面派誰來，完全是海基會的事，海協會不適合表示意見。顯然唐樹備把球丟回給海基會。

邱進益則在三月三十日說，北京之行秉持「任務單純」、「議題集中」兩項原則，不會主動提出與中共高層官員會面，對於不期而遇，則保持不卑不亢、不退縮、不迴避的氣度。（自立早報，一九九三年三月三十一日，陳威儐報導）

關於預備性磋商，邱進益提出他的初步構想，將分一般性質、專門技術性兩個議題。一般性議題包括兩會制度化溝通管道的建立，由他主談，專門技術性議題如台商權益保障，將可由副秘書長或處長層級主談。

有關會談日期，可能在四月九日或十日率團前往北京，會談將力求透明化。

兩會透過新聞界的報導，已經對預備性磋商的細節初步交換意見，台灣民衆也對兩岸高層會談的內容有了初步的了解。爲了減少民衆的疑慮，只有採取透明化的方式來會談。事實上兩岸已經對一些事務性問題達成協議，透明化的會談確實有助於兩岸會談的進行、和建立民衆對兩岸會談的信心。但是，處在第一線的海基會人員，仍然受到了反對勢力無情的打擊，甚至殃及先人，對於有心爲改善兩岸關係而盡力的人員，眞是情何以堪。箭在弦上，不能不發，辜汪會談預備性磋商還是要去完成。

第十三章 序曲
辜汪會談第一次預備性磋商

1

大陸海協會期盼已久的辜汪會談預備性磋商，終於邁出第一步。台灣海基會在一九九三（八十二）年三月三十一日函告海協會，邱進益接受邀請，將在四月七日至十一日赴北京，與海協會副會長唐樹備磋商辜汪會談有關事宜，並進行兩岸文書查證和間接掛號函件查詢補償兩項協議的草簽。

海基會在當天上午十時半發出兩封信函，分別答覆唐樹備與鄒哲開在三月十二日邱進益上任第一天發來的邀請函，這是非常細心的安排，對於對方的好意，不能失禮。唐樹備曾經擔任中華人民共和國駐舊金山總領事，邱進益曾經擔任中華民國駐史瓦濟蘭大使，兩人都具有外交經驗，這次的北京預備性磋商，早已引起各國媒體的興趣。

三月三十日上午，政府高層人員以早餐會報的方式，就辜汪會談預備性磋商進行討論，作成各項原則性決定，呈報李登輝核定後，預定於三十一日去函海協會。（中央日報，一九九三年三月三十一日，孟蓉華報導）

政府決定預備性磋商的原則後，海基會副秘書長石齊平以發言人的身分，在當天就對新聞界說明有關的問題，同時也讓對方了解我方想要談論的議題方向，以免對方提出不是海基會所能處理的政治問題。

石齊平說，辜汪會談時間只有兩三天，不可能對所有的議題都獲得具體詳細的協議，因此，其目標應該是爲兩岸關係發展方向尋求一個共識，讓海基海協兩會人員依循此一方向繼續做進一步的協商。

石齊平說，有關台商權益保障問題，陸委會還要與經濟部研究如何擬定因應方案，究竟是促使大陸將鼓勵台商投資二十二條規定提升爲法律，還是如何修定其內容，都需要研究，也需要聽取台商的意見，似乎不可能在會談中敲定協議方案。（中國時報，一九九三年三月三十一日，張慧英報導）

他說，比起投資保障協定的簽署問題，兩會建立制度化溝通管道及共同打擊犯罪的議題，似乎比較成熟，或許可以在這次辜汪會談中談出具體方案，不過這還是要看海協會方面協商的進度而定。石齊平或許是在告訴海協會，經濟議題尚不成熟，可談而無法形成決議。建立兩會制度化溝通管道及共同打擊犯罪問題將是辜汪會談的主要議題。

爲了安排預備性磋商有關事宜，海基會法律處長許惠祐、秘書處長吳恕、專員林燕文、法律處組員林鳳飛，於四月四日前往北京，與海協會人員先就商談時間地點等有關細節預作準備。

2

大陸方面對於即將舉行的辜汪會談也相當重視，在進行預備性磋商之前，也運用大陸的新聞媒體對民衆作文宣與心理建設，說明兩岸舉行辜汪會談的原因、性質、與可能的障礙。

大公報刊出一篇〈各界關注辜汪會談〉，指稱辜汪會談在台灣未演先轟動，政治色彩日益有趨濃之勢，台灣內部的歧見逐漸顯露，台灣當局已定下降溫的基調。由於台灣內部對開展兩岸關係還沒有共識，因此在當地出現了對辜汪會晤不能抱太高期望的談論。（杜里，大公報，一九九三年四月四日）

杜里認爲，最近，李登輝直接主導了台灣的大陸政策，才想利用辜汪會晤更眞切地了解大陸意向。海基會秘書長邱進益的北京行，在台灣社會上立即引起邱進益將去建立兩岸高層聯繫管道的傳說。（事實上李登輝早已派遣蘇志誠與大陸高層建立了聯繫管道，邱進益要建立的是海基、海協兩會高層聯繫管道）

杜里說，在海外，特別是美國，傳出了辜汪會晤令人有國共雙方將直接在新加坡談判的說法。當美國有線電視網（CNN）主播就這一說法問及李登輝時，李登輝急忙否認這項傳說，指辜汪會晤只是兩岸事務性的接觸。這段期間美國在台協會理事主席白樂崎卻來到台灣，並與台灣黨政軍學商各界交換意見。社會上傳出白樂崎與民進黨人士晤談時表示，國民黨對大陸政策太樂觀，民進黨没有明確立場。

杜里又說，辜汪會晤還没眞正開始，台灣內部卻已暴露出對兩岸關係缺乏互信與共識。由於黨派和派系的複雜微妙，就更使得有關爭執交錯難辨眞實意圖。唯一大體上有一致意見的是，台灣的對大陸政策要接受民意監督。

四月七日，文匯報刊出特稿〈兩會商談成果可期〉說，海協會高層日前強調，要積極創造條件保持兩會商談的勢頭，爭取達成一定成果。

報導說，海協會提出兩項議題：一個是關於兩岸的經貿合作，一個是關於兩會間的合作。台灣海基會提出五個議題，包括談兩會溝通管道、兩岸的交往、保障大陸台商投資權益、防止犯罪、加速遣返等。海協會認爲，海基會提出這五個方面的議題提得比較具體，而且都是從對台灣有利方面出發的。事實上，本來對於防止犯罪和加速遣返這兩個問題，在海基會前秘書長陳長文九一年底訪問北京時已經談及，並要達成協議的，只是當時雙方對台灣海峽海域的劃分有爭議，對犯罪行爲的涵蓋面雙方亦有異議。

報導又引用海協會高層的話說，台灣方面說邱進益此行要完全透明化，不見高官等等，海協會將完全尊重他們的意願。辜振甫先生提出辜汪會晤地點選擇在新加坡，海協會同意了，這是爲了尊重辜先生本人的意願。海基會又提出兩會領導人要定期不定期會面，建立固定的聯絡管道。對於這些，海協會是歡迎的，因爲不面商，很多事情就不清楚，就難以建立共識。（文匯報，一九九三年四月七日，陳建平報導）

這篇報導發表在邱進益率團抵達北京的當天，文中已經透露了許多消息，如果台灣方面事前注意蒐集大陸方面的報導，必定已經知道一些雙方的意向，辜汪會談其實已經透過新聞報導的公開管道進行協商了。

3

四月七日，邱進益率領副秘書長石齊平、李慶平、經貿處長張宗麟、副處長潘憲榮、法律處副處長林貴美、文化處副處長孫起明、綜合處長張全聲、法律處專員何武良、林源芳、組員陳淑華、以及隨行人員經貿處專員周慶生、秘書處專員王正磊、田忠勇，飛抵北京，海協會副會長兼秘書長鄒哲開到機場迎接，協助通關。

邱進益在機場接受記者訪問說，這次北京之行任務十分單純，除了草簽兩項協議外，並將拜會海協會、大陸中國紅十字總會，與海協會就辜汪會談作預備性磋商。關於政治性議題，由於沒有獲得授權，所以將不會涉及政治性議題。

當晚，唐樹備在釣魚台國賓館十一號樓設宴款待海基會代表團。唐樹備首先感謝海基會很迅速地通報海協會有關劫機事件的詳情。

原來在四月六日發生大陸航空公司班機被大陸人員挾持飛到桃園中正機場，海基會在上午十點多鐘已通知海協會有關南方航空班機降落桃園的事，使得海協會能迅速向大陸有關單位通報。台灣方面採取人機分離政策，將劫機犯留置調查，飛機及乘客則很快地安排經香港上空飛回大陸。

大陸方面很重視邱進益的到訪，對外透過媒體宣稱是「台灣方面參與決策的實力人物首次來大陸訪問」。

四月八日上午，邱進益率領海基會代表團前往香山碧雲寺祭拜國父孫中山先生的衣冠塚。下午，與海協會舉行第一次會商。會後，唐樹備和邱進益先後對記者說明會談情形。

從四月九日人民日報海外版的報導，可以了解大陸方面的策略與想法。大陸方面顯然希望實現兩岸雙向投資往來，開展勞務合作，在建立兩會制度化協商管道後，唐樹備將於十月間率團訪台。

這項報導說，雙方同意辜汪會談將於四月下旬、不遲於五月一日在新加坡舉行，雙方參加會談的人員均不超過十人，會談時間原則上是兩、三天，會談議題已初步交換意見。

唐樹備說，雙方同意海基、海協兩會應建立制度化的聯繫，雙方將起草一個協議，在辜汪會談時確定內容後簽署。

對於鼓勵或保障台商在大陸的投資權益問題，邱進益說，怎樣加強保障台商權益，需要進一步交換意見。唐樹備說，大陸方面在保障台商投資工作上是有進展的，但我們也需要進一步改善大陸投資環境，也願意聽取台灣方面對如何改善大陸投資環境的意見和建議。

有關共同打擊犯罪問題，唐樹備說，雙方認為，一九九一年陳長文與唐樹備關於合作打擊海上走私和搶劫的程序性商談已經完成，應儘快在辜汪會談結束後進行實質性商談。有關違反對方規定進入對方地區居住公民的遣返問題，以及與此相關問題的程序性商談也應及早進入實質商談。

唐樹備說，雙方都認為應當鼓勵兩岸青年交流，也應根據各自的情況來逐步開展勞務合作。（這是唐樹備希望台灣開放大陸勞工來台，但是台灣方面在政策上尚未做此考慮）

據聯合報記者王美惠、何振忠報導，唐樹備提出開放大陸企業赴台投資，及建立雙向的制度化協商管道等議題，邱進益說，目前大陸赴台灣投資者不多，這是因為現在雙向交流在台灣不准，但他認為如果比照台商採取間接方式來台投資，應該是可以考慮的。至於唐樹備說有意在今年內組團訪問台灣，如果兩會簽定制度化管道協議，他也表示歡迎唐樹備來訪。

邱進益和唐樹備都說，應該從更高的地方去看兩岸關係的發展，由於四十年來缺乏溝通，所以引起不同理解與某種不信任感，這需要透過兩會及民衆的交流來取得共識。

四月九日，邱進益在唐樹備的安排下前往長城參訪。海基會副秘書長石齊平與海協會副秘書長孫亞夫在貴賓樓飯店舉行會談，就邱進益與唐樹備會談所達成的共識，進一步具體落實為文字稿。歷經上午一小時、下午兩個多小時的協商，在下午四點半左右結束商談。會後石齊平對記者說，有關辜汪會談的議題，海協會提出兩大議題：兩岸經濟合作、與海基、海協兩會聯繫合作問題。對此，海基會原則同意，但是希望海協會將經濟議題說得詳細點。至於文化科技合作交流方面的問題，應歸入那項議題，將進一步磋商。

石齊平說，辜汪會談後將發表一個宣示性的文件，究竟這個文件應包含什麼內容，今天雙方曾就此一問題進行溝通。雙方希望「辜汪會談」不但在內容上要有意義，在程序上也要很順利。

當時，雙方已對各自準備的共同文件內容交換意見。初步架構將包含前言、辜汪兩人對兩岸及兩會會務的看法、兩人對會談的實質性所達成的共識、辜汪兩人對兩岸及兩會會務的共同期望。至於共同文件的名稱，海協會傾向於「共同新聞稿」，海基會則認爲採用「備忘錄」或「共同聲明」更好。（自立早報，一九九三年四月十日，陳威儐報導）

石齊平透露，辜汪會談舉行時間可能是四月二十六至二十九日之間。在辜汪會談之前，邱進益與唐樹備將對會談有關的程序性、儀式性問題，在新加坡舉行第二次預備性磋商。

四月九日晚上，邱進益率團拜會大陸中國紅十字會總會，由副會長顧英奇接待。據民眾日報記者陳志平報導，由於大陸紅會有意將偷渡者遣返作業移交海協會處理，因此，邱進益表示將與唐樹備進一步商談，設法修改「金門協議」，增加自行派船遣送、或空運，以爭取更大的主動權。（後來此一議題曾列爲辜汪會談後續事務性協商的優先處理項目）

四月十日下午，唐樹備前往釣魚台國賓館，與邱進益在「芳菲苑」（大陸方面經常與外國簽署協議的地方）草簽「兩岸公證書使用查證協議」、與「兩岸掛號函件查詢、補償事宜協議」兩份文件。隨後，兩人進行兩個多小時的第二次協商，對辜汪會談有關的問題達成八項共識。會後，由唐樹備對記者宣布這八項共識，邱進益則接受記者訪問。（《海基會八十二年年報》說是達成七項共識，因爲後來邱進益建議將辜汪會談時間與第二次預備性磋商合併爲一項，共識內容也比較簡要）

4

邱進益和唐樹備對「辜汪會談」所達成的八項共識是：

一、辜汪會談的性質，雙方均認爲是「民間性、經濟性、事務性、功能性」的會談。（台灣陸委會說是「民間性、事務性、功能性」，大陸海協會說是「民間性、經濟性、功能性」，所以邱唐兩人將雙方的說法綜合，求同存異）

二、會晤時間爲今年四月二十七日至二十八日，必要時延長一天。

三、會談地點在新加坡。（大陸方面表示會談是由海協邀請的，汪道涵將早到一兩天，以地主身分歡迎辜振甫）

四、參加會談的人員除辜振甫、汪道涵外，隨行人員雙方均不超過十人，海協會爲唐樹備、鄒哲開等，海基會爲邱進益等。

五、邱進益與唐樹備於四月二十三日到新加坡進行第二次預備性磋商，爲辜汪會談創造條件。

六、正式會談的議題有三部分：

第一部分：兩會會務，一是雙方同意商談建立兩會聯繫與合作制度，並簽署協議，對相互給予出入境便利問題，將進一步磋商。二是確定今年兩會事務性商談的議題，包括：違反有關規定進入對方地區之人員的遣返及相關問題，有關共同打擊海上走私搶劫等犯罪活動問題，兩岸海上漁事糾紛的處理。

第二部分：兩岸經濟交流，一是爲了促進兩岸經濟交流，海協會願意協助有關部門積極促進台商投資正當權益的保障，海基會願就台商在大陸投資及大陸經貿人士訪台協調有關機關予與積極促進。二是兩岸授權的民間團體共同籌設民間性的兩岸經濟交流會議制度。三是雙方同意就共同開發能源資源問題進行討論，海協會建議向台灣地區提供勞務，海基會允諾將轉送主管機關考慮。

第三部分：科技文教交流，兩岸青少年交流，科技交流，兩岸新聞界交流。

七、正式簽署「兩岸公證書使用查證協議」、和「兩岸掛號函件查詢、補償事宜協議」。

八、以適當方式共同宣布「辜汪會談」的成果。

唐樹備曾經對記者談到籌設兩岸民間性經濟交流會議制度的構想。他說，這一會議和一般的學術會議不一樣，學術討論對於溝通兩岸間相互了解有很多好處，但這個經濟交流會議是兩岸兩個授權團體之間、討論實質性問題的會議，在形成共識後，應當把這共識轉化爲對雙方都有約束力的文件。

但是，台灣方面並不想討論經濟交流問題，而是把「辜汪會談」定位在穩定兩岸關係、顯示兩岸對等的事務性、民間性、功能性會談。對於大陸方面急於推動兩岸經濟交流，只能採取各說各話的方式處理，不能嚴厲拒絕大陸方面把經濟議題列入辜汪會談的議題。談判就是一種妥協，雙方都要得到己方所要的、也要讓對方有所期待，這就是「雙贏」策略。

5

四月十一日上午，邱進益率領海基會代表團在人民大會堂會見海協會會長汪道涵，唐樹備、鄒哲開在場作陪。

汪道涵對兩岸草簽公證書查證與掛號信函問題兩項協議表示欣慰，並希望四月底能如期與辜振甫先生在新加坡會晤；邱進益則轉達辜董事長對汪會長的問候之意。

唐樹備在會見後對記者說明邱汪會面的經過，坦白說出大陸方面的策略。唐樹備說：「汪會長在會見中談了幾個宏觀的問題。他認爲，大陸方面要照顧到台灣同胞的利益，當然也要考慮到整個中華民族的利益；大陸希望用和平方式實現統一，但統一需要有個過程，雙方應該坐下來談，通過談增進互相的了解、增進共識，找到大家都能同意的辦法，現在首先要把兩會的事務性商談搞好。」（新華社，一九九三年四月十一日，端木來娣、劉承斌報導）

由此可見，大陸是把兩岸的事務性會談，當作進入政治性和談的過程和跳板，最重要的是先坐下來談，所以大陸方面儘量促成辜汪會談的如期舉行。當時台灣方面則是要先解決兩岸的事務性問題，儘量不碰政治問題，以免因立場不同的激辯，破壞兩岸的善意與互信。政治問題可以在對方承認台灣是對等政治實體的前提下來談，但是統一問題則要留到第三階段才談，幾乎是遙遙無期，但如果大陸能比照「兩德模式」處理兩岸關係，也可說是指日可待。

會談中，邱進益會以外交官的常用語言，對大陸所提在制定任何措施政策都會考慮到台灣兩千萬同胞利益的基本方向表示贊同，但是他也針對和平統一問題說明了台灣當局的「國統綱領」。

由於陸委會對「邱唐磋商」的八項共識有意見，邱進益一見到汪道涵，握手之後就說，建議修改雙方對預備性磋商所達成的共識，使其中牽涉具體措施的部分更加議題化。汪道涵回頭對唐樹備說：「照邱先生的意思改吧。」雙方幕僚人員就在人民大會堂修改起來。邱進益在取得陸委會同意之後，公布了七點共識的書面文件。

當天，汪道涵在北京首都機場等待搭機飛返上海之前，接受台灣自立早報記者詢問：「兩岸應如何尋求一種適當方式對外宣示彼此結束敵對狀態，以促成兩岸進一步合作？」汪道涵說：「北京方面正在研究一種兩岸都可以接受的適當方式，對外宣示兩岸終止彼此敵對的狀態。至於何種方式是雙方可以接受的，都會在日後商談中談到的，也許就在月底的會談商談中接觸到。」

對於是否考慮簽署和平協議的問題，汪道涵說：「是不是用簽署和平協議方式，要看這次邱先生和唐先生磋商準備的情況，我們的前提是兩岸同意和平統一，反對任何台灣獨立、分裂國土的主張。」

汪道涵顯然運用這次台灣記者訪問的機會，表露了大陸對兩岸和平協議的立場。他所說的適當方式，是否指辜汪會談中，兩岸高層人士坐下來談，就是一種表達兩岸已經結束敵對狀態？還是必須透過正式協商，符合大陸方面的前提、達成協議，才算適當方式，他沒有說清楚，這或許是讓兩岸有可以迴旋空間。不過，台灣內部卻對「兩岸和平協議」有所猜疑。台灣在野的民進黨堅持非要參與辜汪會談、監督兩岸談判不可，「辜汪會談」也因此投下變數。

邱進益率領海基會代表團在當天下午返回台北，台灣內部的氣氛已經醞釀對「辜汪會談」降溫，甚至有些民意代表還主張杯葛。邱進益面臨的是一場可能形成的風暴。他在前線奮勇對付各種可能的狀況，台灣後方則不斷下達指令遙控前線，形成艱苦作戰的局面，回來還要面對民意機構與上級主管機關的質疑，正是山雨欲來風滿樓。

6

雖然大部分的立委肯定邱進益在大陸談判的表現，但是仍有一些立委準備杯葛「辜汪會談」。據中國時報記者黃清龍、張啓楷、張昌瑞在四月十一日訪問幾位立委的意見後報導，朝野立委對邱進益在北京進行辜汪會談預備性磋商的表現，大都給予肯定，也認爲他的表現足以消除外界先前的疑慮。

魏鏞說，邱進益與唐樹備都避免碰觸太敏感的問題，又達成七項共識，相當難得，堪稱爲兩岸建立一個良好的互動模式。

李慶華認爲，雙方達成的共識，仍稍嫌缺乏進取性，最遺憾的兩點，是直航與兩岸和平協定都未列入。這兩項本來對台灣都有好處，以後雙方應可早日洽談。

民進黨立院黨團幹事長陳水扁說，因爲邱進益行前曾向立法院作了報告，是先經過國會的監督，因此，縱使民進黨不能隨行監督，他相信這次會談過程不敢有什麼檯面下的動作，疑慮可以消除。他也肯定中共務實的做法，特別是在其專和外國簽約的釣魚台國賓館芳菲苑舉行兩項協議草簽，在某種程度上是以國際關係來處理兩岸問題，比過去有進步，應予肯定。

但是，陳水扁又說，民進黨籌組辜汪會談觀察團的立場並未改變，他希望能藉由朝野協商、來尋求一個可行的替代方案。

民進黨新潮流系立委林濁水說，邱進益此行大體已達成其出發前所設定的目標與任務，應給予正面的評價。但是，過程仍有瑕疵，例如不必拒絕住宿在可以凸顯對等地位的釣魚台國賓館，對中共所提互不侵犯協定應予以順水推舟地回應。

林濁水也承認，邱進益部分表現不盡理想，顯然是其出發前受到極大的壓力所致，而這是朝野監督大陸政策的制度未建立的緣故。基本上，當然不可能因爲邱進益去大陸住一夜或談個話，就把台灣出賣掉，而或許也可信得過此次磋商與邱進益這個人，但對制度性事宜未能建立，他有所疑慮。未來的辜汪會談大概只是儀式性的會談罷了。

林濁水點出了邱進益所受到的限制與壓力，確實是陸委會已經限制邱進益不可以談論政治問題，不可以住釣魚台國賓館，所有的議題都必須照陸委會的規定透明化地處理。邱進益對種種限制感受深刻，但是，爲了完成李登輝交付的辦好辜汪會談的使命，他必須忍辱負重，先照陸委會的種種指示與限制，默默地完成新加坡辜汪會談。然而，積壓已久的情緒，後來終於爆發了六月的海陸大戰。

7

四月十四日，立法院內政外交聯席會議邀請黃昆輝、邱進益對辜汪會談預備性磋商提出專案報告，立委針對問題發問，希望了解會談眞相。

在聯席會議中，多位立委質疑邱唐磋商在台商權益保障方面著墨不多。邱進益說，事實上雙方討論此一問題的時間超過整個磋商時間的十分之一。他曾對唐樹備提出中共與世界各國簽訂的投資保障協定比較表，用來對照大陸國務院發布的鼓勵台商投資二十二條規定，說明大陸所說的對台商有雙重保障並非事實，唐樹備對我們的研究分析吃了一驚。（自立晚報，一九九三年四月十四日，羅文明報導）

邱進益後來接受工商時報記者裴偉專訪、在四月十八日刊出的〈樂天之命的化妝師〉中談到預備性磋商的經過。

當時他曾對唐樹備說，大陸說比照外商給予台商保障，但是，中共與其他各國簽的協定都有第三地仲裁的條款，對台商投資糾紛的仲裁卻限定在大陸與香港，少了第三地，爲何對台商如此？

唐樹備沒有理由反駁，就說：「那你要鼓勵台商來大陸投資，我保障。」

邱進益就說：「對不起，唐先生，『鼓勵』現在不是我們的政策，投資都是間接投資，政府怎麼可以對企業說，現在鼓勵大家去大陸投資？」

不過邱進益也婉轉地說，現在政府對台商赴大陸投資，已經採取相當彈性的做法，若大陸同意我們一些要求，要我們也相對地採取一些措施，都可以再進一步商量。

民進黨立委蔡同榮則說，依據一九五一年西藏和平協議、一九八四年香港條例來看，中共簽內部協議不會遵行，因此，即使將來簽保障台商之協議，政府也不一定能確保台商的利益。

邱進益說，一九九三年情勢不一定一樣。

邱進益也在會中說，雙方達成「兩會共同籌開民間性質的兩岸經濟交流會議」共識，在未來具體執行時，將會優先商談有關保障台商權益問題。（中國時報，一九九三年四月十五日，王銘義報導）

部分立委也要求陸委會將海基會與海協會所簽署的文件，交由立法院審查。但是，黃昆輝說，立法院通過的「兩岸人民關係條例」第五條規定，陸委會可以授權海基會與大陸海協會簽署協議，而且只要陸委會核准，該協議即可生效。如果海基會對外簽署的協議需送立法院審核，立法院可以在修改兩岸人民關係條例時增訂清楚。（民衆日報，一九九三年四月十五日報導）

對民進黨立委將組辜汪會談觀察團一事，黃昆輝表示不宜；邱進益也表示，以第一線談判人員來看，兩方在談判，旁邊坐著不信任的第三者，談起來就相當拘束。（青年日報，一九九三年四月十五日，張銘坤報導）

但是，民進黨已經決心在辜汪會談不缺席了，政策已經形成，風暴也在集結，海基會只好面對這場風暴的來臨了。

8

邱進益在四月十一日從北京返回台北的途中，靜靜地研讀《周恩來的外交藝術》，思考比較唐樹備的談判方式，以及兩岸未來的談判問題。

邱進益對記者說：「唐樹備比我想像中還要務實、理性一些，但有時也會刻意表露尖銳的一面。尖銳的態度，可能是對方的策略，也可能是他處事方式的基本心態。」（中國時報，一九九三年四月十二日，王銘義報導）

的確，唐樹備在兩岸交流談判十年的過程中，一向是務實與尖銳並用。務實的態度是為了理性處理兩岸問題；尖銳的姿態則是心態與個性的反應，目的在以強大的氣勢震懾對方。

據報導，四月十日下午，邱進益與唐樹備在釣魚台國賓館芳菲苑與唐樹備進行第二回合的磋商之前，中共副總理兼外長錢其琛正好也在釣魚台國賓館會見美國前總統尼克森。這項巧合的安排，可以令人聯想到兩岸談判與國際外交談判有相似之處。兩會的會談場地安排、草簽儀式的程序、不同字體的協議文本的換文方式等，幾乎都依循國際外交模式與習慣來辦理。邱進益對外界持這樣的看法，並不否定，但因為兩岸關係太敏感，說多了反而會有反作用，所以邱進益認為頂多是「準外交模式」吧。

邱進益也指出，唐樹備的基本心態，總認為海基會是小地方來的，有一些「施捨」的心態。這些現象完全反映出中共談判代表人員的深層想法，及其基本立場。邱進益認為要對付這種態度，除了不卑不亢外，就是要把它拉回務實層面的討論，不必以刺激的語氣和字眼刺激對方。談判人員如果不能有效控制情緒，最容易使談判工作觸礁。

邱進益對台灣內部的「政治敏感症」相當感慨。他認為，今天各方所談的，應該是兩岸關係的許多狀況，這是兩千萬人民最關心的。統獨的目標都不是短期可以達成的，如果決策者不著力去做，將對不起兩千萬人。

邱進益說，兩會達成辜汪會談的具體共識，但是，中共希望兩岸坐下來談的「戰略目的」即將達成，這是中共近年來處處妥協、或配合的主要關鍵。台灣在「辜汪會談」之後，要與中共談什麼、堅持那些立場，也必須是明確的，因此，在辜汪會談之後，兩岸的談判工作，才是剛開始而已。

邱進益建議政府有關部門應即加強談判人才的培養與訓練，否則將無法承擔未來的談判任務。

邱進益似乎了解未來兩岸的談判工作，將更爲艱鉅與困難。台灣是否已經準備好要與精通談判技巧的中共討論兩岸問題了呢？李登輝已經胸有成竹了嗎？民進黨擬訂出具體的大陸政策了嗎？台灣人民已經對兩岸關係的發展有共識了嗎？

第十四章

纏鬥

李登輝西進與民進黨牽制

1

「辜汪會談」預備性磋商在北京舉行，已經爲兩岸歷年來最重要、最高層的「辜汪會談」奠下良好、友善的基礎。然而卻也引起台灣民進黨的疑慮與反對，從而要求派人參加會談，也要組織觀察團去監督。甚至美國在台協會理事主席白樂崎也來台關切兩岸關係發展的眞相。這一切內外情勢的發展，使得李登輝和陸委會必須對「辜汪會談」降溫，以降低海內外民衆對「辜汪會談」的期望，減少衝擊和阻力。

台灣專欄作家陳子帛於一九九三年四月十二日在香港信報的「台灣透視」專欄中，發表〈李登輝「西進政策」的起點〉，認爲台灣在兩岸關係上已採取主動。

陳子帛說，李登輝在基本解決內部政治問題之後，隨即選擇兩岸關係作爲政治再出發的立足點，已顯示了他在中華民國歷史上「青史留名」的企圖。

這篇分析說，「辜汪會談」整個政策設計，李登輝均十分瞭解，在最近接受CNN專訪時，李表示：「建立互信與了解是發展兩岸關係的起點，經貿交流是創造彼此經濟發展與聯繫兩岸和平關係的關鍵，希望透過交流，使大陸當局務實地認識、尊重中華民國在台灣的歷史與現實」。

李登輝「西進政策」的主要目的，是在爲台灣爭取一個被「對等」看待的地位，這對習慣於以中央自居的大陸當局領導人來說，恐怕是一種挑戰。

陳子帛認爲，李登輝在大陸政策上的積極作爲，已經讓非主流人士擔心是否走得太快。其次，李登輝透過幕僚反覆宣揚他的「中國心、民族情」，以抑制民進黨的「台獨」聲浪，同時卻將「民進黨因素」引進兩岸關係的進程中，成爲與中共接觸的另一張王牌。民進黨要求參與辜汪會談的聲音，已經產生制約作用。

李登輝眞的要改善兩岸關係嗎？或者只是運用「辜汪會談」來爭取兩岸的對等政治實體地位？爲了對大陸施壓，卻又運用民進黨來發揮牽制的作用？

其實，李登輝在一九九二（八十一）年八月一日就已經對「辜汪會談」設定了政策目標。「一個中國」涵義的解釋，已經將中華民國與中華人民共和國並列，表達兩個政治實體、兩岸分治的客觀事實。李登輝也了解中共是以國共第三次會談的思維邏輯看待「辜汪會談」，因此，經由國統會的討論，確定了談判的目的必須突顯兩岸對等。（《執政告白實錄》，頁一八四）這些過程與政策，參與規劃大陸政策的邱進益都十分清楚。

看來，李登輝的大陸政策，是以事務性談判來測試大陸的誠意與策略，而大陸方面也明白表現出要經由事務性談判進入政治談判的用心。李登輝爲了避免情勢失控，避免引起美國當局的疑慮、和減少民進黨的阻力，在一九九三年三月間就透過各種場合的談話開始降溫。

三月十九日，李登輝對美國加州大學教授施伯樂說，「辜汪會談」是兩岸關係能否進一步發展的重要指標，對經由民間性質的辜汪會談以解決兩岸交流衍生的問題，「本人至表樂觀」。

到了三月三十日，李登輝則說，「辜汪會談」成爲熱門話題，並不代表大陸政策有了大轉變。「我們對與大陸發展關係，沒有太樂觀」。

事實上李登輝的說法並沒有什麼政策上的差異。他對經由「辜汪會談」以解決事務性問題表示樂觀，是在海基、海協兩會於三月二十六日就文書查證與掛號信函問題達成協議之前說的，目標是針對事務性會談，當時已經有達成協議的九成把握了。如果「辜汪會談」能達成兩岸以對等政治實體的定位相對待，當然兩岸關係就有可能有更大的進展，否則就作罷。然而，李登輝的「雙重承認」理念，由邱進益在三月十九日在一場公聽會表達後，中共外長錢其琛於三月二十三日在「八屆人大一次會議」記者會回應說不可能有「雙重承認」，將來也不會有。可見大陸方面還是強調要以「一國兩制」達成「和平統一」，將台灣看成地方政府，不肯以「兩德模式」來處理兩岸關係，所以李登輝說：「我們對與大陸發展關係，沒有太樂觀。」

2

李登輝在推動兩岸高層次對話的「辜汪會談」時，遭到民進黨的反對，或者可以說，李登輝運用了民進黨這張牌，來牽制大陸的政治對話，放慢改善兩岸關係的腳步。

當時，李登輝還是採取與民進黨不同的政策的。一九九三年二月四日，李登輝開始約見第二屆立委，徵詢對政黨政治和下任行政院長人選的意見。他對新當選的立委明確重申他是中華民國的總統，「台獨」是條走不通的路，只是少部分人的想法。

第二屆立委在一九九二年十二月十九日選出，在一百六十一席立委中(包含區域立委、不分區立委、僑選立委)，國民黨九十六席，民進黨五十席，中華社民黨一席，無黨籍七席，國民黨員自行參選的七席。這是民進黨人首次取得超過三分之一的席位，得票率百分之三十六點〇九。因此，民進黨在立法院的聲勢大振，也決定積極參與大陸政策的監督與制衡。

民進黨立委張俊宏於當年三月十五日在立法院說，他將在該黨黨團會議中提案邀請中共官員在第三地進行民進黨對共產黨的談判，因此，陸委會主委黃昆輝回答說，任何一個政黨都没法代表政府去談判，在現階段主要應做的是妥善規劃辜汪會談，以解決因交流所產生的問題。

陸委會主委黃昆輝在立法院內政委員會說，陸委會將成立諮詢委員會，延攬民進黨籍的諮詢委員。海基會秘書長邱進益也說，海基會要邀請民進黨人士擔任董事或顧問，參與海基會的工作。

三月十六日，海基會秘書長邱進益說，民進黨若想加入大陸工作體系，應參加最高層次的國統會，這比參加海基會的作用來得大。邱進益到海基會後，努力與各黨人士溝通，尋求對大陸會談的共識與助力。

同一天，民進黨立院黨團討論中國政策時，多數認爲此刻貿然與中共接觸談判、或組團赴大陸，會引起民衆的疑慮，也有違民進黨一向反對「黨對黨談判」的立場，因此，否定了總召集人張俊宏的提議。

四月十七日，民進黨中常會對兩岸關係做出四點結論：

一、重申反對任何形式的黨對黨談判，只能在政府對政府、或政府國會授權監督的中介團體對等形式下談判。

二、中國事務應和國民黨共同參與，以建立基本共識，因此，將要求參與陸委會及海基會之決策。

三、將積極了解台商大陸投資，不禁止黨員至大陸了解相關事務。

四、將組專案小組評估組團赴大陸的可行性。

三月二十一日，民進黨國大黨團中國政策小組公布兩岸關係政策研究結論，主張應由總統在最短期內召開兩岸關係國是會議，廢除國統會，改由國家安全委員會、陸委會、海基會分層負責對兩岸關係政策的釐定與推展，並應有充分比例的在野黨人士及學者專家參與。這項研究並確立對中共政策的基本原則：

一、「一中一台」的台灣法律主權獨立原則。

二、台灣安全的優先原則。

三、平等互惠的實質原則。

四、和平共存的善意原則。

三月二十三日，民進黨立院黨團決議成立辜汪會談觀察團。

因此，次日黃昆輝和多位民進黨立委共進早餐，說明這次會談完全由陸委會主導，海基會只是「嘴巴」，扮演執行的角色，絕非政治性會談，希望民進黨三思，不要落入中共「兩黨對談、多黨參與」的圈套。黃昆輝也批評錢其琛「不可能有雙重承認」的談話，是不能務實面對兩岸分裂的現實，對交流是一種障礙。

三月二十五日，中共國台辦王兆國在「八屆人大一次會議」中說，要結束分裂，實現統一，中共一貫主張國共兩黨談判，其他黨派、團體的有代表性人士也可參加。但對辜汪會談，王兆國說是完全由兩岸中介團體人員參加的活動，並不存在其他黨派人士參加的問題。可見中共希望經由辜汪會談達成兩岸開始高階層談判的目標，不希望其他黨派來破壞。這使得民進黨更不放心，更要參與監督和觀察。

三月二十六日，黃昆輝在立法院再度表示不希望民進黨的觀察團造成「黨對黨談判」的假象。民進黨立院黨團則決議，不論陸委會是否同意，都將堅持進入辜汪會談會場觀察。

三月三十一日，立法院朝野兩黨黨團就民進黨觀察團一事進行協商，但因黃昆輝未能列席說明，改由副主委高孔廉代表參加，引起民進黨立委退席抗議，並決定結合民進黨中央擴大杯葛抗爭行動。

四月一日，黃昆輝在立院內政、外交、法制聯席會議說明辜汪會談預備會議有關的問題和議題，把建立兩會制度化協商管道、保障台商權益、保障人民人身自由財產安全、加強兩岸青年交流互訪列爲第一優先，兩岸智慧財產權相互保護、及共同防制海上犯罪，列爲第二優先。會談超出委託範圍的部分，將一律無效。授權書將在適當時機公布。

邱進益也強調絕不會超越授權。兩岸如能持續進行良性、善意的互動，中共最後定能接受中國分裂分治的事實。他也希望獲得大家的支持，否則還沒走向談判桌就已經矮了一節。

四月三日，陸委會公布授權書內容，規定不涉及任何政治性的問題，不與中共高層官員接觸或會晤。但中共如在私下場合提出政治問題，邱進益可以秘書長身分適度表明我方政策立場，以免讓對方誤以爲我們默認。

四月五日，中國時報報導，汪道涵在上海說，如我方政府願意，他也願意在辜汪會談時就簽署兩岸「互不侵犯協議」交換意見。這是中共方面將辜汪會談政治化的策略，目的在爲下一階段的「結束敵對狀態」會談預作安排。

四月十四日，黃昆輝、邱進益在立法院內政、外交委員會報告辜汪會談預備性磋商的經過，多數立委對邱進益的表現，表示滿意。但民進黨仍堅持要組團到新加坡觀察辜汪會談。

四月十六日，行政院長連戰在立法院備詢，對辜汪會談是否同意朝野學者參加一事，回應說，立法院長劉松藩已轉達希望能由各界推薦學者參加，行政院和陸委會都非常尊重此一意見，但必須照顧海基會和大陸海協會都是中介團體的立場，若有變，需和對方洽談，因此目前尚無定論。陸委會一直在評估學者參加的必要性和可行性，一周內可作成決定。

同一天，民進黨立院黨團決定維持組團觀察辜汪會談的原議，推舉台大法律系教授林山田代表民進黨學者身分，擔任海基會顧問參與辜汪會談，但以「不介入、不干預、不背書」爲原則。

四月十九日，黃昆輝在一項研討會中說，辜汪會談基於事務性、技術性、功能性的考量，陸委會傾向於不同意增加一名學者參與，但將來如有專門的議題需要有專業背景的學者參與時，將會邀請學者參加。

由此可見，陸委會已經拒絕民進黨推派學者參與辜汪會談，民進黨開始反擊，想要找出是誰反對民進黨參與，最後卻有人誤導，讓民進黨把矛頭指向海基會。在辜汪會談即將舉行的前夕，以言辭傷害辜振甫，引起辜振甫抗議和辭職，不願意繼續受到傷害。

3

四月十九日，辜汪會談海基會先遣小組六人，由副秘書長李慶平率領綜合處長張全聲、秘書處副處長徐建、專員王正磊、組員鄒賜珠、法律處專員何武良前往新加坡，安排辜汪會談有關事宜。新聞局官員王騰也前往協助新聞聯繫工作。

李慶平說，先遣小組的任務有三：爲二十三日至二十五日的第二次邱唐預備性磋商、和二十七日至二十八日的辜汪會談作準備、爲國內近百位記者協助有關電訊、交通等事宜、爲邱唐磋商安排議程。（中時晚報，一九九三年四月十九日，陳國君報導）

在飯店的考量方面，海協會代表將住在麗晶酒店，我方如不住高一級的佛萊士飯店，至少也要住同等級的威信飯店。同時，海基會也決定在辜汪會談期間，每天上午十一時、下午五時、下午九時各作一次新聞發布。（自立晚報，一九九三年四月十九日，羅文明報導）

作為地主國的新加坡，本來有意以地主身分、禮貌性地邀宴兩會代表，但由於諸多對等「禮節」問題無法克服，海基會只有婉謝。可見台灣方面對這次辜汪會談的安排，處處都講究對等。

在會談場地的選擇方面，必須有可供正式會談的空間，還要有能夠容納一百五十名以上記者的房間、以及可供簽署協議文件的地方。因此，李慶平在四月二十日查看「海皇大廈」後，初步認為適合作為辜汪會談的場所。

海基會原定在四月二十一日晚上由徐建和海協會秘書部副主任喬鋒、專員徐志勤，協商有關邱進益和唐樹備在二十二日舉行晚宴的事，但是，經海基會與海協會通話後，才被告知海協會先遣人員未被授權討論兩會議程與互動問題，唐樹備要到二十二日晚上才會抵達新加坡，無法參加我方安排的晚宴，顯示雙方在事前的聯繫還是不夠。

新聞界在有關辜汪會談的新聞報導方面，也提供了許多助益。四月二十一日，聯合報記者王美惠、尹乃馨從新加坡報導，從中共海協會代表名單中，發現有四名國台辦官員，包括國台辦秘書局副局長王富卿、經濟局官員趙剛、新聞局官員孫兵、以及背景不詳的王憲。

此則新聞立即引起後續追蹤報導。民進黨立委張俊雄認為由此可見中共把這次會談定位為「政治協商」，陸委會應立即要求海基會終止辜汪會談。（自由時報，一九九三年四月二十二日，何榮幸報導）

後來經過查證，大陸方面，唐樹備在四月二十三日的記者會說，海協會人手不夠，才請國台辦協助，國台辦官員不會上桌談判，只是作行政及新聞聯繫業務。事實上在辜汪會談中，也沒有出現國台辦官員上場談判的事，雙方都儘量使辜汪會談達成民間化的目標。

四月二十日，邱進益在行前記者會說，我方已同意新加坡安排的會談地點「海皇大廈」。聯合報駐新加坡記者周嘉川則引用我國駐星代表陳毓駒的話說，海皇大廈董事會的會議室太小，無法容納上百名的記者入內。海皇大廈四周全是辦公大樓，十分僻靜，大樓的保安系統也很嚴密。海基會綜合處長張全聲說，第一梯次會前會及辜汪會談的會議部分，適合在海皇大廈舉行；但因場地容納不下所有採訪記者，不適合作為最後簽約儀式的場所。

陸委會企劃處長鄭安國在同一天說，如果辜汪會談會議場所，無法提供媒體記者開放的採訪空間，則海基會應考慮換會議場所。鄭安國是記者出身，曾任中華日報記者，因此了解記者的需要。但是，他的談話主要是針對海皇大廈警衛人員阻止台灣記者跟隨李慶平查看會議場地的事而說。他說，如果眞的發生這種限制媒體採訪的管制情形，海基會應該就立刻更換場所。陸委會希望媒體記者能採訪辜汪會議，有足夠的空間可以進行採訪發稿工作。可見同一件事情會有不同的看法，閱聽大衆必須仔細分別各種消息的眞意，才能了解事情的眞相。

4

究竟是誰反對民進黨派人參加辜汪會談？記者與民進黨人都在尋找答案。

根據聯合晚報在四月二十一日報導，陸委會主委黃昆輝在當天上午邀集執政的國民黨籍立委會商，會中決定不宜同意民進黨推派學者林山田參與辜汪會談。民進黨立院黨團知道此一消息後，決定升高抗爭層次，並要求立院安排辜振甫於周五前往立法院接受質詢。

報導說，對於是誰決定民進黨不能參加辜汪會談一事，陳水扁認為各方說法不一。立法院長劉松藩說是中共反對，行政院長連戰說是海基會和中共反對，黃昆輝說中共沒有反對，是陸委會和海基會反對。新聞的報導來自提供消息的人士，眞相只有當事人才知道。

民進黨已經在四月二十日決定組成八人觀察團，包括團長蔡同榮、團員尤宏、沈富雄、陳唐山、廖大林、劉文慶、黃昭輝、學者林山田，前往新加坡觀察辜汪會談。

在新加坡的海基會人員，則準備安排邱進益和唐樹備在四月二十二日晚上舉行晚宴和第一場的會談，但是，海協會喬鋒在二十一日晚上十一時許打電話告訴海基會秘書處副處長徐建，原定二十三日上午舉行的第一場邱唐會談「因故」推遲，等唐樹備於晚上抵達後再決定會談時間。取消的原因，各報說法略有不同。

中時晚報記者陳國君報導說，喬鋒說，是因爲唐樹備已經六十幾歲，深夜才抵達新加坡，需要充分的休息。聯合報記者尹乃馨報導說，所持理由是唐樹備年事已高，不適立刻舉行商談。尹乃馨認爲可能是海協會人員正在全盤了解情況，再決定如何行動。

台灣方面，邱進益則在四月二十二日中午啓程，前往新加坡。當天上午，立法院舉行院會，民進黨除了強力杯葛中美著作權協定、及著作權法修正案的二讀程序外，並針對辜振甫作人身攻擊。

據自立晚報記者黃秀錦、周翠如報導，民進黨立委尤宏首先在發言台前貼海報，指邱唐會談是在談嫁妝，辜汪會談是談結婚（統一），其結果將導致台灣萬劫不復。

接著，葉耀鵬、陳水扁等，紛紛將矛頭轉向，嚴厲抨擊辜振甫家族是「賣台家族」，其父親辜顯榮曾引日軍進入台北城。陳水扁甚至在發言台貼上海報，要求「撤換台奸辜振甫」。

民進黨攻擊辜振甫，是因爲聽說辜振甫反對民進黨派人參與辜汪會談。報導說，陳水扁說：「今天早上陸委會主委黃昆輝又說中共根本沒有反對，因爲我方未詢問中共意見，眞正反對的是海基會。辜振甫反對則事態嚴重，辜振甫是太上皇帝嗎？李登輝是不是兒總統？」（自立晚報，一九九三年四月二十二日，黃秀錦、周翠如報導）

辜振甫對民進黨立委這樣的指責，相當痛心，也相當灰心。四月二十三日，辜振甫提出強烈的抗議，並在接受自立晚報記者陳惠玲的專訪中，說明事實眞相。

辜振甫對「台奸」的說法，說出他的感慨。他說：「日軍進入台北城之前，台北城哭聲滿城兩天兩夜，連巡撫都溜走了，沒人敢去跟日軍交涉，我父親冒著生命危險去，這叫漢奸嗎？這段歷史，連橫寫的台灣通史都記載得很清楚。敵人入侵不抗拒是不忠，要大家不接受是要大家都去死嗎？是清廷把台灣割給日本的，清廷才是罪魁禍首。這些話我本來是不想說的，我自己可以承擔『台奸』的罪名，但是，我不要我的子子孫孫再背負這些。對於先人被侮辱，我感到十分痛心，部分立委不了解真相就批評，硬是把我家裡的事扯進來，其實他們只是反對政府的大陸政策。」

對於立委黃昭輝說是辜振甫反對派學者參與「辜汪會談」，辜振甫說：「我做什麼事全由陸委會授權，我根本不能說讓或不讓學者參加會談，不要把所有事都推說是某人的意見或主張，這並不公平。不讓學者參加會談的，很簡單，當然是陸委會。」

辜振甫也提到他對參加辜汪會談的態度。他說：「事實上，參加兩岸會談並非出自我自己的意願，但是，我一向秉持能多做服務就多做的精神，為國家做事。其實，這次會談要解決的問題，大家都清楚，而陸委會授權的範圍，我也掌握得很清楚，這不是開玩笑的。我們要談的事情都是平常性、例行性的瑣事，例如偷渡客遣返、文書驗證等，沒什麼事是可以隱瞞的，怎會有看不見的地方？」

辜振甫為了被立委侮辱的事，已經表達要辭去海基會董事長一職。他說：「如果我要提辭職，也是向海基會董事會提，而且不是現在這個節骨眼上說要辭，我早就想辭去董事長的職務，並不是現在出了點事才要辭。想辭職是因為這個工作很重要，而我的年紀卻已經很大了，一年開心、兩年開膽的，這次會談內人也要跟去，就是因為我心臟不好需要照顧，像我這樣一個隨時都有可能走的人，怎能負擔此一重任？」

辜振甫在四月二十二日情緒十分激動的向執政當局表達人格不可受辱的立場，以及考慮辭去海基會董事長，退出辜汪會談。執政當局則全力安撫，並希望朝野立委不要對一位即將赴前線作戰的談判將領傷害得傷痕累累。（中國時報，一九九三年四月二十三日，王美玉報導）

民進黨將矛頭指向國民黨，四月二十三日上午繼續在立法院以冗長的發言杯葛議事，院會主席劉松藩只好宣布休息十分鐘，展開朝野協商，討論是否安排辜振甫在次日到立法院作辜汪會談前的報告，後來協商破裂，民進黨繼續杯葛議程，經過兩個多小時的混亂，最後在接近中午時分宣布散會，辜振甫也不用去立法院作會前報告了。

6

在新加坡前線，海基會人員已經與海協會人員展開各項前置作業。邱進益率領法律處長許惠祐、經貿處長張宗麟、法律處專員林源芳、秘書處專員田忠勇，於二十二日下午抵達新加坡。唐樹備也率領鄒哲開、孫亞夫、周寧、馬曉光、田曉玲、張壯民於當天晚上抵達新加坡。

四月二十三日早上七時，邱進益與唐樹備通電話，兩人協商取得共識，決定第二階段預備性磋商和辜汪會談都在海皇大廈四樓舉行，簽署協議的會場待定，當晚與次晚各舉行一次工作晚餐，兩會輪流作東。

二十三日下午三時，邱進益和唐樹備在海皇大廈舉行第二階段第一次會談，會後雙方各自舉行記者會，說明磋商情形。

邱進益在會中再度提出兩岸簽訂台商投資保障協議的問題，唐樹備表示有困難，兩人還有一番對話。

邱進益說，大陸國務院「二十二條規定」不足以保障台商，世界各國對糾紛仲裁都規定可在第三地舉行，爲何大陸對台商投資糾紛仲裁規定只在大陸及香港？

唐樹備回答說，台商因爲是間接投資，多設外國公司於香港，變成香港或英國的公司，大陸和英國之間也有保障協定，規定可以在第三地仲裁，因此唐樹備認爲有雙重保障。

邱進益則說，既然台商同樣可以引用各國投資保障協定，大陸爲何不在「二十二條」規定中說明。

唐樹備認爲有道理，答應反映給國務院當局處理。（青年日報，一九九三年四月二十四日，張銘坤報導）

對於台商融資問題，邱進益說，台灣的民營銀行希望到大陸設分行，承辦人民幣業務，對台商企業融資就可以解決，唐樹備透露，大陸方面有意願開放類似的業務。

唐樹備在記者會中，對邱進益在北京第一次磋商所提的台商投資保障權益問題提出說明，台商依法可申請成立「台商聯誼會」、增列第三地糾紛仲裁、企業徵收應訂定標準，唐樹備說，都已按規定實施中。他說，企業糾紛仲裁已有香港第三地，企業利潤按規定可匯出，沒有問題。

對於企業徵收問題，唐樹備說，台資企業不屬國營企業，原則上不會徵收，萬一因公共利益需要而必須徵收，也會按規定給予相應的補償。

他也坦承，大陸在實施經改期間，各地確實發生收取不合理稅費的情形，但不是針對台商，大陸自己的企業也發生這類情況。

唐樹備認為，台灣方面應該進一步放寬目前台商到大陸投資的限制，以及大陸產品輸入台灣的限制。他說，台商的困難也有來自台灣不能直航、只能間接投資的限制所致。（自立早報，一九九三年四月二十四日，陳威儐、邱香蘭報導）

邱進益對唐樹備提出的八項問題是：台商在大陸組織聯誼會、兩岸商務糾紛應可在第三地仲裁、停止對台商進行不按法律規定的攤派、讓台商擁有經營自主權及進出口自主權、台商資金可自由匯出大陸、台商在大陸的融資問題、台商在大陸使用外匯券問題、海基會組織台商巡迴服務團問題。唐樹備除了做說明外，並允諾將我方意見轉交大陸相關單位，以落實對台商的投資保障。（工商時報，一九九三年四月二十四日，王錦時、梁寶華報導）

從十多年後的今天來看台商大陸投資問題，外匯券已經取消，大陸國務院「二十二條規定」已經提升為法律位階，國務院也嚴格規定不准亂收費亂攤派經費，但地方執行時難免標準不一，商務糾紛仲裁也允許大陸聘請的台籍仲裁員參與仲裁。但是，大陸基於「一個中國」原則，還是不願意簽訂台商投資保障協議。

唐樹備在二十三日的記者會說，辜汪會談之後，兩會建立制度化的溝通管道，今年內要即刻展開兩會會談，討論五大議題，包括兩岸共同打擊海上犯罪、不依規定進入對方地區人員的遣返問題、漁事糾紛、經濟交流會議的籌備、智慧財產權保護問題。（聯合報，一九九三年四月二十四日，徐履冰報導）

其實，邱進益在四月二十二日飛往新加坡的途中，已經對記者們提出全年事務性商談的時間表。邱進益在飛機上說，希望今年五月雙方能開始協商遣返問題，七八月間再就兩岸共同防制海上犯罪展開協商，年底前就漁事糾紛問題進行討論，明年上半年召開首次兩岸經濟交流會議，優先討論台商保障問題、以及智慧財產權問題、和大陸提出的共同開發資源等問題。報導

說：「邱進益已排定了全年的工作計畫，對兩岸交流的未來似乎充滿了憧憬。」（聯合報，一九九三年四月二十三日，何振忠報導）

五項議題是在北京第一次預備性磋商時就已經達成的共識，這次新加坡第二階段預備性磋商，只是對辜汪會談的議程和議題加以確認，所以，雙方確定「辜汪會談」第一次會談於四月二十七日上午十時舉行，二十八日會談結束後，將共同簽署文件。辜汪會談之後，兩會將儘快舉行五項議題的協商。

對於建立兩會制度化聯繫管道問題，邱進益表示將分兩個層次，一為業務主管階層，每三個月會見一次；另一為高層的會長董事長，由兩會負責人視需要而決定開會時間；副會長與副董事長、秘書長則每半年見面一次，輪流在兩岸舉行。但唐樹備希望兩會負責人能每年見面一次。

有關辜汪會談的議程，二十七日上午十時，辜汪舉行第一次會談，雙方先進行大體討論；下午三時由邱唐繼續磋商，辜汪則舉行茶敘；晚間由汪道涵設宴招待海基會人員。二十八日上午邱唐第四次磋商，辜振甫夫婦和汪道涵夫婦將共同訪問某地，地點待安排；然後各自拜會新加坡人士。下午由辜汪進行總結，並在東方大酒店草簽協議；晚間由辜振甫回請海協會人員。

7

在台北，陸委會於四月二十三日正式公布評估報告，認為部分民意代表及政黨人士建議推派學者參加辜汪會談一事，並不適宜。

陸委會副主委焦仁和說，陸委會決定不邀請學者參加辜汪會談，這不是「預設立場」的評估結果，而是客觀的評估。陸委會最重要的目標「就是使會談成功」，而對這項決定，陸委會將

負「評估責任」和「成敗責任」。（自立早報，一九九三年四月二十四日，彭孝維報導）

焦仁和也表示，據他所知，陸委會黃昆輝並未答應讓一名學者參與辜汪會談，只表示會就此事加以評估，一周內公布結果。

中央日報刊登了評估報告的理由說明。陸委會認為有關學者參加兩岸會談，本案已全程透明化，多次到立法院備詢說明，也舉行十餘次的記者會，接受媒體與國會的監督，無必要另派人監督。同時，基於海基會與海協會在第一階段預備性磋商所獲共識，正式會談僅限會務人員此一共識雙方均宜遵守。貿然增派學者參與，乃破壞此一共識，影響此次會談的單純化。且有意前往參加會談的學者甚多，如何在相當有限的時間內，由各界協調出各方都能接受、且贊同我方基本立場、熟悉策略、並與代表團具有整體團隊精神的人，實有困難。

四月二十五日，民進黨立院黨團和國代黨團分組的辜汪會談觀察團，經協商後合併，並更名為「民進黨國會反對國共統一會談宣達團」，由施明德擔任總領隊，成員包括：立院黨團代表團團長蔡同榮、國大黨團代表團團長許丕龍，發言人陳唐山、張晉城，以及團員沈富雄、蔡明華、黃昭輝、蘇芳章、尤宏、唐碧娥、郭時南等。

同時，反共愛國陣線代表許承宗、吳東沂、張覺明等人也組成代表團抵達新加坡，要宣達「反台獨」的理念。

另一方面，李登輝在得知辜振甫因被民進黨質疑而萌生辭意後，立刻去電慰勉。辜振甫也決定如期前往新加坡，參加象徵兩岸關係新里程碑的「辜汪會談」。新加坡已經成為兩岸各黨派較勁、世界各國媒體雲集的地方了。

第十五章

雙贏

辜汪會談與四項協議

1

在兩岸領導人與海內外華人的關注下，辜汪會談按照既定計畫逐步進行，為對立四十多年的兩岸關係奠下一塊重要的里程碑。

大陸海協會會長汪道涵，認為辜汪會談是他發起邀請的，所以他比辜振甫早一天啓程，於一九九三年四月二十五日上午與夫人孫維聰率領劉剛奇、李亞飛、劉建中、張志蛟等十一人，於下午五時三十分抵達新加坡，以示迎接辜振甫之意。

汪道涵在樟宜機場發表談話，宣稱：「我們主張和平統一，我們雙方都有發展兩岸關係、實現和平統一的願望，就沒有什麼不能坐下來談的問題。」他又說：「只要雙方本著相互尊重、平等協商、實事求是、求同存異的精神，就一定能使這次會談順利進行，並取得積極成果。」汪道涵在機場的談話，已經產生「先入為主」的傳播效果。民衆日報記者蔡文熙就以〈汪道涵「先到先贏」〉來分析，為何汪道涵要比辜振甫早一天到達新加坡。

大陸方面，對於新加坡辜汪會談寄予很大的希望，國台辦主任王兆國在北京機場為汪道涵送行時，就明白地說：「海峽兩岸隔絕了四十多年，汪辜會談作為海峽兩岸有關方面授權的民間團體領導人的首次會晤，對兩岸關係發展將有積極的推動作用。我們重視這次會談，希望能夠談好、談出成果，爲推動兩岸關係向著和平統一方向發展作出努力。」

辜汪會談定位是民間性、事務性、經濟性、功能性，不談政治。但是，大陸方面有備而來，將辜汪會談看成從事國際宣傳最好的時機，在會外各種場合說明大陸的對台政策。但是，海基會限於陸委會的授權、以及反對黨的監督，不談政治問題，因此，新加坡辜汪會談成爲中共對外宣傳的最好時機。台灣則因爲民進黨組團到新加坡觀察，和反共愛國陣線組團到新加坡，形成多元意見的表達，顯示台灣內部對大陸的政策尚未形成共識，海基會談判代表辜振甫已經被民進黨的「台奸」言論刺傷，邱進益則被陸委會的透明授權而限制了談判權限。無論如何，他們還是盡力辦好辜汪會談，達成政府所要的「對等」目標。

據中國時報記者王銘義在四月二十六日發表的「看問題」特稿〈邱進益頗有處於「腹背受敵、三面夾攻」的感覺〉，新聞界已經看出邱進益處於艱難困境。對於處於第一線的談判代表，心中的感受是如何地痛苦呢？

2

四月二十六日上午，辜振甫及夫人辜嚴倬雲率領石齊平、朱榮智、呂國霞、和家麟、王中蓓等，於下午二時二十分抵達新加坡。

辜振甫於行前發表談話，表示：「一定基於國家尊嚴及對等互惠原則，與大陸海協會進行商談。」抵達新加坡後，在樟宜機場發表談話，引用李登輝的話說：「台灣與整個中華民族的關係是切不斷的」，並重申：「這是一項民間性、事務性、經濟性、及功能性的會談。」他說：

「展望未來，如何消除彼此間多年來的隔閡與離異，的確是一項十分艱鉅的工程，企盼海峽雙方都能以開闊的胸襟、理性的瞭解、高度的智慧、務實的態度以及穩健的步伐來加以推動。」

辜振甫並希望海峽兩岸的中國人都應該揚棄「零和」的邏輯，秉持「雙贏」的理念，相互扶持，在經濟上，增進市場效應，在文化上，發揚傳統價值。

十多年後的今天，回首去看當年，兩岸似乎都有意化解隔閡與敵對，希望經由「辜汪會談」能開始談論解決兩岸的問題。兩岸也確實經過二十幾次的事務性會談，但是也經歷飛彈危機等挫折，導致兩岸關係回到僵持與對立。原因何在？轉折點在哪裡？

3

在台灣內部紛紛擾擾、大陸海協會不斷放出政治性談話之際，邱進益和唐樹備經過連續三天的預備性磋商，雙方對經濟交流會議和台商投資保障列入共同文件等問題，仍有爭議。

唐樹備於四月二十六日上午七時三十分在麗晶飯店對台灣記者舉行新聞說明會，針對雙方歧見提出說明。

海協會對台灣方面改變協商共識，要求將保障台商投資權益的八項條文列入共同聲明一事，表示不滿。唐樹備說，關於台商投資保障問題，海基會所列的八項，大陸都有規定，大陸對保障台商投資環境的工作，一直都在進行。「假如寫到文件中保證，但海基會給我什麼？」海協會對海基會要成立兩岸經貿巡迴服務團也有意見。（青年日報，一九九三年四月二十七日，張銘坤報導）

海基會則對兩會副會長以上人員輪流在兩岸會晤、對海協會主張召開兩岸經濟交流會議的時間地點等，也持保留的態度。

對於大陸執意在年底召開兩岸經貿交流會議，並不惜杯葛我方保障台商投資權益的八點建議一事，邱進益說，海基會本來就不反對召開經濟交流會議，但是我們希望先有構想計畫作爲努力目標，然後再來推動，以保留以後討論的空間，不要一開始就把它訂得太明顯，使事情彈性變小。雙方應該抱持「興利」、而不是「防弊」的態度，來正面考慮問題，不要擔心，也不要没有信心。

邱進益說，海協會一開始就是把重點放在兩岸經濟交流會議，希望九月就舉行，但這不是現階段就能解決的問題，後來大陸方面又堅持於年底舉行，而我們認爲明年上半年比較合適，何必在意差點時間呢？他實在不能了解大陸方面爲何如此堅持。

對於我方提出的保障台商權益問題，海協會提出三個條件：放寬大陸經貿人士訪台、大陸產品輸往台灣、以及台商赴大陸投資的限制，還要求儘早舉行兩岸經濟交流會議，且須同意讓官方人士以海協會理事、民間個人身分與會。（經濟日報，一九九三年四月二十七日，劉秀珍報導）

邱進益說：「陸委會給我們的指示是，經濟交流會議只能在明年上半年舉行」，而且對海協提議讓主管台灣事務的官員參與經濟交流會議一事，更讓陸委會嚇一跳，因爲現階段根本不可能讓雙方官員直接接觸。

又說：「談判是一種取與求的藝術，但是又怎能漫天要價？」他形容自己有坐在「救護車」的感覺。

爲什麼邱進益有這種感覺？中國時報記者王銘義已報導他有處於「腹背受敵、三面夾攻」的感覺，劉秀珍則進一步報導他有坐在「救護車」的感覺。由於台灣方面政策上的限制，使得協商中我方迴旋的空間不大，自然能夠討價還價的籌碼也就不多，談判人員只能堅持政府政策、以免被罵「台奸」了。

4

海基會辜董事長於四月二十六日下午二時多抵達新加坡後，隨即於下午五時，由邱進益陪同，代表李登輝前往拜會新加坡總理李光耀，表達問候之意，以及有關「辜汪會談」問題的說明。

辜振甫對記者們說，他和李光耀回敘多年前見面的狀況、以及當年與星國副總理吳慶瑞交往的經過。兩人曾在聖淘沙打高爾夫球，曾經交涉如何讓中華民國在新加坡設立商務代表團。

李光耀則對台灣方面的大陸政策表示關注，辜振甫就對國統綱領有關的規定，做了詳細的說明，使李光耀了解我方的大陸政策以及這次辜汪會談的定性。兩人還對世界經濟趨勢等問題交換意見，雙方晤談了三十五分鐘。（中國時報，一九九三年四月二十七日，張慧英報導）

為了顯示兩岸對等待遇，李光耀也在當天下午三時會見大陸海協會會長汪道涵。

唐樹備說，李光耀對海峽兩岸關係在這幾年的發展表示讚賞，並希望辜汪兩人過幾年就可以在大陸或台灣見面。（中國時報，一九九三年四月二十七日，謝孟儒報導）

李光耀對汪道涵說，早在一九七六年他在台北訪問時，就曾向蔣經國總統建議過要放鬆兩岸人員的往來。在十年後兩岸關係終於解凍，並在這幾年有極大的變化，他個人表示十分贊成。

唐樹備還說，汪道涵最後還主動提及對民進黨的態度。他說，民進黨如果作為個人，大陸歡迎他來彼此交換意見，但對其台獨綱領則仍堅持反對的立場。

汪道涵與李光耀談到下午四時十五分才結束。

李光耀曾經與兩岸領導階層建立友好關係，因此成爲兩岸溝通的海外管道，辜汪會談也因此選擇在新加坡舉行。新加坡了解兩岸關係的敏感性，因此也儘量配合兩岸的要求，做到對等、適當的接待。中介者的角色非常敏感，必須維持中庸而不偏袒任何一方，否則就會讓另一方有所反應。海基會就像新加坡一樣，必須接受政府、國會與民意的監督，但又要與大陸海協會往來，稍有差錯，就無法發揮中介者的功能，最後就只好選邊站了。

5

民進黨宣達團在四月二十六日晚間先後與反共愛國陣線人士、及新加坡華僑對罵，表達了民進黨的意見。

台灣駐新加坡代表處於四月二十六日在佛萊士酒店舉行酒會，歡迎海基會代表團。宣達團總領隊施明德帶團走向海基會董事長辜振甫，途中和海基會副秘書長石齊平聊了起來，施明德就請立委黃昭輝代他向辜振甫致意。（中國時報，一九九三年四月二十七日，樊嘉傑報導）

黃昭輝擠過層層記者的包圍，與辜振甫握手致意時說：「不要出賣台灣。」辜振甫說：「我不會做有損台灣的事，也沒有這個能力。」黃昭輝接著說：「大家都表示疑慮。」

後來，辜振甫主動走到施明德面前，和施握手致意，雙方互說「你好」，辜振甫就找了個地方坐下來。雙方各自找人談話。

接著，民進黨宣達團走回會場入口處，高舉「反對國共統一會談」的標語，反共愛國陣線人員則站在標語前高喊「中華民國萬歲」，受邀前來參加酒會的華僑，也大喊「打倒台獨」、「台獨份子滾蛋」，民進黨幾位未舉標語的團員則大喊「反對國共統一會談」，一時會場秩序大亂。新加坡警察人員趕來維持秩序，沒收了民進黨的標語牌，繼而在會場的吵雜聲及推擠下，將民進黨宣達團人員推擠出會場。

宣達團成員向星國警方說，他們是受邀來酒會的客人，鬧事的是「愛陣」的人，並帶警方人員回到會場，要找愛陣人員，但愛陣人員已經離開會場。

民進黨國大黨團領隊許丕龍在會中高聲演講，他們要表達反對統一、一中一台的主張，同時堅決反對任何損害台灣權益的會談決議。

新加坡警方人員過來說，講話可以，舉牌子就違法。宣達團成員就各自散開，批評愛陣人員的舉動、和代表處官員處置不當。他們的高談闊論，引起參加酒會的華人的不滿。沈富雄說：「你們太讓我感動了，開口閉口我們新加坡，我告訴你，我們是台灣人，這是我們台灣人的事。」新加坡華人大為不滿，要求宣達團成員滾出去。宣達團成員說：「你們吃的是台灣人民納稅錢，要滾的是你們。」

對於這兩場衝突，代表處官員沒有處理。

四月二十七日上午，民進黨宣達團於上午九時三十分抵達海皇大廈門口，向中外記者散發「獨立建國綱領」。

海基會代表團由辜振甫、邱進益率領來到會場門口，宣達團沒有動作，到九點四十五分宣達團在門口靜坐，兩分鐘後大陸海協會代表團抵達，國代唐碧娥、蔡明華向汪道涵遞送「獨立建國綱領」，並說：「我們強烈堅持一個台灣、一個中國，請尊重台灣二千萬人民的意願，中國是中國，台灣是台灣。」汪道涵沒有伸手接受文件。

立委黃昭輝則在原地舉海報，但被警衛拿走。宣達團於上午九時五十分離開海皇大廈。（自立晚報，一九九三年四月二十七日，郭淑敏報導）

6

歷史性的新加坡辜汪會談，於四月二十七日上午十時五分雙方代表同時進入海皇大廈四樓會場，雙方坐定後，辜汪兩人在全世界記者的注目下握手四次。

辜汪兩人在記者面前從平劇談起，直到十時二十分，記者退出會場，辜汪會談正式開始。會後由唐樹備、邱進益分別舉行記者會，提供書面資料，並說明會談情形。

參加辜汪會談的正式代表，海基會有辜振甫、邱進益、石齊平、李慶平、朱榮智、張宗麟、許惠祐、張全聲、何武良、林源芳。海協會有汪道涵、唐樹備、鄒哲開、劉剛奇、孫亞夫、徐志勤、李亞飛、劉建中、周寧、馬曉光。

按照事先約定，汪道涵首先發言。汪道涵宣讀書面談話稿，首先代表江澤民、李鵬問候李登輝、連戰、郝柏村，並提出海上兩岸定點直航的「三通」要求、兩岸經濟交流合作八點主張、及兩岸科技文化交流等具體問題。

汪道涵提出的兩岸經濟交流合作八個具體問題是：一、對兩岸經濟合作的基本主張，二、直接三通應當擺上議事日程，三、關於兩會共同籌開民間的經濟交流會議的建議，四、台商在大陸投資和大陸經貿界人士訪台問題，五、兩岸勞務合作問題，六、台灣參與開發浦東、三峽、圖們江問題，七、合作開發能源、資源問題，八、兩岸合作開發台灣海峽與東海無爭議地區的石油資源問題。（聯合報，一九九三年四月二十八日報導）

在兩岸科技文化交流問題方面，汪道涵提到具體項目有：一、兩岸產業科技合作與交流，二、兩岸知識產權保護，三、兩岸青少年交流，四、兩岸新聞界交流。

關於海基、海協兩會會務具體問題，汪道涵提出六項主張：一、對加強兩會聯繫與合作，二、建立兩會聯繫與會談制度，三、兩會各自成立專案小組處理突發事件，四、互相提供兩會人員工作往來方便問題，五、繼續推動海峽兩岸事務性商談，六、兩岸司法方面的聯繫與協作問題。

辜振甫隨後在發言中，提出雙方應在邱唐北京預備性磋商所達成七點共識的基礎上，就兩會重要會務、兩岸的經貿、社會、文教及科技交流等問題交換意見，希望能建立兩會聯繫協商制度，以解決兩岸民間交流所衍生的各項問題。

辜振甫說，兩岸交流過程中一些脫序現象亟待妥善處理，例如非法入境人員之遣送、共同打擊海上犯罪活動、海上漁事糾紛之處理等。（海基會編，《辜汪會談與辜汪會晤》）

對於台商在大陸投資的保障問題，辜振甫說，固然兩岸目前的情勢，還不能進入直接雙向投資的階段，但是進一步保障台商在大陸的投資權益，卻至關重要。而如何開誠磋商在法律上、行政上採取確實的措施，確是增進兩岸經濟交流的重要指標，諸如租稅法定、徵收之限制與補償、經貿爭端的公正解決、經營利潤及撤資的匯出、相關法規之透明化及成立台商協會等問題，都能經過磋商而達成協議，並予以落實保障。

辜振甫又說，海基會方面，鑒於我方已經逐步放寬台商到大陸投資之限制，認為有必要促成開放兩岸工商界人士互訪，並與貴會共同籌開民間性質的經濟交流會議。至於討論能源、資源交流問題，我們也認爲值得研究。

辜振甫也提到兩岸青少年交流、新聞界交流、科技交流的重要性。對於汪道涵所提「直接三通」，則未予回應。

但是，在台北主導談判的陸委會，當天中午立即開會研商，下午授權邱進益在中外記者會提出反駁與抗議，陸委會也在台北發表嚴正聲明。

7

邱進益在下午與唐樹備進行第三場次的磋商，辜振甫夫婦則與汪道涵夫婦舉行茶敘。茶敘比較輕鬆、無拘束地閒聊、交換意見，有溝通的作用，沒有談判的拘束力。辜振甫與汪道涵兩對夫婦，於四月二十七日下午三時在松林俱樂部舉行茶敘。汪道涵在談話中又提出希望將「三通」列入這次會談討論的題目，辜振甫說未經授權，不便討論，這次會談仍應以事務性、功能性、經濟性的議題爲主。

邱進益在下午六時結束與唐樹備的磋商後，立即走入記者會會場，表情凝重地發表一段口頭聲明，表示汪道涵所提「三通」與勞務合作問題，都是超出雙方預備性磋商的共識。而且，汪道涵談話的政治涵義相當高，與原先強調此次會談爲事務性、功能性、經濟性、民間性有若干出入。他對汪道涵的談話不滿、也不同意。

邱進益在當晚的記者會上說，汪道涵今天在上午提出政治性濃厚的談話，當時他的處理方式是根本不加理會這樣的言詞，而就他的理解，這樣的做法也使得話題就停在那裏，沒有進一步讓汪道涵有再發揮的空間。但事後由於台北反應強烈，因此在獲得上面指示之下，他只有特別透過聲明，來表達他對汪道涵早上談話的不滿。（中國時報，一九九三年四月二十八日，謝孟儒、張慧英報導）

邱進益說，汪道涵所扣緊的三通和兩岸勞務合作，前者屬於政策問題，後者這次他未獲授權，因此實際也不可能和海協會談這方面的事。至於有關三通的問題，據他了解，造成障礙的並不在台灣方面。

邱進益特別說明在下午與唐樹備的工作磋商，雙方什麼政治性的議題一句也沒有提到。

陸委會當天晚上發表聲明，肯定汪道涵談話中強調「務實交流」的用心，但對汪道涵指「三通」為「經濟性議題」，則說顯然有違事實。

陸委會在聲明中說，「三通」牽涉問題至為錯綜複雜，兩岸直航更涉及航權談判，及海、空運協定的簽定與執行，勢難排除兩岸官方對等地位的承認，這個政治性問題絕非一夕可以解決。

陸委會也說，只要中共能消除對我之敵意，放棄使用武力，不否認我為政治實體，在國際間相互尊重，互不排斥，雙方即可展開空運及海運協定的談判，以達成直航的目標。

對於汪道涵代表江澤民向李登輝等人問好，陸委會說，問好是禮貌性的做法，但是僅以「先生」稱，不願稱其正式職銜，仍可看出不願承認我政治實體的意含，也非全然善意的展現。

陸委會又對汪道涵所提的各項問題，一一加以反駁，認為責任與問題不在台灣方面，還批評大陸現階段想推動「市場經濟」，又甩不開意識形態的包袱，硬要戴上「社會主義」的帽子，此一說法不唯民主國家看不懂，大陸人士也搞不通，只要不解決意識形態的問題，在政治上對經濟也不可能放棄控制，則必然會使經濟發展出現問題。

由這些反應看來，究竟是兩會在善意會談，還是兩岸後方在較勁，各方解讀兩岸各有不同的談判策略，眞是一場精采的對話。

8

海基會和海協會在四月二十七日已達成三項協議，包括「兩岸公證書使用查證協議」、「兩岸間接掛號函件查詢補償事宜協議」、「兩會聯繫與會談制度協議」。但對預定會後發表的共同文件名稱、台商權益保障、兩岸經濟交流會議等議題，雙方仍有歧見。

有關共同文件的名稱，海基會提議採用「備忘錄」、或「共同聲明」，但海協會認為含有

「國與國」之間協定的含意，因此反對。海協會則主張採用「新聞稿」、或「會談紀要」。由於過去國共重慶會談曾採用「會談紀要」此一名詞，因此，台灣方面排斥此一名詞。後來海基會提出採用「協議書」，海協會提出「議定書」，雙方在四月二十七日初步同意採用「議定書」。

政大外交系教授陳治世說，「備忘錄」（Aide-memo）或「議定書」（Protocol），字雖不同，但都是國與國之間簽署的文件。通常「議定書」這個名稱會比條約、公約或專約顯得較不正式，但它除了可能用來代表作為一個公約的輔助文件、附屬文件之外，也可作為一個獨立條約的名稱，或是某種締約者的紀錄。因此，「備忘錄」或「議定書」都是國際間廣泛使用的條約名稱之一。（中國時報，一九九三年四月二十八日報導）

唐樹備對於提出拘束力僅次於國際條約的「議定書」，說是大陸方面習慣使用的名詞，和國際條約沒有關係。（自立晚報，一九九三年四月二十八日，張玉瑛報導）

陸委會則說，最好使用中性名詞。陸委會官員表示，我方將依文件名稱必須中性具拘束力、實際協商內容的具體性、及國內各黨派皆有共識三個方向加以仔細評估後才能決定。我方第二腹案傾向「協定」或「協議」。中共所提「議定書」不在我方腹案內，國內仍難取得共識。（自立晚報，一九九三年四月二十八日，江靜玲報導）

台商權益保障方面，海基會提出八項主張，希望列入共同文件，後來又減為六項：租稅法定原則、徵收的限制與補償、經貿糾紛的公平解決、利潤與資金的匯出、相關法規透明化、台商自由成立協會。但是海協會有意以其他經濟交流問題作交換，因此，雙方對如何保障台商投資權益仍有歧見。

兩岸經濟交流會議，台灣顧慮當年底將舉行縣市長選舉，不適合舉行敏感的兩岸經濟交流會議。但是海協會要求在年底前舉行，並希望台灣開放大陸台辦官員以其他名義參加會議，雙方對經濟交流討論的議題也有很大的歧見。

雙方最大的歧見則在會外的放話。海協會不斷在會內會外各種場合談到「三通」、「和平統一」、「兩黨對談」等政治性的議題，雖然不會在會談中討論，但已違反當初北京預備性磋商的七項共識，顯示中共有意藉著辜汪會談作政治的文宣活動，意圖造成「國共和談」的假象。台灣方面則儘量避免政治議題，對中共的政治談話也不在新加坡回應。由於邱進益對新聞界抱怨陸委會授權不足，到四月二十七日上午，陸委會主委黃昆輝才明確表示，針對海協會的放話舉動，我方談判人員在會場外，可對海協會的政治性談話，予以回應，適切的闡明立場。

黃昆輝說，只要不在談判桌上討論政治議題，我方代表儘可在會場之外，對海協會的政治發言，適切表明立場，「這是每一個中國人都可談的問題，與陸委會授不授權無關。」（聯合晚報，一九九三年四月二十七日，馬道容報導）

聯合晚報記者陳家傑則報導說，陸委會對辜振甫的授權書並沒有額外的限制。辜振甫在臨上飛機前說，在正式的辜汪會談時，一定不會談政治性話題，但在茶餘飯後，應該沒有什麼關係。因此，陳家傑認爲，辜振甫可能在茶敘中就政治議題交換意見。事實上，據中央日報報導，辜振甫曾在茶敘中希望汪道涵不要談政治性議題，他未經授權，不便討論「三通」議題。

辜汪會談才剛開始，立法院就在國民黨籍立委魏鏞的提案下，決議要求辜振甫與邱進益在返國後，儘速到立法院內政外交聯席會議提出報告，並接受質詢。

魏鏞說，邱進益爲何埋怨陸委會限制太多，導致談判代表沒有彈性？「以他這麼聰明，是不是故意說給大陸聽，以拒絕大陸一再要求談政治問題？」因此應邀請辜邱兩人到立法院說清楚。

民進黨立委林濁水則提案，要求辜汪會談所簽任何協議或備忘錄，都應送立法院審議，但執政黨立委反對，這項提案未獲通過。

比較起來，大陸方面可以按照大陸的政策一再放話，台灣方面則有各種壓力與限制，海基會談判代表只有小心翼翼，才能完全按照陸委會透明的授權行事，缺乏談判的籌碼，備極艱辛。

9

爲了保障台商投資權益問題，四月二十七日晚上，在海協會會長汪道涵於烏節路董宮酒店宴請海基會人員時，兩會人員還討論有關的問題。據自立晚報記者羅文明報導，副秘書長石齊平率領經貿處長張宗麟、法律處長許惠祐等，與海協會副秘書長孫亞夫、諮詢部副主任周寧、專員馬曉光等六人，邊喝茅台、邊討論有歧見的保障台商權益、和兩岸經濟交流會議的文字敲定工作，雙方討論到凌晨才結束，石齊平說，審慎樂觀。

但是，四月二十八日上午，邱進益和唐樹備繼續第四場次的磋商，一開始邱進益就對汪道涵提出三通問題表達抗議，唐樹備也表示「可以充分了解」。但對台商保障與經濟交流會議，雙方卻仍然各不讓步，因此，在上午十一時提前結束會談。原定在下午舉行的簽約儀式，只好順延一天，並等候台北陸委會的最新指示，才能繼續磋商。

邱進益在記者會說，共同文件有兩個可能的發展方向，一個是，如果雙方很難取得共識，就完全不簽，另一種是，如果雙方有部分共識，則就共識部分納入文件，沒有共識的部分排除在文件之外。（中時晚報，一九九三年四月二十八日報導）

上午的會談氣氛不好，邱進益非常明確地轉達台北的要求，希望十項台商保障都納入其中，成爲文件的內涵；而中共則堅持三通的前置交往、放寬台商赴大陸投資、以及大陸產品入台等條件。

唐樹備則承認爭議焦點在經濟問題。唐樹備在記者會說，海協會已坦承「三通」問題不可能在這次會談後雙方簽署的共同文件中反映出來。大陸方面認爲「三通」是經濟問題，但也能理解台灣在政治現狀下，不可能同意的事實。至於台商保障問題，則會有所反應，但如何反應，仍是主要分歧點所在。（聯合晚報，一九九三年四月二十八日，嚴智徑、劉淑婉、章琦瑜報導）

海基會所提出十項保障台商投資權益措施，包括：優惠待遇、徵收之限制與補償、戰爭騷亂等之損害賠償、經營利潤及撤資等匯出、不當攤派費用之禁止、人身及財產安全、相關法規的透明化、融資及幣券使用之困難、爭端之公正解決、台商自主成立聯誼會。海協會則認爲，國務院的二十二條保障台商權益已能充分保障，因此，僅答應將少數幾項列入共同文件，遂造成上午會商無法獲得共識。（中時晚報，一九九三年四月二十八日，陳維新、陳國君報導）

原定在當天下午舉行的簽約儀式，已經不可能了，這個僵局要如何化解呢？台北陸委會要下達什麼指示來處理這個問題呢？

10

在新聞報導的幕後，陸委會早已下令煞車，不必再糾纏下去，台面上的協商，只是在找出下台階，讓兩岸都能夠有面子的結束會談。

據中時晚報記者陳維新在四月二十九日刊出的〈兩會纏鬥四十八小時〉特稿，透露了陸委會對辜汪會談的策略指示。

辜汪會談預備性磋商的攻防焦點，是以台商大陸投資保障對抗大陸要求的經濟交流會議。從四月二十三日下午第一場邱唐磋商開始，歷經三場李慶平與孫亞夫副秘書長層級的工作會商，雙方都不退讓，海協會不肯同意將我方要求的保障台商八項措施列入共同文件，我方不同意在年底以前召開兩岸經濟交流會議、不同意開放台商到大陸直接投資、不同意開放大陸經貿人士訪台、不同意擴大大陸產品輸入台灣。

四月二十五日晚上，陸委會決定採取攤牌攻擊，如果海協會不答應八項台商保障要求列入共同文件，我方也不同意今年內召開經濟交流會議。海協會人員在二十六日凌晨打電話，要求海基會再舉行一次工作會談，因此，在辜振甫從台北出發的當天上午，兩會再舉行一次李慶平對孫亞夫的工作會談。孫亞夫要求將大陸所提鼓勵台商大陸投資、放寬大陸產品進口、大陸經貿人士訪台、年內召開經貿交流會議四個條件列入共同文件，李慶平予以拒絕。

二十七日開始辜汪會談，並和邱唐磋商同時進行。唐樹備在四月二十七日下午的第三場磋商中，同意台灣所提「徵收限制與補償」、「台商經營及撤資匯出」兩項可列入共同文件，並增加一項「台商自由進口機器設備」，同時以「議定書」具有高約束力的名詞爲共同文件定名，引誘台灣接受大陸所提四條件。邱進益知道這只是誘餌，因此推說要向台北請示。

二十七日晚上，石齊平與孫亞夫再開一次工作會談，一直到二十八日凌晨，雙方仍不退讓，台北傳來最後指示：「停」。陸委會計算成果，已經可以簽署文書驗證、掛號函件問題、兩會聯繫與制度化協商等三項協議，青少年交流、文教科技交流與新聞交流也已具有共識，因此已有斬獲，不必再爲台商大陸投資保障糾纏下去，可以見好就收。

二十八日上午，邱唐第四場磋商，邱進益策略性的遲到半小時，會談一個多小時，邱進益提出攤牌，要麼不簽署共同文件，或者共同文件都不提到台商投資保障與經濟交流會議的事，到十一時就提議散會，辜汪會談再延長一天。戲已經演完了，雙方要各自找尋光榮的下台階。

二十八日晚上，雙方對共同文件的文字做最後的確認，抽象地提到台商投資保障和經貿交流會議將擇時擇地再協商，海協會希望多寫一點，到晚上十一點半，陸委會下令喊停，兩會最後決戰也就結束了，各有斬獲。這就是中時晚報所獲得的決策內幕。

11

四月二十八日下午三時，辜振甫、邱進益，和汪道涵、唐樹備各談判代表抵達海皇大廈會場，先到休息室關室密談，對雙方的歧見再交換意見，做最後的折衝。

下午三時辜振甫和汪道涵要為「辜汪會談」做最後總結時，邱進益提議由兩位老先生對共同文件內容做最後溝通，於是辜、汪、邱、唐四人到會場外的休息室開始討論。（中時晚報，一九九三年四月二十九日，陳維新報導）

辜振甫向汪道涵說：「你們在儘可能的範圍仍將保障台商權益寫到共同文件內。」就在汪道涵要答應時，很不幸地唐樹備走上來說：「那你們也要讓大陸經貿人士訪台、多鼓勵台商投資。」就這樣唐樹備憑著三寸不爛之舌，打壞氣氛，汪道涵只能說，就交給你們兩人（指邱唐）照這個原則去作好了。這麼一句話，又引來當晚雙方對共同文件一些歧異。

雙方密談三十五分鐘後，回到四樓會場。辜振甫首先發言，他對海協會的朋友連日來的努力致意，但是因為早上的磋商仍有部分不同意見，中午他和邱進益再進一步研究，認為仍有許多問題待解決，因此，他建議下午的簽約儀式延至明天上午十時舉行。（中國時報，一九九三年四月二十八日，王美玉報導）

汪道涵也說完全同意辜先生的意見，大家都盡了很大的努力，但是許多問題尤其是經濟問題未有具體的協議。這次雖未能有具體結果，不過會談在融洽的氣氛中也達成不少的共識，其他問題還可以留待第二次、或第三次會談時再來談。

從汪道涵的話語中聽來，似乎會談已經結束，歧見已經形成，不必勉強在這一次會談中求得解決。

但是，事實上卻是在辜汪離開會場後，邱進益與唐樹備等會談代表，留在會場繼續舉行第五場次的磋商，討論協議有關的問題。

雙方經過兩個小時的討論，爭議焦點仍是經濟問題，我方爭取將保障台商十項措施列入共同文件，海協會爭取將經濟交流會議、開放大陸經貿人士來台、放寬台商對大陸投資等項目列入文件。會談到下午六時結束，雙方仍無共識，邱進益說「很不幸，雙方仍有差距」。

到晚上，雙方對已達成的四項協議的部分作文字的整理、與最後的確認。共同文件名稱確定為「辜汪會談共同協議」，對於保障台商權益和經濟交流會議，只做抽象的描述而已，海協會還希望多一點具體的內容。到了晚上十一點半左右，陸委會下最後指示，共同文件只寫雙方曾討論過兩會研究籌開經濟交流會議，不再改變，會談遂畫下句點。雙方開始準備次日要簽署的協議正體字與簡體字文本，並準備將已定稿的協議內容在次日分發給新聞記者。

12

「辜汪會談共同協議」是辜汪會談所簽四項協議中，最受注意的一項，內容非常豐富，規範了兩岸日後所要會商的議題、以及兩岸所要推動的交流項目，包括下列四類：

一、本年度協商議題

雙方確定一九九三（八十二）年內就「違反有關規定進入對方地區人員之遣返及相關問題」、「有關共同打擊海上走私、搶劫等犯罪活動問題」、「協商兩岸海上漁事糾紛之處理」、「兩岸智慧財產權（知識產權）保護」及「兩岸司法機關之相互協助（兩岸有關法院之間的聯繫與協助）」（暫定）等議題進行事務性協商。

二、經濟交流

雙方均認為應加強兩岸經濟交流，互補互利。雙方同意就台商在大陸投資權益及相關問題、兩岸工商界人士互訪等問題，擇時擇地繼續進行商談。

三、能源資源開發與交流

雙方同意就加強能源、資源之開發與交流進行磋商。

四、文教科技交流

雙方同意積極促進青少年互訪交流、兩岸新聞界交流以及科技交流。在年內舉辦青少年才藝競賽及互訪，促成青年交流、新聞媒體負責人及資深記者互訪。促進科技人員互訪、交換科技研究出版物以及探討科技名詞統一與產品規格標準化問題，共同促進電腦及其他產業科技之交流，相關事宜再行商談。

有關「兩會聯繫與會談制度協議」，是海基會與海協會建立制度化聯繫與協商管道的重要依據。依據這項協議，海基會董事長和海協會會長，視實際需要、經雙方同意後，就兩會會務進行會談，地點與相關問題另行商定。

海基會副董事長與海協會常務副會長、或兩會秘書長，原則上每半年一次，在兩岸輪流和商定之第三地，就兩會會務進行會談。

兩會副秘書長、處長、主任級人員，就主管之業務，每季度在兩岸擇地會商。

雙方也同意因業務需要，各自成立經濟小組與綜合事務小組。雙方同意各自指定副秘書長作為緊急事件之聯絡人，相互聯繫並採行適當措施。

對於入出境往來便利，雙方同意因本協議所定事由，相互給予經商定之兩會會務人員適當之入出境往來與查驗通關等便利，其具體辦法另行商定。

至於「兩岸公證書使用查證協議」、「兩岸掛號函件查詢補償事宜協議」，均未再修改，照北京預備性磋商所草簽的內容通過，前已介紹，不再重複。

13

四月二十九日上午十時四十分，辜振甫與汪道涵在海皇大廈四樓會場先簽署「兩岸公證書使用查證協議」、「兩岸掛號函件查詢、補償協議」兩項協議，並換文後，兩人起身交換座位，再簽署「兩會聯繫與會談制度協議」（含「兩會商定會務人員入出境往來便利辦法」）及「辜汪會談共同協議」，然後換文、換筆，辜振甫、汪道涵等雙方會談人員舉杯相互道賀，兩百多位兩岸及各國的新聞記者在場觀禮採訪，見證這項兩岸四十年來最重要的第一次高層次會談畫下句點的歷史性時刻。

辜振甫接受記者訪問，表達了完成使命的感觸、與退休的意願。（聯合晚報，一九九三年四月二十九日，嚴智徑報導）

辜振甫表示：「兩岸經過四十餘年的隔絕，至少還要二十多年的時間去解決彼此的問題；這次的會談結果，雖不能說已對我方有了保障，但至少門已開了，今後將一直累積下去，最後的目的則是希望化解兩岸的敵對意識。」

辜振甫又說：「這次會談中，雖有部分問題仍有待未來繼續推敲，但並非僵局，我方期許不能太高；至少就會談形式而言，我方是很有尊嚴、站在對等的立場來往。這個原則我已經把握住了。」

就談判技巧而言，辜振甫回答說：「表面上，台商投資保障協定未列入協議，但實際上部分問題如台商在大陸的租稅、規費等問題，及第三國仲裁、外匯問題，大陸方面都同意努力改進，如台商賺錢拿回台灣一事，大陸已經同意，就是一例。」

辜振甫又說：「在談判過程中，會談雙方當然各有取捨，我的態度是，凡對我方不利的，我就不放；如對方不同意者，就要拖下去，這是一個策略運用問題。如大陸在這次會談中讓步很多，但要我直接通商、開放台商直接投資是他們的王牌；但我也清楚告訴他們，我們的投資比任何其他國家來得有價值，都是我方先過濾才過去的，馬上用得上，即使大陸不視我們與中國人一樣，但至少要與外國一樣或好一點才對。」

記者問到：「在會談後，您個人的去留問題爲何？」辜振甫說：「我曾說過比我能幹、合適的人很多，比我能全力投入的人也很多，但我並非逃避責任，而是因爲年歲已大，是應退休的時候了，我做了這麼久，權力我已享受，義務也可以交代。我的退休與這次會議無關，純因年齡因素，依任期屆滿而自動生效，希望不要成爲話題。」

邱進益則說，這次會談提醒我們要從新檢討兩岸經濟交流方向。邱進益進一步指出，兩岸經濟交流速度的快慢，取決於雙方是不是能夠以務實的態度解決問題。（中時晚報，一九九三年四月二十九日，陳維新報導）

對於如何評價這項兩岸第一次民間高峰會談，邱進益說：「總體來看，兩岸在分隔四十多年後，能夠暫時將意識形態拋在一邊，雙方坐下來談，面對面解決現實狀態的實際問題，基本上就已建立一個範例，而未來兩岸交流問題一個一個陸續產生，辜汪會談顯示雙方可以漸進方式，務實解決問題，將兩岸交流秩序納入規範。」

大陸規避保障台商權益的主要原因在哪裡？邱進益說：「大陸還是以中央政府對地方政府的心態來看待台商不合理的攤捐費，唐樹備就明白表示，在地方，一般民眾想要進入比較好的學校就要攤捐，此外像是不允許台商在第三地仲裁糾紛，也是一種歧視心態。」

邱進益又說：「經由這次辜汪會談，大陸規避保障台商權益，提醒政府要重新思考兩岸經濟關係，現在和下一階段的方向，例如我們如果還是不要三通，那麼下一步我們對兩岸經貿交流要怎麼走？政府除了務實面對單項雙向投資問題，也要全盤規劃兩岸經濟交流的做法。對於台商來說，可以從這次辜汪會談體會到在中共沒有具體的保障權益下，前往大陸投資多少要有自己承擔風險的心理準備。」

邱進益也在晚間舉行的例行記者會中透露倦勤之意。邱進益不肯正面回答是否準備遞辭呈，卻頻頻說「可以不幹」、「可以換人試試看」。（中央日報，一九九三年四月三十日，孟蓉華報導）

邱進益表示：「任何一個談判者都希望談判能夠成功，可是，現在擔任兩岸的談判代表，成功了有人罵，失敗了也有人罵，談得好也有人不滿意，談不好，有人幸災樂禍，要應付的對象有中共、國內以及媒體，所以實在很難。」

又說：「沒有任何一個國家的談判代表，要面對這麼多的壓力，因為你身為代表，可是你所代表的本身並不團結一致，走上談判桌的人，隨時有被罵吳三桂、被罵出賣的可能。」

談到授權，他說，授權是個籌碼，不應該明講，不像現在他的授權都被知道得一清二楚，而唐樹備的授權沒有人搞得清楚，不想談時就說「沒有授權」。所以他的舞台實在很小，唐樹備的舞台卻大得可以「翻跟斗」，「爲何不叫黃主委來談談看」。兩岸關係的事處理不好，影響實在太大了，所以他想「換一換」，想「退居幕後」。

大陸方面的反應如何呢？據新華社報導，汪道涵在簽約後舉行的記者會中說，他認爲「雙贏」的目的已經達到。這次會談的成果，是兩岸邁出歷史性的重要一大步，也是兩岸關係發展的重要階段。

對於經濟問題未能達成協議，汪道涵說：「並不是沒有達成協議，只是沒有完全達成協議。一部分問題已達成相當的共識，另一部分涉及有關部門，需回去後與之協商再進行討論。」對於會談的分歧，汪道涵說：「這說明我們簽署了協議，並不是到此爲止，這表明我們雙方還需從此開始。」

汪道涵也接受台灣四家報社專訪。汪道涵說，在辜汪會談所提的「三通」，是指「小三通」，也就是大陸推動的「兩門對開，兩馬先行」，讓廈門與金門，馬尾與馬祖先行通航、直接通商、通郵的「小三通」。（自立早報，一九九三年四月三十日，陳威儐、邱香蘭報導）

汪道涵認爲，「小三通」可以不要和政治聯繫起來，而是經濟合作的關係。台灣方面認爲這個問題時機還不成熟，他們也諒解。

「小三通」的時機，終於在八年後來臨。民進黨政府從二〇〇一（九十）年一月一日起，試辦金馬「小三通」，便利金門馬祖的民衆、台商往來廈門、馬尾。

唐樹備也對辜汪會談結果表示滿意。唐樹備在簽約儀式前接受記者訪問，對辜汪會談作總評，將會談不能達成協議的原因歸之於台灣。他說：「我們一向以實事求是的態度來做判斷，邱先生和我都希望做得更多，但台灣在各方面都有限制。講句心理話，大陸很希望能爲兩岸百姓做更多事，但因爲島內意見不同，所以導致海基會本來應該做的沒辦法做，我們也只有耐心地等，等到能做的時候再做。」（聯合晚報，一九九三年四月二十九日，張琦瑜報導）

唐樹備又誘導台灣不要害怕談判，他說：「台灣方面有一種觀點，台灣在談判總是輸的，這是不對的，這次談判在北京的基礎上講，我們讓步很多。例如兩會會長一年見一次面改爲不定期，秘書長輪流在兩岸舉行會談改爲或在第三地等。到底誰贏？誰做了具體化的讓步？」其實這些讓步都是細節，對保障台商權益的問題卻沒有讓步。

陸委會主委黃昆輝在辜汪會談結束後，在陸委會舉行記者會，稱讚這次辜汪會談能在兩岸「理性、和平、對等、互惠」的基礎下開創先例，會談結果能結合現階段兩岸交流政策與民間需要，爲兩岸交流制度化邁出一大步。

黃昆輝呼籲國人對辜汪會談結果應有四點認識：

一、兩岸關係仍處於敵對狀態，中共仍經常提出武力恫嚇，無視我政府之存在，對我敵意未消，辜汪會談只是兩岸民間交流制度化的起點，絕非表示中共對我敵意已消。

二、大陸政策近程目標不會改變，會談的舉行只是因應民間交流的需要，並不表示大陸政策步伐加快，也不表示國統綱領近程目標將在短期內達成。

三、中共當局對民間交流誠意仍然不足，我方所提「人身財產安全」及「台商權益保障」兩項主張均遭中共拒絕，從事相關交流的國內民衆今後仍應注意可能發生的風險。

四、辜汪會談不涉政治議題，所以不是國共會談，部分國人不必要的疑慮及莫虛有的指控，將使會談有所壓力，影響會談成果，今後應給予會談代表充分的信賴與授權。（中時晚報，一九九三年四月二十九日，李祖舜報導）

黃昆輝似乎擔心國人會因此對兩岸關係的發展有過度的憧憬，因此提出警告，希望台灣民衆認清事實，準備「長期抗戰」，繼續談判，爭取台商大陸投資保障及人身財產安全的權益。同時也告訴各國，台灣並沒有急著改變大陸政策，近程的民間交流階段，仍有漫長的一段路要走。

事實上，黃昆輝所說的，也就是李登輝所想的。印證後來舉行的十幾次辜汪會談後續事務性談判，進展緩慢，談妥兩項協議卻不簽署，證實這正是李登輝設計的「務實外交與兩岸談判」並行的戰略，希望藉著事務性談判，達成兩岸對等政治實體的目標，大陸方面則是經由事務性談判、尋求時機促成兩岸的政治談判，達成「一國兩制、和平統一」的目標。兩岸當局爲了各自生存發展的需要，堅持立場，絕不輕易讓步，沒有大開大闔的策略，以致形成僵局。和平之路竟是如此的起伏難行。

第十六章
戰略
辜汪會談談判策略與技巧

1

辜汪新加坡會談落幕了，但是其影響才剛開始。兩岸及國外都在分析「辜汪會談」的談判策略、今後兩岸關係可能的發展，及其對亞洲和平與安定的影響。

在戰略方面，台灣的李登輝是要藉著「辜汪會談」達到表現「兩岸對等政治實體」、中華民國對中華人民共和國在新加坡對等談判，以及穩定兩岸關係，以便進行憲政內政改革，進行國際務實外交的兩大目的。這從《執政告白實錄》所說的：「中共係以國共第三次會談的思維邏輯看待兩會高層會晤；台灣則經由國統會的討論，確立談判的目的必須突顯兩岸對等。」（頁一八四），可以獲得證實。

中共方面也有兩項主要目標：藉由「辜汪會談」顯現在「一個中國」原則下的「國共和談」已經在新加坡舉行；兩岸關係已經緩和，「三通」等經濟議題應該早日排上議程，以便爲政治會談創造條件。這從王兆國於四月二十五日爲汪道涵送行，在北京機場的談話：「現在海峽兩岸的民衆、港澳同胞以及世界各地的華僑、華人，都極爲關注汪辜會談，認爲這次會談對兩岸關係的發展和未來實現祖國和平統一將起著重要作用。」可以看出中共方面對辜汪會談的極大期待。

在戰術方面，中共在北京邱唐預備性磋商時，儘量配合台灣方面的要求，達成八項共識（台灣歸納爲七項），讓「辜汪會談」能照計畫按時舉行，先將台灣高層拉上談判桌再說。第二步，到了新加坡，開始作政治性的談話，拉高會談層次，鼓吹「和平統一」、「三通」等八項共識之外的議題，吸引各國的注意，塑造「兩岸和談」的假象。第三步則以「年內召開經濟交流會議」等四項要求，來爭取列入共同文件，並企圖以約束力較高的「議定書」名義迫使台灣方面實現其經濟交流的要求，但卻對台灣所提台商保障八項措施拒不接受，以致造成僵局。第四步則是以「兩會聯繫及會談制度協議」來建立兩會定期會談的制度，保持兩岸繼續協商的機會，以便早日進入政治議題的程序性協商。

台灣方面對七項共識中的「經濟交流會議」議題並不滿意，因此，以台商大陸投資八項保障措施來反制大陸的四項經濟交流的要求。由於國人對兩岸高層次會談的疑慮未消，陸委會並不想讓「辜汪會談」有太多的成果，只要文書查證、掛號函件問題、及兩會聯繫會談制度等事務性問題達成協議即可，尤其不願意在國統綱領近程階段觸及經濟交流的問題。但是，保障台商大陸投資的議題不能不談，鼓勵台商直接投資、開放大陸經貿人士來台的時機尚未成熟，大陸產品進口須逐項檢討開放，在此情況之下，經濟議題的攻防戰吸引大衆的目光，可以突顯辜汪會談不是政治性會談的定位，可以減少反對黨人士及民意的疑慮。陸委會也認爲「共同文件」可有可無，必要時就放棄，但是會談全程一定要透明化，授權也透明化，談判是否有籌碼、是否能有重大突破，並不重要，只要以對等形式開完「辜汪會談」，就是最大的成就。經濟議題談得愈好，愈增加國人要求開放對大陸直接投資貿易的壓力，對台灣經濟發展是否有利也是未知數。陸委會反映李登輝的觀點，認爲兩岸關係要慢慢來，愈慢愈好。

所以，學者專家認爲台灣在辜汪會談是處於劣勢，大家對辜汪會談不要期望太多。在辜汪會談前後，新聞報導與學者專家的分析，對台灣民衆進行了一次很好的教育，讓民衆了解今後兩岸事務性會談不可避免，但是大家不必有很大的期待，因爲大陸方面不會讓步，就像不會同意簽署協議保障台商投資權益一樣。

2

研究談判的東吳大學教授劉必榮指出：「談判技巧到底只是戰術。改進技巧固然重要，但都只有在戰略上抓綱，我們才有可能發揮談判技巧，然後像拼圖一樣，從外框開始，一步步向中間拼出一個兩岸關係的新圖像。」（劉必榮，〈從談判理論看辜汪會談的結構與戰術〉，中國時報，一九九三年五月一日）

劉必榮從談判結構的角度分析辜汪會談的戰術。在場地方面，第三地新加坡是正確的選擇，避開了台灣內部的缺乏共識問題，與大陸地區談判的不利。座位安排沒有爭議，顯示兩岸之間有一定的善意存在。

在溝通管道方面，他說：「談判前線的溝通還算順暢，但談判代表和後方指揮中心之間的溝通，是否能確保音訊清楚，反應快速，可能就得靠談判者回國後自己檢討了。從學理的角度，我們是比較希望後方能有一個戰情中心，這樣在訊息的接收甚至對外傳播上，也能比較精確，避免不必要的雜音。」

在期限方面，他認爲應給談判者多一點時間，因爲談判時，期限壓力愈大，能讓步的機會也愈大。「可是這次辜汪會談，我們卻看到海基會似有在觀衆壓力之下急於求成的心態。這種急切往往會成爲談判的大忌。」

在成員方面，談判者是民是官，在微妙的兩岸關係之下，並不成爲問題。劉必榮認爲，眞正比較引起爭議的是「授權不足」的問題。邱進益在新加坡的抱怨，究竟是實情抑或唱雙簧，外界不得而知。我們想指出的是，「授權不足」如果經過精心設計，未嘗不是一個可以用來鎖住自己立場的方式。

在觀衆方面，是最難處理的複雜問題。他說，兩岸談判無法避免觀衆的壓力，唯一能夠減少壓力的方式就是力求共識。他認爲，兩黨大陸政策在「共同打擊犯罪」、「獨立政治實體」方面可以形成共識。李登輝所說的「統一沒有時間表」，可以給統獨爭議一個很大的共存空間。

議題結構是和戰術結合在一起的，中共將議題的網撒得很廣，我們則守得很緊。他說，中共不斷放話，表示願談「和平聲明」、「互不侵犯協定」，要求將「三通」列入議程，都是企圖攪亂談判的議程。這種一鬆一緊的議程範圍，在理論上稱做「衝突性的爭議」，有議題掛勾和利益交換的空間。但是，劉必榮說：「辜汪會談因爲敏感度高，談判結果又有作爲先例的凸顯地位，致使我方不但不能從中汲取掛勾的好處，反而還得處處嚴防對方掛勾。在宣傳效果上自然居於劣勢。」

就談判戰術分析，他認爲，我方「控制談判議程」、及中共「引我上桌」的一來一往，倒是相當漂亮的拆招。他說，郝內閣時代，我方曾將「文書查證」、「預備磋商」、「辜汪會談」定爲三連環，環環相扣，依序進行，藉以控制談判進度。邱進益出任海基會秘書長後，國內大陸熱升高，甚至有失控的可能，政府重新以「文書驗證」爲先決條件，以控制大陸熱和談判進度。但是，大陸方面以讓步突破了我方的先決條件。

劉必榮說，原先我方以爲對方會在「官方郵政單位直接接觸」作文章，誰知中共卻一口讓步，從好的方面說，這是中共的善意；從壞的方面想，這也是戰略性的讓步，目的在使我方無從推託，必須就此上桌會談」。

他說，中共自己寫的談判書就曾強調，任何讓步都必須以是否能「改變情勢」作主要考量。我方也認爲談判有其必要，所以，促成辜汪會談也不能算輸，可說是初次交手、平分秋色。

在台商投資保障與經濟會議掛勾的議題方面，中共似乎重視「過程」，我方似乎重視「結果」。劉必榮認爲：「他們希望在談判開始之後，儘量獲取政治利益，把我們推向三通。因此大陸所提的經濟會議、智慧財產權等，都是含有政治意義的議題。這些議題能否談成並不重要，重要的是推動談判這些議題過程中的政治意義。」

台商投資保障一旦談成，赴大陸的台商就會增加，台灣資金可能大量外流，中共也可能以台商爲籌碼向我方勒索，所以，他認爲，主事者一定要有整套戰略，對「三通」與國統綱領的調整，作整體的思考。

3

學者在辜汪會談前後曾經發表許多有關談判策略的看法，對民衆產生了很大的教育作用。研究國共會談的政大教授李炳南，於邱唐開始第二階段磋商後，發表〈從國共談判經驗看辜汪會晤〉，認爲兩岸應「抓住機會，促進兩岸關係進展」。（李炳南，聯合報，一九九三年四月二十四日）

李炳南將國共雙方談判實力分爲A、B、C三個類型。

A型是指國民黨擁有絕對優勢，如西安事變前的國民黨，西安事變與盧溝橋事變迫使國民黨在談判中對中共讓步，達成國共合作，形成「抗日民族統一陣線」，中共因此獲得生存發展的空間。

B型是指國共雙方實力相當，處於對等地位，如日本投降後的國共重慶會談，雙方都有解決問題的意願，在四十三天之內達成十二項具體協議，但因美蘇強權介入，國民黨逐漸失去對等均勢，互信遂逐步瓦解，重慶協議遂成爲廢紙。

C型是指中共擁有絕對優勢，如一九四九（三十八）年中共渡江南下之前的國共關係，國民黨政府渴望透過談判獲得和平，因此派遣張治中率領五人代表團到北京和談，周恩來強勢丟下一紙最後通牒，如果不簽字就立即渡江攻擊，談判遂告破裂，中共占領大陸，國民政府退守台灣，拒絕再度與中共談判達四十四年，一直到一九九一年海基會成立，兩岸才開始事務性的協商。

李炳南認爲談判的關鍵在優勢、對等與誠意互信，辜汪會談的類型介於B、C兩型之間，中共仍未掌握絕對優勢，談判能否成功，要看中共是否誠心解決問題、以及國民黨政府是否具有自信感與安全感而定。

李炳南引用孫子兵法「善用兵者，無赫赫之功，知時而已」，希望台灣當局更穩健、更自信地踏出第二步，也希望中共能以大事小，落實協議，爲台灣人民多做出貢獻。

李炳南已經點出了中共的缺點在於強勢，不能以大事小，以致在經濟議題方面與台灣斤斤計較，引起台灣人民的反感。

民進黨學者陳其南說：「台灣已因中共的讓步而被誘導到談判桌上。從這點來看，中共的策略性後退實際上卻達到一個原來不可能達到的目標——把台灣拉到談判桌上。」（中國時報，一九九三年四月二十六日報導）

他認爲，台灣一旦坐上談判桌，即很難撤退。在敵暗我明的情況下，將足以使台灣吃虧無疑。英國與中共的香港問題談判，使香港總督彭定康吃足苦頭，成爲中共與英國輿論攻擊的對象。台灣對中共的談判，應多注意他山之石，爲了安全起見，寧可採取萬無一失的保守態度。

中山大學教授楊念祖發表〈揭開中共談判眞面目〉，針對經濟議題未達共識一事說：「談判過程本來就充滿變數，雙方隱藏實力，戰術上虛實互用是很平常的現象。而爲觀念和文字的共識更需要不斷的相互出招達到雙贏的目的才有結果。何況我們的對手中共，談判經驗豐富，更以熟練的辯證思維邏輯，反反覆覆，虛虛實實，海協會人員不斷地升高政治圖騰，製造談判的優勢氣氛，正是辯證談判手段的充分運用。」（楊念祖，青年日報，一九九三年四月二十九日）

楊念祖稱讚我方談判代表準備充分、穩紮穩打，在策略上以「守勢戰略」堅守原則，伺機而攻，才會出現經濟議題和文字未達共識的情況。因此，會談延長時間，正是我方在戰略和戰術上靈活運用成功的結果。

他認爲：「唯一遺憾的是，在談判聲勢上，我方處於比較不利的地位，大陸方面，從決策到第一線的談判人員思想一致，原則一致，策略一致，授權一貫，非常有系統。」我方代表卻要兩面作戰，窮於應付。

對於辜汪會談透明化，他認爲「對兩岸未來和發展都是正面的意義」，因爲國人透過媒體的直接傳播，「可以充分了解兩岸在接觸過程中的艱辛和中共千變萬化的本質，這對四十年來對中共相當陌生的下一代是非常好的教育機會。」

民進黨立委呂秀蓮發表〈辜汪會談的利弊得失〉指出，辜汪會談的正面影響是：確立台灣與中國之間交往的對等與準外交關係，明顯曝露中共以和談遂行統一的企圖，台商投資未獲保障、台灣產業卻告固守。

她認爲辜汪會談的負面影響是：和談使國際視聽產生台灣與中共即將統一的錯覺，四項協

議爲中共木馬屠城開大門，國民黨「劣」待民進黨，坐失反統戰良機。（呂秀蓮，自立早報，一九九三年五月七日）

淡江大學國際事務與戰略研究所所長林郁方，則從另一個角度，五月七日在青年日報發表〈辜汪會談後國軍應有的認識與作爲〉。

他說，國防力量是敵對雙方談判的保障，這次會談再度暴露中共政權缺乏誠信，辜汪會談並未結束台海兩岸的敵對關係。因此，他希望國軍官兵協助政府加速推動國防建設，鞏固心防加強敵情觀念。

4

國際間對「辜汪會談」的看法如何，是兩岸關注的重點，也是兩岸企圖影響的對象，而且是辜汪會談的戰略目標之一。

作爲世界超級強權的美國，特別關心台灣海峽局勢的發展，既不希望看到台灣海峽發生衝突，影響亞太地區的和平，也不希望看到兩岸片面改變現狀，衝擊世界均勢的平衡，因此，在「辜汪會談」之前，已經透過各種管道表達美國對兩岸高層次會談的嚴重關切，美國在台協會理事主席白樂崎，只是各種關切管道之一。

一九九三年四月四日大陸「大公報」刊出一篇署名杜里撰寫的特稿〈各界關注辜汪會談〉，特別指出：CNN報導，「辜汪會談令人有國共直接在新加坡談判的說法」，李登輝雖然否認，白樂崎還是到台灣來，廣泛與台灣黨、政、學、商各界「交換意見」，了解眞相。

是誰造成國際間對兩岸即將舉行「國共會談」的印象？中共不斷放出政治性的談話，目的確實在促成國際間以「國共會談」來看待「辜汪會談」，以便形成兩岸和解、亞太形勢緩和的氣氛。同時中共也不斷提出兩岸應該進行「黨對黨」談判、「國共對等談判」的建議，這些談話透過新聞媒體與外交談話，自然有助於造成「國共和談」的印象。這一點，李登輝在《執政告白實錄》已經提到，中共是以「國共第三次會談」的思維邏輯看待兩會高層會談。

民進黨在與白樂崎接觸過後，似乎有了決策，決定以「反對國共和談」的理由，積極反對「辜汪會談」的進行。四月十一日，香港明報刊出胡康齡撰寫的特稿〈北京何以厚待邱進益〉，說明「邱進益代表台灣所提出的各項要求、建議，北京幾乎盡可能照單全收」，目的在促成兩岸早日建立高層接觸的模式。但是，胡康齡也說：「據透露，李登輝曾經鼓勵去大陸的中外人士儘量讓北京領導人聽到不同的聲音，使北京不要以為台灣人民都熱情期待中國統一，也就是利用台獨的可能，來迫使中共對台灣採取較彈性、務實的政策。」因此，在美國的關切下，民進黨的反對聲音和動作，是否意味著李登輝對美國與對中共的策略運用？

美國並不希望台灣急著與中共進入政治會談。美國在台協會前理事主席丁大衛不相信台北會急著與北京進入政治會談的階段。丁大衛說：「那對台灣有什麼利益呢？」丁大衛對於有人將辜汪會談稱之為「兩岸和解」持保留態度，他認為李登輝試圖以一種「合理及務實的方式來促進台海兩岸的交流，減少兩岸之間的緊張，而不是在北京轉變之前即對之妥協。」（中時晚報，一九九三年四月二十九日，冉亮華府報導）

報導也說，從長遠來看，丁大衛毫不諱言他希望看到目前兩岸這種「實際關係終將導致類似邦聯體制的發展」，而使得台北在國際間亦有其代表性。

美國國務院則在四月二十六日重申其一貫立場，對新加坡舉行的辜汪會談，發表其評論說：「應由中國與台灣設法建立他們未來的關係，我們一向關切的是過程必須和平。」

一位美國外交事務分析家說：「此次會談，北京方面是以降低議題層次及台商保障兩項當誘餌，把渴望一談以解決多項壓力的國民黨當局誘進會談，再藉國內外宣傳主導解釋權，提升統一的氣氛。」（自立早報，一九九三年四月二十八日，蔡滄波報導）

這位分析家說，北京方面只要能設法讓台灣當局坐下來談，政治目標即已達成。汪道涵一抵新加坡就放話說：「我們主張和平統一，我們雙方都有發展兩岸關係、實現和平統一的願望，就沒有什麼不能坐下來談的問題。」唐樹備於四月二十四日在新加坡說：「海峽兩岸應坐下來，在一個中國的原則下，就正式結束敵對狀態，逐步實現祖國和平統一達成一個協議。」都顯示北京對此次會談有明顯的政治企圖，要利用會談大作「統一」的宣傳。

美國加州大學柏克萊分校中國問題專家、教授施伯樂說，「辜汪會談」所帶給海峽兩岸人民的訊息是，它是兩岸經濟文化關係的一大躍進，也是一次再保證。這一性質的會談，應按部就班，不應過度加以催促，而應任其自然而然地浮現。在此一過程中，美國不應扮演任何直接介入的角色。美國應是一個注意的旁觀者，而不應有所直接介入。

施伯樂接受中時晚報記者陳子巖專訪說，只要北京繼續走向經濟改革和市場經濟，兩岸的經濟關係應該會持續向榮，並很可能會造成兩邊社會及文化的進一步發展。但是，他說：「我卻不認爲在短期間之內會看到任何的政治發展而邁向統一的方向。」

大陸的文匯報則從另一個角度來報導。美國在台協會理事主席白樂崎在四月二十八日說，美國歡迎台灣與大陸間的第一次高層會談，因爲這項會談有助緩和台海兩岸關係。（文匯報，一九九三年五月一日報導）

報導指出，白樂崎也說：「美國認爲，台灣海峽兩岸的問題唯有由兩岸中國人自己解決，美國唯一關切的是應以和平方式解決。」

文匯報的報導，其實是運用白樂崎的話，來反映中共的觀點。

文匯報也引用洛杉磯時報的報導說：「表面上，由於這次會談的內容是有關正式建立海峽兩岸溝通管道，解決赴大陸投資與旅行的台灣人民的問題，促進兩岸經濟交流，因而受到各方的關切，但是，兩岸最後統一問題——在台灣它是一個爆炸性的內政問題，在中國大陸它是民族主義的一個重點訴求，使這次會談具有重大歷史意義。」

由此看來，美國政府發表的評論是官方的立場，媒體反映的是美國民意的看法，顯然已經受到中共先聲奪人的宣傳所影響，雖然不認爲兩岸會做政治談判，但卻認爲辜汪會談具有政治會談的性質，否則美國何必一再強調兩岸問題必須以和平的方式解決？

5

日本在地理位置上靠近台灣，曾經在第二次世界大戰結束以前統治台灣五十年，對台灣的走向尤其關注。

日本傳播界對辜汪會談高度重視，咸認爲是兩岸經過四十四年的分裂後，由敵對關係走向緩和對話的歷史性轉捩點。（中國時報，一九九三年四月二十七日，秦鳳棲東京報導）

在辜汪會談舉行的第一天，讀賣晚報說，這是四十四年來，海峽兩岸最高階層的接觸，使雙方關係由敵對走向緩和，向前跨出了一大步。

朝日新聞晚報說，雙方從八十年代後半，以經濟文化交流爲基礎，使兩岸關係迎接了一個新局面。

每日新聞晚報說，雖然海峽兩岸走向統一之路還很遙遠，但受到冷戰結束影響，海峽兩岸的關係，也從政治對立，走向以經濟爲基軸的共存時代。

日本經濟新聞晚報說，雖然兩岸都採取將政治問題排除於這次辜汪會談討論議題之外的立場，但是以辜振甫汪道涵兩人的會晤本身而言，可確信具有促進兩岸從政治緊張走向緩和的作用。

產經新聞晚報認爲，這次辜汪會談，使兩岸分裂四十四年之後，爲兩岸關係帶來了歷史性的轉機。

四月二十八日，辜汪會談已經達成簽署四項協議的共識，日本各報均大幅報導，中時晚報與大公報，均以「日本媒體的驚與憂」來報導日本各界的反應。

中時晚報說，朝日新聞邀請兩位專家從經濟與政治角度發表看法。名古屋大學經濟學教授涂照彥指出，兩岸經濟交流與雙方的利益是一致的。對於面對產品銷路苦惱的台灣企業來說，大陸的市場與生產基地具有巨大的吸引力。至於正在推行開放政策的中國大陸，則十分重視台灣資金的引進。

筑波大學副教授井尻秀憲說，辜汪會談既意味著雙方對「既成事實」的追認，也與未來的政治發展方面有關。他認爲，假如中國大陸在鄧小平以後採取的是地方分權制度的話，那麼，台灣的定位問題就應該與西藏和香港等問題相結合來考量。他認爲，「中華聯邦共和國」出現的可能性是存在的。從這個角度著眼，他認爲此次會談具有重大的政治意義。

讀賣新聞在四月三十日發表社論指出，對於「華南經濟圈」的經濟成長，以及港台和海外華人資金的大量湧入大陸，日本媒體的報導不外是「驚」與「憂」。有人誇大「中華經濟圈」的實力，認爲日本應及時利用其財力和技術與它掛勾，以免坐失生財良機。憂的論調則是認爲「中華經濟圈」將動搖經濟大國日本在亞太地區的領導地位，以及喪失日本與兩岸經貿交易討價還價的本錢。

由此可見，日本對辜汪會談所帶來的可能發展深具戒心。一旦兩岸經濟整合成功，「大中華經濟圈」形成，勢必影響日本未來的經濟發展與經濟領導地位。日本必須及時與兩岸掛勾，增加其影響力。

英國金融時報則以〈辜汪會談乃是發生在中國與台灣之間的柏林圍牆的第一個裂縫〉爲題，來分析會談所涉及的微妙的外交運作，以及中共對台灣改變政策的三項因素。

金融時報引述在北京的西方分析家說，中共需要台灣的資金與人才，考量組成一個包含日本、南韓、俄羅斯與台灣在內的東北亞貿易軸心以對抗世界貿易力量，以及對台灣在野黨要求民主與獨立的呼聲愈來愈關切，這三個因素促成中共作了極大膽的轉變，而對台灣採取更緩和的政策。（中國時報，一九九三年四月二十七日，聶崇章報導）

新聞局對世界各國有關辜汪會談的報導做了一次統計和分析。截至五月六日，世界各地媒體發表的新聞與評論共計五百零五篇，其中北美地區八十五篇、中南美地區七十二篇、歐非地區一四四篇、亞太地區二百零五篇。（中央日報，一九九三年五月七日報導）

國際報導與評論的重點有三：

一、這次會談是四十四年來海峽兩岸首次高階層的接觸，深具歷史與象徵意義，並且顯示雙方關係將由共存走向對話與合作。

二、這次會談雖然在若干議題上雙方仍存有歧見，惟兩岸關係已從緊張趨向緩和，雙方的經貿往來亦將益形密切，並且有助於日後兩岸的統一及紓解亞洲地區的緊張情勢。

三、這次會談結果，對台灣而言，除可解決非法偷渡、文書查證等實務性問題之外，並可藉此建立雙方制度化的聯繫管道；同時經由國際接觸以促成兩岸問題的國際化，增加台灣與中共交涉的籌碼，並贏得國際社會對台灣現況的認同與支持。對中共而言，則希冀經由此種兩岸會談的方式，以突破雙方「互不接觸」的局面，並圖提升兩岸民間交流，助長中共的經濟發展與壓縮台獨的發展空間。

6

中共方面如何看待這次的辜汪會談呢？

中共總書記江澤民於五月六日下午在中南海會見大安銀行董事長陸潤康率領的金融考察團，評估辜汪會談是成功的、是有成果的。（聯合報，一九九三年五月七日，王玉燕、張聖岱、李福鐘報導）

江澤民說，希望這次會談的成果得到鞏固發展，海峽兩岸進一步加強經濟、科技的交流與合作，擴大各項交流，共同為繁榮兩岸經濟，振興中華，和平統一而努力。他又說，辜汪會談跨開了歷史性的一步，中共不急著一下子就能達到兩岸統一，統一的進程是要慢慢來。對於台商大陸融資與設立銀行事，他說，這些問題都可以和大陸銀行界及相關單位談，由雙方直接商量溝通。

由此可見，江澤民的想法確實是經由辜汪會談打開兩岸會談的大門，以後任何問題都可以由兩岸相關單位與有關業界直接商談。但是，統一的路還很遙遠，大陸不急於統一。

不過，大陸當局是把外交與內政分開來處理的。聯合報在同一天報導，中共外交部發言人吳建民在外交記者會上說，辜汪會談成果令人滿意，這也代表兩岸中國人有能力處理中國內部事務。

他又說，台灣是中國的一部分，中國願見台灣在民間性的國際經貿組織活動，但堅決反對「二個中國」、「一中一台」，及任何把台灣當成獨立政治實體的言論。

吳建民說的話，反映出中共眞正的立場。辜汪會談只是以「一個中國」的框架，經由會談方式來處理兩岸之間的內政問題。李登輝則是以「辜汪會談」來實現兩岸是對等政治實體的目標，先穩定兩岸關係，再求爭取國際社會的承認。可見兩岸當局各有其不同的戰略目標。陸委會主委黃昆輝在五月六日發表一份大陸文件，提醒國人要注意中共的五個對台工作方向。

據青年日報記者楊中興報導，中共統戰部長兼國台辦主任王兆國在一份中共的內部刊物中，對台辦人員說，辜汪會談對促成統一、遏止台獨、促進三通，皆具有正面的功能。

王兆國並提出五個對台工作方向：一、推進兩岸經濟合作，提升對台經貿工作的新台階；二、擴大兩岸人員往來和雙向交流；三、做好事務性商談，努力促成兩岸高層接觸；四、擴大台胞對大陸政策的理解；五、加強對台灣情勢的掌握，提高工作水平。

由王兆國對台辦人員的指示看來，中共確實希望經由辜汪會談的兩岸高層接觸，建立兩岸談判溝通的管道，促成兩岸經貿交流，做好對台統戰工作，以求遏止台獨，有利於兩岸統一。這就是中共對辜汪會談的策略目標。

其實，中共還有一個更高層的政治目標，就是消除兩岸的敵對狀態。在辜汪會談之前，中共曾經利用各種場合提出兩岸可以簽訂解除敵對狀態協定，台灣方面也透過蘇志誠和邱進益或暗或明的提出兩岸可以簽署和平協定，可見兩岸都希望在適當的條件之下解除兩岸的敵對狀態。

香港鏡報報導，鄧小平曾在當時下達指示，「可以研究」台灣提出的簽署兩岸解除敵對狀態的聲明或協定的建議，「只要在一個中國的總原則下，有誠意地本著相互尊重，互相諒解、平等協商、求中華民族大同、存制度、意識差異的精神，那麼任何問題都能解決。」（工商時報，一九九三年五月六日報導）

鄧小平的指示，至今仍是中共領導人奉為圭臬的施政方針。中共談判的底線，就是「一個中國」的原則。一九九二年十月海基會與海協會「香港會談」之後，海協會曾於十一月三日打電話，並於十一月十六日以函電告知海基會，接受海基會所提「一個中國，各自以口頭表述」的提議，海基會發表新聞稿，根據當時國統會對「一個中國」的定義，堅持以口頭表達。當時中共認爲，台灣方面國統會的解釋曾提到「海峽兩岸均堅持一個中國之原則，但雙方所賦予之涵義不同」，已經符合「一個中國」的原則，在事務性談判可以不涉及「一個中國」的內涵，所以兩岸能迅速推向辜汪會談。

「一個中國」就是中共談判的大戰略。台灣則以「一個中國、各自以口頭表述」爲戰略，要向國際間表現中華民國與中華人民共和國並存於世界上的事實。中共抓住「海峽兩岸均堅持一個中國之原則」這句話，故意不理會兩岸對「一個中國」的不同涵義，這種選擇對其有利的解釋的方法，就是中共一貫使用的談判策略。台灣是否也可以從「各自以口頭表述」的角度來做解釋呢？辜汪會談結束十多年來，兩岸爭議的焦點還是「一個中國」的原則問題。

7

文宣戰是兩岸談判中非常重要的一環，中共充分運用新聞媒體達到政治傳播的目標，台灣方面受到「不談政治問題」的限制，許多場合不能及時反擊，在授權透明化的限制下，也不能運用放話來製造文宣效果，可以說是處於劣勢。

東吳大學政治系副教授楊開煌認爲，中共在這次辜汪會談中的文宣，充分掌握時效、吸引媒體、利用對手的弱點、利用記者搶新聞、也設法激怒對手，達到傳播的預期效果。（楊開煌，〈從談判傳播看中共談判代表表演〉，聯合報，一九九三年五月一日）

楊開煌指出，從過去的重慶會談，到近日的辜汪會談，中共的政治傳播有五個特點：

一、他們確能掌握媒體語言和傳播的時效。

二、他們注意到在談判之前就必須吸引媒體的焦點。

三、他們充分利用對手的弱點，以「辜汪會談」而言，他們就利用了海基會不談政治的特點。

四、他們也充分利用記者搶新聞的特點，因此不惜破壞承諾，先行印發汪道涵的立場聲明。

五、他們也充分利用媒體來激怒對手，如唐樹備有關海基會無資格談「台商投資保障」的講話。

我們可以進一步分析中共的文宣策略與技巧。文宣的目標有三：兩岸定位、會談內容、未來展望。

中共對辜汪會談，雖然在北京預備性磋商同意定位爲「民間性、事務性、經濟性、功能性」，但是，雙方並沒有說在會外不能談政治問題，所以中共代表一到新加坡，就利用全世界記者雲集的機會，大談各種政治議題，包括兩岸可以解除敵對狀態，歡迎李登輝訪問大陸、唐樹備希望五月底訪問台北等。

等到辜汪會談正式舉行，汪道涵在首次致詞時，提出將「三通」列入議程的要求，並且違反約定，會後立即將講稿全文發給記者，搶得新聞傳播的先機，立即引發大家敏感的神經，紛紛搶先報導，海基會限於授權，不能談議題以外的事，在陸委會的指示下，才於當晚提出嚴正聲明。所以，中國時報記者王美玉報導：「中共把政治性議題再度端上桌，我遲至傍晚才提出反制聲明，海基會臨場反應稍嫌不足。」

中國時報的新聞標題雖然責怪海基會，其實海基會是按照陸委會的授權行事。海基會如果立即在會內會外反駁「三通」論，可能引起新聞界報導兩岸已經開始談論三通，海基會的壓力會更大。因此，大陸在文宣方面不但利用了台灣方面透明化授權的弱點，而且製造台灣內部互相猜疑的效果。

從文宣目標來看，中共大談一個中國原則下兩岸什麼事都可以談，是在談兩岸定位；我方什麼都不能談，只能以對等的會談形式來讓大家感受到形式上的對等。會談內容方面，中共什麼都可以談，政治、經濟都端上桌；我方只能談辜汪會談的內容。未來展望方面，大陸可以提到和平統一、三通等期望，我方只能談辜汪會談的結果。這樣的文宣，顯示中共占了上風。

但是，中共的強勢文宣也有反作用。中共將辜汪會談提升為政治性很強的兩岸會談，引起國際間的極端關注，也引起台灣反對黨的疑慮，導致李登輝必須下令降溫，甚至察覺大陸方面的政治謀略，因而阻礙了兩岸關係的進展。這可能是中共始料未及的，在談判方面得到成功，但在爭取認同方面卻有反作用。

如果從另一個角度來看，中共採取的文宣策略是進取的，也就是鬼谷子所說的「開」與「陽」，談了許多事情，說了許多好處，希望吸引台灣方面繼續談下去，談多一些，早日進入政治議題。台灣方面則採取了消極的策略，也就是鬼谷子所說的「闔」與「陰」，儘量聽對方說話，了解對方的意圖，不輕易暴露自己的意圖，所說的都是防守性的、缺失性的話，目的不在「進取」，而在「防守」與「知情」。

中共是不是在辜汪會談中完全暴露了他們的想法？台灣民意是不是對中共產生戒心？國際間有認為中共達成政治目標的嗎？國際間有人主張兩岸儘快統一的嗎？美國、日本都對兩岸關係進展的速度感到疑慮。那麼，中共的策略是得、還是失？還是有得有失？中共一向採取「步步進逼」的策略，終於在一九九八年十月的「辜汪會晤」之後，逼出李登輝的「兩岸至少是特殊的國與國關係」的話來。這件事值得大陸方面深思。

8

台灣民意對辜汪會談的反應是支持者多於反對者，對大陸的敵對意識反而增加；對兩岸統一的看法，多數人都認爲沒有那麼急迫。

據聯合報民意調查顯示，兩岸經過辜汪會談歷史性的接觸之後，多數受訪民衆並未覺得兩岸關係已經緩和，認爲兩岸是敵對狀態的有三成二，認爲兩岸關係是友善的只有兩成。（聯合報，一九九三年五月七日報導）

這項調查在四月三十日至五月二日之間進行，以電話訪問七百九十二位成年人，男女各半。對於大陸政策的進展，三成八認爲剛好，一成二覺得太快，一成四覺得太慢。

對於統一問題，兩成二認爲現在是兩岸談判統一的適當時機，四成六反對現在進行談判。

對於陸委會主委黃昆輝的表現，獲得三成民衆肯定，一成一表示不滿。五成九的民衆没意見或没聽過這個人。

對海基會的表現，五成二認爲海基會是可信賴的，比四月份增加了九個百分點。認爲海基會對社會有貢獻的占六成一，也比四月份增加了五個百分點。

這項民調也指出，聯合報在北京邱唐預備性磋商之後的民調發現，民衆認爲兩岸關係是友善的，占三成五，是七十六年開放探親以來的最高點；但是，辜汪會談之後，大陸方面的表現，讓民意失望了，認爲兩岸關係是友善的比例降到只有兩成，認爲兩岸是敵對的比例卻從二成六升到三成二，顯示中共雖然在辜汪會談表現得很強勢，大談政治與統一問題，卻引起台灣人民的反感。

從這項民意調查來看，民衆對兩岸關係的看法，是隨著突發事件或雙方執政態度而改變的，也就是說，兩岸之間發生的重要事件、或執政當局對兩岸關係的態度，都會影響民意的看法。

根據聯合報同日刊出的歷年民調資料顯示，天安門事件發生後，台灣民衆認爲兩岸是敵對關係的有五成二，是歷來最高的。一九九〇（七十九）年十月，民進黨通過「台灣事實主權決議文」，引起中共激烈反應，民衆對大陸的敵意立即從二成二升高到二成九。當國統綱領在一九九一年二月公布時，民衆認爲兩岸是敵對狀態的比例只有一成八，是最低的一次，也是兩岸情勢最緩和的時期。辜汪會談之後，民衆對大陸的敵意從兩成六上升到三成二，認爲兩岸關係友善的比例從三成五大幅度降到二成，可見中共對台的疾言厲行，都會使台灣民衆產生相當程度的反感。

但是，民意是支持兩岸以會談處理事務性問題的。辜汪會談之後，四項協議已經簽訂，從五月二十九日起生效，兩岸必須面對「共同協議」所陳列的一連串問題，務實地展開另一階段的後續事務性協商。

第十七章

爭議

辜汪會後風雲再起

1

新加坡辜汪會談雖然落幕，但是，兩岸都覺得沒有暢所欲言，有很多話沒有機會說出來，於是，各自在一九九三年五月底派人前往美國，向海外人士說明已方的立場與理念，爭取各方的支持，雙方隔空對話、各自表明立場，以便進行下一階段的兩岸接觸與會談。

在台灣方面，也是餘波盪漾，在辜汪會談期間憋住的一股氣，終於在會談之後，忍不住爆發了，海陸兩會風雲再起。在海基會文化參訪團訪問大陸期間，邱進益與黃昆輝在立法院的爭論，引發海陸兩會關係惡化，導致邱進益辭職而去。

對於在辜汪會談期間沒有說的話，李登輝終於在五月四日接見海外華文傳播界人士時說了出來。他說：「統一是我們的目標。在統一之前，中共應體認中華民國在台灣發展的歷史事實，並且不應該阻礙我在國際發展的空間，不以武力犯台，以對等的政治實體對我，這是政府在兩岸關係發展中最基本的要求。」

爲了說明辜汪會談的內容與政府的立場，陸委會決定由黃昆輝、邱進益等五人，於五月二十日起前往美加地區舉行辜汪會談說明會。海協會汪道涵、唐樹備也決定在五月底赴美宣傳。

兩岸因此在美國進行了一次隔空對話。

2

五月二十日，陸委會主委黃昆輝與海基會副秘書長李慶平等人前往舊金山，邱進益則等次日海基會董監事會議舉行之後，再前往華府會合。

黃昆輝在舊金山對當地華文記者說：「辜汪會談後，中共對台並未消除敵意，也未摒除敵對狀態。中共必須放棄對台用武，承認台灣爲對等政治實體，在國際間應相互尊重、互不排斥，如此深信兩岸關係的發展，將會有突破性的進展。」

當天，中共外交部發言人吳建民，針對台灣提出的重返聯合國四項計畫表示，聯合國是由主權國家組成的國際組織，台灣作爲中國的一個省，沒有資格參加。

黃昆輝立即於二十一日在舊金山回應說：政府發展兩岸關係和參與聯合國，應是相輔相成、沒有矛盾的，藉此讓兩岸中國人共同發揮智慧參與國際組織活動，並使在台灣的中國人擁有一樣的尊嚴。

五月二十三日，邱進益與黃昆輝在華府主持座談會，說明辜汪會談成果。黃昆輝說，辜汪會談不會促進兩岸關係加速發展，將會繼續實施國統綱領所定的近程目標。他強調說，政府的大陸政策並非放棄反共，和加入聯合國的政策是相輔相成的。其實黃昆輝所說的，就是一般所說的大陸政策與務實外交並進的政策。

同一天，汪道涵與唐樹備在舊金山舉行座談會，談到兩岸關係與和平統一。唐樹備並接受中國時報記者訪問說，中共對台政策當前的主張是加強兩岸關係，特別是經濟交流與合作，以增加共識，最後爲和平統一創造更好的條件。

五月二十四日，黃昆輝在華府大西洋委員會說明辜汪會談與大陸政策，強調參加國際組織對統一並無妨礙，邱進益則前往洛杉磯，與唐樹備同一天在洛城各自與當地華僑座談。邱進益重申我方開放「三通」的時機與條件；唐樹備則舉行記者會說，中共認為「三通」和保障台商投資權益問題有直接關係，台灣方面認為大小三通都是政治性議題，因此，辜汪會談對保障台商問題無法談攏。至於和平協定，不是中共不和台灣簽署「和平協定」，是因為這是政治問題，台灣不願意談。中共不願意放棄武力解決，唐樹備說是為了防止外國力量的干預。台灣的國際活動空間問題，雙方可以經由政治協商會議，找出一個解決的方法。只要坐下來談，一切好商量。台灣加入聯合國的問題，只要先解決統一問題，台灣的國際地位問題自然解決。

由唐樹備對新聞界的說法，可以證實中共確實是有一套連貫的策略，要將台灣拉上政治協商的談判桌。辜汪會談雖然沒有談到政治問題，但是，中共已經在會外大談政治性的議題，兩岸也在會後的北美文宣中，開始間接對話，各自表明政策與立場，讓海內外關心兩岸問題的人士了解。

對於兩岸「經濟交流問題」，汪道涵在五月二十六日於加州大學洛杉磯分校發表演說，提出三點建議：一、落實辜汪會談成果，現今問題是要制訂計畫，安排商談，求得共識，逐步落實；二、推動兩岸授權團體籌開定期或不定期的經濟交流會議，所形成的共識與結論，應由兩會進行具體協商，變成協議；三、積極創造條件，儘快促成直接「三通」，如遇政治性問題，可採技術性辦法解決，雙方並應排除政治上的敏感問題，方便台商至大陸投資考察。

黃昆輝則於前一天在紐約華文記者會說，兩岸直航不僅是經濟性問題，它牽涉到政府與安全的層面，是兩岸關係結構性的重大轉變，也與台灣的安全有很大的關係，生存比不方便來得重要。

由此可見，兩岸對「三通」問題有截然不同的看法，中共是期望藉著「三通」來拉緊兩岸的經濟關係、再轉變爲政治利益。台灣深怕直航將會影響台灣的安全，必須等到雙方有了互信，不否定台灣是對等政治實體，進入國統綱領中程的官方往來階段才能進行直接三通。這個限制，中共一再設法要突破。

其實，兩岸的敏感政治議題，也經由雙方政府在各種場合一再間接對話。五月十四日，美國前國防部長錢尼、前駐聯合國美國大使柯克派翠、前駐中共大使李潔明等人，參加美國企業研究院訪華團，與李登輝和台灣各界人士有重要的對話。李登輝說，國家統一是我們的重要目標，但是沒有時間表，「中國的統一，是本人的希望，但不是在目前中共的制度下統一。」

錢尼在與十位大學生對話時，分析了美國對「台獨」與加入聯合國的看法。他認爲，以目前的情勢分析，「台灣獨立」要尋求國際社會支持相當困難，而美國的基本態度是希望兩岸中國人以和平方式統一。

錢尼指出，唯有台灣全體人民與政府共同以和平方式永遠要與中國大陸脫離時，「台灣獨立」才有可能。不過以目前而言，台灣即使獨立，也很難加入聯合國。但是，他認爲美國將繼續對台灣提供防禦性武器，同時也尊重兩岸關係的發展。

對於加入聯合國問題，柯克派翠說，現在一點機會也沒有，不管用任何名稱或方式。這一問題最終還是兩岸問題，在彼此關係改變之後，聯合國會籍問題自然會有所改變。

對於如何使國際間認知兩岸是對等政治實體，李潔明說，問題核心在於「承認」。兩岸都選擇「一個中國」，目前在中共的堅持下，大部分國家對台灣都採「事實承認」，但在法律承認方面，各國仍不可能與台灣建立正式的外交關係。不過這並不表示未來這情況完全不會改變。

辜汪會談之後，中共以往迫使美國接受「台灣是美中關係發展最大的障礙」的「零和」概念，已是過往雲煙。

辜汪會談之後，兩岸關係的發展方向再度引起國際間的關注，究竟兩岸要走到什麼地步，分合的可能性如何，都引起國際間的討論。這也是兩岸各自派員前往北美地區公開說明辜汪會談眞相的用意之一，至少雙方都把沒有說的話，藉此機會說淸楚，隔空對話也好，政治說服也好，辜汪會談之後，兩岸關係畢竟還要向前走。

3

辜汪會談之後，陸委會曾於五月六日邀請司法院及有關單位硏究四項協議，認爲四項協議均屬行政裁量權的範圍，行政院院會也在五月十三日確定四項協議的發布原則：「兩岸公證書使用查證協議」由行政院、司法院、考試院會銜發布；「兩岸掛號函件查詢補償事宜協議」由陸委會與交通部會銜發布；「兩會聯繫與會談制度協議」和「辜汪會談共同協議」，由陸委會發布。

對於如何進行「辜汪會談共同協議」所列今年內要協商的問題，海陸兩會似乎有不同的意見。辜振甫曾於五月三日對行政院長連戰提出辜汪會談簡報時，建議今後可以考慮開放官方人士以民間身分參與兩岸制度性會議，陸委會不贊成。五月四日兩岸紅十字會在馬祖遣返大陸偷渡犯，邱進益表示，未來兩岸中介團體的遣返會議，可在台北或福建舉行，必要時將考慮邀請「福建省台辦」官員來台。「金門協議」若要修改由海基會接手處理遣返業務，勢須先由兩岸紅會商量再決定。陸委會則主張由海基海協重新簽署偷渡犯遣返協議。

海基會依據「兩會聯繫與會談制度協議」，於五月十一日指定副秘書長石齊平擔任兩岸緊急事件聯絡人，海協會則在辜汪會談時已指定副秘書長劉剛奇爲聯絡人。海基會爲了處理公證書驗證，於五月二十一日的董監事會議中通過調整架構，在法律處之下增設法律服務中心，希望陸委會同意增加二十位人手，處理公證書等法律服務案件，但黃昆輝說政府正在減肥。

海基會在六月間要派一個文化參訪團去大陸訪問，同時要藉機了解大陸方面對兩岸事務性協商有關議題的看法，提供陸委會擬訂談判計畫的參考；但是陸委會不同意，直接打電話給即將率團訪問的副秘書長李慶平，不允許與大陸談到文化參訪以外的議題。

這些觀念上的差異，再加上辜汪會談時陸委會對海基會的限制等問題，終於在六月間爆發了一場風暴。

六月十三日，李慶平率領朱榮智、方鵬程、張麗芳、粱秋月、黃國瑞啓程前往北京、西安、上海訪問文化有關單位，協商建立兩岸文化交流秩序、了解大陸對智慧財產權、著作權的保護措施，考察兩岸合作拍片的情形。李慶平在行前表示，在授權以外的議題，將只聽取對方的意見，帶回給有關單位參考。

六月十六日，文化參訪團在西安訪問，黃昆輝和邱進益在立法院內政外交聯席委員會接受立委質詢，爆發了衝突的對話。

邱進益說，海基會的工作遭陸委會綁手綁腳，無法全力推動，兩會無法有效配合，海基會沒什麼作用，他已經兩次請辭秘書長。

邱進益認爲，兩會的問題不是制度的問題，而是心態與方法的問題，心態不調整，海基會工作很難推動，他只有求去了。（中時晚報，一九九三年六月十六日，汪少卿報導）

他認爲，兩會不是父子上下的關係，而是兄弟平行的關係。

黃昆輝說，海陸兩會都是新機構，需要大家包容，要在經驗中進一步改善兩會的互動。兩會的角色與功能都很特別，一個是政策的制定，一個是政策的執行，在對大陸工作方面，海基會扮演白臉，陸委會扮演黑臉。在任何部門，執行與制定之間，難免有不同的意見，希望大家包容。

他希望立法院趕快通過「受託處理大陸事務財團法人監督條例」。

邱進益在會後接受記者訪問說，他不是主張立即和中共談政治問題，但政府的政策到底怎麼樣？像進入聯合國、或九五台港航權等問題，究竟要不要談？如果要談又不能接觸，那要海基會幹什麼？海基會能發揮什麼作用？（聯合報，一九九三年六月十七日，尹乃馨報導）

他表示已向辜董事長再度請辭，越快越好，在目前個人無力改變大環境的情況下，辭職至少能解決個人問題。

黃昆輝也在會後接受聯合報記者尹乃馨訪問說，事實上，海陸兩會在政策形成過程中意見不同，不是什麼太大的問題。

他說，辜汪會談不是授權範圍的問題，是談判人員在談判桌能否施展得開的問題。如果能和中共談進入聯合國的問題，不就代表兩岸進入中程階段，官方可以接觸，海基會的任務也就結束了。

黃昆輝說，這次主要是海基會擴編人員需要經費等事務性問題引發的。兩會體制如果像美國在台協會與國務院的關係，作起來如臂使指，就沒有問題。

對於辜汪會談，他說，所謂授權問題，就是國內政治生態下能談的那些題目，也是跟海協會的共識。就那些題目來談，所謂施展，就是談判中要創造的空間。海基會海協會的籌碼是一樣的，我們是明的，對方也是明的。

對於海基會連換三位秘書長的問題，黃昆輝說，跟制度、跟人都有關係。前兩位秘書長走的理由各不相同，現在也不必多談。人都有個性，要彼此適應，而且擔任海基會秘書長的責任太大，壓力也太大；此外制度也會影響一個人的角色認知。

六月十七日，邱進益再度接受記者訪問，談論陸委會對海基會的不尊重實例。邱進益說，增聘談判人才問題，他一提出，黃昆輝說，若每次談判就要加兩個人，要加多少人？這話讓他很難過，談判加人是他身在第一線的切身感受，陸委會應該多尊重一點。（中央日報，一九九三年六月十八日，孟蓉華報導）

邱進益又以海基會人員職等比敘辦法為例，陸委會把海基會秘書長列為簡任十三職等，但是當初為何考慮讓十四職等的副主委葉金鳳來接秘書長？

他認為陸委會監督海基會的「陸九條」（兩會運作關係處理原則）對海基會極不尊重，是「不平等條約」，因為沒有事先了解海基會的意願。

邱進益也以許惠祐升任副秘書長一事為例，陸委會堅持要以公文正式呈報，他改以私函處理，卻被退回，眞是連一點自主權也沒有。

陸委會主委黃昆輝在十七日晚上召集處長以上主管開會，針對兩會權責衝突問題，連夜召開記者會發布聲明，譴責邱進益不能體認環境現實，角色定位不清，預算使用輕重不分等，對各項指責進行反駁。

4

陸委會的書面聲明是由聯絡處長張良任執筆撰擬，並在晚間十時臨時召開記者會，正式宣布。聲明中首先說明中共對我仍未放棄敵意，是否應該與中共貿然進行官方談判，顯然是否定的。

其次，說明海陸兩會的職權，並說：「兩會的關係從來就不是平行關係。如果海基會不受政府政策的拘束，那不是政出多門，體制大亂，造成推動大陸工作的問題？」陸委會認爲海基會只是一個財團法人，「何能替政府決定大陸政策？又何能來協調各有關部會呢？海基會因爲沒有釐清扮演的這種角色，造成了兩會的一些問題，這是不可否認的。」陸委會希望，「海基會秘書長尤其需要認清時空環境，兩會設立的背景，兩會扮演的角色與任務，並認知國內的政治生態，這個大環境與兩會的結構性關係不是說說就可以改變，也不是憑個人好惡就能定奪。」

陸委會說，依法對海基會有「指示、監督」的權責，並已擬訂「受託處理大陸事務財團法人監督條例」送請立法院審議，期使對其監督更爲周延。

陸委會又說：「辜汪會談前，兩會多次一起開會研商，海基會從未表示授權不足，陸委會將議題公開，爲對全民負責的做法，但談判的策略，方案與底線並未公開，授權海基會臨場運用，亦係尊重海基會的做法。授權不足之說實難理解。」

邱進益曾任總統府副秘書長、國統會執行秘書，政府的大陸政策與國統綱領，都在他任內完成，對於設立國統會、陸委會、海基會的用意、功能與權責，瞭如指掌。現在因爲執行李登輝交付的任務，連降四級來當十三職等的海基會秘書長，還要受到上級機關陸委會的種種限制與指責，過去在總統府提出的計畫完全不能推動，不能談論政治議題，心中的感受會是如何呢？

邱進益和黃昆輝都是李登輝的左右手，也是李登輝推動大陸政策兩手策略的制衡關鍵。李登輝運用邱進益制訂的大陸政策體系與基本政策已經完成，遂讓邱進益去推動「辜汪會談」，以便在國際間建立兩岸對等政治實體地位的形象。但是，李登輝並不希望兩岸關係走得太快，如果中共能接受「兩德模式」，就可以進一步進入官方往來的階段，否則就停留在民間交流的近程階段，只要兩岸關係能穩定就可以了。因此，由黃昆輝在陸委會擔任「剎車」的節制作用。

黃昆輝追隨李登輝的時間早於邱進益，更能了解李登輝的眞正心意。邱進益是積極進取型的典範，希望在有限的籌碼與條件下，推倒兩岸之間的「柏林圍牆」，以外交的靈活手腕，爲台灣爭取兩岸關係發展的最大利益。他希望有機會和中共高層對話交換意見，「由上而下」的處理兩岸問題。黃昆輝則是穩健保守的典型，主張兩岸關係的發展要慢慢來，要有耐性，要面面俱到，以從事教育的百年樹人的理念，要守住兩岸之間的「柏林圍牆」，等候大陸發生變化再說。他主張「由下而上」慢慢談，能拖就拖，反正兩岸問題急不得。所以兩人的觀念差異極大，所處地位已經不同，黃昆輝隨時可以面見李登輝，李登輝只有在辜汪會談之後邀請邱進益打了一次高爾夫球，自然是邱進益要辭職了。

邱進益不願意再對陸委會的書面聲明有所回應，乾脆請休假一個星期去做身體檢查。海基會群龍無首，辜董事長正在美國訪問，李慶平帶團在大陸參訪，石齊平也不在，會務由五月間升任副秘書長的許惠祐負責。許多民衆送花到海基會慰問邱進益，第二任秘書長陳榮傑在送花卡片上寫道：「你的苦楚對我而言，眞是有如寒天飲冰水，點滴在心頭，望你多保重爲禱。」

邱進益的去職已經成爲定局，只是時機的問題而已。李登輝在爭議發生時，正在一艘前往馬祖視察的軍艦上，當時曾指示行政院長連戰出面協調。六月二十二日，行政院長連戰分別約見邱進益與黃昆輝化解對立。二十四日連戰再會晤辜振甫，討論邱進益的去留問題與改善兩會關係。邱進益同意「勉爲其難做做看」，等年底海基會董監事任期屆滿再離職。

海陸兩會眞的關係如寇仇嗎？陸委會有必要連夜發表聲明指責海基會秘書長對其角色認知不清嗎？邱進益從三月十二日就任海基會秘書長到六月十七日被譴責，才任職三個月，就完成兩岸和解過程中最重要的「辜汪會談」，完成李登輝交付的任務，海陸兩會都有功勞。陸委會的做法是「項莊舞劍」、目標在對中共潑冷水，不要對兩岸談判有過度的期待？還是「殺雞儆猴」，要海基會完全聽從陸委會的指揮？

這時候，陸委會也因內部問題而進行主管調換。據聯合報和中國時報報導，陸委會文教處長龔鵬程在離職前夕，於六月二十二日在自立晚報發表文章〈政治需要眞情實義〉，從黃昆輝的行事風格，談海陸兩會的相處之道，不應該只是聚餐、郊遊、喝酒、慰留，眞正該談的問題根本未談，兩會的衝突，就是在這種表面化的應酬中愈演愈烈。他認爲：「見解完全不受尊重，理想根本無人理會。」龔鵬程在〈政治需要眞情實義〉說，君臣以義合，義絕則離，若無理想之實際內涵相與連絡，君臣或科層上下統屬關係是空洞僵硬而且形式化的。他認爲，只有眞情實義，才能解決兩會的糾紛。龔鵬程離職後回到學術界發展，曾任南華大學校長。

陸委會也在同一天發布人事調動令，聯絡處長張良任調任文教處長，企劃處長鄭安國調任港澳處長，企劃副處長詹志宏升任企劃處長，港澳處長厲威廉調任聯絡處長。龔鵬程調任參事，於八月一日離職。張良任、詹志宏後來都到海基會擔任副秘書長，參與兩岸談判工作。

邱進益在六月二十五日銷假上班，開始接受各界邀約發表演講，對兩岸關係表達他的理想與建議，希望能凝聚民衆的共識，爲兩岸關係的良性發展略盡棉薄之力。

有關海陸兩會今後的相處之道，陸委會要比照美國在台協會的模式運作，也就是半官半民，完全由陸委會指揮。行政院長連戰認爲暫時維持財團法人模式比較好。陳榮傑建議讓黃昆輝到海基會從副秘書長幹起，親自了解海基會的運作困苦。陳長文認爲，陸委會只有再找一位能聽從指揮的人來當海基會秘書長，或陸委會主委改變，兩會關係才能順利運轉。

立法院在六月十八日的院會中，通過民進黨籍立委顏錦福的建議案「立即裁撤海基會」，由於是建議案，所以沒有法律效力，只能表示民進黨希望參與兩岸問題決策的想法。林濁水提案要求海陸兩會主管到立法院報告，獲得院會通過，表示立委希望釐清海陸兩會一再發生權責爭議的癥結。第三次「海陸大戰」似乎轉移了大家對辜汪會談後續影響的注意焦點。

5

海陸兩會發生齟齬期間，海基會的業務照常進行，文化訪問團也受到大陸有關方面的重視，雖然彼此都知道台北正在進行「海陸大戰」，但是並不影響既定的訪問行程。

李慶平按照原訂計畫，會見唐樹備、鄒哲開、劉剛奇等海協會人士，並與大陸文化單位官員會面，就兩岸文化交流有關問題交換意見。

唐樹備在六月十五日下午三時會見李慶平，就兩會今年將會談的五項議題提出看法，並希望邱進益能在七月中旬到江浙一帶考察、或八月間到北京參加法律研討會時，雙方先就五項議題有待解決的問題，如入出境通關便利具體辦法，經濟交流等，先商談一下。這件事經轉告陸委會後，陸委會不同意邱進益再到大陸先行磋商有關問題。

唐樹備又說，汪道涵擬邀請辜振甫訪問大陸，時機是否成熟？如已成熟，海協會將發函邀請。辜振甫於二十四日自美回國，在機場對記者說，如有正式邀請函，將和有關方面商量。事實上，陸委會並不希望辜汪兩人常見面，一直到一九九八年十月，辜汪會晤才得以實現。

有關落實辜汪會談四項協議，唐樹備說，細節問題需再協商，雙方最好先有具體計畫，準備好以後可先交換意見。

對於海基會參與舉辦「兩岸爲中國人健康而跑」活動，海協會同意參加共同舉辦。對於台灣大專青年訪問團到大陸訪問，海協會也同意配合辦理。雙方也對兩岸古文物展覽的再出境問題初步交換意見，爲日後兩岸博物館古文物前往對方展覽問題提出解套。

李慶平則在與海協會人員、有關文化單位人員的會晤中，提出透過文化交流、建立雙方互信的看法，希望雙方在文物交流、教授學生交換訪問、影視界拍片合作、新聞界交流、青少年訪問活動、體育交流活動方面，建立規範與秩序，以保障雙方的權益。

六月二十二日，李慶平在上海衡山賓館會見汪道涵，汪道涵認同兩岸對文化遺產「共同擁有、共同保護及共同享用」的原則，支持所有促進兩岸文物交流的活動。雙方沒有觸及政治性的議題。

海基會文化參訪團於六月二十三日回到台北，並向陸委會報告，提出各項建議。

6

對於「辜汪會談共同協議」明訂的年內協商議題，海陸兩會事實上已經積極準備。

六月十九日，海陸兩會舉行高層聯繫會報，討論兩岸中介團體後續協商五議題，邱進益還在請假之中，海基會由許惠祐代表出席。會中決定在七、八月間由海基會副秘書長或處長前往大陸，與海協會進行事務性協商，並計畫將偷渡人員遣返、漁事糾紛、共同防制犯罪、司法協助四項議題同時進行協商。智慧財產權保障問題較複雜，且不具迫切性，將延後協商。

陸委會並成立四個議題專案小組，由各相關部會派員參加，並邀請學者專家一起規劃，也不排除邀請民進黨籍學者參與。

制訂大陸政策原是國統會的權責，爲了提升陸委會的決策功能，陸委會規劃成立由行政院副院長擔任召集人的「大陸工作策劃小組」（陸策組），經行政院長連戰批准從七月起成立，邀請總統府副秘書長、海基會秘書長、國安局局長等參加，負責大陸政策的先期協調與統合工作。黃昆輝針對立委的質疑，於七月十日在立法院內政委員會說，陸策組是在決策形成前的諮商會議，政策體制仍以陸委會全體委員會爲主。

陸策組在七月九日召開首次會議，確定原則上在七月底到八月初在北京舉行後續事務性協商，並以偷渡犯遣返爲優先議題，其次是漁事糾紛、共同防制犯罪、司法互助。會中並決定由海基會儘速聯繫海協會定案。

海基會在與海協會函電往來聯絡後，於八月十四日去函同意兩會在八月二十九日、三十日兩天，在北京舉行「辜汪會談」後續第一次事務性協商。但是兩會在正式協商之前，仍然透過新聞等各種管道的對話，了解雙方對如何進行協商，仍有很大的歧見。

第十八章 捭闔

第一次後續協商的策略攻防

1

「辜汪會談共同協議」雖然確定了雙方一九九三年度的協商議題，但也列出經濟交流、能源資源開發與交流、文教科技交流等議題將進行協商，沒有明白寫出優先順序。因此，從那一項開始協商，就成爲兩岸攻防的焦點。

中共的談判策略，是要將所有議題排列出談判的時間表，不論是否可以達成協議，只要開始協商就可以。因爲他們希望將經濟交流議題早日端上檯面，早日進行兩岸經濟雙邊交流。所以，海協會邀請邱進益在八月間先到北京作整體性的程序會談，「由上而下」確定談判議題的先後程序，再展開實質性的商談。

台灣的策略正好相反。陸委會主張今年內先就本年度協商議題作實質性的商談，從容易處理的問題先談，有爭議的議題，如經濟交流、科技交流、能源資源問題，可以交換意見，但不必進入實質商談，雙方可「由下而上」慢慢地談，陸委會作嚴密的把關。陸委會還放話說，當年度要談的問題，時間緊迫，一定談不完了。話中含意是，其他議題就排到明年以後了。

對於這樣重大的歧見，雙方其實早就從新聞報導等各種管道得到消息，甚至對於雙方要談什麼，都早已知道。但是，雙方仍然各照預定計畫進行，誰也不願意讓步。

海基會秘書長邱進益則對兩岸協商的重點有不同的看法。他於六月十二日在中華論政學社演講「參加辜汪會談的感想」，認爲下階段兩岸關係的發展重點，將是如何協商以書面文件共同消除兩岸的敵對關係。他說，兩岸在辜汪會談後的「雙贏」局面，已經改變中共對台事務一貫採用的「零和」態度。如果他獲得授權，願與中共就我方加入聯合國的問題進行會談，主要針對如何加入聯合國周邊組織進行研商，使我方能重返國際社會，回饋國際社會。

但是，政治議題卻是陸委會極力避免的，陸委會認爲在國統綱領近程階段雙方只能談事務性的問題。到六月十八日陸委會發表聲明譴責邱進益對角色認識不清後，邱進益已經放棄個人的意見，等候離職的時機來到，不再對陸委會有所期望，以及聽從陸委會的主導了。陸委會這樣的決策，是否對台灣有利，只有等待歷史來評斷了。

2

聯合國問題與兩岸協商，當時是雙邊並進的。兩岸一方面在台灣加入聯合國問題各自進行強烈的攻防戰，另一方面則在兩岸問題表現出有意積極協商的善意，最後是中共在第一次後續協商期間發表白皮書，影響了兩岸後續協商的進程。

台灣方面，期望兩岸先解決有急迫性的偷渡犯遣返問題、漁事糾紛、共同防制海上犯罪、司法協助、海基海協兩會人員入出境通關便利等議題，海協會希望優先安排協商順序、經濟交流、劫機犯遣返、兩會人員往來通關便利等問題。

陸委會在策略上主張兩會重新簽訂偷渡犯遣返協議，由海基會、海協會接辦遣返業務。對於劫機犯的遣返，也必須經過兩會協商簽訂協議，才能遣返劫機犯。唐樹備希望成爲第一位來台的中共官員，陸委會在七月十三日邀集有關立委及學者開會，會後黃昆輝說，不排除年底前海協會人員來台的可能，不過應以工作階層人員先來台協商為宜，如果需要簽署協議、或雙方業務需要，唐樹備等高級主管也可能在年底前來台。這種策略是希望大陸早日達成事務性議題的協議。

七月十九日，海協會來函正式邀請邱進益前往大陸訪問，對後續協商預作統籌性的商談。陸策組在七月二十二日決定由邱進益自行決定是否應邀前往，但須經行政院長核准。這樣等於否決邱進益可以前往大陸先行統籌協商，陸委會並決定由許惠祐前往協商。

陸委會早在七月間就對後續協商各項議題定調。七月十九日，陸委會共同打擊犯罪專案小組決定，兩岸共同打擊犯罪範圍，在海上走私、搶劫外，應增加非法破壞漁業資源（電、炸、毒魚），及漁事糾紛所引起的刑事犯罪，同時以其他犯罪活動概括其餘未明列的犯罪項目。司法協助專案小組原則決定，以司法文書送達、證據調查為主要範圍，但有關人員的遣送等問題，將與共同打擊犯罪、遣返偷渡人員等議題進行整體評估。

七月二十二日，陸委會漁事糾紛專案小組原則決定，由兩岸中介團體邀集兩岸具有公信力的人士，成立糾紛調處專責機構，保持糾紛發生後之調處管道，以利解決問題。遣返大陸偷渡人員專案小組也討論如何主動遣返。

七月二十三日，陸委會召開首次經濟會報，決定將促成兩岸共同籌設兩岸商務糾紛仲裁調解機構，專責處理未來兩岸人民之間的商務糾紛案件。同時並計畫成立共同開發能源資源、兩岸產品規格標準化、電腦及其他產業合作三個專案小組，以策劃辜汪會議共同協議所列的協商議題。

八月三日，海陸兩會舉行高層會報，決定切實履行辜汪會談協議，最遲得在九月初展開兩岸事務性協商，並對未來的事務性商談達成三點共識：一、我方將展現主動積極的態度；二、我方將展開忠實履行協議的誠意；三、協商議題以「辜汪會談共同協議」中所列爲主，確定年度協商的五項議題及兩岸中介團體人員入出境往來便利辦法優先討論，商談人員由海基會副秘書長許惠祐率有關人員前往大陸進行協商。可見當時黃昆輝信任的是許惠祐。

八月十一日，海陸兩會針對海協會所提八月二十九日起舉行後續協商一事，決定同意，會談時間希望延長爲四、五天，議題以具有急迫性、和較不複雜的「兩會人員通關便利辦法、偷渡人員遣返及相關問題、司法機關互助」三項爲優先，至於劫機犯的處理，則列入共同防制犯罪議題討論。

八月十四日，海協會負責人透過新華社發表談話，除了表示要按照「辜汪會談共同協議」所列年內展開遣返等五項議題協商外，並希望積極落實協議中有關經濟交流、科技交流的商談。海協會曾四次致函海基會希望促成大陸工商界人士赴台訪問，現在應該是同意的時候了。

海協會並表示，希望從積極推動兩岸各項交流交往的大局出發，如只做選擇性的執行，將不利於兩岸同胞正當權益的維護和會談成果的鞏固與發展。

陸委會立即針對這項談話予以回應。高孔廉說，這是大陸一廂情願的說法，協議中對年內優先商談五項協議寫得很清楚，經濟科技交流要尊重協議的優先順序。如果中共對承認我爲對等政治實體有善意回應，大陸經貿人士來台問題就很好解決。從這項談話看來，似乎陸委會排除海協會的建議，還要將經濟交流和承認對等政治實體作交換。

八月十七日，海協會函覆海基會，願於八月三十日、三十一日在北京由海協副秘書長孫亞夫與許惠祐就五項議題與經濟科技交流「交換意見」。海協會說的是「交換意見」，陸委會在次日就決定同意協商日期定點，但五項議題必須進入實質商談，對經濟科技交流可以交換意見。

雙方談判策略似乎有相對性，各有主張，似乎又回到「零和」策略。後來陸委會在十九日海陸高層會報再緊縮條件，要在五項議題有成果後，才考慮就經濟科技交流議題交換意見。海基會就根據陸委會的決定在二十一日函覆海協會。

海協會在八月二十四日函覆，同意自三十日起協商，但未承諾進入實質討論，延長商談時間一事將視情況而定。這是海協會的既定策略，如果台灣方面不就商談議題作通盤討論，如果不談經濟科技交流的議題，海協會就不準備進入實質性的商談。唐樹備在二十三日已經在「兩岸法學學術研討會」中對記者透露這項決定。

八月二十七日，陸委會正式授權海基會商談五項議題，對經濟科技交流可以交換意見，作爲未來進一步規劃的參考。海協會所提劫機與台商權益問題，不排除進入實質討論。

當天，唐樹備則舉行記者會，說明兩會對商談內容究竟是定位爲程序性或實質性，還有分歧。商談主要是先就辜汪會談達成的各項協議全面落實作出安排，而非先對某些選擇性的議題展開實質商談。他並說，孫亞夫將在會談中提出逐步協商議題的時間表。此次協商最有可能達成協議的是兩會人員往來便利辦法，其他議題雙方還要聽聽對方的意見。看來大陸方面已經把協商目標說得清楚了，這就是海協會的協商策略。

海基會也於啓程前，與陸委會智慧財產權專案小組研商議題談判原則。海基會將在後續協商中，提出要求大陸方面撤銷台商被搶先在大陸註册的商標，並成立專責機構，加強查緝仿冒工作。對於著作權，海基會也將要求大陸修改著作權法，將現行的侵害著作權無刑事責任，改爲課以刑責。（中國時報，一九九三年八月二十八日，林文集報導）

大陸外經貿部則透露消息說，大陸對於修改現行保障台商二十二條規定，已進入最後定稿階段。據報導，中共將對台灣方面在辜汪會談提出的保障清單作出正面回應，願意對被徵收的台商企業，「按照國際慣例給予迅速充分足夠的賠償」，商務仲裁則維持在大陸或香港進行。大陸並考慮以立法的位階取代二十二條的行政命令，但兩岸簽訂投資保障協定的時機尚未成熟。（中國時報，一九九三年八月二十八日，張所鵬、白德華報導）

通常第一回合的會談都是各自陳述立場、了解對方的想法。當然雙方都想優先協商對己方有利的議題，雙方如何互相讓步，如何進入對己方有利的會談，就是談判的目標所在。

海基會副秘書長李慶平在六月間率領文化參訪團訪問大陸時，就已經得知大陸方面的想法，並將這件事告訴陸委會，讓陸委會在談判授權方面略有彈性。據報導，李慶平說，大陸方面和我方產生分歧，「主要是因爲他們的行爲模式向來是高階層才具有決策權，所以他們希望雙方談判時能提高層次。」（自立晚報，一九九三年八月二十八日，周翠如報導）

李慶平說，大陸這次可能在評估辜汪會談之後，發現其中對他有利的部分並不多，所以海協會對這次談判顯得特別有顧忌，而且也「另有企圖」。

大陸已經準備在會談期間發表對台白皮書，必然會影響談判情緒，實質會談可能不會有結果。在這些因素的影響下，海協會顯然並不想在這次會談進入實質商談，而是要對日後的商談議題作一個程序性的安排，爭取有利的議程。雙方應該在事前已經知道會談結果了，但是，踏出會談的第一步，是雙方邁向實質商談的必要途徑。

3

八月二十八日，海基會代表團由許惠祐率領旅行處長歐陽聖恩、法律處長林貴美、專員何武良、高富月、蘇祥銓、王正磊，組員徐裕中、林鳳飛、呂素良，抵達北京。當晚，海基、海協兩會在北京飯店工作晚餐中達成「先程序、後實質」商談的共識，雙方各八人上桌談判。海協會將由孫亞夫率領李亞飛、周寧、于紅、蔣鋒、王建源、馬曉光、馬勇志參加會談。

但是，唐樹備在當晚宴請東吳大學校長章孝慈時，則對新聞界說明海協會的立場。據工商時報記者梁寶華報導，唐樹備已經表達海協會準備對實質性商談「不作回應」的態度，兩會首次後續事務性商談已經陷入僵局。

八月二十九日，海協會孫亞夫邀請許惠祐等海基會代表前往頤和園遊園，以盡地主之誼。海協會人員似乎沒有談判壓力，安排談判對手遊山玩水也是一種談判策略，在輕鬆的氣氛中可以先行交換意見，也可以壓縮談判時間，製造談判的時間壓力。

八月三十日上午九點，後續協商開始，海協會提出各項商談時間表，希望排在九月下旬商談的議題有：台商在大陸投資權益及相關問題、兩岸工商人士互訪等問題、違反規定偷渡人員遣返及相關問題、兩岸漁事糾紛。有關台商投資權益議題還包括兩岸經濟交流會議、台灣取消大陸投資的限制、放寬進口大陸產品的限制、開放勞務市場。

十月下旬商談的議題有：兩岸法院聯繫協助、共同打擊海上犯罪、加強兩岸旅遊交往。

十一月下旬要談的有：智慧財產權問題、科技研究出版物交換、科技名詞統一問題、產品規格標準化問題、共同促進電腦及其他科技交流問題。

海協並希望兩會負責人於十二月在台灣就所有議題作綜合性商談，並簽署協議。海協會似乎認爲共同協議所列的問題都要在當年內談到，能不能達成協議都沒有關係，只要開始談就可以了。事實上每一項議題都不可能在幾次會談內解決，是否意味著大陸方面要用經濟議題來交換遣返等五項議題？

許惠祐則提出台灣方面擬好的後續商談優先順序表，要求先談共同協議中所列年內商談的五項議題，其他沒有列出時間的議題，另外擇時擇地再談。共同協議所列的順序，就是議題商談的先後順序。

會談於上午九時在首都飯店開始，雙方認知差距太大，對議程安排無法達成共識，許惠祐建議先談遣返與法院互助，海協要先談兩會人員往來便利問題，主張兩會設綜合小組與經濟小組來談各種問題，海基會認爲已有各處室的功能編組，海協會可以自己設小組。雙方僵持不下，協商已經兩小時，約好中午再電話聯繫，以決定下午的議程。

下午會談開始，許惠祐提出兩會如何接辦偷渡人員遣返問題，如何另簽協議以取代「金門協議」，可否考慮採取空運遣返等問題，孫亞夫明白地說，海協會將「只聽海基會的意見，不準備表示看法。」許惠祐表示，這是根據辜汪會談共同協議規定所進行的協商，海協會不能「只聽不答」，否則就不是「會談」。

許惠祐對遣返偷渡人員提出五項看法：一、海基海協接手處理這項業務；二、遣返對象分爲偷渡犯與刑事犯，尤其要釐清人犯遣返要件與程序；三、如何改善大陸方面接人的狀況，否則我方可將人送回而不付任何費用；四、不適合坐船者可改以空運經香港送返；五、遣返費用已花六七億元，希望聽海協會的意見。在海協會抵制的情況下，海協會只提出問題而不回答，協商只好暫停十分鐘。（中央日報，一九九三年八月三十一日，孟蓉華報導）

海協會周寧曾質疑台灣方面「劫船者遣返，劫機者不遣返」的做法，許惠祐解釋說劫機是萬國公罪，其犯罪型態與一般刑事案件不同，假如海協會願意具體商談劫機者處理問題，海基會願意聽取相關建議。

協商恢復後，海協會提出兩會人員往來通關便利辦法草案，但海基會認爲與辜汪會談所簽的「兩會聯繫與會談制度」協議有些出入。海協會提議雙方各自提出二十人的名單，執行未來的會談任務，並避免使用「入出境」字眼，海基會認爲有再協商的必要。這項原先雙方以爲最具共識的議題，也無法迅速達成協議了。

王銘義報導說，兩會首日會談無法突破瓶頸，主要是雙方對落實協議的程序與實質，出現截然不同的解讀。海協會企圖「以程序手段干擾實質進程，以經濟議題換取事務性議題」的策略運用。海協會提出每月定期會談的時間表，無非是要求重組有利於大陸方面所願意商談的經貿交流議題罷了。（中國時報，一九九三年八月三十一日，王銘義報導）

台北方面則連夜開會商討對策。陸委會決定，如果海協會再不同意進入實質商談，許惠祐將隨時「走人」，「下一次看海協會怎麼找我們去談」。（自立晚報，一九九三年八月三十一日，張玉瑛報導）

4

八月三十一日上午，海協會堅持先處理協商程序問題，許惠祐再度提出討論遣返問題。孫亞夫對許惠祐的提議沒有回應，許惠祐認為以海協會二十多個人力，根本沒有能力在今年內把所有的議題全部談完，是不切實際的提議。

對許惠祐所提遣返偷渡犯問題，孫亞夫則針對劫機犯提出意見，強調遣返劫機犯是「中國內部自己的問題」，希望台灣方面依照「金門協議」，將大陸劫機犯遣返大陸處理。許惠祐則說，劫機行為屬於「萬國公罪」，應依國際慣例處理。雙方立場分歧，不歡而散。

許惠祐在中午對記者說，海基會代表團已獲台北指示，如果海協會再不具體回應，海基會準備退出這次的協商。

孫亞夫則對記者說，海協會認為辜汪會談共同協議並沒有議題先後的問題，希望對各項議題作明確的時間安排，並非對共同協議作重大修正。

三十一日下午，許惠祐按照預先排定的行程會見海協會副會長兼秘書長鄒哲開，會談一個多小時，會後許惠祐對記者說：「氣氛熱烈，成效不大。」

許惠祐說，海基會已經答應，今年內與海協會進行事務性商談時，可以搭配經濟等其他議題，但是，協商仍然未獲進展。（中央社，一九九三年八月三十日，黃季寬報導）

鄒哲開重申海協會的立場，要對辜汪會談共同協議各項議題的協商時間表作出明確的安排後，才進行實質商談。

許惠祐說，落實辜汪會談的協議應該循序而進，如果廣開議題而不解決實質問題，是不切實際的。

鄒哲開建議，九月份可以先談遣返和兩岸法院協助，但是還要加上經濟雙向交流的議題。許惠祐說，這項建議可以各自考量。

當晚陸委會與海基會再度開會，決定授權許惠祐自行決定是否退出協商，提早返台。陸委會還告訴記者，國人對於與中共談判必須要有耐性，實際上各國與中共談判的經驗皆顯示和中共談判急不得，而時間拖長實際上對台灣有利，因爲我方基本政策，就是要藉雙方長期的交往，以經濟、文化等交流，促使中共內部社會民主化的改變。（自立晚報，一九九三年八月三十一日，張玉瑛報導）

張玉瑛的報導，明白說出了台灣方面的談判策略，就是一個「拖」字。而中共卻是想要早日促成雙向經濟交流、爲和平統一創造條件，並不想拖。如果海協會繼續用「程序性議題安排」來抵制實質商談，豈不正好中了陸委會的意，既可拖延談判時間，又可將責任歸之於大陸。其實，大陸方面這次並不想談實質問題，因爲即將發表對台白皮書，會影響協商氣氛，自始即料定這次協商不會有成果。所以用「全面安排協商議題」的方式，來爭取有利的議程安排，並先聽聽海基會對其他議題的意見，作爲擬定對策的參考，這也是中共談判策略的運用吧。

5

八月三十一日，中共國台辦以七種文字發表「台灣問題與中國的統一」白皮書，針對台灣問題現況、癥結、台灣加入聯合國問題等，提出一萬兩千字的說明。

白皮書說，中共解決台灣問題的基本方針是：「和平統一、一國兩制」，也就是「一個中國」原則、兩制並存、台灣可以高度自治、兩岸和平談判。

中共並針對國際組織與台灣的關係、外國與台灣的關係、外國與台灣通航問題、外國對台灣出售武器問題重申中共反對的立場。

陸委會則舉行記者會，提出五點分析：一、這是中共的國際文宣；二、中共將中國與「中華人民共和國」畫上等號，不敢面對中華民國政府存在的事實；三、中共對台政策在「一個中國」、軍事威脅、封殺國際空間等方面，絲毫沒有改變；四、陸委會重申在「一個中國」原則下，兩岸均應以對等政治實體、擁有相同的國際活動空間；五、在兩岸關係正逐步改善之際，中共發表這種白皮書，對兩岸關係的發展，有負面的影響。

中共外交部發言人吳建民在九月二日說，此時發表對台白皮書，目的在促進國際社會對台灣問題更深的了解，對於兩岸同時加入亞太經合會、亞洲開發銀行等特例模式，不能引用到加入其他國際組織。

他說，現在的兩岸關係是四十年來最緩和的時候，這種趨勢會繼續下去，不存在倒退的問題。

中共本來就是採取兩手策略，一面進行兩岸會談，一面製造各種壓力，企圖軟硬兼施、和戰並用，將兩岸問題限制在國內事務的範圍內，國際上則進行激烈的外交戰，封殺台灣的國際活動空間。對台白皮書的發表，就是中共國際文宣戰的一部分。在這種氣氛之下，海基會怎麼談得下去呢？

李登輝在九月一日會見李潔明、文厚等學者時說，中共反對台灣參與聯合國，有一個很重要的因素，就是「面子」問題，而我們則是以務實的方式來爭取參與聯合國。對於台灣是否有可能與中共坐下來談的問題，李登輝堅定地表示，現階段不可能以政府的立場就這個問題和中共坐下來談，就是要談，也不會超過民間的層次。（民衆日報，一九九三年九月二日報導）

由此可見，邱進益曾經有意替李登輝去了解大陸對台灣參加聯合國問題的底線，但是，有一些人反對。如果不是解讀的方向不同，就是李登輝和大陸一樣採取兩手策略。

6

九月一日上午，海基、海協兩會就司法協助、與兩會人員入出境通關往來便利問題進行商談，海協會還是不願意具體回應。

經過一個上午的商談，許惠祐認爲海協會只提出「一個要求、一個表態」。一個要求是提出遣返劫機犯，一個表態是司法協助只談民事案件的司法互助。

許惠祐說，在上午他曾針對司法協助的重點作出說明，兩岸司法協助涵蓋了民刑事案件、一般行政機關公文必要相互協助、送達訴訟行政文書、調查證據、民事裁判仲裁相互承認、刑事犯羈押探視等，但海協會堅持只先談民事案件。因此雙方無法進入實質商談。（聯合報，一九九三年九月二日，汪莉絹報導）

對於兩會人員入出境往來通關便利問題，海協會還是堅持限定二十個人，雙方對便利辦法的名稱也有差異，海協會不要用「入出境」，要改用「往來通關便利」，以避免有國與國的「入出境」名詞。

孫亞夫對記者說，只談民事案件，是依據最高人民法院的意見，刑事方面也會考慮到的，例如合作打擊海上犯罪，就是刑事問題。

當天中午，許惠祐與陸委會聯繫後，決定提前結束協商。當天下午，許惠祐在「貴賓樓飯店」宣布結束兩會第一次的後續事務性協商。不過，許惠祐仍將按照原訂計畫，於二日下午拜會唐樹備，三日下午率團返台。

許惠祐以「兩手空空」說明這次的會談成果。不過，在一日下午正式會談結束後，許惠祐曾與大陸中國公證員協會以及海協會人員，針對「兩岸公證書使用查證協議」生效前已有的一萬多件大陸文書查證案件進行協商，大陸公證員協會承諾將把已完成查證的兩千多件寄送海基會，但要加收查證費用。

7

許惠祐率領林貴美、歐陽聖恩於九月二日下午四時禮貌性拜會唐樹備。唐樹備正式建議兩會在九月下旬於北京就遣返、司法協助、與台商投資保障三項議題進行具體協商。

唐樹備說，這次海協提出後續協商時間表，是認爲辜汪會談共同協議是兩岸關係重要的一步，只有把經濟、科技議題提到日程表來，才能反應協議的重要精神。

他認爲，雙方事前的函電往來，基本上已經達成相互聽取意見的共識，所以這次的商談是圓滿地達成預期的目的。

許惠祐表示，將把有關建議帶回台北提交主管機關研商。

唐樹備在與許惠祐見面之後，接受記者訪問時強調，他希望看到李登輝與江澤民兩位領導人儘快碰面會談，但這是屬於兩岸內部的事，不必到其他國家見面，自然應在兩岸之間會談。他是對記者詢問李江兩人是否可能在亞太經合會議期間碰面，而作了以上的答覆。

由此可見，中共對談判有一套周詳的策略，對何時要談、何時不談、何時讓步、如何堅持，都有詳細的考慮。台灣方面認爲沒有問題的議題，中共可以作對其有利的解釋，然後再拿出來翻案討論。爲了設定有利的議題與議程，他們可以「只聽不答」，還說是已經達到雙方原訂的聽聽對方意見的預期目的。

陸委會副主委焦仁和在九月二日說，辜汪會談的協議內容是當時兩岸代表經過愼重討論所簽訂的，今天若中共都可以對此作根本的破壞或否認而要重新安排，那麼，「今後對兩岸間任何協議的簽訂，對方的誠意我們都將會懷疑。」

焦仁和認爲，海協會這次如此強硬，可能是沒有準備好，或者是對辜汪會談共同協議的議題談判次序反悔，而想將架構作一個調整。

據報導，唐樹備說，大陸這次所以積極主張雙方應談台商投資權益及其相關問題，主要是台灣李登輝先生曾表示「台灣經濟發展應以大陸爲腹地」，李登輝先生這種遠見令人高度讚賞。海基會董事長辜振甫先生也曾認爲，「兩岸交流至關重要」。海協會會長汪道涵也是積極主張兩岸經濟交流的。因此，兩會在後續協商過程中若不能反映這些內容，就無法具體落實「辜汪會談」的精神所在。（中國時報，一九九三年九月三日，王銘義報導）

從這項談話，確實反應大陸方面有意將經濟交流問題早日提到協商議程的用心，其方法就是透過議題時間表的程序安排，重新安排有利的議程。

許惠祐於九月三日離開北京之前發表聲明，海基會發言人石齊平也在台北同步發表聲明，說明這次商談期間海協會「只聽不答」的經過，並呼籲海協會信守協議，對於有助於改善兩岸關係的課題，與落實辜汪會談共同協議，海基會也願意抱持積極的態度與海協會共同努力。

8

對於這次的後續協商，政府、學者、輿論都發表了許多看法。

中時晚報在九月二日刊登訪問王志文與李英明的談話。文化大學經研所所長王志文說，「辜汪會談」只是把議題標明出來，並未討論議題的實質內容，雙方後續的事務性協商才是重頭戲，因此，在短期內兩會協商沒有突破性的進展，是可以預期的。

他說，我方以司法協助與遣返偷渡人員兩項議題爲討論重點，是我方有求於對方比較多，希望大陸能作更多的配合。形勢上我方是屬於比較急切的地位，自然中共在協商上是會採取比較高的姿態。

他認爲以目前兩岸關係的大氣氛來說，也不利於兩會進行協商。台灣方面一直積極推動進入聯合國，中共提出「台灣問題白皮書」來對應，使兩岸關係面臨一個較爲緊張的階段。

政大東亞所教授李英明說，眞正的角力才剛開始。中共這次表現出來的談判策略，是相當古典而具有普遍有效性格的。

他說，中共典型的談判「教戰守則」是在第一次與對方在談判桌上時，作些許讓步及妥協，以表明他們的誠意；但第二次的時候，就明顯告知己方的立場，若是對方不願意遵守，便意味著對方沒有誠意深化談判，責任歸屬自然是屬於對方。這種植根於辯證法則的談判戰術，與我方以功能主義爲主的談判觀大異其趣。

他認爲，從辜汪會談中共順利地將台灣拉上談判桌，海協會的初步任務已經達成，以後兩會之間可能沒有那麼好玩。辜汪會談簽署協議的方式及字眼，可能造成國際上默認兩岸為對等的政治實體，這個效應是出乎中共意料之外的；白皮書的出現，等於是中共對台工作的標準答案，我方勢必也要公布類似的文件加以反駁，兩岸最後又回到「基本教義派」之爭，各說各話的局面也會持續。

政大國關中心副主任趙春山指出，兩岸後續談判，應主動出擊。趙春山在演講「當前大陸情勢與兩岸關係」時說，就中共而言，兩岸間所有談判議題均屬政治性議題，依中共的說法，只有官方談判，沒有民間談判。其所謂「政治實體」，也只有大（指大陸）、小（指台灣）之分。若我方在未來談判中，仍無法重新評估中共伎倆，則兩岸在沒有「交集」的狀況下，任何談判都將是一場「長期抗戰」。（青年日報，一九九三年九月六日，曹家琪報導）

他認為，當前我方的主要實力有二：其一為經貿實力，其二為民主政治實力。今後我方切不可再坐待中共善意回應，而應在保持現有資源前提下，開發累積新籌碼。

大陸學者則有不同的看法。中共社會科學院台灣研究所副所長李家泉說，台灣當局要求中共承認台灣為對等政治實體、要求中共放棄武力犯台、要允許台灣拓展國際生存空間，以此作為兩岸開放直接「三通」、和實現政治對話的籌碼和前提，對這種不善意的要求，中共是絕對難以答應的。

李家泉是以大陸的基本政策來看台灣的主張，不能了解台灣人民也需要安全保障，才能與大陸發展官方進一步關係的道理。（中央社，一九九三年九月五日報導）

對於海協會這次後續協商的杯葛策略，陸委會主委黃昆輝說，兩岸交流不受協商中挫影響。黃昆輝說，陸策組在行政院副院長徐立德主持下，曾達成若干折衷性的方案，如果海協會稍作讓步，我方也會適當讓步，但海協會毫無彈性，堅持依他的立場翻案，我方只得提前結束

協商。我方如不堅持立場，將如何對國人交代？（中國時報，一九九三年九月五日，戎撫天、王美玉報導）

對於中共堅持翻案，黃昆輝認爲有兩個原因：一是要重申其國家主權的立場，澄清辜汪會談在國際間造成「兩個對等實體」的印象，這也是中共近日發表白皮書的目的；二是中共內部對台基本態度的爭議尚未擺平，因而提不出協商對策，只得就程序問題拖延實質協商。

黃昆輝認爲兩岸對擴大民間交流的基本政策不可能改變，因此，先冷靜一段時間應是最佳政策。

王銘義發表新聞分析說，兩岸會談實質定位應再檢視。他認爲兩岸協商已從辜汪會談的「雙贏」、恢復以往的「零和」局面。這是提供給各界檢驗當前兩岸談判基礎與交流共識的最佳機會。（中國時報，一九九三年九月五日，王銘義報導）

他說，兩岸決策部門當初對「辜汪會談」的規劃，其背後動機，顯然都具有高度的戰略目的。因此，台灣方面爲求得兩岸對等、分裂、分治的「談判形式」，在各項協議的議題規劃上，曾作了局部的妥協與包容。而大陸方面爲了求得兩岸終於坐下來談的「談判形勢」，對各項協議規劃的議題項目與順序，曾暫時放棄無謂的堅持。在雙方各自取得政治目的後，兩岸眞正的談判歧見與政治立場之爭，即在後續的工作協商階段，陸續地、徹底地表現出來了。

他認爲，海協會一再以「程序干擾實質」的做法，最少證明了海協會與其一貫標榜的「相互尊重、平等協商、實事求是、求同存異」的協商態度，大相逕庭。

自立早報記者陳威儐在九月二日的新聞分析，海協會企圖翻案。陳威儐說，中共發現辜汪會談的舉行反而在國際間造成兩岸「對等」「分治」的國際印象，在面對大陸其他部會圍剿的壓力下，海協會不得不企圖翻案扳回一城。於是海協會企圖邀請邱進益到大陸再度商談，並二度來函希望對辜汪會談共同協議所列議題作具體安排。但是，邱進益不來，海協會就以「不回應」的態度對付許惠祐，並在商談期間發表白皮書，企圖將台灣參與國際活動與兩岸談判互爲條件，不惜犧牲首次後續會談，來遏阻我通往國際社會之途。

據自由時報記者林宏洋九月三日報導，唐樹備確實在九月二日說，中共方面不認爲台灣可以憑實力參與聯合國，台灣與其在外浪費力氣，不如兩岸立即進行官方談判。

唐樹備說，中共堅持主權不能分割的一個中國立場不會改變，台灣問題不能比照有國際協議基礎下的兩韓、兩德模式處理，台灣方面應理解。

他說，中共已積極考慮在一個中國原則下，讓台灣在亞銀、亞太經合會、關稅組織等國際組織、以地區經濟組織的代表加入。

他認爲，兩岸要正式結束敵對狀態，先要雙方都能共同維護領土主權的完整爲前提。

由此看來，中共在首次後續協商期間發表白皮書，以「程序性問題」問題干擾實質會談，其實也是在爲達成其政治與經濟目標創造優勢，運用其一貫的談判策略，製造壓力、逼使對方亮出底牌，他則以逸待勞，從容等待下次協商的來臨。

海基會董事長辜振甫在九月三日晚上聽取海基會代表團的報告後說，此次談判只是中途暫停，不要認爲是破裂，大家最好體認到兩岸交流、健全互動的重要性，彼此靜一靜，慢慢來比較好。

首次會談剛結束，敏感的記者已經看出海陸兩會對協商步驟規劃存有心結。中國時報記者王銘義在九月五日報導，海陸兩會仍存在著決策差異與政治心結，這項內在因素，將是後續商談能否順利推動的重要變數。

王銘義還說，近來海陸兩會盛傳，邱進益將於十一月間離職，回任駐外大使；備受黃昆輝信任的海基會副秘書長許惠祐可望三級跳，在年底升任秘書長。這些耳語不是空穴來風，而是海陸兩會另一波人士變動與決策紛爭的前兆。

這是確實的，海基會正在設法平穩渡過另一波的風浪。

第十九章

廈門

第二次後續協商與海基會改組

1

海陸兩會對於如何進行「辜汪會談共同協議」的後續協商，有不同的策略。邱進益認爲，經由海基會、海協會高層全面安排協商議題，不見得對台灣不利。黃昆輝則不願意海基會高層人員動輒訪問大陸，以免造成陸委會決策的壓力與困擾。當然，最後還是陸委會有決定權。這也是海基會成立以來，連續三位秘書長所面臨的最大難題。

大陸方面雖然希望透過程序性的議題安排，來爭取早日討論經濟議題等有利的議程。台灣方面則按兵不動，不願意在一九九三年九月底恢復會談。不過，爲了履行「辜汪會談共同協議」有關兩岸青年交流的共識，仍在九月十二日從台北展開爲期十五天、由海基會、海協會共同舉辦的兩岸長跑活動。台灣大專青年訪問團則由曾任海基會文化處長的師大教授朱榮智率領，從九月十五日起訪問港澳及大陸二十六天。兩岸文化交流等各項活動均繼續進行，不受兩岸談判爭議的影響。

九月十六日，陸委會發表「對中共《台灣問題與中國的統一》白皮書的看法——只有中國問題，沒有台灣問題」，說明台灣的立場，兩岸應以和平方式解決統一問題，「一國兩制」是中國統一的最大障礙，唯有民主、自由、均富制度才能徹底解決「中國問題」。陸委會副主委高孔廉並表示，只要中共有誠意履行「辜汪會談共同協議」，這項回應聲明對兩岸商談並無影響；兩岸問題若能按協議步驟進行，應可逐一解決。

在正式協商前，海基會與海協會照例會透過函電往來對議題有所商量，等到雙方都覺得可以接受了，就會正式同意舉行協商。九月二十日，海協會致函海基會，建議兩會於九月底或十月初在北京舉行第二次後續協商，議題包括遣返、司法協助或漁事糾紛、台商投資權益及兩岸工商界人士互訪、兩會商定人員往來便利辦法等，商談方法願聽海基會的意見。當天，高孔廉回應說，只要五項議題的任何一項有實質進展，其他議題可適當穿插，但須以共同協議所列議題爲準。

十月一日，黃昆輝在立法院說，劫機問題應列入兩岸共同防制犯罪中全盤考量，希望兩岸儘快就此問題進行協商。

十月八日，海協會再度來函，希望在十月間恢復協商，議題與九月二十日所提建議一樣，並希望對其他議題早日作出安排。海協會似乎不再堅持先對所有議題作統籌安排，而是改爲「且戰且走」，看情況再安排。高孔廉還是回應說，先談五項議題，再談其他。

九月底至十月初，如果在北京商談，在氣勢上對大陸有利，對台灣不利，所以台灣方面不會在此期間與大陸在北京會談，比較適當的時機是十月底。所以，陸策組在十月十三日開會決定，兩岸協商應在十月底恢復，議題應以確定今年內商談的五項議題爲原則，並以遣返與司法協助爲主，如有部分議題獲得共識，將可搭配商談有關台商投資權益保障等經濟性議題，海基會由許惠祐主談，有關協商日程及議題細節，由海基會與海協會連絡。

十月十四日，行政院副院長徐立德、陸委會主委黃昆輝、海基會董事長辜振甫會商，決定由陸委會副主委焦仁和接任海基會秘書長。會商後，辜董事長在記者會中正式宣布這項決定。這是陸委會全盤接收海基會的開始，在策略上也斷了海協會對與邱進益再協商重新安排議程的機會。然而，汪道涵仍於十月二十六日表示希望焦仁和早日訪問大陸。

海基會在處理完成海陸兩會人事紛爭問題後，隨即於十五日去函海協會，建議兩會在十月底、十一月初在廈門恢復商談，議題以遣返、漁事糾紛、兩會會務人員入出境往來便利具體辦法為主，劫機犯遣返問題可以在遣返議題中討論。台商投資人身財產安全問題，同意儘速安排商談。

十月二十五日，海協會回函同意在十一月二日至七日，由孫亞夫率團在廈門協商，並要求事務性與經濟性議題同時進行協商，希望對「時間表」作出具體安排，主張同時討論台商投資權益、兩岸工商界人士互訪、遣返、漁事糾紛、與兩會商定人員工作往來便利辦法，劫機犯則應按「金門協議」立即遣返。

次日，海陸兩會舉行高層會報，討論因應之道。會中決定，要求海協會澄清經濟議題，不能夾帶開放大陸勞務來台問題。如果雙方能對議題獲得共識，第二次後續協商即可如期舉行。因此，海基會於二十七日回函海協會。

二十九日，海協會函覆說，考慮到雙方對本次工作商談議題安排，有共識也有分歧，因而主張對雙方已有共識的議題先討論，並通過雙方努力，爭取達成協議或協議架構；對意見分歧的議題，及雙方共同或各自關心的問題，可以交換或聽取意見。海協會並具體列出遣返、漁事糾紛、台商在大陸投資權益、兩岸工商界人士互訪、依金門協議遣返劫機犯、兩會商定人員往來便利辦法六項議題，沒有陸委會擔心的開放大陸勞務來台問題。

於是，陸委會在十月三十日授權海基會於十一月二日起與海協會商談三類議題：一、偷渡人員遣返（含劫機犯）、漁事糾紛；二、兩會會務人員入出境往來與查驗通關便利辦法，可作爲「兩會聯繫與會談制度協議」的附件；三、得順便就其他（經濟）議題與對方交換或聽取意見，但須與「辜汪會談共同協議」規定相同者爲限。這項公開的授權，算是正式同意於十一月二日起舉行第二次後續協商廈門會談。

2

十一月一日，海基會代表團完全由會內人員組成，許惠祐率領林貴美、潘憲榮、蔡金美、何武良、林源芳、楊申、黃國瑞、吳怡靜、王正磊，前往廈門。海協會方面則廣納司法、公安單位人員，由孫亞夫帶領李亞飛、周寧、劉軍川、王建源、于紅、馬勇志、高黎明（農業部漁港監督局處長）、胡學東（農業部工程師）、鄭錦舫（公安部入出境管理部門副處長）、張春儒（公安部人員）、周久才（國台辦往來局人員）、蘇志碩（福建台辦沿海處處長）、郝征宇（福建邊防部工作人員）十四人，也南下到廈門，鄒哲開則坐鎮廈門，顯示大陸方面已經準備就偷渡人員遣返、漁事糾紛等事項展開協商。大陸方面對解決實質問題的誠意與否，將影響唐樹備來台的時間。但是，許惠祐對這次能否順利草簽遣返與漁事糾紛兩項協議，表示並不樂觀。

當天晚上，雙方在工作晚餐後，已對六天的議程達成共識，雙方同意在十一月二日全天討論「違反有關規定進入對方地區人員之遣返及相關問題」。三日全天討論「協商兩岸海上漁事糾紛之處理」。四日上午談遣返偷渡犯、下午談漁事糾紛。五日上午談劫機犯之處理，下午談「兩會會務人員入出境往來便利辦法」。六日就遣返等問題綜合座談，七日則彈性安排。有關經濟議題，由於海基會堅持不要排入議程，海協會將會伺機處理。大陸人民日報則報導，十一月七日兩會就共同關心問題和各自關心的問題交換意見，聽取對方意見。其中包括討論「台商在大陸投資權益及相關問題」、和「兩岸工商界人士互訪問題」。由此顯示雙方代表對新聞界的談話有「各說各話」的跡象。

3

十一月二日上午，第二次後續協商在廈門悅華酒店凌雲閣會議廳開始。雙方先唱一段給記者聽，孫亞夫說，希望本著「相互尊重、平等協商、實事求是、求同存異」的原則，取得積極的成果。許惠祐說，相信海協會方面已有充分準備，希望雙方拿出誠意，以取得積極的結果，讓滯留在台灣的兩千多名偷渡人員早日回家。

記者離開會場後，雙方開始會談，開始針鋒相對的攻防戰。據聯合晚報記者劉淑婉報導，海協會企圖藉著遣返議題夾帶「三通」的要求。許惠祐在當天中午對記者說，海協會對未來接駁的地點，希望增加由福州到基隆、和福州到新竹的路線，同時也希望開放大陸勞務來台，我方表示反對，只要維持現行的馬祖到馬尾、金門到廈門的遣返路線。孫亞夫則解釋說，增加接駁點主要是海上通道的考量，海上通道與遣返通道不同，他們不會混爲一談，他們也不贊同大陸居民私自赴台。

雖然兩會都在遣返議題表達不同的意見，但是，雙方也同意未來遣返聯繫主體，由海基會和海協會各自成立遣返小組處理，取代兩岸紅十字會。雙方都認爲應積極打擊蛇頭組織，遣返前必須查核偷渡者的身分。

當天下午，兩會已經交換協議文本，經雙方討論後，歸納出十個重點。據中央日報記者孟蓉華報導，這十個重點是：一、聯繫主體：海基海協。二、遣返原則：迅速、安全、人道。三、適用範圍：我方認爲應包括非法入境人員、刑事犯及其嫌疑犯，海協要求增列滯留大陸的台灣人之遣返，刑事犯則列入共同打擊犯罪議題。四、非法入境人員遣返程序。五、刑事犯及其嫌疑犯之遣返程序。六、遣返方式：船運外，針對老弱婦孺病患增列空運。七、交接地點：我方希望維持現狀，海協提出增加福州至基隆、新竹，廈門至台中。八、船舶與旗幟問題待談。九、交接書問題待談。十：生效問題：各自完成程序後再決定生效日期。

自立早報記者陳威僨則分析說，兩岸對遣返問題有四大分歧點：中共想大幅變動協議名稱、中共不考慮納入刑事犯、中共對我主張的「雙向遣送」原則仍有考慮、中共希望我增開接送口岸並直航。

大陸大公報記者吳健，也報導了雙方的理由和建議，雙方初步達成共識後，將留在十一月四日再繼續討論。

十一月四日上午，雙方的歧見反而擴大。海協會在討論遣返協議草案時，除了以新開交接口岸夾帶直航、勞務合作等問題，還提出其他問題，包括要求由遣返小組赴台灣各地收容所進行「實地查核」，我方則認爲查核遣返名單所列人員，只要在交接地點查核即可。

在名稱方面，大陸方面主張定名爲「遣送違反有關規定進入、居留大陸或台灣人員及相關事宜協議」，我方認爲只要根據「辜汪會談共同協議」所列名稱「違反有關規定進入對方地區人員之遣返及相關問題」。

海協會還提出要求不要將漁民、從事勞務者和小額貿易的大陸人民納入遣返對象。孫亞夫說，這是因爲這些人與私渡赴台者不同，應分開處理。其實，這是因爲大陸鼓勵海上小額貿易、和漁民在沿海撈捕魚貨。

在遣返費用分攤方面，我方從「損害來源」著眼，要求進行雙方攤派。海協會則表示各自負擔。

海協會還要求協議生效後，來談兩岸勞務合作，我方認爲沒有必要。

雙方唯一有共識的是，同意將打擊蛇頭事項納入協議，並以文字明確給予懲罰。

4

十一月三日，兩會協商漁事糾紛議題，一開始即交換協議草案文本，下午完成協議架構，我方並提出「兩岸漁事糾紛調處原則」作爲協議附件，以供海協會參考。

據報導，兩會同意兩岸各自成立糾紛調處機構、共同運作，以和平、非暴力的原則處理兩岸海上漁事糾紛。爲使調處具法律效力，大陸方面將在協議中相當程度地承認我司法體系所作成的民事裁判。「這是兩岸展開事務協商以來，大陸方面務實推動兩岸關係發展邁出的一大步。」（聯合報，一九九三年十一月四日，尹乃馨、王美惠報導）

報導說，將來接受調處決定的台灣漁民，可到大陸聲請強制執行；調處未成立前，台灣漁民在台灣地區提出的訴訟，其判決結果將可到大陸要求大陸法院承認、並予執行。

漁事糾紛處理協議架構包括十三項：名稱、適用範圍、聯繫方式、處理原則、糾紛通報、自行和解及試行和解、證據保存、調處、訴訟、清償問題、急難救助、漁事糾紛預防、簽署生效問題。

對於兩岸警政單位公務船在各自二十四浬海域內「試行和解」、及二十四浬外的兩岸海域間保持不介入原則，海協會認爲，兩岸公務船依職能處理的精神可以接受，但是對於「二十四浬」、「公務船」用字，將進一步協商。

據中國時報記者王銘義報導，雙方對十項問題的主張如下：

一、適用範圍：海基會主張兩岸漁船或公務船之間發生的碰撞、海難、或所衍生的傷害、公然侮辱、毀謗等糾紛，均可適用。海協會主張限定在漁船之間的糾紛。

二、聯繫方式：海基會主張兩會居間聯繫，海協主張另行設立小組聯繫。

三、糾紛處理原則：和平、非暴力。

四、糾紛通報：台灣已建立漁事糾紛通報網，希望大陸也能設立並結合通報網。

五、自行和解：雙方同意採糾紛自行和解原則，未和解之前可採證，試行和解。

六、證據保存：無法進行和解時，規定證據保存程序，以便提請專責機構調處。

七、調處程序：雙方同意各自設立調處機構，共同運作。

八、訴訟程序：雙方調處過程中，並不妨礙當事人進行訴訟的權利。有關訴訟裁判的執行、裁判效力的認定，雙方未有共識。

九、清償方式：對賠償的標的物，雙方同意得以金錢或漁貨等實物進行清償。

十、急難救助：雙方同意對於海上緊急事件應提供必要的協助。

十一月四日下午，雙方再度協商。漁事糾紛問題雖然共識較多，但是大陸方面迴避我方司法管轄權，對糾紛調處法律效力的處理有所保留，無法突破。海協會希望達成階段性成果，並草簽共識文本。我方則認爲實質問題未解決，只就枝節問題擬具共識，實在沒有必要。

5

在廈門會談期間，十一月五日上午才討論劫機犯遣返問題，到了晚上就有一架「廈門航空公司」班機，從廣州飛往廈門途中被劫持飛往台灣。這一意外事件，促使劫機犯遣返問題更成爲次日會談的主題。

海基會在十一月五日的會談中，主張應將劫機犯納入遣返議題，並明確規範遣返要件與程序，雙方做好通案的安排，否則無法進行。海協會則強調在未簽署新協議之前，應依「金門協議」將劫機犯立即遣返，未來則列入共同打擊犯罪議題中協商。雙方差距甚大，無法達成共識。

孫亞夫表示，大陸將劫機問題視為「國內事務」，不採取國際公約的角度來處理。

次日，雙方再度討論劫機犯遣返問題，雙方均認為解決劫機犯遣返問題有其迫切性，應單獨列為議題進行實質商談。海協要求在十一月七日單獨討論，海基會表示同意。

但是，七日開始討論時，海協不同意我方所提出的基於宗教、軍事、政治等理由、及己方人民不遣返的原則，因此，雙方無法達成協議。連同遣返、漁事糾紛、兩會商定會務人員入出境往來辦法，都無法達成協議，更不用說要草簽協議了。

許惠祐在協商結束後說，雖然沒有達成協議，但是已進入實質討論。對於大陸方面夾帶經濟議題、並與其他議題互為條件，造成商談的阻礙，許惠祐也表示遺憾。

孫亞夫則說，雙方所討論的議題已有進展，對遣返和漁事糾紛取得部分共識甚感高興，建議十二月中下旬再進行五項議題的協商，並適當穿插經濟議題。

6

分析大陸方面這次對後續協商所採取的談判策略，主要目標在將經濟議題搬上檯面，並開始促使雙方討論；同時在實質議題的討論方面稍作讓步，不再堅持先對所有議題作出程序的安排，以便設法逐步提升談判層級，讓唐樹備早日來台，突破大陸官方人員來台的限制。對於司法管轄權問題則儘量迴避，避免發生默認台灣司法主權的問題。同時安排有關官員上桌談判，以突破我方官方不接觸的限制。

台灣方面則在談判策略上稍有彈性，同意「先程序、後實質」的議程安排，然後就雙方有意商談的遣返、漁事糾紛、劫機犯遣返問題列入議程；對於大陸方面所欲商談的台商投資等經濟議題，留到最後一天彈性處理，如三項實質問題達成草簽，就可以商談台商投資權益問題。對於司法管轄權及主權問題，則堅持立場，絕不讓步。雙方其實都是在測試對方的讓步能量，並不急著達成草簽，畢竟大陸方面一向的策略是，只有唐樹備以上的高層次人員才有決策和讓步權。台灣方面則是由陸委會決定是否要讓步。

兩會舉行後續協商時，政大東亞所教授李英明在中時晚報發表〈兩會談判術初探〉，依據大陸過往談判經驗和中共的整體企圖，提醒海基會注意五項問題（中時晚報，一九九三年十一月二日）：

一、這次陸委會授權相當有彈性，但是海基會要了解，一個受限制的談判者，往往要比相當有彈性、甚至被完全充分授權的談判者處於更有利的狀態。

二、中共在談判中往往會防不勝防地提出一些出乎原來協商意表的問題，甚至提出會談時間表，這些都是中共慣用來給對方保持壓力的談判方法。我方代表最好不要輕舉妄動，以靜制動，冷靜沉著應付。

三、中共巧妙地將我方所堅持的議題，都歸結成只對我方有利。海基會代表必須有能力假言為對方著想，儘量解除對方的心理防線，強調有利於對方的一面，誘之以利，將對方的思路納入我方的軌道。

四、中共雖有總體目標，但不會率直地表露自己的願望與動機，這會造成我方的不斷捉摸與焦慮不安。相反的，我方每次會談都完整直接地表露自己的願望與動機，讓中共很容易掌握我方的談判情境。

五、雖然我方亟於解決事務性問題，但是，在談判中表現得愈重視的問題，相對的要付出的代價也就愈大。

台灣在各方缺乏共識的情況下，只有採取透明的談判策略，才能安民衆的心。遣返大陸偷渡犯和處理漁事糾紛，是我方所希望早日解決的問題。但是，大陸則認為我方有求於他，所以夾帶經濟議題以作交換，同時還要迴避管轄權競合的敏感問題。

中國時報記者王銘義分析說，兩岸恐難迴避管轄權競合問題。他說，海協會有意將刑事犯及刑事嫌疑犯遣返問題從遣返協議中抽離規避，海基會則積極規劃遣返程序，盼能達成共識，雙方的立場與態度充分反映出各自的政治考量。似乎海基會已獲得授權，準備採取「對等互惠」的原則處理極具爭議的兩岸管轄權競合問題。海協會主張將刑事犯遣返問題留在共同打擊犯罪議題討論，不知是「緩兵之計」，還是有意迴避管轄權競合所帶來的困擾？（中國時報，一九九三年十一月三日）

海協會不斷提出問題，例如勞務合作、開闢遣返的直達新竹新航線、派人來台實際查證被遣返者名單、依據「金門協議」直接立即遣返劫機犯、放縱大陸人民一再劫機來台等等。中時晚報在十一月三日發表社評，批評海基會在談判過程中處於被動地位，只見中共頻頻提出要求、而我方處處設防拒絕的情勢。這篇社評認為，這不是談判技巧或授權大小的問題，而是我方在出發前有無作好協調工作，提出與中共相對應的反擊方案。如何將計就計，反將一軍，令中共處於被動地位，這就是陸委會的權限範圍了。

陸委會當時的策略，似乎是化繁為簡，凡是與議題無關的事都不去觸及，也不回應，因此暴露海協會一再「夾帶經濟議題」的現象，也塑造我方堅持原則、不會隨便讓步的形象，以「兩手空空」向民衆交代。

海基會人才雖然來自四面八方，畢竟不是對政府決策最了解的人。如果政府有關單位人員能以海基會名義參與談判，豈不是更能發揮談判的效果？證之後來陸委會人員逐漸加入談判隊伍，以及政府有關單位人員參加台港航運會談，都顯示兩岸官方以民間中介團體的名義直接商談是不能避免的事實。兩岸似乎都在追求「主導權」的遊戲，你要的，我偏不要。你邀請邱進益去大陸訪問，我偏不讓他去，對方豈有指定我方談判代表的道理？兩岸究竟是要雙贏呢？還是要零和？

7

邱進益既然已經決定離開海基會，各方再度角力安排「適當人選」進駐此一職位。陸委會主委黃昆輝亟力推薦副主委葉金鳳，辜振甫心中的人選是焦仁和。

陸委會要趁此機會完全接收海基會，讓副主委來擔任海基會秘書長，可以從行政倫理掌控海基會。但是，海基會不是官方單位，不是要用來對抗大陸的工具吧？除了執行陸委會交付的任務外，海基會還有充當兩岸潤滑劑、促成交流服務的功能吧？如果要堅持以強硬立場對付大陸，兩岸只要繼續對抗就好了，當初何必成立海基會？

但是，陸委會有不同的看法。陸委會認爲海基會必須完全聽命，因爲陸委會是主管機關，是授權的單位，海基會不能有自己的計畫與行動，否則陸委會怎麼向國會交代？行政命令一定要遵從，行政倫理一定要貫徹。所以，在不受信任的情況下，海基會連換三位秘書長，這次一定要將海基會收編了。

對於各方如何爭取權位，曾在海基會擔任三年處長的歐陽聖恩，在其《再見，白手套》一書中有詳細的描述。邱進益微笑以待，不只一次私底下透露說：「來接我的人一定是焦仁和。」

十月十四日，行政院副院長徐立德、陸委會主委黃昆輝、海基會董事長辜振甫會商後，宣布由陸委會副主委焦仁和接任海基會副董事長兼秘書長。其實，這是李登輝早就作好的安排。當邱進益進入海基會、焦仁和從總統府機要室主任轉任陸委會副主委，就有高層人士向新聞界透露，焦仁和是邱進益的接班人。這是否意味著高層人士已經對兩岸關係的發展進度預作了安排？

十月二十日海基會召開董監事會議，推舉四十九名第二屆董監事，其中政府各部會官員有十人成爲政府代表，包括政務委員丘宏達、外交部次長房金炎、教育部次長袁頌西、交通部次長馬鎭方、經濟部次長楊世緘、內政部次長楊寶發、以及陸委會副主委焦仁和。擔任監事的有行政院秘書長李厚高、陸委會副主委高孔廉、法務部次長林錫湖。此外，民進黨外交部主任楊黃美幸也擔任監事。這種安排，充分顯示海基會已成爲半官方的中介團體，民進黨也開始參與兩岸事務了。

邱進益在這次董監事會中發表書面報告《凝聚共識，善意交流—海基會的工作、理想與責任》。

邱進益在這篇文章中，首先說明海基會成立的背景、辜汪會談是兩岸交流的里程碑、辜汪會談四項協議的實踐，當年的重要工作，最後則說明海基會的理想與責任。這是邱進益就任七個月的工作成就，也是間接對陸委會在六月十八日發表聲明要海基會認清角色的回應。

邱進益認爲，「辜汪會談」象徵兩岸緩和局面的開始，也將有助於「對等政治實體」的確立。兩會建立制度化聯繫管道，對於增進雙方了解，解決問題，尤其是處理突發事件，都有所助益。辜汪會談後，兩岸人民的權益也可望進一步獲得保障。

他說，海基會需要面對的問題是：國人對大陸政策的共識亟待建立，海基會的定位問題，與陸委會是生命共同體，唯有互相尊重、相互配合，才能圓融運作，發揮功能。

海基會的理想是：以協調處理台灣地區與大陸地區人民往來有關的事務，並謀保障兩地區人民權益爲宗旨，不以營利爲目的。

海基會的人員來自社會的各階層，各行業，抱著服務與奉獻的理想而來，懷著挫折與委屈而去者有之，但是決心奉獻到底者亦有之。

邱進益勉勵海基會人員：「面對難以預測的未來，海基會人員仍應堅持到底，一本初衷，為國人盡心盡力地服務，走進歷史。」

雖然海基會是個沒有明天的機構，海基會人員有去有來，歷經十幾年的兩岸風風雨雨、和台灣地區的各種政治環境的考驗，大部分人員至今還是堅守崗位，爲廣大的民衆服務。

邱進益在十二月二日交接，卸下秘書長職務，至一九九四年四月二十九日辜汪會談簽署四項協議一週年之日赴新加坡擔任駐星代表。在這期間，他接受各界邀請，發表演說，繼續爲推動他的理想而努力。

第二十章

彩虹
邱進益的理想與兩岸關係

1

攜帶一塊柏林圍牆紀念石，從總統府副秘書長轉任海基會秘書長的邱進益，在一九九三（八十二）年三月十一日就任前夕，表達要努力去除兩岸之間心理上的「心牆」。不到八個月，灰心無奈地辭職而去，但已爲兩岸關係的緩和留下一道美麗的彩虹。

邱進益曾協助李登輝規劃大陸政策，建立國統會、陸委會、海基會三層次的決策與執行機構，根據國統會研究委員的共識而撰擬有關「一個中國」定義的解釋，表達了兩岸是「對等政治實體」的定位，並提出兩岸可簽署「和平協議」、解除敵對狀態、兩岸以談判代替對抗的構想，有意籌組「和平工作團」、「巡迴服務團」到大陸推動兩岸合作的計畫，期望兩岸經由談判解決聯合國問題。但是，這些理想都隨風而去了。

由於兩岸的隔閡太久，雙方意識形態差距太大，互不信任、互相提防，導致互相對抗，最後形成一九九六年的台海飛彈危機，兩岸愈走愈遠，台灣大多數人民追求維持現狀的理想沒有改變。兩岸走向對立，是禍是福，留待時間與歷史來下結論吧。

2

邱進益的兩岸關係理念是「德國模式」。他於一九九二年五月十日、在一項由陸委會等單位主辦的「國統綱領與兩岸關係」座談會中說，我們可以研究仿照東西德在一九七二年所簽訂的「基礎條約」，與中共簽訂類似的協定，雙方面約束互不使用武力，藉以達到互相承認對方為政治實體，有了這一步，再進而商談國際外交的分工合作。（中國時報，一九九二年五月十一日，黃清龍報導）

邱進益當時以總統府副秘書長身分，發表個人意見，提出試探性的建議，曾經獲得許多人的讚賞，也導致一些人的疑慮。其實，邱進益早已研究過兩德問題，在一九八八年奉李登輝之命回國擔任總統府副秘書長，協助規劃大陸政策，「國統綱領」就是「兩德精神」的反應。

政大外交系畢業的邱進益一進外交部，就接觸德國事務，主管德國科。後來奉派到維也納等地，前後二十年。兩德在一九七二年簽署「基礎條約」後，他到德國，研究兩德關係，從一九四五年兩德分開，一九六九年西德提出「東進政策」，並與波蘭、捷克、俄國分別簽定不同的條約，然後才於一九七二年簽訂兩德基礎條約，此後雙方簽訂一百七十多種協定或協議，對兩德的統一有很大的影響。

因此，邱進益也在一九九二年推動兩岸簽訂「和平協議」，仿照美國「和平工作團」的構想，由台灣地區派出和平工作團到大陸服務，以增進兩岸善意互動。

邱進益的「兩德模式」理念似乎為李登輝接受，一九九一年二月十七日李登輝派蘇志誠前往香港，與大陸國家主席楊尚昆的秘書楊斯德等人秘密會談，楊斯德提出兩岸可簽秘密或公開協議，達到「三停止」：停止軍事對峙、停止敵對行動、停止危害兩岸關係的言行。蘇志誠認為這是大陸希望兩岸簽訂和平協議，協議內容是「三停止」，因此同意報告李總統。

同年三月二十九日，蘇志誠再會楊斯德於香港，在第三次密談中，蘇志誠說，關於和平協議，李登輝徵詢過其他重要人物的意見，大家都說大陸不會眞的願意去作。這話激怒了楊斯德，他坦白說，統一當然是統一到中華人民共和國，台灣只能是地方政府。不是單純簽訂和平協議，而是和平統一協議。大陸既然已經說出底牌，雙方也就不歡而散。

由此可見，李登輝也研究過「和平協議」的事，但其構想是「兩德模式」，而不是大陸的「一國兩制」。所以，邱進益公開提出「德國模式」和簽署「和平協議」，是爲李登輝測試國內外的反應，也是邱進益多年來構思出來的兩岸關係理念。他認爲，兩岸簽署互不侵犯的和平協議，可以約束大陸放棄以武力犯台，兩岸關係才有突破現狀的可能。但是，大陸方面始終不願承諾對台放棄武力。

邱進益曾說，國統綱領從開始到定稿，中間經過六次起稿，在這當中，他曾主持過無數次的會議，他不否認國統綱領部分內容反映了他個人的意見。（自立早報，一九九二年五月二十五日，徐璐報導）

在一份專訪特稿中，邱進益說：「兩岸關係與兩德關係一樣，要像蜘蛛結網，當網結成的時候，就是統一的時候。」（裴偉，〈樂天知命的化妝師：邱進益〉，載於工商時報，一九九三年四月十八日）他認爲：

德國人的觀念是務實的，手法上是解決問題取向的。對於「統一」，是把它當作一個目標懸在那裏，不是馬上談統一這件事。西德始終把東德人民當作自己的同胞，東德難民跑到西德去，西德要給他身分證，幫他找工作。這對後來的整合發揮很大的作用。加上善用國際情勢，總理府次長波爾（Egon Bahr）到俄國、波蘭等地談判，終於促成兩德統一。

邱進益認爲，朝野對大陸政策要有共識。兩岸如果是處在和平競爭的態勢，我們如何運用時間換取空間，在每一階段都要有共識。

但是，大陸反對「德國模式」，也不願意承認兩岸是對等政治實體，因此，兩岸關係只能停留在交流互惠的階段。陸委會堅持從解決兩岸事務性問題做起，似乎是想擱置有爭議的政治問題，依照國統綱領的三階段發展兩岸關係，其實這也是邱進益的理念。

3

邱進益在海基會秘書長任內，也一再提及兩岸解除敵對狀態、簽署和平協議之事。一九九三（八十二）年三月十五日在立法院接受立委質詢說，兩岸關係要一步步來，從務實角度慢慢來努力，不是一下子就能跳到簽署「停戰協定」。

六月十二日邱進益在中華論政學社演講，除了說明辜汪會談的意義外，並認爲下階段兩岸關係的發展重點，將是如何協商以書面文件共同消除兩岸的敵對狀態。

邱進益顯然認爲兩岸要有共同的語言，才能談出「雙贏」的成果，而「消除敵對狀態」就是兩岸共同的語言。但是，國內民意仍有疑慮，民進黨立委蔡同榮在立法院質詢外交部長錢復，政府對中共統戰部長王兆國所說的「兩岸在一個中國原則下可簽和平協議」有何因應？錢復說，現在談兩岸簽署和平協議仍言之過早，因爲現階段我們不能與中共有政治性接觸，如果要簽協議，也必須以台灣地區民衆安全爲最高考量。（自立晚報，一九九三年四月七日，黃秀錦報導）

民進黨秘書長江鵬堅說，民進黨長期以來即主張兩岸簽訂互不侵犯條約，來結束敵對關係，因此，對於王兆國所說兩岸簽訂和平協議一事，民進黨的態度是贊成簽「和平協議」，但反對在任何不對等的條件設限下簽訂。民進黨副秘書長邱義仁則指出，中共要簽的是「協議」，而

不是國對國的條約，這是我方所不能接受的。（自立早報，一九九三年四月七日，邱香蘭報導）

王兆國在邱進益赴北京進行辜汪會談預備磋商之前放話，是有意升高辜汪會談的政治性。邱進益認為可以用政治性的談話引導大陸來談我們所要談的問題，至少交換意見了解對方的想法也好，陸委會則儘量要降低辜汪會談的政治性，這是黑臉白臉策略的運用嗎？還是對中共談判底線的測試？還是另一種方式的政治對話？

4

當時，邱進益與王兆國對兩岸簽署「和平協議」的談話，曾引起台灣地區民意代表、學者專家的討論。

文化大學法律研究所教授王志文曾說明「互不侵犯協議與和平協議有何差異」？他認為，「互不侵犯協定」是指協定雙方在領土與主權的互不侵犯，此種協定只能發生在兩個國家主體之間。而海峽兩岸如簽訂「互不侵犯協定」，就意味著相互定位有重大的改變。但從最近中共對我重返聯合國持反對態度看來，他們不會接受此種定位。（中國時報，一九九三年四月七日，張春華報導）

他說，如海峽雙方簽訂「和平協議」，則障礙較小，因為「和平協議」主要在於結束敵對狀態，但又不像「停戰協定」那樣敏感，並不涉及法律定位問題，敵對雙方也不必然是政治實體，同時又不違反一個中國原則，因此，中共願意簽「和平協議」，並不令人意外。

王志文說，我方對簽訂「和平協議」不宜過於樂觀。因為一紙協議就要中共放棄武力犯台，仍然是不可能的。停戰指的是結束舊有敵對狀態，但不保證排除未來的對立與衝突，也不表示中共在未來任何狀態下，不會以武力犯台。

他表示，「和平協議」不涉及法律地位問題，不可能因此認定台灣爲對等政治實體。「金門協議」的法律位階與效力尚引起爭議，「和平協議」的簽訂，引發的法律問題就更大了。台灣已經終止動員戡亂時期，就意味著結束敵對狀態，只要對岸也做政策表明，雙方不一定要著眼於「和平協議」的簽訂。

據中國時報同一天的報導，朝野四位立委：魏鏞、黃主文、施明德、林濁水，均認爲兩岸簽訂「和平協議」的時機尚未成熟，如果眞有誠意化解敵對狀態，以雙方發表「絕不以武力解決兩岸問題」的聲明或宣言，遠比雙方爲「政治前提」爭議而無法簽訂協議來得單純、而且能達到實質目的。林濁水指出，中共放話可能有四個原因：

一、因中共經濟發展需要，必須安撫台商心理；二、給邱進益一個見面禮，營造一個好氣氛；三、兩岸和平發展是兩岸人民共同的要求，中共口頭上給予回應；四、和平發展是冷戰時期結束後一個國際性趨勢，這也是中共的回應方式。

從以上分析來看，邱進益一再提及「互不侵犯協議」、或「和平協議」，未嘗不是一種談判策略的運用。如果能夠達成兩岸簽署「和平協議」當然好，如果不能達成共識，也可讓民衆了解中共的堅持，對台灣的心防未嘗不是一種助力。

5

邱進益在一九九二（八十一）年五月十日也提到和平工作團和協助大陸開發三峽、圖們江、浦東的計畫，這是兩岸簽訂和平協議的配套措施。

按照邱進益透露的構想，和平工作團是仿效美國成立的和平工作團方式，提供對大陸的各項協助，促進交流。

這項計畫當時並無細節，到一九九三年十一月十日，邱進益應邀於社會公益協進會發表演說，他以「善意互信共臻繁榮：兩岸社會公益活動之展望」爲題，詳細說明他對「和平工作團」的構想。

他提到，近年來已有慈濟功德會參與大陸救災濟貧活動；世界展望會、青年之愛基金會、民族文化基金會等也參與大陸「希望工程」，協助大陸失學青少年復學。沈春池文教基金會也曾到三峽考察，了解如何協助保護古文物（後來成立了中華文物保護協會）。漢聲雜誌社則以拍攝照片出版專書的方式，爲日漸消失的中華文化資產留下紀錄。

他說，如果大陸能夠接受「和平工作團」的構想，這是拆除兩岸心理上「柏林圍牆」的第一步。爲了讓大陸容易接受，他認爲可以改名「和平交流團」，首要工作是放在「八七扶貧攻堅計畫」。

一九九三年十月間，中共國務院透露，大陸地區尚有八千萬貧困人民，未能解決溫飽問題，希望動員海內外華人與國際組織的力量，在七年內解決他們的溫飽問題。邱進益認爲，如果我們能協助這項計畫，對兩岸局勢的穩定、和未來的統一，將有助益。

他認爲，交流範圍包括農業、醫療、鄉鎮企業、教育文化四項。農業方面的工作是從事農技改良、農會組織、農業信貸；醫藥衛生方面包括公共衛生、群體醫療、人口節育；鄉鎮企業方面包含管理經營、創業貸款、技術引進；教育文化方面則進行職技訓練、外語教學、家政實習等。

交流方式仿照晏陽初的平民教育計畫，從點至面、從村至鄉，逐漸推動到省。人員招募以志工義務服務爲優先考慮，有短期服務爲主，長期專業的服務另外招募，所需經費來自募捐方式。

和平交流團的目的不是救濟，而是透過知識交流與人員訓練，由大陸當地熱心社會公益的人士，在當地組成公益團體，運用社區力量，激發農村的生產意願和生產力，進行鄉村建設和發展鄉村中小企業。

邱進益的構想雖然沒有獲得兩岸政府的反應，但是，他的理念在今天已經化爲事實。台灣農業科技已經由農業人士輾轉引進到大陸各地，協助提高生產量。大陸的醫療事業雖然還不準備對外開放，但是，兩岸醫療團體已有合作，長庚醫院也積極準備在大陸設立醫院。鄉鎮企業在台港投資者的參與下，已有不同的合資或獨資方式的改進。教育文化方面，已有一些台灣人士或團體在大陸設立學校、或與大陸合作設立學院，訓練各種人才。

回想邱進益當時的先鋒觀念，在兩岸互不信任的情況下，當然無法得到兩岸當局的認同。即使是在今天，兩岸之間仍然充滿疑慮與猜忌，兩岸如何能夠形成善意的互動呢？或許兩岸眞正追求的是儘量維持現狀吧。

6

邱進益在辜汪會談之後，就一再建議政府早日培養談判人才，以適應兩岸日增的談判需要。一九九三年七月二十日，邱進益應邀在社會大學以「海峽兩岸互動時期的人才培養」爲題，發表演講。他除了說明政府的大陸政策、辜汪會談的成果外，也說明辜汪會談之後我們必須面對的各項談判議題、和必須處理的問題。

他說，辜汪會談之後，我們必須面對的四個問題是：大陸政策的共識、今年的談判議題與策略、培養談判人才、海基會需要增加人手爲民衆服務。

他說，海基會是一個沒有明天的機構，等到兩岸政府可以直接接觸以後，海基會就失去功能。海基會沒有公務人員的保障，卻有公務人員的限制，民間人才是否願意到海基會工作是個疑問。政府人員在當時不能去大陸訪問，沒有大陸實地經驗，如何規劃出正確的大陸事務與政策？他建議政府應設法讓政府人員以學者專家身分參與海基會的兩岸談判與訪問，累積談判經驗。這些建議後來政府都採納了，陸委會人員開始轉任到海基會來工作，也逐步參加兩岸談判與參訪活動，最後完全掌握了兩岸的談判工作。

如果今後兩岸要由官方人員以海基會或其他轉委託團體的名義進行談判，勢必需要各部會的人才共同參與。如何加強訓練與培養政府與民間的談判人才，正是邱進益當年一再關切的事。

7

邱進益出生地是江蘇崇明島，在一九四九（三十八）年全家隨著部隊從舟山撤退來到台灣，那年他僅十四歲，在基隆港登陸，人生地不熟，有一陣子還睡過基隆街頭，後來才定居在基隆東明路一帶。大學時代舉家遷居台北。

邱進益從高二起，就立定志向當外交官，所以後來考上政大外交系、外交研究所、以及外交特考，如願進入外交部服務，成爲外交官。

邱進益在歐洲擔任外交人員前後約十六年，在奧地利、德國、義大利、瑞典住過，這段時期對他有很重大影響。歐洲的文化氣息造就了他的處世方式，事緩則圓。

在擔任外交部禮賓司長期間，李登輝擔任副總統，蔣經國希望他多多出國訪問，邱進益因此陪同李登輝出國訪問三次。

一九八八（七十七）年一月十三日，蔣經國總統去世，李登輝繼任總統，不久總統府副秘書長張祖詒請辭，李登輝想起正在史瓦濟蘭擔任大使的邱進益，就請他回來擔任副秘書長，從此協助李總統規劃出大陸政策，建立總統府發言人制度，促成設立國統會、陸委會、海基會，訂定「國統綱領」、發表對「一個中國」的解釋，推動兩岸交流與會談，甚至在李登輝的授意下，轉任海基會副董事長兼秘書長，完成「辜汪會談」的任務，為兩岸關係奠下基礎，然後才離開海基會，在一九九四年四月二十九日辜汪會談簽署四項協議一週年的當天，赴新加坡擔任大使，重回外交界。後來還出任考試院銓敘部長，二〇〇〇年五月民進黨政府成立後退職。

邱進益從小歷經戰亂，渴求兩岸和平發展，有意為台灣爭取一個可以安定發展的環境，因此，在李登輝就任總統初期，協助規劃了可長可久可安的「國統綱領」。當李登輝在穩定國內局勢後，有意求得兩岸關係的穩定，以便進行國內的憲政改革，與擴展國際活動空間，邱進益揣摩李登輝的意念，推動兩岸簽署「和平協議」，希望促成中共放棄對台使用武力。但是大陸方面不願意，不能接受以「德國模式」處理兩岸關係的新觀念，因此，邱進益的理念無法實現，主張保守緩進的黃昆輝獲得重用，邱進益只有光榮下台了。

邱進益為了推動兩岸簽署和平協議，曾經在一九九三年八月間堅持參選國民黨中常委。邱進益主動召開記者會，說明他決定參選，並表示以中常委身分到大陸，在一年內促成兩岸簽署互不侵犯協議，摒除敵對狀態。他如果以中常委身分到大陸，更可獲得大陸的尊重，可將第一手資料帶回中常會，有助決策，以打破兩岸膠著狀態。但是，他的計畫失敗了，高票落選。（聯合報，一九九三年八月二十三日，何振忠報導）

如果兩岸當年簽署了「和平協議」，兩岸能夠維持百年和平嗎？這是許多人心中的懷疑。如果兩岸繼續長期對立，兩岸會走向危險邊緣嗎？這也是許多人心中的疑慮。兩岸和平的關鍵在哪裡？善意互信能夠消弭兩岸的爭議嗎？維持現狀能夠累積互信以等待轉機嗎？大家都愛台灣，只是維護台灣安全和平的主張不同，民意將是最後的決策者。

8

一九九三年十二月二日上午十時三十分，海基會舉行第三屆董監事第一次會議，推選辜振甫連任董事長，許勝發、王章清、焦仁和擔任副董事長，辜振甫並提名焦仁和兼任秘書長，董監事會議並通過建議陸委會研議開放大陸工商經貿人士來台。

會後，隨即舉行秘書長交接儀式，辜振甫說，在目前各界對大陸政策的共識猶未完全凝聚之際，秘書長所承受的壓力之大，不是一般人所能想像的。在辜汪會談之後，兩岸關係有凝滯的現象，邱進益數度請辭，不能不尊重他的意見，但覺得萬分不捨。接替邱進益的焦仁和，對大陸政策的規劃與執行，投入亟深，相信他一定可以「繼往開來」，把會務推向一個新里程。

辜振甫並在接著舉行的記者會中說，海基會希望未來三年，能爲兩岸建立進一步的互信及良性互動關係；海基會始終以誠意落實辜汪會談四項協議，希望海協會也能以務實的態度共同落實，兩會也能多進行高階層互訪，增進彼此的了解。關於「一個中國」原則問題，兩會已經在一九九二年十一月同意雙方各自以口頭表述其涵義，雙方應暫時擱置「主權及管轄權」的爭議，眞正落實辜汪會談協議，完成後續協商。

當天下午四時，海基會同仁舉行歡送會，依依不捨地歡送邱進益。邱進益說，他擔任公職三十二年，卻從沒有一個工作是做不到九個月的，這是他待得最短的單位，這使他想起海基會秘書處副處長徐建的父親石上老人所送給會裡的一幅畫，是一道彩虹橫跨兩岸，而以彩虹來形容海基會的日子也最恰當不過。彩虹色彩燦爛，但生命短暫，它的出現是雨過天晴，代表好日子來臨的預兆，但卻不能長久。

邱進益說，對於大陸政策進展的快慢，他心中有一把尺，但卻不能施展，連扭個腰、轉個身都不行，這不但對自己是個浪費，對兩岸關係也沒有正面的影響，對海基會同仁更是不平。

邱進益並套用徐志摩的詩句說，他不是悄悄的來，也不是悄悄的走，帶走了海基會同仁的友情與祝福，他願以「惜緣惜福」的心情，珍惜在這時空中與其一起工作過的每個人，並以歡送蛋糕上所寫的「長相憶」作爲結語。

焦仁和致辭說，海基會擔任第一線的談判任務，談判需要高度技巧、耐心、與內部高度的共識，所謂「運用之妙，存乎一心」，就是不能有二心，大家應站在同一條線上，爲談判者的後盾。

他說，站在同爲中國人的立場，我們希望兩岸間這場長期競賽，是一個互相溝通、互相了解、互相學習的機會，也希望最後能達到「雙贏」的結局。

當天上午，陸委會主委黃昆輝證實將邀請海協會來台舉行後續協商。黃昆輝認爲，現階段政策上並不希望唐樹備來台，不如化被動爲主動，在台北舉行工作層級的後續會談，讓唐樹備無法成爲第一個來台的海協會高層官員，同時也可以改變外界對陸委會「保守」的印象。屆時，民進黨對海協會所施與的壓力，將遠大於對海基會的壓力。（中時晚報，一九九三年十二月三日，陳維新報導）

海協會在當天也來函對焦仁和表示祝賀與邀請訪問大陸之意，對邱進益則表示「欽佩」。

據中央社記者張瓏從北京報導，海基會與海協會第三次後續協商將於十二月間展開，唐樹備希望兩會避談一時難以取得共識的政治及法律問題，本務實態度，解決商談中各項有分歧的議題，以推動兩岸關係發展。

唐樹備確實是希望早日來台協商，焦仁和也在上任後的第一天，擬定對海協會建議在月中恢復協商的復函，等陸委會批准後就可發出。因此，大陸方面是否會在第三次後續協商中作出讓步，遂成爲各界注意的焦點。

9

邱進益雖然在海基會只有八個多月，但是，對海基會卻有很深的感情。一九九四年四月二十九日前往新加坡之前，他曾寫了一首詩〈我將遠行〉，向海基會的老同事道別，作者至今保留了這一首詩的原稿：

我將遠行
走向人生另一個戰場
臨別前夕
最難割捨的是
往日共事的情誼
在此兩岸濃霧密布的時刻
寄上我由衷的祝福
盼望經過你們辛勤的努力
早見雲天

你的舊同事
邱進益 敬上
八三、四、廿

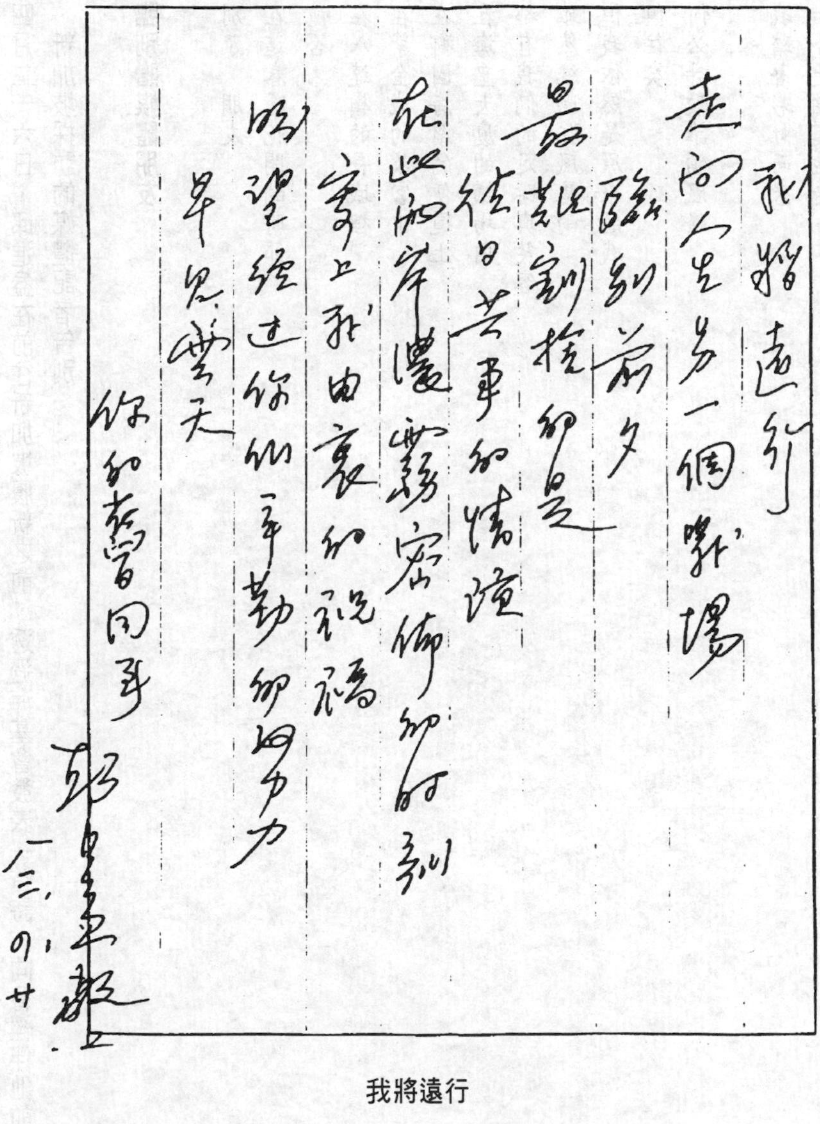

我將遠行
走向人生另一個戰場
臨別前夕
最難割捨的是
往日共事的情誼
在此兩岸濃霧密佈的時刻
寄上我由衷的祝福
盼望經過你們辛勤的努力
早見雲天
你和我曾同事
邱進益敬上
八三、四、廿

我將遠行

四月二十六日，邱進益在前往新加坡履新之前，透過海基會發表一首詩，向曾經伴他前往北京、新加坡採訪的媒體記者告別：

臨別贈媒體朋友

別了　朋友
在這春暖花開的時節
憶否
在八達嶺的長城裡
在紫金城的故宮中
在獅國海濱的便道上
在海皇大廈的議場內
都有我們的足跡與笑容
雖然經過狂風暴雨
但我依然是原來的我
俱往矣
何必計較誰領風騷
我踏著彩虹而來
如今是瀟灑地走

我也試著揮一揮衣袖
卻帶走了你們的友誼與祝福
別了　朋友
新加坡見

邱進益
八十三年四月二十六日

邱進益對兩岸關係的和平發展念念不忘，在二〇〇一（九十）年三月海基會成立十週年時，他在《交流》雜誌發表感言。他說：

兩岸關係連年來，起伏不定，客觀言之，兩岸政府其實都有責任。雙方都以自行設定的條件，強使他方接受，此非解決之道。兩岸既共同追求和平、進步與繁榮，則斷無不能協商之理。兩岸關係之能否改善，端賴雙方領導人一念之改變。為求天下蒼生之福，「讓他三尺又何妨」，願兩岸領導人三思。

第廿一章

台北

第三次後續協商的管轄權之爭

1

海基會新任秘書長焦仁和在就任的次日，去函邀請海協會派員來台協商，海協會於六天後、在一九九三（八十二）年十二月九日回函同意第三次後續協商、於十二月十八至二十三日在台北討論偷渡遣返、漁事糾紛、劫機犯遣返，如有進展，雙方也可就其他事務性議題或經濟性議題交換意見，並希望迴避政治、法律問題。

大陸方面所說的「交換意見」，屬於非正式會談，雙方可以提出意見，但不一定要達成共識，是一種「以退為進」、「策作形角」的策略。

海基會和陸委會在十二月十日舉行高層會報，決定台北會談的地點選在中國信託大樓會議室舉行。焦仁和說，兩岸事務性協商不涉及主權問題，我們也希望迴避政治問題，但兩岸關係互動需要法律基礎，希望雙方在技術上能克服的範圍內迴避政治、法律問題。但是，陸委會副主委高孔廉則說，這次商談的議題必然涉及管轄權問題，我們當然不會迴避法律問題，務實解決問題比爭論抽象名詞更重要。這種說法，似乎一軟一硬，一黑一白，是互相配合，還是立場不同？

談判需要動機，達成協議也需要有誘因。海基會在十二月十一日回函海協會，確認台北會談的議題與時間，同時表示依據「兩會聯繫與會談制度協議」，焦仁和邀請唐樹備、鄒哲開，於近期內面商兩會會務。海基會發言人石齊平則在記者會中說，海基會希望儘速解決各項交流所衍生的問題，由於雙方對「一個中國」問題的內涵認知不同，希望今後不要再就「一個中國」問題斷章取義或重複提及，以避免無謂的爭議。

十二月十二日再發生一起大陸廈門航空公司班機由哈爾濱飛往福州途中被劫持來台的事件，這是一年內第九次大陸飛機被劫來台，顯示大陸方面似乎有意運用劫機問題來迫使台灣方面早日釋回劫機犯。由於劫機問題牽涉到法律管轄權問題，台灣方面必須完成法律程序後，才能遣返劫機犯；大陸方面則要求立即遣返劫機犯，並在台北會談達成劫機犯遣返協議，讓唐樹備來台簽署協議。雙方對遣返問題的爭議焦點在法律管轄權，台北會談能否達成協議，尚有疑問。

在台北會談前，海基會還要設法在國內建立共識。焦仁和曾拜會民進黨中央黨部，希望民進黨能不堅持派代表參與會談。民進黨主席施明德說，可以了解，但不能接受。民進黨將儘量排除以往的群衆運動方式，不會過度回應，但不排除直接了解會談內容的可能性。焦仁和在十四日會見民進黨外交部主任兼海基會監事楊黃美幸，婉拒民進黨要求的直接參與兩岸會談，但同意研商相關議題，並安排許惠祐在十六日向民進黨中國事務小組三位立委說明會談進程，讓民進黨能事前了解會談的可能情況。

海基會同時也要處理大陸海協會在十五日提出九項議題的要求：劫機犯遣返、漁事糾紛、偷渡犯遣返、兩會人員往來便利、台商投資權益保障、兩岸科技交流、兩岸共同防制犯罪、兩岸司法協助、兩岸智慧財產權保護。但是，陸委會與海基會協商後，仍堅持依照辜汪會談共同協議所列今年商談的前四項議題，待有共識後再談其他議題。為了讓海協會早日達成協議，焦仁和也在十六日去函，邀請唐樹備在台北會談達成協議後來台簽署協議，並就兩會會務交換意見。這是為唐樹備設好屆時不能來台的下台階。但是大陸方面也有對應策略，海協會副秘書長劉剛奇在十七日下午打電話告知，唐樹備與鄒哲開準備在二十日來台，看看海基會屆時怎樣拒絕。

在文宣方面，陸委會在十七日舉行記者會，發表台北會談說帖，向海內外說明「一個中國」問題、兩岸通航問題、處理劫機問題、偷渡犯遣返問題、漁事糾紛問題，並強調中華民國的「一個中國」政策是：承認分裂、推動交流、追求統一。

在配套工作方面，海基會必須處理大陸記者來台申請問題、海協會代表團的安全維護、會場記者發稿等通訊設施的佈置，因此在會前必須邀集陸委會、新聞局、交通部電信總局、內政部境管局、警政署等單位研商，並請求提供各種協助。海基會人員則成立四個工作小組，分組處理談判、議事、行政、新聞等問題。

由於這是大陸共產黨員第一次獲准來台協商，政府必須特別注意維護海協會代表團的安全，因此，海基會也協調海協人員所住宿的飯店，提供全天候的保全警衛服務。海協人員在香港的轉機，則請我方設在香港的中華旅行社提供必要的協助。

2

十二月十七日，海協會副秘書長孫亞夫率領許家現、李亞飛、周寧、何挺、周久才、劉軍川、王建源、蘇志碩、胡學東、郝征宇來台，在桃園中正機場受到反對人士的抗議，孫亞夫發表談話，以大陸的思維方式說，希望海協會今後能繼續得到台灣「同胞」的理解與支持。

當晚，許惠祐依例設宴接待，並舉行工作會談，雙方商定協商議程，以劫機犯遣返、非法入境人員遣返、和漁事糾紛三項議題爲主，至於兩會人員往來便利辦法，因爲歧見最小，不必列爲專題討論。

海基會的談判代表由許惠祐主談，團員包括林貴美、潘憲榮、蔡金美、何武良、高富月、林源芳、楊中、黃國瑞、林鳳飛、吳怡靜。陸委會的企劃處長詹志宏、聯絡處科長張冠宇、新聞局科長羅木坤等政府有關人員，在台北會談期間都到會場來支援，了解情況，增加現場經驗，這對政府人員日後親自處理談判業務頗有助益。

十二月十八日上午，兩會商談「劫機犯遣返協議」草案，雙方針對廈門會談爭論的項目繼續討論。當天下午，雙方討論偷渡犯遣返議題，海協會放棄「夾帶經濟問題」，雙方得以確立協議草案架構。但是，雙方對一些細節仍有爭議，無法獲得共識。孫亞夫認爲，兩天時間無法談完這兩個議題，要求許惠祐當晚在無外界干擾的情況下，加開一場會談。許惠祐在有關單位的首肯下，同意這項要求。

當天下午會談結束後，海基會黃國瑞、和海協會代表何挺分別負責整理文本，準備在當晚的會談中交換再討論。焦仁和、許惠祐則到陸委會參加兩會工作會報，逐條討論協議文本的內容，陸委會也同意當晚加開一場會談，討論交換草案文本，作爲進一步討論的根據。

當晚九點半，孫亞夫、李亞飛、周寧三人，在海基會專員田忠勇的陪同下，前往台塑大樓的海基會會議室。許惠祐回到代表團下榻的中泰賓館，與法律處長林貴美散步走向敦化北路對面的台塑大樓，黃國瑞也參加這場午夜會談。

凌晨一點多，孫亞夫等人回到海協會代表住宿的福華飯店，碰到採訪記者，顧左右而言他。

第二天，十二月十九日，聯合晚報刊出兩會「午夜會談」的新聞，震驚了各界人士。據了解，首先發現這件事的聯合晚報記者劉淑婉，在當晚曾看見許惠祐和林貴美走路回海基會辦公室，又發現海基會燈火通明，因此追蹤發現了「午夜會談」，這麼重要的獨家新聞使她獲得聯合晚報的獎勵。而首當其衝的許惠祐，則向國人道歉，並說明事情原委。

陸委會證實參與「午夜會談」的決策過程，雙方僅就劫機犯遣返的協議草案文本交換意見。許惠祐和孫亞夫都強調不是「黑箱作業」。孫亞夫說，因爲台北會談時間短，爲了爭取成果，才會有此安排，是雙方不約而同的意見與決定。許惠祐則說，是對方先提出，並經陸委會同意，不是「秘密會談」，他願意對此事負責。（聯合報，一九九三年十二月二十日，何振忠報導）

據自立早報記者陳威儐分析，「午夜密談」是兩會各有盤算，北京急於讓唐樹備來台，台北需要有協議成果才能讓唐樹備來台，所以加開一場「午夜會談」，這是海協會加速台北會談的反制策略，海基會順水推舟，嘗試早日取得對方的協議文本草案，以達成協議成果。但是「午夜會談」卻受到各界的懷疑，引發負面效果。在陸委會官員的解釋、與許惠祐的道歉下，才得以迅速結束這場風波。

3

十二月十九日上午，兩會進行第二天的會談，再談劫機犯遣返，我方放棄原先提議採取列舉式的規範方式，刪除「基於政治、軍事、以及宗教因素得拒絕遣返」等文字，雙方同意採取概括式的規範，對遣返程序中的人道因素考量，雙方有共識，但雙方對原則問題如「己方人民不遣返」、「是否溯及既往一罪兩罰」等問題，仍無共識。

當天下午，兩會討論漁事糾紛議題，雙方對專責機構在調處後的效力認定仍有歧見，因此未獲進展。

十二月二十日，雙方進行第三天的會談，從上午談到晚上，還是受限於兩岸主權與司法管轄權問題。孫亞夫說，會談議題都涉及目前難以解決的問題，但雙方都有意願用適當的表達方式、及有效的解決辦法處理，相信對後續的會談會有積極的作用。

同一天，海協會來函，表示唐樹備與鄒哲開希望在年底前來台訪問五天，與焦仁和就邀請辜振甫訪問北京一事交換意見。

焦仁和說，由於我方不滿意大陸海協會對我方司法管轄權的不夠尊重，因此唐樹備來台一事還要重新考量。

大陸事務決策官員說，表面上看來此次海協會好像做了讓步，但實際上是「口惠實不至」，像偷渡客遣返，海協會主動刪除原來要求增加交接口岸，引進大陸勞工，這些本來就與議題無關，對「己方人民不遣返」，海協會也在文字上緊守底線不讓步。兩會商談最後碰到主權與司法管轄權等關鍵性問題，如果中共無法面對兩岸現實狀況，調整僵硬態度的話，台北會談要達成協議並不樂觀。（中時晚報，一九九三年十二月二十日，陳維新報導）

十二月二十一日，兩會在第四日的商談中，對「兩會人員入出境往來便利辦法」獲得共識與結論，決定將此辦法作爲「兩會聯繫與會談制度協議」的附件，在各自確定後再商定實施，不需經過簽署形式。偷渡人員遣返問題也確立草案架構，整體協議規範內容也有共識，但仍有部分爭議事項。焦仁和重申堅持至少要達到簽署三項協議的底線，否則就下次再談，唐樹備也不用來台了。

十二月二十二日，台北會談最後一天，雙方還是因爲主權與司法管轄權問題，無法獲得突破，沒有達成任何協議。海基會表明不急於達成協議，雙方已充分交換意見，兩會可以擇時擇地再談。孫亞夫也說，會談進展是明確的，雙方意見交流的經驗，對下一次再進行商談並達成協議，將有積極的助益。

陸委會在海協會代表團於二十三日離開後，隨即發表聲明，說明台北會談未能達成協議的原因，在於大陸方面不願意尊重我方司法管轄權，不願充分考量人道精神所致，希望各界要有耐心，也希望大陸面對現實解決問題。

4

台北會談雙方爭執的問題，有刑事犯準用條款、司法程序牽涉管轄權、己方人民如何表述、刑責抵免四個問題。（中國時報，一九九三年十二月二十三日，張慧英報導）

兩會原則上已經同意對偷渡人員、劫機犯、刑事犯予以遣返，但是雙方對是否列入刑事犯準用條款，有不同的看法。海基會認爲，劫機犯也是特別刑事犯的一種，如果雙方能就劫機犯遣返建立一個運作的架構，或者在偷渡人員遣返協議中，只要再加上一個「刑事犯準用」的條款，即可不必另外討論刑事犯遣犯問題。

海協會則認爲，刑事犯應該要遣返，但是這個問題要在「兩岸共同打擊犯罪」的議題下來討論，從犯罪防制、情報交換、宣導、緝捕、到遣返，可以有一整套的規劃。兩岸共同打擊犯罪的議題，牽涉司法管轄權，現在這個問題還沒談妥，刑事犯遣返就先以「準用條款」達成協議，並不適當。

由於兩會對劫機犯及偷渡犯的遣返問題還沒達成共識，雙方也就沒有對「刑事犯準用條款」另外尋求解套。

司法程序中的劫機犯是否遣返問題，是雙方爭執的第二個重點。海基會認爲，劫機是公訴罪，劫機犯在我方一定會被提起公訴，必要的司法程序是不能少的，而且劫機犯也可能在我方犯罪，我方自然必須根據法律加以懲罰，因此，我方主張對於正在司法程序中的劫機犯不遣返，等到司法程序告一段落後才遣返。

海協會則認爲，劫機犯同時有其他的犯罪，是非常特殊的案例，不願將這項條文納入協議中。基本上，劫機行爲由航空器所屬一方與降落地一方共同管轄，如果有海基會所說的同時在我方發生罪行，或曾經在我方犯過罪、偷渡回大陸後又劫機來台，我方就有充分而排他的司法管轄權。海協會不願意經由此條款而承認我方的司法管轄權，因此刻意迴避，雙方無法達成協議。

「己方人民不遣返」雖然雙方都同意，但是，對於如何用文字表述，卻有爭議。海基會提出「己方人民不遣返」，海協會以「居住所在地」不遣返來概括。海基會改用「台灣人民」與「大陸人民」來代表己方，海協會不同意。大陸的觀念認爲在「一中」之下，無所謂「己方」或「他方」的區別，因此，對海基會提出的表述方式不放心。

海基會則認爲，「居住所在地」不夠明確，現在台商在兩岸都有「居住所在地」，屆時如何釐清是否要遣返？而且大陸對「己方」、「台灣地區人民」與「大陸地區人民」的表述方式都不同意，等於完全忽視台灣的存在、與兩岸分裂的事實，也不承認台灣的司法管轄權，我方自然不能再讓步。

第四項爭議是雙方對「刑責抵免」的考量不同。海基會堅持在劫機犯遣返協議中應落實「刑責抵免」的條款，也就是說，劫機犯在台灣服刑後，被遣返大陸可將其刑期抵免，但是，海協會不同意。海協會顧慮這項條款等於承認台灣擁有司法管轄權，雖然海協會希望達成劫機犯遣返協議，但在考量政治影響後還是拒絕海基會的提議。

因此，偷渡犯與劫機犯遣返協議都在「司法管轄權」的爭議下，無法達成協議。

在台北會談的最後一天，海基會和海協會曾就「兩岸共同打擊犯罪」、「兩岸司法機關相互協助」、「兩岸智慧財產權保護」、「台商在大陸投資權益保障」四個議題各自宣示立場，交換意見，但未實質討論。顯示海協會還是設法對其關心的經濟議題作出交換意見的安排。

海協會提出大陸經貿人士來台訪問及從事企業活動、直接雙向、大陸物品進口台灣三項問題，許惠祐表示，牽涉太廣，必須請我方主管機關考量後再談。

對於「共同打擊犯罪」，海基會建議必要時以「熱線」管道聯繫，執行任務的公務船應建立識別系統，以免發生誤會，雙方如何交換情資等。海協會則建議另行規定人犯遣返方式，不同意海基會所說的「刑事犯準用條款」。

有關「司法互助」問題，海基會提出聯繫方式、適用範圍、如何進行相互協助文書送達、調查證據。雙方對判決認可及執行沒有討論。海協會建議雙方對訴訟費、律師費相互減免、以及允許當事人入境參加訴訟。

在「智慧財產權保護」方面，海基會建議其範圍應包括著作權、商標、專利、以及營業秘密等，保護措施則可建立調處機構、加強查緝等。海協會沒有提出具體意見。

對於如何保障台商在大陸投資的權益，海基會在辜汪會談已經提出多項要求，海協會將它作爲一個籌碼，不願意簽署協議，但卻作爲經濟議題的一個項目，希望海基會經由此項議題而討論兩岸經濟雙向交流與合作等議題。聯合晚報在十二月二十二日刊出海基會擬定的「台商在大陸投資保障協議」草案摘要，即是過去所提出建議的條文化。在台北會談中雙方沒有詳細討論，但是，大陸方面已有回應。

孫亞夫在會談中告訴許惠祐，海基會在辜汪會談所提出保障台商大陸投資的意見，經由海協會的反應，全國人大常委會日前已經開始審議「台灣同胞大陸投資保護法」草案，說明大陸另有一套做法，同意立法來保障台商投資權益，但是還不願意簽署協議。（新華社，一九九三年十二月二十二日，吳明、薛建華報導）

雙方對這些議題交換意見，一方面是讓大陸方面對其所要求的「經濟議題」和其他議題的排上議程有所回應，另一方面也是互相了解對方意見，作爲進一步規劃未來談判議題的參考。

6

兩岸在台北會談前都擬定了務實的談判策略，但是，碰到與司法管轄權有關的問題，雙方都各自堅持立場，不願意隨便讓步，只有等到會談結束，雙方各自檢討下一次談判的策略時，才會考慮到如何讓步的問題。這從第一次後續協商北京會談海協會只聽不談、第二次後續協商廈門會談雙方開始實質商談、到第三次後續協商台北會談完成協議架構，可以看出雙方都在逐步修正原有的堅持。

學者專家與新聞界對台北會談也有正面的看法。政大外交系教授趙國材認爲台灣方面在劫機犯遣返議題已有五大讓步，海協會應該要有妥協的意願。

趙國材說，台灣方面可以逕行宣布「拒絕任何被劫持飛機之降落」，也可以依據「金門協議」將劫機犯原機遣返，或將劫機犯依據「民用航空法」第七十七條規定判處死刑或無期徒刑，以杜絕大陸劫機犯來台。（中央日報，一九九三年十二月二十三日報導）

但是，台灣願意與大陸共謀解決劫機犯遣返問題，顯然有意放棄對劫機者的司法管轄權，禮讓大陸行使其對劫機者之司法管轄權，這已是重大的讓步之一。

第二，法律上對劫機者的遣返，可分爲「自願遣返」與「強迫遣返」，台灣有意將劫機者遣返，是變相的「強迫遣返」，而不是尊重劫機者的意願自行選擇該管法院，這是讓步之二。

第三，台海兩岸均爲一九六三年「東京公約」、一九七〇年「海牙公約」、一九七一年「蒙特婁公約」之締約國，雖然後來中共加入後宣稱台灣簽約無效，但中共的片面聲明不能排除台灣對此等公約之適用，台灣可以藉此機會重申對此等公約之效力，要求兩岸依國際慣例協議遣返劫機犯。台灣如今願與大陸討論遣返劫機犯，是讓步之三。

第四，國際慣例一向不遣返死刑犯或無期徒刑犯，以示兼顧人道原則。如今台北不要求北京尊重劫機者之生存權，而保障對劫機者不處以極刑，此爲讓步之四。

第五、法律不應溯及既往，現在台灣表示，倘海基會與海協會能達成協議，不排除將已經在台的劫機犯遣返，此爲讓步之五。

因此，趙國材認爲海基會已經讓步甚多，海協會應該見好就收，應有妥協的意願，才能遏止大陸劫機者一再劫機來台。

大陸海協會是以「一個中國」內部事務的觀念來看劫機犯遣返協議，所以不能同意「己方人民不遣返」、「刑責抵免」、「司法程序中的劫機犯不遣返」、「刑事犯準用條款」的觀念，也就是不承認台灣對大陸劫機犯有司法管轄權，這是爭議的焦點所在。兩岸究竟是要用模糊的字眼來處理主權與司法管轄權的問題呢？還是要在協議中明白顯示兩岸分裂分治的事實？

台灣教授協會會員陳少廷於十二月二十七日在民衆日報專文檢討台北會談，認爲只有平等地位的「國際間談判」，才會產生「雙贏」。中國不願視台灣爲主權國家，我們如何能期待「雙贏」的兩岸談判呢？

工商時報在十二月十八日發表社論，論「主權困局」的死胡同及其突圍之道。社論說，大陸當局在北京會談期間發表對台政策白皮書，隨後江澤民在亞太經合會議的談話，都強烈表達大陸對台灣主權否定的立場，台灣方面經濟部長江丙坤則以「兩個主權國家」與「階段性的兩個中國」作出立即而罕見的強烈反擊，使得辜汪會談以來所營造出來的一點善意氣氛一掃而空。

工商日報認爲，從台灣立場看，鄧小平是今天整個大陸唯一能從兩岸大格局思考，並能對台灣主權問題作理性處理且能拍板決策的人。但是年歲已高，能早一點談比較好。不過台灣內部對統獨與主權問題爭議極大，此刻與大陸談主權問題，時機尚未成熟，是兩難的問題。

從大陸立場看，工商時報說，主權問題從來就沒有任何商量的餘地，根本不能討論。但是，換個角度看，如果始終不談，難道台灣問題就可以自然解決嗎？以台灣今日之政治情勢，如不認眞積極地、理性地面對主權對等、主權分享等大陸最忌諱的課題，時間也未必站在大陸這一邊。

工商時報建議，第二次辜汪會談應合理釐清與區分主權與治權的分際。在雙方主權爭議未獲解決、必須以模糊方式處理的情況下，以相互尊重的態度，界定彼此的治權領域，並確立基本的處理原則，互不踰越，這樣才能務實有效地解決兩岸之間的事務性問題。

工商時報說出了兩岸之間最敏感的問題，當時李登輝的政策是爭取一個中國的「兩德模式」，以對等互惠方式處理兩岸關係，並且暫時擱置「主權與管轄權」的爭議，這從十二月三日黃昆輝、辜振甫、焦仁和的談話，分別呼籲大陸暫時擱置「主權與管轄權」的爭議一事，可以獲得證實。

焦仁和說，「兩岸現在主權或管轄權上重疊的爭議，並不是靠法理的爭執、談判可以獲得解決的，而是應由民心向背、制度優劣來決定，何方經得起時間考驗才能在主權或管轄權取得最後定位。」（自立早報，一九九三年十二月四日，陳威儐報導）

兩德統一前也是有彼此暫時擱置主權爭議的共識，才能各自在國際間取得應得的活動空間，之後才走向統一。國統綱領規劃的近程階段兩岸互不否定對方爲政治實體，其實就是兩岸暫時擱置主權爭議。

這是一個大開大闔的問題，要有像鄧小平那樣權威地位的人才能做此決定。但是，鄧小平沒有明白表示這個意願，大陸也沒有人能夠擔負這種歷史性的責任，因此，這個問題仍將是兩岸爭議與衝突的焦點。

十二月二十七日自立晚報刊登記者張玉瑛撰寫的人物側寫〈許惠祐主投拿揑得宜〉，引用許惠祐的話說，兩岸談判不能以「技巧」取勝，只能以說理的方式，且應該「少一點策略，多一點誠信」，缺乏互信的基礎是很難達成共識的。

大陸掌握了許多優勢，但卻處處對台灣施用謀略，防範台灣走向「兩個德國」。如果大陸改變態度，從愛護台灣人民的角度出發，努力爭取台灣的民心，兩岸關係是否會有一個新境界呢？

海基會在台北會談結束的當天，立即於十二月二十三日函告海協會，建議由焦仁和在一九九四（八十三）年一月中旬前往北京與唐樹備舉行「焦唐會談」，這是海基會展現的積極主動作爲，也是對大陸海協會提出爲第二次辜汪會談作準備的回應。唐樹備要來台，只好等下一次了。兩岸之間的一言一行、一舉一動，都是策略，如何展現誠信大於策略的寬懷大度呢？

第廿二章

北京

第一次焦唐會談與政策對話

1

兩岸第三次後續協商剛落幕，司法管轄權問題仍然是遣返議題的主要癥結。爲了進行高層次的政策對話，化解兩岸事務性會談的僵局，海基會立即在台北會談結束的第二天，函告海協會建議由焦仁和在一九九四（八十三）年一月中旬訪問北京，與唐樹備舉行會談，爲第二次辜汪會談預作安排。

早日舉行第二次辜汪會談，一向是大陸方面提高談判層次的策略，台灣方面似乎有意重複第一次辜汪會談的策略，要在辜汪會談前談好偷渡人員遣返、劫機犯遣返、漁事糾紛處理等三項協議。因此，在一九九三年十一月二十三日焦仁和尚未接任海基會秘書長之前，聯合晚報記者李美惠已經報導，第二次辜汪會談可能在一九九四年年中舉行，辜振甫也透露可能會派焦仁和赴大陸作會前安排。

陸委會在第三次後續協商之前放出這些消息，目的似乎是希望大陸方面早日對三項事務性問題達成協議，也就是採取「連環套」策略，兩岸達成三項事務性協議，即可進行第二次辜汪會談。但是，大陸方面也以唐樹備來台會談作爲前提。台北會談沒有達成協議，唐樹備也就未被邀請來台。所以，焦仁和要訪問北京，就以商談兩會會務爲主題。

十二月二十八日發生第十起大陸人民劫機來台事件，海協會當天即來函要求近期內在大陸舉行第四次後續協商，並說「兩會已在台北會談中達成劫機犯原則上應予遣返的重要共識」，同時也重申兩會工作性會談「應迴避政治、法律、管轄權等敏感政治問題」。

十二月二十九日，海協會再度來函，先說「鑒於貴會在履行邀請問題上有所不便」，然後說歡迎焦仁和訪問北京，並建議「焦唐會談」主要議題爲商談第二次「辜汪會談」有關事宜及兩會會務，並就雙方各自關心的問題交換意見，時間定爲八十三年一月十五日之後。海協會選這個日期是因爲海協會在一月十三日舉行第一屆理事會第三次會議，通過年度工作計畫，及進一步發展兩岸關係的計畫。海基會規劃的會談日期是一月二十四日至二十八日，而且要將「焦唐會談」與第四次後續協商分開處理。如果「焦唐會談」不能對管轄權問題達成共識，第四次後續協商也沒有意義。

當天，中國時報刊出台大政治系教授石之瑜與律師李念祖聯合署名的一篇文章〈誰上了台北會談的當〉，質疑台北是否需要靠對岸「民間」團體海協會的言行，來當成主權的證據？台北應該有自信，海基會如果同意採用海協會所提的「居住一方」人民來替代「己方人民」，這協議就會成爲台北接受「一國兩制」的法律證據嗎？

這是個立場與互信的問題，顯示兩岸對此一問題的謹慎與敏感。同樣的，如果海協會接受海基會的建議採用「己方人民」不遣返的用詞，就會成爲大陸承認兩岸是對等的政治實體的法律證據嗎？

十二月三十日上午，海陸兩會舉行早餐會報，討論因應之道。當天晚上海基會函覆海協會，雙方商談議題是兩會會務及相關問題，並全面檢討三次後續協商的歧異問題。有關第二次辜汪會談，時機尚未成熟，海基會無意在「焦唐會談」期間討論。

當時，唐樹備透過「瞭望」雜誌的專訪發表談話，表達希望與海基會合作，共同推進兩岸民衆交往與各項民間交流，維護兩岸民衆的合法權益。他認爲，目前海峽兩岸在政治、法律、公權力、管轄權的性質等問題上，都存在著分歧與不一致，海協會和海基會就是要在這種情況下，進行合作。（中國時報，一九九三年十二月三十日報導）

兩岸都希望在事務性商談中迴避政治、管轄權等問題，但是，卻又必須處處小心防範對方藉機達成宣示主權與管轄權的目的，這就是兩岸事務性協商的困難所在，任何一個讓步，都可能被解釋爲「出賣」，這教負責談判的海陸兩會如何讓步？

十二月三十一日，海協會回函：「建議焦仁和在一月三十一日到北京訪問五天，希望就辜汪會晤事宜及兩會會務舉行會談，並就雙方各自關心的問題交換意見。」

海基會與海協會高層負責人定期見面，原來也是一種策略。中時晚報記者陳維新引用政府相關人士談話指出，現階段政府大陸政策的重點是推動兩岸非官方關係的全面正常化，以促使雙方互相了解，摒除敵對狀態，爲了落實這項目標，建立兩岸民間高層定期會晤已被列爲第一優先工作。（中時晚報，一九九四年一月一日，陳維新報導）

報導又說，要達成兩岸之間的相互了解與信任，兩岸高層對話管道有其必要，特別是在溝通兩岸政治歧見上，高層人士的會晤尤能正確傳達兩岸當局的看法。

事實上，李登輝也建立了兩岸高層的秘密管道，《執政告白實錄》就提到，蘇志誠前往珠海、香港、澳門等地共二十七次，其中九次是南懷瑾共同參與的，另有十八次是兩岸密使直接對話。一九九四年一月起，蘇志誠與江澤民辦公室主任曾慶紅直接聯繫，一直到一九九五年四月立委郁慕明暴露兩岸密使事件，會晤才終止。由此可見，在一九九三年至九五年兩岸關係最穩定的三年，兩岸領導人都親自掌握了政策，海基會與海協會就是兩岸公開處理事務性問題的管道，而兩岸密使則是高層之間的政策傳達熱線。

所以，一九九四年一月七日自立早報記者陳威儐報導，焦唐會晤將展開政策對話，李登輝將透過焦仁和此行，傳達我方重要訊息，希望中共務實體認兩岸關係中雙方為對等政治實體的事實，以利兩岸繼續交流。

報導引用辜振甫的談話說，兩岸應在今年開展高層人士做政策性對話，但不要把它稱作「政治對話」，畢竟高層政策對話與政治談判不同。

焦仁和曾任總統府機要室主任，是李登輝的重要幕僚之一，也曾參與大陸政策的規劃，因此，李登輝對焦仁和寄予很高的期望，在台北會談前後，曾與焦仁和多次私下會晤，關切兩岸最新情勢。當時李登輝確實期望經由兩岸關係的穩定發展，建立互不否定對方的「兩德模式」友好新關係。這從江丙坤在亞太經合會議中說出「階段性的兩個中國」關係可以獲得證明。

為了推動「政策對話」，焦仁和也在一九九四年一月七日拜會民進黨中央，說明兩岸高層政策對話的必要性，目的在互相了解立場，不是政治談判。據自立早報記者陳威儐報導，焦仁和頗獲民進黨中央人士的支持，其執行政策對話的立場也獲得認可。

2

通常在高層會談之前，雙方都會表達友好的氣氛，除非是準備力爭到底，才會在談判前指責對方的不是，塑造對立的氣氛。

海協會在第一次「焦唐會談」舉行前，就一再指責台灣方面意圖利用會談彰顯對等政治實體或同等司法管轄權。這可以解釋為大陸方面有意先把話說清楚，確立大原則，然後再談細節。

這是大陸方面對外談判的一貫策略。

一月八日，大陸新華社發表記者薛建華、吳明撰寫的特稿〈就遣返劫機犯問題台灣當局應停設政治障礙〉，指責海陸兩會頻頻提出司法管轄權等政治問題，爲商談設置障礙，企圖在事務性商談中製造所謂「對等政治實體」、「同等司法管轄權」。

原來大陸方面是在撇清台北會談無法達成共識的責任。在此情況下，海陸兩會決定重新評估焦唐會談召開的時間。陸委會發言人高孔廉說，由於中共近來對我方的外交孤立、軍事壓制的做法，顯示中共始終未脫離零和競賽、你死我活的態度，如果中共不能改採「共存共榮、走向雙贏」的策略，兩岸關係很難有進一步的發展。（中時晚報，一九九四年一月十四日，陳維新報導）

據聯合報記者尹乃馨報導，海陸兩會舉行高層聯繫會報，規劃焦唐會談的議題，焦仁和提到海基會董監事會議決議建議政府促成大陸經貿人士來台，此一項目可以列爲焦唐會談議題之一。

黃昆輝主動提及是否考量延後會談的問題，當時黃昆輝沒有十分堅持，但三位副主委則主張再評估時機，海基會尊重陸委會的決策，因此高孔廉就正式宣布重新評估焦唐會談的日期。（自立晚報，一九九四年一月十四日，張玉瑛報導）

這或許是陸委會的談判策略之一，既然中共在最近挖我外交牆腳與賴索托建交，又阻止法國賣武器給台灣，是否適合在最近去北京會談呢？

在官場中，主管提出「是否延緩」的問題，目的或許是在徵求意見、或許是眞的有此意向，又不便明確裁定，部屬就會「揣摩上意」，應聲附和，以免被看成「不同聲音」，這是官場的求生藝術，但也可能造成更大的錯誤，下位者如何適當的表達意見，是很難的。

一月十四日，焦仁和在外交部演講，接受記者詢問說，外交上的得失應跟兩岸從事事務性的工作沒有直接關係，但是政策由陸委會決定，海基會仍在為會談作準備。（中國時報，一九九四年一月十五日，曹郁芬報導）

海協會的反應起先是有些驚訝，對打電話查證的記者追問：「為什麼？」然後說：「要等看到正式文件再說。」

海陸兩會對這件事的處理方式，再度引起新聞界對兩會關係的質疑。中國時報記者王銘義在一月十六日發表特稿〈焦唐會談「唱慢板」，海陸兩會出現「變奏曲」？〉報導說，海陸兩會剛於十四日上午開完高層聯繫會報，並決定重新評估焦唐會談是否如期舉行之後，在短短不到一、兩個小時之內，海基會方面卻又隨即以電話告訴大陸海協會，焦仁和即將按照既定計畫於元月三十一日出發前往北京。決策部門與第一線執行單位說法不一，究竟是「兩手策略」的交互運用、或是海陸兩會「各行其是」的徵兆？

海陸兩會一個扮黑臉、一個扮白臉，是軟硬兼施的兩手策略，大陸方面也經常運用，這是談判過程中所必須的策略運用。所以辜振甫也在一月十五日對新聞界說，焦唐會談未確定要延期，希望雙方多加接觸，開誠布公，才是化解兩岸歧見的做法。

陸委會拋出「是否如期舉行焦唐會談」的議題，立即引起民意的不同反應。多位民進黨立委要求無限期延後「焦唐會談」，政大外交系主任周煦在中央日報發表專文說：「焦唐會談似可如期舉行，因為雙方或我方確有事務性的問題需要解決，我方尚不願見到兩岸關係升高衝突。如果我方欲對中共不友善行為作出回應，作為施壓的手段，則可採取只談而不達成協議的做法，減少今年兩岸談判的次數或層次，大幅降低兩岸之間接投資和貿易數額，有關部會今後更不應提出兩岸定點直航等超越近程階段之主張。總之，報復中共不友善之行為，應針對中共較弱之

處爲之，方可見效。」（中央日報，一九九四年一月十六日報導）

到了一月十八日，新聞界報導焦唐會談可望如期舉行，聯合報與中國時報都引用陸委會高層官員的談話，說明當初提出「重新評估焦唐會談時間」，基本上是對中共當局的不友善言論，適度的表達不滿的立場而已。

海協會副秘書長劉剛奇也在一月二十日打電話詢問焦仁和是否如期前往。海基會遂在二十二日函告代表團名單及預定的行程，第一次焦唐會談如期舉行遂告確定。

海協會則放出風聲，是否安排焦仁和會見錢其琛或王兆國，將「主隨客便」，台灣方面則告訴新聞界，焦仁和迴避會見錢其琛，焦唐會談的意義止於溝通。

3

一月二十八日，海基會先遣人員由主任秘書吳恕率領綜合服務處長孫起明、電腦資訊專員謝坤澤、秘書處專員王正磊前往北京，與海協會副秘書長趙正豫確認有關的行程。雙方確定的行程是：一月三十一日焦仁和率領代表團抵達北京，晚上唐樹備設宴接待。二月一日上午焦仁和前往北京西山碧雲寺向國父衣冠塚致敬，下午舉行焦唐會談第一次會議，確定雙方所欲商談的議題。二日上午焦仁和參觀北京科技產業重鎮中關村，下午舉行第二次會議。三日焦仁和拜會大陸相關機構，參觀台商企業，兩會副秘書長則對各項議題展開小組會談。四日上午舉行焦唐第三次會議，下午彈性安排，晚上由海基會設宴回請海協會。五日焦仁和拜會海協會會長汪道涵，下午返台。

一月三十一日，焦仁和率同副秘書長石齊平、許惠祐、經貿處長張宗麟、法律處長林貴美、秘書處長潘憲榮、旅行處副處長蔡金美、以及專員何武良、高富月、俞國珠、孫治中、陳祖瑜等，抵達北京，按照預定行程逐項進行。

焦仁和在北京機場舉行記者會，說明此行的目的。據香港快報報導，他說，如果這次會談，在觀念上有所突破，他的任務就達成了。他認爲，所謂觀念問題，就是兩岸能不能以務實的態度，就現實存在的法律體制相互尊重，解決問題。如果觀念問題有突破，希望儘快安排下一次事務磋商，就已達成協議的文字進行推敲。

大陸文匯報實習記者李笑冰則報導，焦仁和回答記者詢問首次回到大陸的心情，他說，他當然有所謂的中國情懷，不過這應當是一個文化的中國，一個歷史的中國，或一個文學的中國，而不是一個政治的中國。

報導說，四十五年前，焦仁和的父母在北京結婚，然後懷著他，奔向遙遠的他鄉，如今他鄉已成故鄉，而他卻肩負著台灣地區的期望來到北京，爲重新融合兩岸分隔了四十多年的關係，盡一份心力。

他說，目前「辜汪會談」協議中所需談的十幾項議題，尚未有一項達成協議，辜汪會談後，兩會會務有些需要檢討，兩會事務性商談，也因爲一些技術性問題一時無法取得共識，此次與唐樹備會談，希望能爲解決這些問題做一些奠基工作。

當晚，焦仁和在唐樹備的款宴中說，他們是誠心執行「辜汪會談」決議而來的，帶有最大的誠意，相信今後可爲兩岸搭一座友誼的橋樑，築一條成功的道路。

他又說，大家都關心兩岸關係，我們大家都有這個心，把這個關係向前推進，不怕慢，只怕斷，只要大家共同努力，一定收到很好的效果。

唐樹備則說，兩岸之間過去接觸比較少，這兩年有了接觸，但問題的解決需要時間，所以重要的是，保持一個溝通管道，使大家充分廣泛地交換意見，在這個基礎上，他相信總能找到解決問題的辦法，使兩岸關係進一步發展。

4

然而，二月二日下午舉行的第一次焦唐會談第二場會談，似乎沒有對有關的爭議找到解決的辦法。

雙方爭議的焦點還是司法管轄權的問題。根據會後焦仁和與唐樹備在各自舉行的記者會的說法，唐樹備說，雙方爭論要不要在事務性商談中討論司法管轄權這樣的政治議題，他認為應迴避；焦仁和認為，海協會有不必要的顧慮。

海基會希望儘快把已經開始協商、有希望達成協議的議題先完成後，再安排討論辜汪會談共同協議所列的其他議題。對於海協會提出的經濟與科技交流議題，海基會認為可以交換意見，不做實質討論。因為沒有達成任何協議，所以距離舉行第二次辜汪會談還有一段時日。

對於司法管轄權，唐樹備說，如果台灣方面認為有必要討論司法管轄權這類政治性問題，並得到授權的話，他也願意向大陸有關方面爭取授權，在一個中國的原則下來討論。這不是對台灣法律制度不尊重的問題，而是至今沒有獲得授權。處理劫機犯當然會涉及一些法規問題，但是可以迴避，從金門協議和兩岸公證書使用查證協議的例子，可以證明敏感的管轄權問題可以迴避。

由此可見，大陸方面還是堅持迴避司法管轄權問題，企圖在模糊的空間內處理兩岸問題，但是台灣方面主張不能迴避司法管轄權的問題。

焦仁和說：「在台灣上方有自己的天空，在台灣四周有自己的海洋，在台灣內部有自己的法律制度，這個前提，如果對方否認的話，任何事務性磋商都很難談下去。」

他又說，海基會不是要談司法管轄權，只是要對方提出恰當和可以接受的文字表述方式，但海協會卻迴避，無法解決問題。

雙方同意成立兩個工作小組，由兩位副秘書長帶領，就三項事務性議題的分歧問題進行討論，並對經濟議題交換意見。

5

在兩岸所堅持的基本立場沒有改變以前，事務性議題的工作小組會談，註定不會有結論。二月三日的分組會談沒有獲得明顯的進展，海基會認爲海協會所持的強硬態度，比台北會談期間的立場還倒退，因而取消原定當天下午舉行的第三場焦唐會談。焦仁和認爲，如果沒有共識，當然不必勉強簽署聲明文件，但海基會將會片面發表立場聲明。

許惠祐與孫亞夫當天曾討論「偷渡人員遣返」、「劫機犯遣返」、「漁事糾紛調處」三項議題，孫亞夫認爲「己方人民不遣返」涉及「國與國」之間的引渡行爲，海協會絕不可能討論或同意。許惠祐認爲這比台北會談雙方同意「己方人民不遣返」的共識還倒退。

在經濟議題小組會談中，海協會提議在當年第二季討論台商大陸投資權益保障、與科技名詞統一、產品規格標準化問題，海基會副秘書長石齊平表示未獲授權討論兩岸經濟交流問題，但將適度向主管部門反應。

當天下午五時，大陸國台辦主任兼中共中央統戰部長王兆國會見焦仁和，這場會面接續晚餐，談了三小時多。王兆國引用中國古代詩人的詩句說：「讓他一尺又何妨」，透露大陸當局有意適當讓步的決策；焦仁和也希望大陸方面以周恩來爲榜樣，給予唐樹備更大的授權。王兆國說：「我當然充分授權。」所以，香港華僑日報在二月六日刊出中央社的特稿，說是焦仁和一語轉乾坤；中時晚報在二月七日刊出署名「千夫」的時論說，王兆國一語定乾坤，認為「讓他一尺又何妨」是中共當局的決策。

焦仁和後來在二月七日透露他與王兆國會面談話的部分內容。據報導，王兆國在餐敘中曾主動談到外交問題，焦仁和以未被授權為由，雙方未廣泛討論。但是，焦仁和曾告訴對方，大陸封殺台灣國際生存空間不利於兩岸關係的發展，只會造成分離主義。大陸的做法是「為淵驅魚，為叢驅雀」。（中國時報，一九九四年二月八日，黃佑鋒報導）

焦仁和說，兩岸關係不能關起門來稱兄道弟，走出大門之後又是你死我活，尤其是國際關係更不能按照這個模式發展下去。他又說，今天台灣為政黨政治體制，社會呈現多元化發展，民意已經成為政策的主導力量。任何一個政黨要繼續執政，絕對不能忽視民意，台灣民意高漲將影響外交政策走向。

中共的談判策略一向是高層人員才有權利決定讓步，中層人員即使知道政策上會讓步，也會把面子做給高層人員，讓高層人員來唱白臉，做讓步。所以，王兆國的談話一方面顯示有意讓步，另一方面也是讓焦仁和有面子，唐樹備當然懂得其中的道理，會談的僵局也就急轉直下，雙方在氣氛上已經緩和了。

據香港信報二月七日刊出陳子帛的專文，評估與檢討焦唐會談，就明白指出王兆國與唐樹備是在演戲，讓焦仁和相信兩岸愈是高層溝通，愈是能使中共讓步，其目的是在推動兩岸高層接觸。

6

二月四日雙方恢復「焦唐會談」，因有進展，下午加開一場會談後，決定發表共同新聞稿。雙方在會後各自舉行記者會，說明會談成果。但是，陸委會當晚要求焦仁和必須修改「共同新聞稿」的內容。

據中國時報記者王銘義撰寫的「新聞幕後」透露，陸委會緊急指示海基會調整共識，因此共同新聞稿與會談共識有些出入。

王銘義說，在焦仁和於五日登機回台之前九十分鐘，唐樹備前來確認共同新聞稿的內容，焦仁和要求調整部分文字。雖然焦仁和曾經堅持原來的共識，並願以個人名義發表，承擔全部責任，但是終究抵擋不過來自陸委會的「授權壓力」，以及主管部門的「決策指示」，而要求修改共識內容。（中國時報，一九九四年二月六日，王銘義報導）

雙方原來已經口頭宣布將在第四次後續協商中納入討論經濟議題，以及當年三、四月間在台北順利簽署三項協議時，將同時研商第二次辜汪會談舉行的時機與地點。這兩項共識都被陸委會要求修改，經濟議題改爲交換意見，「研商第二次辜汪會談的時地」改爲「並爲第二次辜汪會談創造有利條件」。

據報導，唐樹備說：「文稿不斷修正是正常現象，共識的基本架構並沒有刪減。」海基會遵照陸委會指示臨時要求在「焦唐會談共同新聞稿」中增列載明尊重台灣法律體制的相關文字，唐樹備以迴避法律問題爲由拒絕了。

王銘義說，焦仁和主導草擬「共同新聞稿」，在最後階段被迫進行局部的刪減，並無損於這次會談的實質意義。不過，陸委會出身的焦仁和，在面臨這種前方談判代表與後方指揮官默契不足、策略認知不同的各種差異下，不知是否已感受到邱進益去年在北京的心境？

以焦仁和、唐樹備個人名義發表的「共同新聞稿」，宣布雙方達成五項共識：

一、雙方認為，在兩會事務性商談中，應以務實的態度迴避政治問題。雙方討論了「違反有關規定進入對方地區人員之遣返及相關問題」等三項事務性議題，達成高度共識，但仍應努力克服若干歧見，以期儘速達成書面協議；雙方商定第四次事務性商談於三月下旬在北京舉行，達成協議後，將由兩會負責人在台北簽署。

在第四次事務性商談中並得就「有關共同打擊海上走私、搶劫等犯罪行為」、「兩岸智慧財產權（知識產權）保護」、「兩岸司法機關之相互協助（兩岸有關法院之間的聯繫與協助）」，及「辜汪會談共同協議」中所列的若干經濟、科技議題等交換意見或進行商談。

二、雙方商定「兩會商定會務人員入出境往來便利辦法」，並以交換函件方式生效實施。

三、雙方原則同意依據「兩岸公證書使用查證協議」第二條規定，增加寄送公證書副本種類，具體項目另行商定。

四、雙方願就兩岸有關遺產繼承問題相互提供協助。

五、雙方同意今年繼續促成新聞媒體負責人及記者互訪、青少年交流、科技人員互訪等活動。

雙方將繼續全面履行「辜汪會談」各項協議，保持兩會聯繫、會談管道暢通，並為第二次「辜汪會談」創造有利條件。

7

唐樹備則在四日當天晚上搶先發表書面文稿，說明焦唐會談達成的共識，引起陸委會不滿。據香港明報記者賴秀如報導，陸委會批評唐樹備的書面文件「內容嚴重偏離會議主旨，更偏離了海協會的角色與本質特性」。

陸委會認爲唐樹備多處擴大或曲解兩會已具共識的商談議題，例如建議進行海協會顧問、理事與海基會董監事互訪，要求台灣開放引進大陸勞工，要求進行直接通商等。

陸委會副主委高孔廉並指兩會商談還有十項歧見，例如劫機犯的遣返程序、大陸是否可以派人來台實地查核、雙方對政治與法律問題的歧見等，都有待繼續協商。

陸委會諮詢委員、政大國關中心中國大陸組召集人吳安家認爲，焦唐會談雙方各有斬獲，海協會有五項收穫，海基會有四項收穫。（中國時報，一九九四年二月六日，黃佑鋒報導）

吳安家指出，海協會的五項收穫是：

一、海協會常務副會長唐樹備可以來台，簽署偷渡客遣返等三項協議。

二、經濟性議題可在三月份討論，雖然僅是交換意見，這項共識對促成兩岸經濟交流影響重大。

三、反對我方的司法管轄權。

四、未來簽訂協定，將以模糊的字眼表述，儘量把法律用語剔除。

五、雙方願爲第二次「辜汪會談」創造有利條件，如果偷渡客遣返等三項議題達成協議並簽署，其他議題也展開商談，則已爲第二次「辜汪會談」創造有利條件。

海基會的收穫有四項：

一、台北會談沒有共識的部分已取得高度共識。

二、儘速達成書面協議的期望得以落實。

三、訂出商談議題的優先順序。

四、新聞媒體負責人和記者得以互訪。

究竟這次焦唐會談的「共同新聞稿」內容是否符合陸委會的授權？陸委會一位高官私自放話說，焦仁和逕行答應唐樹備，將經濟議題排上事務性協商議程。事實上焦仁和在行前已與黃昆輝達成默契並獲授權。（自立晚報，一九九四年二月八日報導）

據報導，焦仁和與黃昆輝之間有相當多的默契，在三項事務性協商談得差不多可簽協議時，可安排下一次事務性協商的議題，包括經濟議題在內，並可安排唐樹備來台簽署協議。但是，這位陸委會官員卻對從北京打電話求證的記者說，焦仁和答應對方的條件是個人的決定，未獲授權。焦仁和查出竟是自家人在背後放話，相當不高興。這也顯示陸委會部分官員對談判代表的不尊重。（自立晚報，一九九四年二月十六日，張玉瑛報導）

張玉瑛又報導說，海基會在向陸委會報告中，曾提到與中共高層官員「政策對話」的重要，第一次焦唐會談時，如果沒有和王兆國「不期而遇」，沒有王兆國的點頭，唐樹備的態度不可能一夜之間軟化。因此，海基會表達了會見中共高層的重要性，愈高層愈能解決問題。

海基會的看法並沒有錯。從中共過去與美國談判的經驗可以看出，周恩來的談判策略就是設法提高談判層次，最好是部長級會談，否則大使級會談也可以接受，但是只能慢慢談，保持聯絡管道，愈高層愈能解決問題。對照兩岸談判模式，中共也是一再設法提升談判的層級，新加坡辜汪會談舉行之後，希望很快再舉行第二次高層會談。但是，陸委會的策略是慢慢來，副秘書長層級的事務性商談先處理三項事務性問題，如果不能突破司法管轄權的問題，就不談其他議題，更不必說要舉行第二次「辜汪會談」了。海陸兩會對談判策略看法，究竟是有所不同、還是策略運用？

無論如何，海基會在第一次焦唐會談之後，已經開始規劃讓唐樹備在四月初來台簽署三項協議，其前提條件是，在三月間於北京舉行的第四次後續協商必須對三項事務性問題達成共識。

第廿三章

北京

第四次後續協商與千島湖事件

1

在海基會與海協會於一九九四年三月底舉行第四次後續事務性協商以前，兩岸情勢的發展趨向和解與競爭並進的狀況，李登輝成功地以非正式的名義訪問了東南亞，大陸方面沒有激烈反應，反而由海協會致函海基會，希望透過兩會合作，安排台灣官員以私人名義訪問大陸。同時，第十一件劫機案又掀起一陣爭論的熱潮，敦促兩岸儘快處理劫機犯遣返問題。海協會並在策略上爲商談經濟議題預作準備。

李登輝以「度假外交」方式訪問東南亞三國，大陸方面的反應是順水推舟，順勢推動兩岸官方交流訪問。海協會致函海基會，首度提議以兩岸中介團體名義安排台灣官員赴大陸訪問。中共官方甚至公開表示，歡迎李登輝以個人名義到大陸訪問。大陸的政策一向是歡迎台灣的官員以個人身分訪問大陸，當時台灣則尚未開放官員前往大陸訪問，所以要成立海基會處理兩岸事務。（聯合報，一九九四年二月十九日，尹乃馨報導）

次日，聯合報報導黃昆輝的談話說，不論是在台灣或大陸，兩岸官員都可以同時出席國際組織，爲兩岸官方接觸牽線。顯示台灣有意打「國際牌」作爲打開兩岸官方接觸的大門。（聯

合報，一九九四年二月二十日，王美惠報導）

黃昆輝並強調，一九八九年當時財政部長郭婉容率團參加北京亞銀年會的模式，可以作為兩岸現階段官方接觸的模式。

這是台灣踏出兩岸官方接觸的第一步，兩岸官員可以在國際會議的場合見面，後來才又進一步開放可以非官方名義參加研討會或訪問活動，但是大陸官員還是迴避與台灣官員在公開場合交流。

在劫機犯遣返問題尚未獲得共識之前，一九九四年二月十八日又發生第十一起劫機案，一架大陸「西南航空公司」班機被大陸人民劫持來台，台灣方面仍以人機分離方式處理，先將乘客與飛機釋回，劫機犯則依法處理，並由海基會副秘書長石齊平循緊急連絡管道通知大陸海協會副秘書長劉剛奇。海協會則要求依照「金門協議」將劫機犯與人機同時遣返。

新聞界討論的議題是，第一次焦唐會談對劫機犯遣返問題的共識是「不溯及既往」。如果劫機犯遣返「不溯及既往」，那麼，會不會鼓勵大陸劫機者趁兩岸簽署協議之前犯案？焦仁和立即澄清說，雖然兩岸曾就「不溯及既往」原則取得共識，但是，未簽協議前，對大陸劫機犯的處理程序，仍應按現行司法程序處理，依法要判處重刑。

大陸方面在兩岸談判策略上，希望以經濟議題取代三項事務性問題。海協會安排了四位副秘書長，將由國台辦借來主管經濟議題的副秘書長趙正豫、李亞飛與海基會副秘書長石齊平對談經濟議題。同時，設法在事務性議題商談時拖住許惠祐，等到三項議題達成協議後，孫亞夫專任國台辦研究局的工作，再由李亞飛來對付許惠祐。（自立早報，一九九四年二月十九日，陳威僨報導）

不論這項報導的可能性如何，大陸在兩岸談判方面審慎選擇談判對手是一向的策略，爭取相同立場的談判對手，更是大陸的一貫目標。因爲雙方有共同的語言，才有助於談判達成協議。許惠祐的強硬立場雖然讓大陸方面感到頭痛，卻是李登輝與黃昆輝的最愛，符合李登輝心中的緩進原則。

因此，兩岸第四次後續協商的主談代表，陸委會仍傾向由許惠祐一人擔綱，不贊成海基會規劃的事務小組與經濟小組同時出發商談。陸委會仍然堅持在三項事務性議題達成協議後，再談其他問題。（中央日報，一九九四年三月六日，孟蓉華報導）

大陸方面並不看好第四次後續協商。據聯合報從北京發出的報導，透露國台辦主任王兆國在一項對大陸內部的講話中，關切台灣當局提出的「階段性兩個中國」論，他認爲，台灣當局企圖藉解決事務性問題，迫使大陸承認台灣擁有「獨立主權」與「司法管轄權」，以達到「兩個對等政治實體」的目的，顯示今後兩岸事務性商談的鬥爭將更尖銳，甚至會出現僵持不下的局面。（聯合報，一九九四年三月七日，王美惠報導）

這段談話可能是中共有關官員故意透露給聯合報記者，目的在說明大陸當局對「主權」與「司法管轄權」不會退讓，因此，第四次後續協商如果不能迴避主權與司法管轄權問題，雙方陷入僵持與爭議是不可避免的。這是談判前的心理作戰，讓對方先了解談判底線，企圖讓對方自行修正談判策略。

在陸策組決策後，海基會於三月九日慶祝成立三週年之日，去函海協會建議兩會在三月二十一日舉行第四次後續協商，唐樹備來台簽署協議的日期則延至四月中旬來台舉行第二次焦唐會談時同時舉行。海協會在三月十二日回函，提到兩會已在電話中溝通同意，第四次事務性商談確定時間爲三月二十五日至三十日，海協會將按照焦唐會談「共同新聞稿」的共識進行會談。

2

兩會商定會談時間後，海陸兩會開始積極在內部凝聚共識，為即將舉行的會談作準備。三月十四日，海陸兩會人員在石門水庫舉行「兩岸談判策略研討會」，趁機培訓談判事務人才。焦仁和在會中透露，大陸福建沿海省份，負責從事對台監聽情報工作的人員有七千多人，兩會在研擬談判策略、或執行兩岸談判任務時，應採取有效的保密措施。這項談話，經由中國時報記者王銘義等採訪記者報導出來，引起各界的注意，加強大家的心防。其實，海陸兩會都已知道大陸的監聽工作，還流傳著一個「洗澡要注意防範針孔攝影」的笑話。

焦仁和率領三位副秘書長石齊平、李慶平、許惠祐，及主秘吳恕，在三月十五日先後向國民黨與民進黨說明兩岸交流、焦唐會談的經過、第四次事務性商談的因應策略，尋求朝野對兩岸協商的支持與共識。在野的民進黨也漸能接受海基會的談判角色與功能。

但是，政府內部卻對焦唐會談的共識有意見。連日來海陸兩會研商三項協議的底線，主管部門堅持不宜輕易讓步。（中國時報，一九九四年三月十七日，王銘義報導）

報導說，在劫機犯遣返方面，焦唐會談取得共識，海基會同意以其他文字表述「己方人民不遣返」的立場，海協會則願意考量接受「刑期抵免」的精神，雙方並原則同意將刑事犯遣返問題納入「兩岸共同打擊犯罪」議題討論，以解決「準用條款」的爭議，但主管部門認為仍應堅持「刑事犯準用條款」，以免延誤解決刑事犯遣返問題的時機。

有關偷渡犯遣返問題，海協會在台北會談及焦唐會談期間，已經修正各項偏離議題的主張，例如開放基隆、新竹、台中港作為遣返交接口岸、直接派員來台實地查證偷渡犯身分等，同時也同意在特殊情況下得以「主動遣返」，不過如何表述雙方仍有歧異。

在兩岸漁事糾紛調處協議方面，雙方已就兩岸調處機構所作調處仲裁效力規範、適用範圍界定等，達成共識，但主管機關仍對未來能否確實執行有疑慮，對應否堅持將公務船與漁船碰撞糾紛納入適用範圍，還要再研議。

三月二十二日自由時報卻報導「焦唐會談共識，各部會認爲無法執行」。在焦唐會談之後台灣內部並沒有傳出異音，卻在第四次後續協商舉行之前傳出這樣的話，究竟是誰在放話，還是準備翻案的策略運用？是李登輝不同意焦唐會談共同新聞稿的內容嗎？還是眞的各部會有意見？

據報導，海陸兩會在第四次會談三天前舉行沙盤推演，陸委會高層首先說各部會有意見，希望海基會先聽聽他們的意見。國安局說，兩岸漁事糾紛問題，海基會在焦唐會談同意將糾紛適用範圍限在漁船對漁船，將造成「安全」上的威脅，而且政府無法護漁，公務船和漁船間糾紛涉及領海界定權，若不納入，無意對中共門戶洞開。農委會也發言支持這項說法。

報導說，法務部認爲，劫機犯遣返有關司法管轄權部分，協議若予以模糊，中共可說這是國內事務，台灣沒有處理權，我方在認定上將無從適用。

報導又說，各部會堅持對刑期五年以上的刑事犯遣返，應有「準用條款」，否則將來經濟犯、搶劫犯是否要另訂遣返協議？（自由時報，一九九四年三月二十二日，林宏洋報導）

陸委會是焦唐會談的主導機關，第一次焦唐會談期間，陸委會怎不表示意見，卻只對「共同新聞稿」要求修正？各部會對「刑事犯準用條款」都有關係嗎，爲何都堅持要列入「準用條款」？海陸高層會報的內容怎會完全洩漏給新聞界知道？可見台灣內部對兩岸事務性談判嚴重缺乏共識，有人主導對海基會扯後腿。在這種狀況下，海基會怎能談出令大家都滿意的協議？談判人員註定要當砲灰與烈士嗎？是陸委會故意要翻案而放話的嗎？

三月二十三日，海基會代表團出發的前一天，黃昆輝否認外傳政府有關部門認爲「焦唐會談」共識喪權辱國。據自立晚報報導，黃昆輝說，焦唐會談的共識，我方權責單位有不同的意見，例如漁事糾紛議題應將「公務船」納入協議中，劫機犯遣返協議中應納入「刑事犯準用條款」。因此，這一次海基會事務協商談判代表們，仍將在秉持焦唐會談共識的基礎下，就一些問題務實地討論如何落實，原則上是達成的協議必須使主管權責機關能夠執行。（自立晚報，一九九四年三月二十三日，張玉瑛報導）

那麼，主管官員爲何不自己去談能夠執行的協議？黃昆輝說，政府部門將在技術性問題談判時，以另一種身分參加談判行列。

在第四次事務性協商舉行的前夕，黃昆輝做這樣的談話，當然就是要許惠祐去討價還價，推翻焦唐會談未列入「共同新聞稿」的共識了，許惠祐只要去翻案就可以了，不必顧慮是否可以達成協議的問題。

3

三月二十四日，許惠祐率領旅行處副處長蔡金美、法律處專員何武良、林源芳、黃國瑞，前往北京。法律處長林貴美因爲生病住院，需要調養，不能參加會談。副祕秘書長李慶平也生病住院，另一位副秘書長石齊平自然就要在會裡留守了。

海協會則由副秘書長孫亞夫率領周寧、何挺、蘇志碩、林毅、郝征宇、鄭錦舫、周久才、張春儒、馬曉光、王建源分別應戰。

雙方在當天晚上敲定議程，二十五日上午討論偷渡人員遣返、劫機犯遣返，下午談漁事糾紛。二十六日上午再談偷渡與劫機遣返，下午再談漁事糾紛。二十七日彈性安排。至於後三天的議程、以及石齊平是否前往北京，將由陸委會決定。

三月二十五日會談開始，雙方自然是有一番爭議，焦點是「己方人民不遣返」、「刑事犯準用條款」、「偷渡犯主動遣返」、「遣返費用分攤」、「公務船角色定位」、「糾紛調處結果的執行力」等問題。

劫機犯遣返協議中，海協會以涉及國家之間引渡條約的因素，堅決反對將「己方人民不遣返」寫入協議，並建議以適用範圍來解決，例如限定適用遣返範圍只有「大陸人民劫持大陸民航機前往台灣，以及台灣人民劫持台灣民航機前往大陸」。海基會則主張使用「海基會不要求遣返大陸地區人民，海協會不要求遣返台灣地區人民」。雙方各執己見，沒有突破。（中國時報，一九九四年三月二十六日，王銘義報導）

「刑事犯準用條款」問題，焦唐會談曾達成共識，雙方在下次事務性商談時，將安排商談「兩岸共同打擊犯罪」議題，刑事犯遣返問題則納入共同打擊犯罪議題討論，現階段刑事犯遣返仍依「金門協議」的規定執行。但是，許惠祐在首日的商談中堅持，刑事犯的遣返與劫機犯的遣返性質相同，仍應列入「準用條款」，一併解決刑事犯遣返問題。

有關「違反有關規定進入對方地區人員之遣返及相關問題協議」，牽涉主動遣返、與遣返費用分攤問題。

主動遣返問題，海基會再度提出，在各地收容中心人滿為患、或對方不來接人時，得經雙方商定後，進行主動遣返作業。海協會則以海基會指定收容地、場所進行實地查核為條件，有限度同意主動遣返。對於如何規範商定的原則與程序，雙方仍有爭議，海基會建議明確訂定條件，避免適用時發生爭議。

遣返費用分攤方面，海基會堅持應由發生偷渡行為的一方支付遣返所需費用，海協會認為分攤費用牽涉複雜，而且推說私渡行為多是台灣「蛇頭」組織所為，仍以各自負擔費用為宜。

有關「兩岸海上漁事糾紛之處理協議」，牽涉適用範圍、與調處仲裁效力問題。

在適用範圍方面，雙方在焦唐會談期間原已商定，本協議適用範圍將以兩岸漁船之間的碰撞、絞網等糾紛案件爲限，有關與公務船發生碰撞糾紛案件，雙方同意專案處理。許惠祐認爲，在焦唐會談期間，對公務船調處漁事糾紛、以及執行試行和解案件過程的角色與定位，有多方面的討論，海協會可能過度簡化問題的複雜性，甚至斷章取義。許惠祐建議，海協會如對「公務船」敏感，可將適用類型調整爲漁船與漁船、以及漁船與其他船舶之間的糾紛案件。

有關「漁事糾紛調處機構的仲裁效力」，雙方雖同意成立糾紛調處機構，專責處理兩岸漁事糾紛案件，但對於調處結果，海協會依然主張「各自採取有效措施予以落實執行」，海基會認爲這樣並不明確，應賦予「確定判決」之法律效力，雙方採取的做法應一致，以免賦予的效力不同，有失均衡。

刑事犯準用條款與公務船肇事接受調處等問題，均涉及敏感的法律與公權力行使問題。孫亞夫在會談後被記者問及「己方人民不遣返」問題時，觸電似的反應，強調那是「國家間的引渡條約的翻版」，海協會絕不接受。大陸農業部漁管處長林毅對公務船問題，則說公務船行使公權力，可以不接受調處，列入也沒有效力。可見涉及司法管轄權與主權問題，幾乎是免談。

（自立晚報，一九九四年三月二十六日，黃秀錦報導）

4

由於首日會談陷入對立的局面，海協會的立場比在台北會談時更倒退，陸委會與海基會連夜會商對策。陸委會已經有「無功而返」的準備，因而授權許惠祐決定。對於海協會指責海基會應遵守焦唐會談共識，陸委會也準備在必要時公布眞相，看看是誰在斷章取義。

三月二十六日，會談的第三天，雙方還是堅持立場，互不讓步。雖然海協會提出新建議案，但是仍然無法具體表述「己方人民不遣返」的原則，焦仁和認爲海協會所提的主張刁蠻無理。

焦仁和說，焦唐會談的共識，在這次事務性會談中，往往被海協會緊緊扣住，並顚倒邏輯。例如漁事糾紛調處有關公務船部分，他在焦唐會談中承諾，只要「調處效果」的部分能解決，他願在適用範圍中拿掉「公務船」部分。但海協會代表則咬緊他承諾拿掉公務船的部分，而不先處理調處效力的問題，是顚倒邏輯。（中央日報，一九九四年三月二十七日，林慶祥報導）

在劫機犯遣返問題方面，焦仁和說，劫機犯行是由大陸延續到台灣，且屬萬國公罪，人一落地即進入我方偵查程序。他在焦唐會談中承諾，如果「己方人民不遣返、一事不再理」等原則確立，則不妨將一般刑事犯的遣返問題，也一併納入協議中簽署，目的在多解決問題。海協會指責我方不將刑事犯遣返列入共同打擊犯罪議題，是違反焦唐共識，其實海協會的作法才是「反其道而行」。

焦仁和說，只要陸委會許可，他將在會談結束後公布這次會談我方提出的新方案，讓大家看看我們是否有夠誠意，也讓大家看看海協會違反共識的情形，讓大陸高層看看海協會代表專在枝節上作文章的心態與作法。

海協會提出有關劫機犯遣返的新建議，包括三項：一、對劫持一方民用航空器至另一方的對方劫機犯，航空器降落地一方在進行必要偵查後，遣返至航空器所屬方處理（例如大陸人民劫持大陸飛機到台灣，台灣方面進行必要的偵查後，應將劫機犯遣返大陸處理）。二、劫機犯原則應一律遣返，遇有特殊情況者，視情遣返。三、劫機犯給降落地一方造成人員重傷、死亡及財產嚴重損失，其遣返時機得由降落地一方視情遣返。（中央日報，一九九四年三月二十七日，孟蓉華報導）

孫亞夫說，台灣人民劫持大陸航空器到台灣，可留給台灣方面處理，這樣做沒問題，但這與「已方人民不遣返」的性質是不一樣的，用「已方人民不遣返」來表述，會造成「性質不同」。

許惠祐則認爲了無新意。架構法律制度要廣泛顧慮到各種可能發生的狀況，協議中不論形式、實質都要雙方對等，否則豈不是在簽「賣身契」？

其實，陸委會副主委高孔廉已經在三月二十五日說過，我方已將「已方人民不遣返」的表述方式，改爲「互不要求遣返對方人民」，沒有政治涵義，但是海協會還是不接受。遣返費用我方僅要求在主動遣返時由對方支付，海協會也不接受。（聯合報，一九九四年三月二十六日，何振忠報導）

雙方爭議的焦點還是在主權問題。唐樹備在大陸「海峽之聲」廣播中說：「台灣作爲中國的地區，其管轄權也屬於中國的部分。」說明中共堅持「一個中國」的原則，而不承認兩岸分裂分治的事實，台灣方面爭的是「對等政治實體」，雙方差距太大，自然無法談出共識。

據中國時報分析，站在海基會的立場，透過兩岸會議達成協議，以解決實務問題，同時凸顯兩岸分裂分治的事實，當然是最高政策目標。不過，海基會也了解中共不可能改變立場，因此預留必要的彈性空間，底線則不能也彈性到我方被貶爲地方政府。（中國時報，一九九四年三月二十八日，黃清龍報導）

黃清龍說，海基會謹守這樣的立場，除了遵循陸委會的政策外，基本上還另有國內政治環境的考量因素，因爲三項協議兩岸草簽之後，將來還需送交立法院審議，如果協議內容不能彰顯兩岸分治的事實，或者任何「創造性模糊」逾越了這個事實，乃至於落入中共的政治陷阱中，使我方喪失司法管轄權，都不可能被立法院接受，兩岸協議也就完全沒有意義了。

果然，在兩會各堅持立場的情況下，立委開始要求海基會立刻終止會談。陸委會則授權許惠祐決定，但是又對新聞界說，會談日期是到三月三十日止，目前沒有改變，海基會副秘書長石齊平也不前往北京商談經濟議題。

石齊平原定在三項協議達成共識時前往北京，參加經濟議題的協商，但是，三項議題沒有共識，石齊平決定以個人身分參加四月四日起在上海舉行的「城市發展與城市規劃研討會」，沒想到他卻成爲「千島湖事件」發生後就近前往杭州了解情況的海基會代表。

5

第四次事務性協商在三月三十日落幕，海基會代表團在三十一日離開北京前，以海基會名義發表聲明，說明海基會秉持最大誠意，以過去歷次會談爲基礎，對己方人民不遣返、一事不再理、遣返費用及公務船試行和解等提出新的折衷建議，期能克服歧見，儘速達成協議；然因大陸方面過度堅持己見，甚至在其他問題上橫生枝節，如更改協議名稱、重提劫機犯遣返期限、主動遣返之實地查核等，致會談無成。

聲明又說，這次會談最大障礙在於大陸方面對焦唐會談共識之解讀，僅片面截取討論中之片語隻字作爲共識，甚至故意曲解我方原意。如原附有若干前提要件之公務船適用及刑事犯準用等問題，大陸方面捨其前提要件不談，擷取於己有利之部分內容並強指爲共識，徒然阻礙會談進行，造成猜忌。

對會談內容作對其有利的解讀，一向是中共談判的策略，一九九二年十一月海協會海基會達成對「一個中國，各自以口頭表述」的共識，但是，大陸方面僅擷取前半句，只稱雙方都同意「一個中國」原則，而不提雙方對其內涵有不同的解釋。這就是兩岸談判最大的爭議點。

這次事務性會談，雙方一直在爭論焦唐會談的共識問題。會談期間，孫亞夫質問許惠祐傳達的是焦仁和的意見、還是台北的意見？雙方爭論焦唐會談達成什麼共識。雙方休兵一天後，焦仁和通知許惠祐轉告孫亞夫，以前說過的話都算數，但是有些先決條件要做到。焦仁和已經在三月二十八日將他所說的先決條透過中央日報公布出來。但是，孫亞夫還是不相信這是台北的意見、還是焦仁和的意見，顯然對焦仁和的信用是一種傷害，也是一種談判上的分化策略。據劉秀珍報導，在海陸兩會的專案會議中，焦仁和與黃昆輝還拍了桌子，場面火爆。（經濟日報，一九九四年四月十日，劉秀珍報導）

海協會指責海基會不遵守焦唐會談共識，似乎是以會談前的某些新聞報導為藉口。據四月二日中時晚報記者陳維新報導，陸委會在會談前召集的第一次專案會議，焦仁和沒有參加。在第二次專案會議中，與會人員聽了焦仁和的說明，都支持他在焦唐會談的商談結果。然而，第二天某些媒體卻報導與會人員不同意焦唐共識。焦仁和還向參與會議的農委會副主委林享能、警政署長盧毓鈞詢問眞相，他們都表示支持焦仁和與唐樹備的會談共識。究竟是誰在放話，使第四次事務性會談成為爭論焦唐會談共識的有效性？是陸委會的談判策略，有意傷害焦仁和的談判信用，來達成陸委會絕不讓步的形象？還是海協會故意曲解焦唐會談共識，作為大陸方面不承認台灣司法管轄權的藉口？

陸委會官員說，造成第四次事務性會談無法達成具體結果，是專案小組有人刻意把不是共識的內容對外界透露，造成海協會抓住話柄反咬我方違反焦唐會談共識。事實上，國安局代表在專案小組會議中，只是對焦仁和所提意見報以微笑，不能以此來說是國安局代表批評焦仁和吧。（台灣時報，一九九四年四月一日，張坤華報導）

可見對外談判一定要先凝聚內部共識，與會官員已不能隨便對外釋放不實的消息，以免增加談判人員的困擾，除非是決策單位的策略運用。兩岸都希望對方少一些策略，多一些誠意，又怎能處處運用策略，來誘導對方破壞共識，阻礙會談的進展呢？

就在這種互相指責的氣氛中，很不幸的大陸又發生「千島湖事件」，激化了兩岸人民的情緒反應，導致兩岸會談無法按期舉行，雙方都必須爲這個「意外事件」付出代價。

6

三月三十一日下午四時三十分，一個二十四人的台灣旅行團搭乘「海瑞號」遊艇在千島湖的猴島參觀後，預定於晚上七時抵達建德清心賓館住宿，路途中卻發生被殺害的慘案。

據大陸方面查證事件經過，四月一日上午八時發現該船失蹤，立即展開搜索，上午十時三十分發現失蹤的「海瑞號」正在千島湖黃泥嶺附近水域燃燒，下午二時拖至江浦渡岸邊灌救，下午四時登船查看，發現燒焦的屍體，以後陸續清出二十七具屍體，沒有生還者。

四月二日上午八時，台灣承辦旅行社接獲大陸有關旅行社通知該團失蹤的電話，立即設法查證，當天下午證實船上三十二人全部罹難。中共方面同意台灣旅客罹難家屬五十多人前往大陸處理善後，卻不同意海基會人員前往協助，也不同意罹難家屬提出冷藏屍體並運回台灣的要求。罹難家屬無奈，被迫同意將屍體在大陸火化，四月九日搭機返台。

據《執政告白實錄》說，三月間大陸方面曾來電希望蘇志誠前往北京一趟，李登輝認爲不妥，只同意蘇志誠在珠海與江澤民的辦公室主任曾慶紅見面。因此，蘇志誠於四月三日前往香港，四日由澳門搭乘專車進入珠海，與曾慶紅見面，兩人是否對「千島湖事件」有所諒解、或是對兩岸事務性協商交換意見，書中沒有交代。據推測，兩人應該談到「千島湖事件」與事務性協商的問題、或更高層次的司法管轄權問題吧。

「千島湖慘案」發生後，海基會始終無法與海協會取得連絡，緊急管道根本不通。海基會只好致函海協會，要求同意派員隨同罹難家屬前往協助處理，但是，海協會多次表示不同意。

四月三日，海基會副秘書長石齊平前往上海參加一項研討會，焦仁和指示就近前往現場與罹難家屬會晤，提供協助。但海協會只同意派人到上海向石齊平說明狀況，而不同意他前往現場。一直到四月八日，海協會才同意石齊平前往杭州，與海協會副秘書長劉剛奇會面，討論善後事宜。當晚許惠祐在接獲陸委會授權協商後，也搭機前往香港，準備協助罹難家屬返台有關事宜。

「千島湖事件」牽涉到敏感的司法管轄權問題，大陸不願意海基會涉入，因此一再拒絕海基會派員隨同罹難家屬赴現場，但是同意提供案情，也同意協商「兩岸人民人身與財產安全保障問題」。

唐樹備在四月六日回電給焦仁和，說是北京高層已經指示要查清楚，不過，因爲事情發生在夜間，尚未查到目擊證人，還需要時間再查證，希望不要因爲此事而傷害兩會關係、以及日後的溝通管道。

到四月十八日，海協會通知海基會已緝獲三名兇嫌。二十日，海協會進一步說明已查到本案係預謀搶劫，取得兇嫌搶得的攝影機、照相機等證物，並建議兩會在四月二十七日至二十九日在香港就「千島湖事件」舉行協商。海協會一日三封函電，到下午四點多再函邀海基會派員前往杭州聽取案情。

海基會於次日同意在香港舉行「千島湖事件」與旅行安全問題協商，但是，由於海協會正忙著處理「千島湖事件」的案情說明，海基會主動同意延後在香港協商，先處理善後問題，並將我方蒐集到的資料與可能的案情疑點通知海協會，要求對方查證說明。

五月八日，許惠祐率領罹難家屬代表、專家、及海基會人員共二十二人前往杭州，九日在西子賓館聽取案情說明、觀看錄影帶及幻燈片，簡報由許惠祐與李亞飛共同主持。當天下午我方專家提出問題，大陸專家回答，務使案情能夠清楚交代。十一日，我方團員到海瑞號現場祭拜，並對有關證物進行查看、拍照、錄影存證。十三日回到杭州，再由我方專家提問，促請大陸方面繼續深入調查。十四日全團返回台北。

有關賠償問題，海協會在五月三十一日來函表示，將由旅行社與家屬直接洽商。三名兇嫌則由杭州中級人民法院提起公訴，並發旁聽證給立委呂秀蓮、律師許文彬等人，海基會人員只能以個人身分前往旁聽，因此許惠祐決定不參加。全案於六月十二日審結宣判，三名兇嫌迅速處決。

「千島湖事件」雖然是一個旅行安全的意外事件，但對兩岸關係的發展卻有相當的影響，原本兩會定期會談的計畫，也因此延緩。兩岸旅行人身安全問題也引起各界的重視，兩岸在簽署有關協議之前，只能由兩岸旅行業各自努力，設法將旅行安全問題做到儘量防止、事後補救的地步。

海基會在處理兩岸意外事故過程中，除了一九九一年的莆田車禍大陸同意海基會旅行處副處長蔡金美隨同車禍家屬前往處理外，其他各種事故都不同意海基會派人協助，因此，海基會只能做好協助家屬來往兩岸的接待、聯繫、與法律諮詢等各項工作。相同的，爲了對等，海協會的人員也不能來台協助處理有關大陸人民在台的意外事故了。兩岸如此對立，如何能夠做到爭取人心的工作呢？事務性協商能夠解決問題嗎？

第廿四章

台北

第五次後續協商與第二次焦唐會談

1

兩岸在處理「千島湖事件」期間，仍然保持理性的態度，一方面讓這一不幸的事件早日圓滿落幕，一方面準備在雙方都平靜下來時，再恢復事務性的商談。台灣新聞界追根究柢的報導，也有促進兩岸互相了解的功能。

爲何兩岸在處理事務性問題時產生嚴重的分歧？似乎是雙方互相提防、又各自堅持立場，造成了談判的僵局。據中國時報在一九九四年四月五日刊出記者王銘義對焦仁和與唐樹備的專訪問答談話，可以確認第四次事務性會談陷入僵局的原因。

根據這項報導，唐樹備所說的焦唐會談共識，確實是只提結論，而沒有提出焦仁和所說的前提。這可能是理解的問題，也可能是有意只做對己方有利的解釋。唐樹備說，公務船舶問題的處理方式，雙方原則同意糾紛調處協議的適用範圍，先以適用於兩岸漁船間的糾紛爲主，其他船舶的問題，再另行協商處理。但是，中央日報三月二十八日刊出焦仁和的談話是：只要「調處效果」的部分能夠解決，他願意拿掉「公務船」部分。

劫機犯遣返部分，唐樹備說，對於刑事犯遣返問題，將在雙方未來商談共同打擊犯罪議題時再討論處理。但是，焦仁和說，他在焦唐會談承諾，如果「己方人民不遣返、一事不再理」等原則確立，則不妨將一般刑事犯的遣返問題，也一併納入協議中簽署。

焦仁和認為唐樹備可能誤解了「準用條款」的用意。唐樹備疑慮海基會要求「準用條款」的動機，在於包庇台灣人民在大陸犯罪後逃回台灣，在「己方人民不遣返」的原則下，大陸無法要求遣返處罰，體現了兩岸分裂分治的政治效應。

焦仁和說，在焦唐會談期間，他向唐樹備說，如果台灣人民在大陸犯罪，大陸司法當局根據大陸的法律，依法進行追訴處罰，台灣方面自然將會予以適度的尊重；但如果台灣人民在大陸犯罪後，大陸未予逮捕，在逃回台灣後，當然應該由台灣司法部門處理，當然不可能將台灣籍的刑事嫌疑犯遣返給大陸處理。

唐樹備表示將堅持焦唐會談的共識，他說：「共產黨與人談判，是不會為了達成協議，而放棄基本原則的。」那麼，難道台灣方面就會為了達成協議而放棄基本原則嗎？

焦仁和在接受王銘義專訪時說，陸委會對每項協議方案，都規劃了多種因應方案，並授權給海基會相當寬闊的協商彈性空間。坦白說，陸委會專案小組在「焦唐會談」之後，確實有意調整部分協議方案的策略，主管部門也曾公開做了若干說明。但相關的方案因涉及整體談判策略的規劃，理應授權由海基會談判代表在後續商談過程中，與對方進行周旋再予調整。不過媒體報導後，對方咬住不放，使得一項仍在討論中的共識原則，成為協商的障礙。尤其，大陸方面刻意曲解原來具有前提與條件式的「共識」，這種惡意的協商態度，並無助於兩會商談的進程。

在「千島湖事件」告一段落後，汪道涵於六月十六日來函邀請辜振甫前往北京舉行第二次「辜汪會晤」，海協會也於六月十七日來函建議依據協議舉行各層級的會談，並於六月二十二日傳來「兩會商定會務人員入出境往來便利辦法」簡體字文本，請海基會確認。海基會確認無誤後，也將我方正體字文本傳真給海協會確認。雙方確認無誤，商定自同日起生效實施。這是海協會的一個試探動作，目的在表達善意，同時也是詢問兩會商談何時恢復的弦外之音。

其實，海基會一直都在準備下一次的會談。六月二十三日在會內舉行了有關會談的協調會議後，即於次日去函邀請海協會於七月十一日至十九日在台北舉行第五次事務性商談，並由焦仁和署名邀請唐樹備在七月十六日至十九日來台會談。

不過，唐樹備卻有所顧慮。唐樹備的顧慮有三：第五次事務性協商的預期不樂觀、可能無法簽署協議；焦唐會談沒有成果，對雙方都不好；千島湖事件後雙邊關係尚未緩和，擔心此時訪台會受到台灣主張分裂分治團體對他展現實力。他建議在第三地舉行焦唐會談。如果不好改變場地，則最好不見面，以免延長兩岸的僵局。（中國時報，一九九四年六月二十八日，白德華、朱建陵報導）

唐樹備的談話也是一種試探和要求。他試探的是台灣方面對會談有多大的誠意與意願；要求的是對他個人在台的安全保障。話雖如此說，唐樹備還是前往大陸各地會見台商，作為海協會在下一次會談中提出台商投資保障等經濟議題的準備。

台灣方面則傳出要比照大陸的做法，安排行政院副院長徐立德會見唐樹備，民進黨人士也說要會晤唐樹備表達意見。

六月二十八日，辜振甫在海基會第二屆董監事會第三次會議中，再次說明他倡導「兩岸高層政策性對話」的意義和功能。他認為，政策性對話不是政治對話，但可以化解千島湖事件對兩岸關係的影響，讓對方充分了解台灣地區人民的理念、價值觀、行事法則，甚至歷史發展所醞釀的情懷。辜振甫也考慮回覆汪道涵，在兩會第五次事務性協商與第二次焦唐會談有具體成果，將有利於兩岸擇時舉行第二次「辜汪會談」，屆時將另行規劃進行。

行政院在七月四日起舉行「大陸工作會報」，整合各部會的大陸政策共識。據經濟日報報導，目前大陸政策最大的問題在於：決策系統內部的扞格，以及各部會間政策理念的根本歧異。報導舉例說，辜振甫提出「政策性對話」，引起陸委會「體制外發言」的批評。經濟部長江丙坤提出兩岸先「定點直航」，引起陸委會一陣慌亂，趕緊宣稱尚未進入國統綱領中程階段，兩岸不可能直航。經建會建議將兩岸通航列爲大陸工作會報的議題，陸委會擱置了這項提案。（經濟日報，一九九四年七月四日，劉秀珍報導）

台灣各界對兩岸關係的緩急，確實有很大的認知差異，因此，如何在台灣內部建立大陸政策的共識，是最大的問題。這個問題，到現在還是如此，而且愈趨嚴重，內部爭議愈趨極端，甚至形成對立，如何能一致對付外來的壓力呢？

大陸對台策略又是如何呢？許惠祐在大陸工作會報法政分組中說，中共與我談判已採「多點突破」戰術，直接拉攏我方民間團體接觸洽談，更有意矮化我方爲省級單位。

許惠祐指出，中共在商談中以政治考量爲出發，例如偷渡客遣返議題增加前來台灣本島接人，意圖促成三通。同時在偷渡人員遣返議題中，強烈要求我方引進大陸勞工，以致談判無功。他建議我方應成立談判指導架構，培育專業談判人才以爲反制。（自由時報，一九九四年七月五日，林宏洋報導）

海協會對海基會邀請從七月十一日起在台北舉行第五次事務性會談，一直都沒有答覆。其實，唐樹備已經在六月二十八日透過媒體表達他的顧慮。當時他已經認爲還不是雙方舉行會談的好時機。一直到七月十二日，海協會才回函建議在七月二十五日進行事務性會談，二十七日舉行兩會負責人會晤。顯示海協會對這次會談完全没有信心。

海基會在十六日去函，建議兩會在二十八日起舉行五天的事務性協商，然後舉行四天的第二次焦唐會談。兩天後海協會回函建議從三十日起至八月一日舉行事務性會談，八月三日起舉行四天的焦唐會談，海基會同意，遂告定案。

兩會正式協商前，照例要對商談議題討價還價，還要透過媒體放話，爲己方爭取有利的條件，預防對方提出額外的議題，還要做沙盤推演，預先假設各種狀況，提出因應之道，會談中還要與己方代表保持密切聯繫，隨時修正談判策略，爭取最有利的結果。因此，談判期間也有各種變化，事務性會商是否談出結果，似乎已經不是重點，兩岸最關切的事反而是有無彰顯主權與司法管轄權。

焦仁和與許惠祐也在七月二十六日拜會民進黨中央黨部，取得一致對外的共識。據民衆日報報導，民進黨副秘書長邱義仁說，民進黨與海基會達成兩項共識，對外事務期待朝野能一致對外，民進黨無意終止辜汪會談以來的各項協議，但希望此次會談暫停，該黨在機場與會場的抗議行動會堅持和平原則。焦仁和說，台灣是民主多元化的社會，不同的政治立場，當然可以表達意見，但是，希望所有的抗議活動能有所節制，不要因爲鬧場而模糊了這次會談的主題。

這項共識也使得會談得以和平順利地舉行，爲因「千島湖事件」而受傷的兩岸關係療傷止痛。

2

七月二十九日，海協會代表團由孫亞夫率領周寧、何挺、郝征宇、王建源、林毅來台，大陸國台辦新聞局官員何慶良也隨團抵達。他們在桃園中正機場遭到民進黨人強力的示威抗議，次日，海協會立即來函表達強烈不滿，而且在第一階段會談期間每日一函抗議，非常不尋常，顯示這是一種轉移焦點的策略運用，有意將會談失敗的責任轉移給對方。

在當晚的工作晚餐中，許惠祐與孫亞夫商定第一階段會談的議程仍是偷渡犯遣返、劫機犯遣返、漁事糾紛三項議題，以及旅行安全問題。

七月三十日上午，兩會開始在台北國際會議中心商談「違反有關規定進入對方地區人員之遣返及相關問題」，海協會過去已經同意「主動遣返」原則，這次則提出主動遣返五項條件，海基會認爲是倒退的做法，無法接受。當天下午討論「兩岸漁事糾紛處理」問題，爭議的焦點還是糾紛調處的效力。

三十一日上午，兩會商定第二次焦唐會談行程與議程。下午，商談「兩岸旅行安全及相關問題」、「兩會聯繫有關事宜」，海協會將金馬駐軍驅離大陸漁民越區捕魚之傷亡事件與旅行安全問題相談並論，並指責台灣有關方面對蘇澳「上好三號」非法海上船屋容納大陸漁工問題處理不當。許惠祐嚴辭駁斥，商談無交集。

七月十日提姆颱風過境，造成「上好三號」海上旅館十名大陸漁工落海死亡，台灣方面開始取締非法海上船屋，並要求業者將大陸漁工逐步送回大陸。

海基會希望透過重大旅行事件的教訓，建立兩會及時通報、相互通報的聯繫管道，並提供人道協助；海協會則主張應加強兩岸旅行交流。

許惠祐說，要先有旅行安全保障，才能加強往來。孫亞夫針對蘇澳大陸漁工溺斃事件指責「非人道待遇」。

許惠祐重提「千島湖事件」，要求大陸方面要適當賠償、公開道歉、歸還贓物，促請海協會對意外事件應有正面回應，不應有雙重標準。海協會要求金馬駐軍停止對大陸漁民進行射擊驅離行動，許惠祐說外島守土有責，中共尚未宣布放棄武力犯台，防區駐軍對越界捕魚的大陸

漁船適度驅離是必要的。雙方既無交集，也就無法進一步討論。（中國時報，一九九四年八月一日，王銘義報導）

八月一日，雙方逐條討論偷渡犯與劫機犯遣返事宜。下午，對漁事糾紛調處問題，雙方同意賦予強制執行力，但對實際運作方式仍有爭議。

八月二日上午商談劫機犯遣返，主要癥結仍在「己方人民不遣返」、「刑事犯準用條款」，偷渡犯遣返問題的癥結是，海協會對「主動遣返」設置附加條件，並堅持列入「所謂虐待致傷殘的賠償問題」。下午對漁事糾紛問題的商談也是沒有共識。四天的事務性商談，就在互相爭論中結束了。

3

唐樹備按照預定行程於八月三日下午率領劉剛奇、李亞飛、金強、馬曉光、于紅來台，這是大陸高層官員第一次來台，象徵兩岸交流進入另一個階段。海基會爲了做好安全保障，特別注意中正機場的安全措施，防範唐樹備遭到民進黨人示威的意外波及。然而，唐樹備在機場還是受到示威民衆的推擠。因此，唐樹備在國際會議中心舉行記者會時，就說：「這不是中國人的待客之道。」

海基會幾乎全體總動員，分組處理議事、行政、會談、安全等工作，參與這次台北會談的人員包括：焦仁和、石齊平、李慶平、許惠祐、林貴美、歐陽聖恩、張全聲、周慶生、蔡金美、林源芳、高富月、楊申、羅懷家、陳啓迪、黃國瑞、劉用群、蘇祥銓、曾海光、林鳳飛、鍾念魯、黃台英、周凌漢、林美佑、李長根、徐裕中、吳怡靜、呂素良、梁秋月。

八月四日上午，焦仁和與唐樹備在台北國際會議中心展開第一回合的「焦唐會談」，雙方對遣返與漁事糾紛三項議題、公證書查證、開辦快捷郵件、文教科技交流、兩岸遺產問題，進行大體討論，取得部分共識。

焦仁和在致詞中提出七項重點：一、事務協商應在觀念上突破，政治歸政治，法律歸法律，實事求是，進行商談。二、文書查證應續求合理化，希望減少錯誤，增加副本寄送範圍。三、開辦兩岸快捷郵件。四、積極發揮兩會之民間中介功能，對重大緊急事件應確保暢通聯繫管道，建立處理緊急事件相互協助模式。五、協助公告發放代管遺產。六、台灣投資權益應予保障，雙方應商談簽署協議，對台商人身財產安全應會商提出具體方案，並建立兩岸經貿糾紛的解決模式。七、推動新聞、青少年、文物、學術、產業等文教科技交流。

唐樹備則提出四點建議：一、加強兩會高層溝通，特別是加強兩會領導人的接觸，展開政策性對話。二、促成兩岸有關人士以兩會專家名義進行交流，增加共識、培養互信、解決事務性問題。三、積極促成兩岸經貿、文教、科技、新聞界等方面的交流。四、冷靜處理兩岸交流中涉及兩岸同胞正當權益的具體問題。

從雙方的談話可以發現，雙方有共識、也有分歧。焦仁和認為，海基會主張高層政策性對話，但不包括政治問題，僅就兩會會務進行溝通與對話。

下午，兩人繼續就三項議題討論，唐樹備希望將敏感爭議點予以模糊化，太過明確就不可能簽署協議。焦仁和表示，我方有誠意簽署協議，但是，協議涉及人民權利義務，必須經過立法院審議，務須考量我方立場，始能達成共識。

當天下午，李慶平與劉剛奇則在文教分組討論中，對兩岸青少年交流、文物交流、科技交流等獲得多項共識。

晚上，唐樹備拜會辜振甫，並接受海基會的晚宴款待。

八月五日，雙方進行第二回合的「焦唐會談」，本來融洽的氣氛，談到了旅行安全問題，氣氛就變了。焦仁和對大陸處理「千島湖事件」的方式不滿意，唐樹備說，「千島湖事件」已經結束了，如果要談的話，應該和金門駐軍驅離大陸漁船造成傷亡一起談。焦仁和說，國家安全問題不能和遊山玩水相提並論，也不能和旅行安全混為一談，大陸漁民靠近金馬水域非法炸漁捕魚，甚至跑到岸上來，我方守軍採取必要措施，造成極少的傷亡，不能苛責。唐樹備又提到蘇澳大陸漁工溺斃事件，焦仁和說，大陸在浙江福建沿海成立勞務仲介公司，輸出大陸漁工，根本就是鼓勵犯罪。

唐樹備提出改善兩岸通話品質，建議從金門拉一條海底光纖電纜直通廈門，焦仁和根據陸策組的計畫回應，雙方可以共同租用通信衛星，及兩岸從香港九龍半島拉一條海底電纜，以改善通話品質。雙方同意將「改善兩岸通話品質」納入後續協商的時間表。雙方也原則同意增列兩岸快遞郵件的查詢與補償事宜。

八月六日上午，進行第三回合的「焦唐會談」，雙方對文教交流、科技交流與新聞交流進行討論，並對經濟議題交換意見，下午則由焦仁和陪同唐樹備拜會海基會名譽董事長孫運璿，劉剛奇等人則由文化處長歐陽聖恩陪同參觀故宮博物院。

八月七日是焦唐會談的最後一天，焦仁和與唐樹備出乎意料的對劫機犯遣返、偷渡犯遣返、與漁事糾紛調處三項議題的爭議點達成共識，陸委會立即傳出焦仁和「逾越授權」的流言，黃昆輝立即闢謠，說是沒有「逾越授權」，海陸兩會沒有衝突。

當天下午焦唐兩人在會後舉行記者會，說明雙方達成重要共識，次日各報多刊載共識的內容，雙方在八月八日簽署並發表「海基會與海協會台北會談共同新聞稿」，對三項議題只說「就解決主要分歧，達成具體共識，並同意儘速商定文本，簽署協議。」

4

八月八日上午，海協會代表團搭機離台，焦仁和前往送機，在中正機場貴賓室與唐樹備簽署「海基會與海協會台北會談共同新聞稿」，隨即公開發表。

共同新聞稿內容分成八部分，說明兩會聯繫、事務協商、文書使用查證、增辦兩岸快捷（遞）郵件業務、改善兩岸通話品質、經濟交流、文教科技交流（具體項目附在共同新聞稿後面同時發表）、及相互協助辦理有關遺產繼承事宜。有關內容如下：

一、兩會聯繫

1.雙方認為，加強兩會多層次溝通，有利於進一步增進了解，消除誤會，縮小分歧，培養互信。

2.雙方同意及時相互通報涉及兩岸人員生命財產安全重大事件及處理情況。涉及死亡事件有關遺體之運回，尊重家屬意願。

3.雙方同意促請有關部門在涉及對方人員的重大、緊急事故時，對媒體申請採訪之審核程序提供便利，以利兩岸記者採訪。

二、事務協商

1.雙方討論「違反有關規定進入對方地區人員之遣返及相關問題」、「兩岸劫機犯等遣返事宜」、「協商兩岸海事漁事糾紛之處理」等三項議題，就解決主要分歧、達成具體共識，並同意儘速商定文本，簽署協議。

2.雙方同意儘速進行「有關共同打擊海上走私、搶劫等犯罪活動問題」、「兩岸智慧財產權（知識產權）保護」、「兩岸司法機關之相互協助（兩岸有關法院之間的聯繫與協助）」議題的商談。

三、文書使用查證

1.雙方原則同意增加寄送涉及稅務、病歷等四項公證書副本種類，並於近期內會同公證員協會達成書面共識。

2.雙方同意就公證書以外的文書查證事宜提供個案協助。

四、增辦兩岸快捷(遞)郵件業務

雙方同意增辦兩岸快捷(遞)郵件業務，具體辦法另行商定。

五、改善兩岸通話品質

雙方同意透過適當方式積極研商改善兩岸通話品質。

六、經濟交流

兩會同意促成民間團體或學術機構召開兩岸經貿糾紛研討會，以利兩會商談。

七、文教科技交流

1.青少年交流：兩會及其他民間團體積極規劃定期舉辦包括兩岸大專院校學生在內的各項學術、藝文等聯誼交流活動，及兩岸中、小學生的體育、藝術、科學參訪及觀摩活動。

2.文物交流：雙方透過民間就文物機構之管理經驗、文物維護等進行觀摩研習；推動學者共同參與墓葬發掘等活動；鼓勵民間舉辦兩岸文物巡迴展；積極促成文物及相關學者的互訪，並加強兩岸文物人才的交流與培養。研究制訂兩岸文物交流契約範本事宜。

3.科技交流：雙方同意進行自然、人文與社會科學等人才交流。加強有關災害防治、環境保護等科技領域之交流與研究。

4.新聞交流：雙方同意促成兩岸新聞媒體負責人、資深記者等互訪。以上各項交流具體項目附後。

八、相互協助辦理有關遺產繼承事宜

1. 海協會同意協助海基會在大陸報紙刊登有關遺產繼承公告。公告內容儘速另行商定。

2. 海基會同意向海協提供有關台灣被繼承人之姓名、籍貫、死亡日期及在台地址資料，以方便大陸繼承人行使權利。

3. 雙方同意必要時相互協助查證繼承人身分。

4. 海協同意應海基會之要求，以適當方式協助轉給繼承人依規定應繼承之遺產，於繼承人受領後，即將受領收據送交海基會。除依規定扣除必要手續費外，海協應保障繼承人確實取得遺產。

5. 海基會要求協助台灣繼承人在大陸依規定繼承之事宜，海協同意向有關方面反應並予協助。

5

八月八日上午，海協會代表團離開台灣，當天的自立早報已經刊出海陸兩會內部高層幕僚向記者傳出的各種耳語和流言，有人說「焦唐會談」所達成的部分共識已「超出授權」。

據自立早報引用陸委會高層的話說，海基會七日上午對偷渡客遣返、劫機犯遣返、一開完會就自己決定延開議程，直到一點三十分，才把書面資料傳到陸委會，隨即在陸委會尚未開會討論接受與否情形下，又立即與海協會在一點三十分至三時三十分討論漁事糾紛，之後又是資料一傳，馬上又由焦與唐進行共同新聞稿草擬工作，其間根本無暇與陸委會聯絡，工作一結束就開聯合記者會公布，公布後因時間緊迫立即趕去赴唐樹備答宴。如此，一連串迅雷不及掩耳的動作，讓陸委會實在不知道海基會所爲何由。（自立早報，一九九四年八月八日，陳威儐報導）

陸委會既然看到傳眞內容，沒有提出異議，卻怪焦仁和讓陸委會「措手不及」？

八月九日上午，各晚報報導，黃昆輝對記者追問此次會談是否「超越授權」一事避而不答，僅表示從共識到文字落實的工作，到能簽署協議還有一段距離，大家不要一直朝此問題追究，這樣會模糊會談主題。辜振甫則說，海基會未超越授權範圍，陸委會的授權比以往更有彈性。（聯合晚報，一九九四年八月九日，劉淑婉、黃國樑報導）

中國時報記者王銘義在八月十日「新聞幕後」特稿中，分析爲何才送走唐樹備，「超出授權」說法接踵就來？他說，海陸兩會高層幕僚刻意對媒體凸顯「超越授權」的訊息，主要是針對焦仁和在會談最後一天採取「獨立自主」的談判風格，以及忽略應尊重陸委會的授權形式，造成陸委會部分決策首長不滿所致，而善於「體察上意」的部分陸委會高層幕僚即刻意對外傳播「耳語」。

報導說，在「焦唐會談」最後一天的議程，因焦仁和爲掌握談判時效，爭取與唐樹備達成會談共識，而主張採取馬拉松式會談，中場沒有休息，使得陸委會對最後獲得的會談共識，失去置喙的餘地。雖然陸委會在會議過程中，不斷從各種管道獲得有關的會談資料，初步掌握片段的共識內容，但是陸委會還是急著要求暫緩會議步調，以便海陸內部再行討論協議共識內容。不過，焦仁和堅持一氣呵成，順水推舟，等到陸委會獲知最後的共識內容時，焦唐兩人已在聯合記者會上宣布會談取得「完全的共識」。

王銘義又報導焦仁和的說法。焦仁和認爲，他作爲海基會的實際負責人，執行這項談判任務，當然會以陸委會的授權方案作爲談判的基調，而在最後一天的議程，因談判桌上的情勢對達成共識相當有利，爲掌握時效，完成任務，他當然要考量現實狀況，作出抉擇與判斷。尤其是，陸委會堅持爭取的重要協議項目，幾乎都爭取到了，至於部分共識文字可能有所調整，應是會談折衝過程的正常現象，他問心無愧，會談共識也絕對禁得起檢驗，他堅信絕無所謂「超出授權」之說。

如果王銘義的報導是眞實的內幕，那麼，陸委會是要海基會的談判代表一步一報告，中場休息就趕快向陸委會報告，要達成協議以前，還要先暫停，等報告陸委會研究同意了，再回到現場向對方說可以達成協議了，或者是等第二天再向對方說可以達成協議？陸委會似乎採取非常穩固的做法，達成任何共識之前都要先徵得陸委會的同意，還是陸委會有些人不願意兩岸達成共識，每次都在後面放話？爲什麼許惠祐去談判，陸委會就沒有人放話表示超越授權，海基會前後四任秘書長去談判，就有雜音表示陸委會不滿「超越授權」？難道是不願意達成協議的「策略運用」？還是要爭取完全獲勝的「零和策略」？

究竟焦唐在三項議題達成什麼共識，會引起海陸兩會一些人說是「超越授權」？

6

據八月八日台北各報報導，有關劫機犯等遣返及相關事宜，達成的共識是「己方人民不遣返」改用「被要求遣返的對象，如係被要求方人員，由被要求方負責」。這項是雙方妥協的結果，我方放棄「不遣返」的表述方式，大陸方讓步，以普遍化、抽象化原則表述，以適用準用條款。

大陸原先堅持不列入的刑事犯「準用條款」，後來同意列入「刑事犯或刑事嫌疑犯」在不違反各自有關規定之前提下，準用本協議。這是大陸方的重大讓步，爲適用「準用條款」，協議名稱改爲「兩岸劫機犯等遣返協議」，各項遣返要件也以普遍化原則訂定。

「一事不再理」原則，雙方同意增列下列條款：「一、同一犯罪部分：受要求方對於要求遣返之犯罪，於進行必要偵查後予以遣返。但受要求方認有關係較切或權益受害較重的特殊情形者，由受要求方視情形，決定遣返。二、其他犯罪部分：劫機犯另犯其他刑事犯罪者，於刑事程序終結後遣返。」這是大陸方的讓步，基本上以我方提出的條文區分爲同一案件、其他案件兩種方式處理。

有關偷渡人員遣返問題，「身分查核」的共識是：「區分福建省和非福建省，答覆時間：福建省二十日，非福建省三十日。」這是雙方妥協，顧及大陸地方執行困難，我方不堅持一律二十日內答覆。

「遣返接回時間」，雙方同意：「查核後身分合適者應於二十日內接回，一次遣返人數超過運量、相當數量等特殊情況，其遣返批次，由雙方遣返小組商定。」這是雙方妥協，期限折衷，並考慮大陸地方自行容納、送回等困難。

「主動遣返」，共識是：「接回方逾期未接回時，如無氣候海象的自然因素影響，遣返方可派船將已經查核身分的被遣返人員，送至接收碼頭交接，接收方如不同意，應說明理由。主動遣返時間：接收方應於收受遣返方通知十日內，指定適當碼頭，並派遣引導船。」這是雙方妥協，我方同意在特定因素下，不立即主動遣返。

費用問題，雙方同意：「於接回期限經催告仍未接回，或實施主動遣返時，接收方應償還他方自催告或通知之日起，因安置、運送、及行政管理所支費用，具體收費標準另行商定。」這是雙方妥協，大陸方未提各自負擔，我方則縮短費用結算的期限。

遣返交接地點，「大陸同意以空運實施時，以香港或雙方可接受地點。」這是大陸方的讓步。

有關漁事糾紛處理，「公務船舶試行和解」問題，雙方同意：「如漁事糾紛現場，在一方公務船舶規定活動範圍內，該方公務船舶得採取保存證據措施，並應依本協議規定，尊重並促進當事人試行和解。」這是大陸方的重大讓步，明確各方水域之公務船有執行公務的公權力。

「調處效力」：「雙方同意依調處規則成立之調處，雙方同意採取有效措施，賦予調處結果強制執行力。」這也是大陸方的讓步。

適用範圍，雙方同意：「適用於兩岸漁船與漁船之間的碰撞糾紛，兩岸其他船舶與漁船間因碰撞而引起的民事糾紛，準用本協議。」這是雙方妥協，我方主張將公務船與漁船的糾紛列入準用本協議，大陸方認為用「其他船舶」可代表公務船及其他各種船舶，效果一樣。

訴訟裁判，雙方同意：「本協議不妨礙當事人在各方得採取之救濟方法。」

據報導，陸委會高層人士對三項議題的文字部分有意見，是希望避免「空白條款」出現，也就是說希望明確規定。

報導引用陸委會匿名高層人士的話說，焦唐會談的共識，對劫機犯的「刑事犯準用條款」，是「在不違反各自有關規定前提下」準用本協議。有關漁事糾紛試行和解條款，是說如漁事糾紛現場在一方公務船舶「規定活動範圍內」，該方公務船舶得採取保存證據之措施，並依本協議之規定尊重並促進當事人意思和解。（中央日報，一九九四年八月十一日，孟蓉華報導）

陸委會對這兩項協議中提到的「規定」，認為對於規定構成之要件並不清楚，都未說明到底是那一方的規定，那些規定，這就是「空白」之處，若同意這些文字，則無異於在協議中留下「空白條款」，不但執行時會有困難，可能也無法向立法院交代。所以陸委會說，從具體共識落實成協議文本仍待努力。

對於偷渡犯遣返中的「主動遣返」共識，接受方逾期未接回時，如無氣候、海象等自然因素影響，遣返方可派船將已查核身分之被遣返人員送至接受方碼頭交接，接受方如不同意應說明理由。陸委會對「碼頭」兩字無法接受，因爲若我方在實施主動遣返時，把船直接開進對方所指定的碼頭，則與「直航」無異，所以陸委會堅持要修改。

陸委會高層人士對焦唐會談突破障礙達成的共識，急於表達反對的立場，是否眞的只是希望避免「空白條款」？焦唐會談的層次對協議文字的落實是否須經陸委會再開會同意，還是只要符合授權範圍即可？如果陸委會必須要在達成共識以前先完全掌握共識內容，那麼，陸委會是彈性授權、還是有限授權？如果陸委會要翻案，等到副秘書長階層的會談再去爭議文字的落實，豈不是更能達到緩慢推進兩岸關係的目的？陸委會匿名高層急於指責焦仁和「逾越授權」，或許是台灣內部對兩岸會談的看法差距太大吧。

海陸兩會在八月十日聯合舉行記者會，澄清海陸兩會不合的傳言。黃昆輝說，海基會在多項議題中達成具體共識及突破，值得肯定。

高孔廉說，海基會在陸委會的授權內，於維持規劃方案架構的前提下，盡力折衝，並獲致具體成果。談判是一種相互讓步的結果，文字不可能一字不改。文字的結果動一點，並不代表超出授權。

焦仁和說，談判是一種妥協的藝術，不可能達到使一方完全滿意的地步，尤其兩岸關係錯綜複雜，更難令各方滿意，他與海基會同仁都有此認識與理解，所以「豈能盡如人意，但求無愧我心。」

7

海內外各界對這次台北會談的看法如何呢？東吳大學政治系副教授劉必榮於八月九日在中國時報發表〈從談判理論看焦唐會談〉，認爲雙方都做了一些讓步，談判技巧各有所長。

在戰略方面，劉必榮認爲焦唐會談峰迴路轉，達成多項共識，唐樹備扮演了重要的角色。唐樹備所獲授權較多、談判也有技巧。中共採用兩個層次、兩個軌道的談判結構，希望能在高層接觸上有所突破，以凸顯高層接觸的價值，所以唐樹備當然獲得比較多的授權。中共讓孫亞夫的下層扮黑臉，唐樹備的上層扮白臉的戰略非常清楚。

在戰術方面，劉必榮說，唐樹備「將所有讓步放在最後一天」的戰術，也很清楚是想凸顯北京的「否決力量」，亦即讓台灣知道，除非北京點頭，否則任何協議都難以達成。但是我們手中還握有一些籌碼，必須善用。

再看談判技巧。劉必榮說，兩會在談判時都將中國人的文字藝術發揮到淋漓盡致。像「公務船舶規定之活動範圍內」、「被要求方人員」、「劫機犯等的遣返」，都是精采之作。這些「建設性的含糊」，或用季辛吉的說法，稱之爲「功能性的同意詞」，都是兩會共同努力的成果，也是兩岸關係向前推展之所賴。

劉必榮認爲，海基會處於陸委會、民進黨、及中共三者之間，裁量空間較海協會爲小，壓力較海協會爲大，因此比海協會更需要靠含糊的藝術來包裝所達成的協議。

劉必榮指出，兩會在談判過程中的相互讓步、禮尚往來，應是這次談判的最大成果。所謂「禮尚往來」，指的是「相信對方會對自己的善意有所回報」。透過談判的前置階段的接觸，談判者逐漸相信對方會有所回報，然後雙方才有可能眞正坐下來正式談判。

8

法律議題是「台北焦唐會談」的重要焦點，文化大學法律系主任王志文於八月六日在聯合報發表專文〈焦唐會談的法律議題〉，認爲海基會一方面須充分發揮談判協商的角色，一方面仍需維護我方行政權與立法權之應有分際。

他說，兩岸漁事糾紛之處理涉及敏感的公務船以及複雜的調處範圍與效力等法律問題。此次焦唐會談雙方能就此一問題達成共識，對兩岸交流秩序的進一步建立應有所助益。不過，雙方在共識中同意加入「本協議不妨礙當事人在各方得採行之救濟方法」，因此不排除當事人另以訴訟方式尋求救濟。果如此，則法院未來在處理此類兩岸間之海上侵權行為事件時，即必須確定此類海上侵權行爲究係發生於何方之海域，以決定案件之「準據法」，如此將依舊無法迴避兩岸間敏感的海域管轄範圍之分配與界定問題。此外，一方法院所做的民事判決能否在對方法院獲得承認，亦有待進一步的澄清。

大陸方面顯然是有備而來，在台北「焦唐會談」之後，大陸選擇適當時機宣布了承認台灣方面法院作做的民事判決，使得台灣方面相對的也承認大陸法院的民事判決，兩岸的民事判決遂得以在對方使用。所以，辜振甫在八月九日說，這次協商也許文字落實還有問題，但大陸方面在司法程序、公務船字眼安排等，是對我公權力承認跨出一大步。

台北「焦唐會談」之後，紐約時報在頭版頭條刊出〈中國和台灣簽訂突破性協議〉的標題。

專欄作家阮銘撰寫〈焦唐會談的兩種反映〉指出，紐約時報報導說：「這是第一次，中國承認台灣擁有權力決定哪些劫機犯應當遣返，哪些是政治難民可以留下」、「中國也承認台灣擁有權力巡察在台灣海峽的漁船」，並且指出：「更重要的是，這個協定代表了兩個沒有正式外交關係的政府之間相互合作的第一步。」（自由時報，一九九四年八月十三日報導）

阮銘認爲，紐約時報說，會談標誌中共承認了這個政府的權力（authority），就是焦仁和通過這些談判細節中的戰術運用贏來的。而焦仁和的讓步，只是若干文字的變通處理，如「已方人民不遣返」，唐樹備不願用「不遣返」三個字，最後用「被要求遣返的對象，如係被要求方人員，由被要求方處理」，意思一樣，表達不同而已。

據聯合報一項民意調查結果顯示，八百五十一位受訪者中，在焦唐會談獲得突破的共識後，三成六的受訪民衆認爲目前兩岸關係處於敵對狀態，比千島湖事件後的五成七已大幅降低，感覺兩岸氣氛友善的比例占一成七，比千島湖事件後回升九個百分點。（聯合報，一九九四年八月十日報導）

對於台灣前途的未來走向，有四成民衆希望最後能和大陸統一，和千島湖事件後的比例差不多。但期待出現台獨終局的民衆從當年四月的三成三、七月的二成八、緩步下滑到二成三。肯定台北焦唐會談的民衆，從一九九三年十二月第一次台北會談的一成三增加到兩成八。不滿意的民衆，從兩成三減少到一成六。但仍有五成六的民衆表示不知道這項會談，或對會談結果無意見。

對海基會的表現，四成二的民衆表示滿意，一成二不滿意。對焦仁和的表現，知道台北會談的民衆有七成四表示肯定，只有半成（百分之五）民衆認爲表現不夠好。對唐樹備的表現，六成一讚賞，一成三給予負面評價。

由此可見，這次的台北焦唐會談獲得台灣地區民衆的認同，對兩岸關係的看法也有正面的影響。陸委會及一些人士仍然採取非常謹慎的態度，期望將兩岸對等政治實體、以及司法管轄權的概念，在劫機犯遣返等三項協議中完全表達出來。

9

談判策略的充分運用，是這次台北焦唐會談獲得突破的原因。我們不妨回顧一下雙方的談判策略是如何運用的。

在大陸方面，戰略目標是設法提升兩岸談判的層次，希望從秘書長層級再提升到兩會領導人會談的層次，並從事務性會談早日提升到經濟性的會談。

在談判戰術方面，副秘書長階層扮演黑臉，儘量在三項議題方面杯葛，並提出各種議題外的方案，以便了解台灣方面的底線。秘書長及副董事長的領導人層級則扮演白臉，在一番堅持後，留到最後一天才以經濟議題交換三項事務性議題、並以模糊空間的方式，故作讓步，讓焦唐會談獲得突破，把面子作給焦仁和，希望換取日後會談的善意回應。這個戰術包含了讓步、選擇善意的談判對象、以及製造談判的時間壓力等技巧在內。

焦唐會談共同新聞稿的第六項，「兩會同意促成民間團體或學術團體召開兩岸經貿糾紛研討會」，這是大陸方面在新加坡「辜汪會談」提出的目標，當時「辜汪會談共同協議」第二項經濟交流，只列明「雙方均認爲應加強兩岸經濟交流，互補互利。雙方同意就台商在大陸投資權益及相關問題、兩岸工商界人士互訪等問題，擇時擇地繼續進行商談」。其後歷經五次事務性後續商談，陸委會都堅持不談經濟議題，這次台北焦唐會談終於獲得突破，顯然是中共方面在三項事務性議題讓步之後，台灣方面也在經濟議題作出讓步。

同時，台灣方面曾經表示，在三項議題達成協議後，才能爲第二次「辜汪會談」創造有利條件。因此，這次會談在三項議題獲得共識，也是爲第二次「辜汪會談」鋪路，使大陸方面向提升會談層次的目標推進一步。

台灣方面的戰略目標是藉由三項議題達成協議來彰顯台灣的對等政治實體地位和司法管轄

權的存在，所以歷經五次事務性會談，堅持的原則表現在「已方人民不遣返」、主動遣返偷渡人員、和公務船列入漁船糾紛調處效力範圍等問題。

台北焦唐會談一開始，唐樹備就坦白說：「作爲民間團體，爲了務實地處理兩岸之間的這些問題，海協主張，應在保持各說各話和留有各自運作空間的前提下，尋求共同接受的表述方式。這樣才能做到既不損害台灣方面的立場和現有利益，也不損害大陸方面的立場和利益。」

雙方經過八月四日至六日三天的溝通，已經互相了解對方的觀念與立場。八月七日舉行第四天的焦唐會談，焦仁和認爲氣氛有利於談判，在陸委會授權的範圍內，儘量爭取陸委會堅持的重要協議項目，最後雙方同意對共識的文字有所調整，因此，突破僵持，達成協議。

有關劫機犯遣返議題，唐樹備在八月四日說的立場是：「海協關心的是劫機犯得到遣返，兩會商談應立足於確保兩岸劫機犯的遣返。同時也充分考慮到台灣方面在一定時期內採取一定處理措施後遣返劫機犯，劫機犯在台羈押的時間可以折抵等等遣返安排方面的具體問題。對於一些極爲特殊的情況，如台灣人劫持大陸民用航空器到台灣，我們也主張交由台方處理，但協議中要尋求不違反雙方規定的具體表述方式。」

因此，海協會基本上是同意「已方人民不遣返」的。後來雙方同意採用「被要求遣返的對象，如係被要求方人員，由被要求方處理」。

刑事犯或刑事嫌疑犯「準用條款」，海協會本來主張留到「兩岸共同打擊犯罪」議題再討論，後來雙方同意，刑事犯或刑事嫌疑犯「在不違反各自有關規定前提下」準用本協議（劫機犯遣返協議）。

公務船運作問題，唐樹備在八月四日的談話中說：「我們只是主張在兩會討論中不涉及漁事糾紛以外的其他船舶問題，實際保留雙方對其他船舶現有運作情況各說各話和各自運作的空間，便於迴避一些敏感問題。」後來雙方同意，漁事糾紛現場在一方公務船舶「規定活動範圍內」，該方公務船舶得採取保存證據之措施，並依本協議之規定尊重並促進當事人意思和解。

對偷渡犯之「主動遣返」，海協會本來提出許多條件，同時要求增開新竹、台中等交接口岸，還要到台灣直接核對遣返名單。後來雙方同意，接受方逾期未接回時，如無氣候、海象等自然因素影響，遣返方可派船將已經身分查核之被遣返人員送至接收方碼頭交接，接收方如不同意應說明理由。

但是，這些共識被陸委會一些高層人士認爲「留下空白條款」，執行會有困難，將來在落實文字時仍有待努力爭取。

談判究竟是要互相妥協，還是要完全達到己方的要求？這是目前台灣內部最大的爭議所在。有人主張如果無法堅持己方所規劃的方案，就寧可讓談判「無功而返」；但是，有人主張授權必須有彈性，主談人在授權範圍內可以臨場做決定，不應事事請示陸委會。陸委會主管兩岸談判，顯然要求「凡事掌握狀況」，最好是在達成協議以前再由陸委會開會決定，以免一再翻案。海基會夾在陸委會、民意、海協會之間，談判責任何其重大，談判任務何其艱鉅？一旦與對方達成共識，可能反成「眾矢之的」，這就是兩岸談判的困難所在。儘管如此，兩岸還是要爲三項事務性問題做進一步的文字落實，以求早日達成協議。

第廿五章

南京

第六次後續協商爭議再起

1

台北「焦唐會談」之後，兩岸關係並沒有改善，相反的，大陸方面卻在國際外交方面做文章，唐樹備也發表不友善的談話，使人懷疑大陸當局究竟是否有改善兩岸關係的誠意。

一九九四（八十三）年九月初，台灣方面規劃兩岸第六次事務性商談在十一月間舉行，改善兩岸通話品質、海基會在香港設立分支單位等，都列入可能討論的議題，同時也規劃有關議題的官員以專家身分上陣談判。

海協會也在八月間來函邀請台灣地區媒體負責人前往大陸訪問，海基會與海協會有意安排台灣媒體負責人在上海會見汪道涵、在北京會見王兆國，對兩岸關係交換意見。

然而，到了九月中旬，中共舉行東山島軍事演習、杯葛台灣參與聯合國、杯葛李登輝出席廣島亞運、唐樹備在舊金山發表批評李登輝「搞台獨」及曲解「國統綱領是以統一作幌子」的不當談話，改變了兩岸的友善氣氛。九月一向是兩岸爭議最多的月份。

唐樹備的談話引起台灣新聞界的大幅報導，也導致海陸兩會負責人陸續發表強硬談話反擊。焦仁和說，當初制訂國統綱領時，他正任職總統府機要室主任，完全能夠體會李總統排除萬難、成立國統會、訂定國統綱領的艱難。大陸當局不明白李總統在統一目標的立場，以隻字片語，刻意誤解我國的大陸政策及國統綱領，勢必引起在台灣的中國人的不滿。更何況唐樹備從事兩岸事務交流工作，以他的身分，表達大陸政治立場，尤其不應該。（自立晚報，一九九四年九月二十日，張玉瑛報導）

正在西安訪問的台灣媒體負責人訪問團，認爲如果繼續行程，前往北京與唐樹備喝酒吃飯，實在沒意思，因此決定取消訪問活動，提前在二十一日返台。

據中國時報報導，唐樹備於九月二十九日會晤正在北京出席「兩岸智慧財產權研討會」的許惠祐，對他在舊金山的言論提出說明。唐樹備說，海協會不僅具有「民間性、事務性」的功能，還賦有「政治性」的任務，因此，他希望海基會對他在美國所發表涉及「政治性」的敏感話題，能有所理解。（中國時報，一九九四年九月三十日，王銘義報導）

唐樹備以中共中央對台辦公室副主任的身分在舊金山僑社發表的言論，顯示中共統戰部門擅長的「和戰」兩手策略。

唐樹備或中共當局的任何激烈言論，都會引起台灣民衆的反感。因此，焦仁和希望海協會認清自身角色，不要把統戰的話夾雜在兩岸事務中。第六次事務性會談不會受到此一事件的影響，大陸方面希望儘快舉行的意見，海基會將轉告陸委會研究。陸委會也規劃按照「兩會聯繫與會談制度協議」，規劃十一月份舉行第六次事務性會談。

在第六次事務性協商舉行前夕，兩岸各自放話，已經使會談結果蒙上陰影。陸委會副主委高孔廉暗示說，將調整部分共識文字，使協議文字不至於模糊到不足以執行。唐樹備則表示明確的態度說，只要海基會在這次協商過程中，有對焦唐兩人共識文字做任何程度的翻案，「那麼海協會也要翻案。」（工商時報，一九九四年十一月二十一日，梁寶華報導）

自立早報記者陳威儐也引用陸委會官員的話說，漁事糾紛處理中最大的問題在「公務船試行和解」部分與調處效力，海基會與海協會達成的共識是：「如漁事糾紛現場在一方公務船舶規定之活動範圍內，該方公務船舶得採取保存證據之措施，並且依據本規定，尊重並促進漁事糾紛當事人自行和解。」其中「規定活動範圍內」如何認定，陸委會認為如不明確規定，將來執行會有困難。（自立早報，一九九四年十一月二十一日，陳威儐報導）

中時晚報記者則自南京報導了大陸方面的反應。以專家身分參加會談的中共漁業部漁政漁港監督局處長林毅說，共識中有關公務船在一方規定水域內活動，已經講得很清楚，就是雙方公務船在自己的水域內，沒有需要再做改變。而台灣要求透過法律程序賦予海上漁事糾紛的調處效力，大陸實在沒有辦法。（中時晚報，一九九四年十一月二十一日，陳維新報導）

中共在談判中的讓步，一向都是由高層次的談判代表在有利的條件下作出的，副秘書長的會談層次，只能根據上層的決策討價還價，是沒有權力讓步的。若要讓步妥協，必須等到下一次經過高層政策會商後，才會選擇時機、選擇對象給予讓步。因此，在這種會前的間接過招下，雙方都已經了解對方的企圖，會談能否達成協議，其實已經很清楚了。

2

十一月二十一日，許惠祐率領林貴美、蔡金美、林源芳、劉用群、黃國瑞、陳啓迪、曾海光、林鳳飛、林美佑等十二人前往南京。海協會談判代表則由孫亞夫率領趙正豫、周寧、叢育民、何挺、林毅、宋瑞秋、郝征宇、鄭錦舫、張春儒、武永田、張世宏、葉向東、張起方、蔣峰、王建源，提前一天抵達南京。

當晚，孫亞夫與許惠祐在工作晚餐中，商定六天的談判議程：二十二日上午海基會代表團前往中山陵謁陵，下午商談劫機犯遣返。二十三日上午討論偷渡犯遣返、下午協商兩岸漁事糾紛處理。二十四日上午商談開辦兩岸快捷郵件，下午討論擴大公證書寄送並結算費用。二十五日上午再談劫機犯遣返，下午再談偷渡犯遣返。二十六日上午商談兩岸漁事糾紛處理，下午協商公證書、快捷郵件開辦。二十七日彈性安排，二十八日海基會代表團返台。

十一月二十二日會談開始，許惠祐對漁事糾紛處理的調處效力問題，已經放鬆運用司法強制執行手段達到效果的堅持。許惠祐說，大陸方面一再強調，他們沒有強制執行的制度，也不可能為單獨一個協議而大費周章立法，主張以行政程序確保執行效力，導致一直沒有進展，但我方並不一定要以司法手段達到目的。（聯合晚報，一九九四年十一月二十二日，黃國樑報導）

對於「一方公務船規定活動範圍」，許惠祐說，我方並非一定要刪改文字，但雙方要弄清楚文字意涵究竟，甚至雙方只要達成一個「諒解」即可，但不能到無法執行的地步。劫機犯遣返「準用條款」雖有一定的模糊性，但為能執行，還是得要有某種程度的具體內容，否則虛無飄渺，簽了協議跟沒簽是一樣的。

或許這種「簽了跟沒簽一樣」的概念，就是陸委會要求明確落實文字表述的基本態度，劫機犯遣返協議和偷渡犯遣返協議後來雖然談妥了，卻始終沒簽約，是反映李登輝的大陸政策最清楚的註腳。

3

十一月二十二日下午，會談在南京東郊賓館開始，雙方核對台北焦唐會談共識的文字，並交換協議文本，出現兩會不同的紀錄，雖然雙方都說可以討論，不會造成會談破裂，其實，這些紀錄上的差異，代表雙方觀念的差異，和談判技巧的運用。

據自由時報記者林宏洋報導，第一回合的會談，雙方對劫機犯遣返議題，確立了協議大體架構和部分條文。敲定的部分有九項：

一、名稱：兩岸劫機犯等遣返事宜協議。

二、前言：兩會聯繫商談劫機犯遣返事宜。

三、聯繫方式：兩會爲聯繫主體。

四、適用範圍：兩岸人員以暴力、脅迫或其他方式，劫持海峽兩岸之民用航空器到一方者。

五、遣返原則：劫機犯一律交由航空器所屬一方來處理。被要求遣返的對象，如係被要求方人員，由被要求方處理。受要求方對於要求方認爲有關係較切或權益受害較重的特殊情形者，由受要求方視情形決定遣返。劫機犯另犯其他的刑事犯罪者，於刑事程序終結後遣返。

六、強制處分：被劫客機降落一方，應對劫機犯採強制處分。

七、追訴範圍：請求遣返劫機犯之一方應依據遣返請求書內容，進行相關刑責追訴，若有例外情況，應知會對方同意。

八、溯及既往：在雙方有適當安排下，受要求方在達成協議後遣返司法程序中之劫機犯。

九、證物移交：雙方應配合劫機犯遣返的同時移交相關證物。

報導說，雙方無法敲定共識文字的條文，爭議最大者則爲劫機犯遣返協議「準用」本刑五年以上之刑事犯「準用條款」，以及在一方服刑日期遣返後能否「刑期抵免」問題。海協會認爲當初雙方的文字紀錄不同，「準用」兩字應該是「參照」；海基會則強調「參照」兩字不具法律效力，也不是法律用語，定義籠統。

許惠祐認爲，雙方紀錄不同，是很正常的事，不能說是哪一方「翻案」。這或許是雙方在紀錄時，各有不同的理解，運用了不同的表述文字。會議記錄無法互相核對，但是，爲了減少爭議，共識文字是當場可以互相核對的。

據聯合報報導，劫機犯遣返協議的準用條款，除了「準用」與「參照」本協議的差別外，海協會的紀錄中，還有一句「雙方在簽訂共同打擊海上犯罪協議前參照本協議遣返刑事犯或刑事嫌疑犯」的前提。（聯合報，一九九四年十一月二十三日，尹乃馨、王美玉報導）

報導說，我方對於劫機犯遣返議題中的「準用條款」設計，具有「策略門檻」意義，以和偷渡犯遣返議題互為條件。

對於「刑事犯或刑事嫌疑犯在不違反各自有關規定前提下，準用本協議遣返」，海基會也提議在協議中明確規範「有關規定」的意涵，或者列舉「法定最重本刑五年以上的刑事犯或刑事嫌疑犯」準用本協議遣返的要件。海協會則表示願意研究這項建議。

據中國時報記者王銘義報導，許惠祐說，他在商談過程曾明確地告訴海協會的協商代表，我方對「準用條款」所言的「不違反各自有關規定」，係指不違反兩岸條例，以及在司法考量下得以準用「引渡法」遣返刑事犯的立場。不過海協會卻表示他們係同意以「參照」的字眼來表述「準用」之意。如果這項規劃只是暫時性質的立場，雙方勢必要重新考量，但這應不是「翻案」之舉，雙方可以再行研商解決。

聯合報記者王玉燕在報導中解釋「引渡法」的問題。報導說，許惠祐指出，對所謂「各自有關規定」，雙方的差距如果太大，也可在協議中列舉遣返規定，例如我司法機關認為若協議無明文規定，就是準用「引渡法」，而引渡法規定「最低本刑一年以下」的都要遣返，門檻很高，所以我方建議以「最重本刑五年以上」的刑事犯準用本協議。

4

十一月二十三日，在第二天的會談中，雙方初步完成劫機犯遣返、偷渡犯遣返、漁事糾紛處理三項議題的架構，但是，卻又因共識紀錄文字的差異，產生許多新問題。

當天上午，兩會商談偷渡人員遣返協議，同意在新協議生效後，將溯及既往，但海協會提出逾期居留者比照偷渡人員強行遣返，聯繫主體區分爲兩會和遣返小組等新意見，海基會則希望重新考慮主動遣返條款中，有關「接收地碼頭」改爲「接收地碼頭或泊靠地點」。（聯合報，一九九四年十一月二十四日，尹乃馨、王玉燕、陸倩瑤報導）

下午，兩會協商漁事糾紛調處議題，並首次對調處規則交換意見。海基會認爲，「調處」是漁事糾紛處理的核心問題，應與「協議」同時商定完成；海協會則堅持，雙方調處機構成立之後，再商定漁事糾紛調處辦法。

雙方對於調處規則的法律見解也不一致。許惠祐說，海基會版本的調處規則中，調處程序比照商務仲裁程序，因此，調處結果具有與法院終局判決的同等效力；海協會則將「調處機構」定位爲類似「鄉鎭調解委員會」，調處程序也與一般調解雷同，但卻賦予該機構調查、蒐證、保證調處結果等功能，調處機構執掌權限相當大，但調處效力只有調解的強度。

對於「公務船試行和解」，許惠祐說，海協會要求放在「保存證據」項目中，而不單獨成一項，有意模糊「試行和解」的意義。

漁事糾紛處理協議中，海協會以前曾要求刪除「溯及既往」的條文，海基會同意了，此次海協會再提出要求「負面表述」，具體規定以前發生的漁事糾紛案件，並不適用於本協議。

中央日報記者孟蓉華則將三項議題的架構詳細列出，並附註雙方的差異，有助於了解雙方對三項議題觀點的異同。

5

十一月二十四日上午，兩會人員由許惠祐與趙正豫率領，討論開辦兩岸快捷郵件問題，與增加寄送公證書副本範圍問題。

雙方首先交換各自所擬的辦法，海基會提出的是「增辦快捷郵件具體辦法」，作爲「兩岸掛號函件查詢補償事宜協議」的一個特別規定，只要修改原訂協議即可。海協會提出的是「快速專遞實施辦法」，希望單獨用一項文件來確認。（自立晚報，一九九四年十一月二十四日，張玉瑛報導）

開辦範圍雙方也有不同的看法。海基會希望開辦十公斤以下函件、文件資料的快捷郵件，海協會則希望增加二十公斤以下的個人物品，由郵電單位直接辦理，似乎有意凸顯兩岸郵電單位直接義務聯繫的要求，突破我方的「暫不三通」的政策。

許惠祐說，我方仍主張應由海基會和對方中國通信學會郵政專業委員會或其特定郵件處理中心來聯繫。

當天下午，雙方對擴大公證書寄送範圍達成共識，同意增加「稅務、經歷、學歷、專業證明」四項公證業務，並訂定爲「關於增加寄送公證書總類事宜」，作爲公證書協議的補充文件。雙方也對上半年公證書查證費用做了結算。

6

十一月二十五日，雙方進行劫機犯與偷渡人員遣返兩項事務性協議的商談，初步完成大體協議架構及文字的商定，但對「一事不再理」、「刑期抵免」、「溯及既往」項目中，若干文字的表述尚有差距。

海協會在劫機犯遣返商談中重提「溯及條款」，並且在偷渡犯遣返議題建議改名爲「違反有關規定非法進入對方地區及居留人員遣返及相關問題協議」，以凸顯逾期居留人員遣返的重要性。

許惠祐說，有關「一事不再理」原則，我方主張，受要求方對於要求遣返之犯罪，於進行必要偵查後予以遣返，但「受要求方認爲關係較切、權益受害較重等特殊情形者，由受要求方視情形決定遣返」這段文字得予以明確。「刑期抵免」原則中，劫機犯在遣返前承受拘禁（海協會希望用「羈」押）之時間可折抵刑期。有關「追訴範圍」，不得以超過本刑之罪名加以處罰劫機犯，若追訴其他犯罪時得立即通報對方。（中央日報，一九九四年十一月二十六日，孟蓉華報導）

有關劫機犯「刑期抵免」，孫亞夫說，大陸方面已同意在遣返後將可抵免，目前剩下的是文字表述問題。

有關適用範圍方面，雙方已經同意把兩岸借用、租賃、或使用之第三國航空器發生劫機時，應由經營或所屬一方來處理，這個原則將列入協議中。

據自由時報記者林宏洋報導，許惠祐說，我方認爲只要能在劫機犯及權益受到尊重下，我方願意考量讓步，使協議具有追溯遣返去年十餘名劫機犯的效力。

孫亞夫則說，許惠祐已承諾，只要大陸方面在「刑期抵免」部分讓步，台灣方面願意在「溯及既往」條文上回應，對此，大陸方面願意相應考量後作出決定。

雖然劫機犯與偷渡人員遣返兩項協議獲得進展，但是，台灣方面的策略是要連同漁事糾紛處理協議同時完成，才會安排兩會高層正式簽署。

十一月二十六日，三項協議達成「八成以上」的共識，但是，漁事糾紛處理議題主要關鍵差異仍然無法突破。許惠祐認爲，調處是漁事糾紛的核心問題，但是海協會不願意將調處規則列爲協議附件，如果沒有調處規則，簽訂協議也只是個空架子，根本無法運作。

有關兩岸開辦快捷郵件議題，由於海協會堅持將物品類快捷郵件列入郵遞範圍，有意促使大陸地區產物品透過郵遞管道大量流入台灣，海基會認爲可能影響兩岸間接通郵政策，因而決定在南京會談期間擱置這項議題。

十一月二十七日，雙方進行最後一天的協商，還是無法突破關鍵性的爭議，雙方互相指責對方未遵守台北焦唐會談共同協議，會談因而結束。

三項議題剩下的歧見，在劫機犯遣返協議方面有：

一、溯及條款：海基會認爲可以考慮，但要求明確「一事不再理」、「刑期抵免」、「追訴範圍」之文字。海協會主張本協議應具溯及遣返去（一九九三）年劫機犯效力。

二、刑期抵免：海基會主張，基於維護劫機犯人權，應在遣返後於一方服刑刑期扣除，且應在文字上具體顯現。海協會同意刑期抵免精神，但文字表述方式應予模糊。

三、刑事犯準用條款：海基會主張：劫機犯是重大刑事犯之一種，應將本刑五年以上刑事犯納入準用本協議遣返。海協會認爲，刑事犯遣返屬共同打擊犯罪議題，所以只同意在本協議「參照」遣返，在打擊犯罪協議簽署後，本準用條款即失效。

在偷渡人員遣返協議的歧見有二：

一、協議名稱：海基會主張限定在違反有關規定進入對方地區人員的遣返；海協會主張應再納入非法逾期居留人員之遣返。海基會認爲，逾期居留人員不一定是非法入境人員，因此，雙方各有堅持。

二、防制措施：海基會主張應對偷渡人員進行宣導，對仲介偷渡之蛇頭予以打擊。海協會則對此有意見。

在兩岸漁事糾紛處理方面，主要歧見有二：

一、試行和解：海基會主張，漁事糾紛現場在「一方公務船舶規定活動範圍內」，離岸較近一方的公務船可介入並促成雙方試行和解。但海協會認爲，對「一方水域」不必再具體化，反對公務船介入試行和解，僅同意公務船有保存證據功能。

二、調處規則：海基會主張在本協議下同時商定調處規則，作爲協議的附件。海協會則主張在本協議簽訂後，由雙方成立的遣返小組擇期商定調處規則。

海基會與海協會人員在南京會談中，經過六天的商談，在三項事務性議題已經縮小歧見的差距，其他的重大歧見只有留待下一次的商談再解決了。孫亞夫說，大陸方面主張如果是負責人會談具體共識發生困難，就應該由兩會負責人解決，而副秘書長層級就只要負責商定文本就可以了。（聯合晚報，一九九四年十一月二十七日，黃國樑報導）

兩岸的談判觀念似乎各有異同，大陸方面認爲，兩會負責人所談成的共識，如果要修改，應由兩會負責人再會面去修改，副秘書長層級只能根據原有的共識來商定文本。台灣方面則認爲，陸委會可以修改海基會與海協會所談成的共識，在副秘書長層級可以提出討論，如果對方同意即可草簽協議，談判就是爲了達到己方的目標，大陸方面也曾經對「辜汪會談共同協議」提出不同的解讀，副秘書長層級會談大陸方面也曾提出翻案，所以不必顧慮是否尊重兩會負責人的共識問題。

海基會是被授權負責談判的民間團體，必須積極處理會談事宜，陸委會則是主管機關，必須考量大陸政策的進程緩急與民意的反應，因此顧慮較多。對於會談結果，兩岸也有不同的評價。

焦仁和說，目前我方談判是以「成員層次和考慮角度都不夠前瞻」的專案小組（由陸委會副主委主持）爲重，連大陸工作策劃小組也不能推翻專案小組的決議，在這種架構下，「任何人去談結果都一樣。」（中央日報，一九九四年十一月二十九日，林玉花報導）

陸委會高孔廉則反駁說，陸策組對專案小組的決議不是「照單全收」，而是經過充分討論，形成共識，能兼顧政府政策需求及執行機關可行性，相當理想。專案小組參與成員，不論其層次如何，都是代表執行機關的意見。漁事糾紛、偷渡人員遣返，都是其他機關的權責，可行性應由這些主管機關來認定。

據聯合報記者王玉燕報導，中共涉台主管部門評估認爲，目前副秘書長的「低層次」商談，不能獲得充分授權，即使再談還是一樣。因此，涉台主管部門和海協會計畫升高兩會商談層級，推動兩會高層協商。

高層協商的目標是什麼呢？據聯合報記者賴錦宏報導，中共人大副委員長程思遠說，海基、海協兩會事務性會談有所進展，但進展太慢，且對兩岸和平統一毫無幫助，應立即改弦易轍，儘快推動兩岸領導人高層會談，才能打開「和平統一」的局面。

這就是大陸方面的意圖。但是，台灣方面並不急於達成不利的協議。事務性議題都無法達成協議，何況困難度與爭議性更大的政治議題？所以陸委會官員和許惠祐都說，大陸當局「吃緊弄破碗」，欲速則不達，會影響兩岸的互信。

民意對兩岸會談也有不同的看法，大部分都主張不宜躁進。

淡江大學陸研所教授張五岳於南京會談前夕在聯合晚報發表專文〈南京會談不宜躁進〉說，在劫機犯等三項議題上，均涉及司法管轄權問題。司法管轄權雖非主權，但仍可視爲主權的延伸。在兩岸首度就涉及司法管轄權事項欲草簽協議之際，我方代表的確應審慎以對，毋需操之過急。

他說，中英對於香港問題的談判，及中共與美國關於「三項公報」談判的經驗告訴我們，民主國家在與中共進行談判最欠缺的厥爲耐心與毅力，致使其一旦就原則問題不能堅持而貿然簽署協議後，就如緊箍咒般難以掙脫與翻身，是以，對於此次南京會談，國人亦應有最樂觀的想法，最悲觀的準備。

中國時報記者王銘義發表特稿〈授權談判模式嚴重挫敗：兩岸應務實思考官方接觸談判〉，認爲目前陸委會授權海基會談判的模式有體制上的障礙。雙方兩度否定高層會談效應的粗劣表現，猶如對兩會關係繫上死結，因而延誤兩會高層商談的進程，並阻絕兩岸高層「政策性對話」的良機。（中國時報，一九九四年十一月二十八日，王銘義報導）

他對兩岸授權談判體制、和兩岸中介機構執行談判能力提出質疑。雙方對授權談判方式並沒有給予充分的信任，外界也將對兩會的存在意義失去信心，雙方確有必要務實地思考兩岸官方接觸談判的未來課題。

他認爲，海陸兩會授權談判的運作型態，以及陸委會對授權方案的「不確定性」，更是造成共識僵持的主因。尤其，陸委會專案小組，每每在「焦唐會談」之後，偶有修正授權方案，或調整方案文字的舉措，使得海基會工作層級的協商代表，經常因直接聽命於陸委會的指揮，更使得海基會內部存在複雜的矛盾情節。

工商時報記者梁寶華則在同一天報導說，海協會視許惠祐爲協商障礙。報導指出，孫亞夫放話說，如果第七次事務性協商所遭遇的困難，還是和這一次協商一樣，是有關於對焦唐會談具體共識的「遵守問題」，孫亞夫就認爲這並非副秘書長層級所能處理的，而要留待兩會負責人來解決。

梁寶華說，其實孫亞夫背後還有一層眞正的意思並未明說，海協會的眞正意思應該是想要扼殺許惠祐在兩岸協商過程中的空間，海協會似乎對「許惠祐式的談判策略」感到不耐，想要完全封殺許惠祐在未來兩岸協商中所扮演的主導角色。

淡江大學陸研所教授潘錫堂發表專文，探討第六次事務性協商無法達成協議文本的原因有三：兩岸關係嚴重低迷的結構性制約、互信薄弱壓縮雙方對「共識」解讀的交集、會談前夕「翻案說」不利誠信氣氛的鋪陳。他並建議兩會副秘書長層級的工作商談與實際負責人的高層會談予以整合，並交叉進行，針對「共識」解讀歧見發揮適時的「破冰」效益，並立即落實爲協議文字完成草簽。（中時晚報，一九九四年十一月二十八日報導）

這是兩岸有充分互信與誠意解決問題的做法，但是，李登輝並不想簽署任何協議。據《執政告白實錄》指出，李登輝的原則是不簽署任何文件，不斷洽談兩岸的和平架構。兩岸事務性問題不是李登輝關注的焦點，他所關心的是兩岸的對等政治實體地位。陸委會體會李登輝的意念，在新加坡「辜汪會談」之後，除非兩岸能達成對等政治實體的共識，否則不會隨意簽署任何協議。三項事務性議題牽涉司法管轄權問題，大陸方面希望模糊處理，陸委會則要求明確寫清楚，這是雙方最大的歧異，除非大陸方面願意退讓，否則，無法達成協議也是必然的結果。

中國時報在十一月二十九日發表社論〈兩岸兩會會談協議爲何如此難產〉，指出兩岸達成協議困難重重的原因：「主要乃是由於此類議題涉及敏感的法律主權與司法管轄權等問題，以致在協商過程中遭遇重重障礙，而雙方之談判代表也就過分審慎，且步步爲營。」

社論說，南京會談前夕，陸委會發表聲明指出，兩岸商談所簽署的協議文字，不能否定我法制的存在，否則將無法在我們的社會落實執行，陸委會並強調，我們絕不會爲了簽成協議，而草率簽訂任何一項協議，與其日後發生無法執行的情形，或引發更多更大的爭議，雙方不如在協商階段，審慎推敲文字，以求明確可行。中時社論認爲此一聲明，或許就是南京會談迄今未能獲致協議的主要障礙。

中國時報建議，雙方不但應尊重彼此法制的差異性，也有必要採用更具創設性與包容性的法律概念或文字，以迴避不必要的聯想與爭執，儘早突破瓶頸，進入佳境。

兩岸事務性議題的歧見，能夠在兩會負責人層次的會談獲得共識嗎？即使雙方達成共識，就能順利簽署協議文本嗎？兩岸關係像台灣海峽的潮汐風雲，忽高忽低，氣象萬千，誰能預料？

第廿六章 北京

第七次後續協商與第三次焦唐會談

1

北京的一月底天氣雖然寒冷，海基會的談判代表還是必須前往北京，爲突破三項事務性議題的障礙而努力。

一九九四（八十三）年十二月間，陸委會主委黃昆輝轉任內政部長，蕭萬長接任陸委會主委。或許有人認爲黃昆輝調離陸委會主委職務，應該是兩岸關係會有進展的契機。但是，在各界的期盼下，第七次事務性協商和第三次焦唐會談還是無法突破障礙。雖然焦仁和與唐樹備談成劫機犯遣返與偷渡人員遣返兩項協議，然而，陸委會堅持要連同兩岸漁事糾紛處理協議一並完成才能同時草簽，海協會在彰顯兩岸司法管轄權的「公務船」試行和解條款、與劃出海峽中線的「一方水域」界定問題不肯退讓，雙方無法達成協議，無功而返。此後十年，兩岸沒有再談這三項議題。

兩岸從一九九三年四月新加坡辜汪會談以後，在一年半的時間內，依據「兩會聯繫與會談制度」協議，舉行了六次事務性協商，兩次「焦唐會談」，商談「辜汪會談共同協議」所列的協商議題。雙方對三項事務性議題始終無法解開涉及「司法管轄權」與「主權」的爭議，雖然兩次焦唐會談發表了達成共識的共同新聞稿，陸委會總是設法翻案，在落實協議文字時提出更明確的界定條款，大陸方面也不時翻案，迴避原則性的問題，並希望將經濟議題早日排上議程。

現在陸委會改變策略，要將第七次事務性協商與第三次焦唐會談交叉舉行，在副秘書長層級的事務性協商產生的爭議，立即由負責人層級的焦唐會談解決，然後再進行事務性協商。不過，大陸方面對原則性問題不肯退讓，因此，漁事糾紛處理協議無法達成共識。

2

大陸方面這次在會談前表現的氣氛似乎很冷淡，海基會則決定讓主管經濟交流的石齊平延後出發。一九九五年一月十九日，李慶平先行前往北京商定會談議程，一月二十一日，焦仁和率領許惠祐、歐陽聖恩、潘憲榮、孫起明、廖運源、謝福源、林源芳、陳啓迪、黃國瑞、林鳳飛、楊中等有關人員前往北京，當晚與海協會確定會談的日程表，二十二日上午下午各舉行一場焦唐會談；二十三日由許惠祐與孫亞夫就三項協議文本進行商談；二十四日上午舉行副秘書長層級分組協商，討論增辦快捷郵件，下午舉行第三場焦唐會談；二十五日兩會副秘書長分組協商，交換意見；二十六日上午舉行第四場焦唐會談，下午機動安排。二十七日焦仁和前往上海拜會汪道涵，二十八日下午回台。

大陸方面的談判代表則有唐樹備、孫亞夫、劉剛奇、趙正豫、李亞飛、岳軍、郭群、叢育民、周寧、敬大力、何挺、林毅、劉建中、黃文濤、宋瑞秋、馬曉光、蔣鋒、王建源、張世宏、李維一、彭燕光、王勝剛、王立梅、李勤、馬勇志、武永田、葉向東、徐昆明。

一月二十二日，第三次焦唐會談的第一天，就傳出會談頗有進展，已經解決雙方歧見的消息，唐樹備甚至透露大陸方面有意在第二次辜汪會談簽署台商投資保障協議的訊息。

焦仁和則致詞說，希望大陸方面重視台商大陸投資的權益問題，尤其是人身財產安全問題，並適時商談解決，俾能進一步討論兩岸互利之道，實現兩岸關係以經貿為主軸的理念。

中國時報記者謝孟儒報導，海協會主動提出可簽訂民間性的台商保障協議，並建議將辜汪會談共同協議有關經貿交流議題早日排上議程。謝孟儒認為這次海協會的策略是堅持共識、不多生枝節，務實取向、先易後難。

聯合報記者游其昌報導，唐樹備對我方行政院長連戰提出的兩岸關係「以經貿為主軸」迅速回應，進而將懸而不決的三項事務性商談作具體突破，顯示大陸借力使力，要以今年為「兩岸關係經貿突破年」為政策主軸，辜汪會談將成為大陸以經濟為手段、攻防的主戰場。

自立早報記者陳威賓則報導說，大陸以台商為餌，志在拉高會談層次，希望下一次辜汪會談早日實現。

3

到了二十四日，經過三個場次的焦唐會談，終於對劫機犯遣返、偷渡人員遣返兩項協議達成共識，完成協議文本，大家都以為可以草簽了，但是，陸委會堅持必須三項協議都完成，才要進行草簽。

根據中國時報刊登的兩項協議草案內容，劫機犯遣返是以海基會與海協會為聯繫對象，過去爭議的「刑期抵免」、「溯及既往」、「準用條款」問題，都獲得解決。（中國時報，一九九五年一月二十五日報導）

有關「刑期抵免」，雙方同意「劫機犯因要求遣返之犯罪行為，曾受羈押之時日，可抵免刑期」。

題。「溯及既往」原則，大陸放棄堅持，台灣方面因此可自行處理協議簽定前的劫機犯遣返問題。

「刑事犯準用」條款，雙方同意「刑事犯或刑事嫌疑犯，在不違反各自有關規定之前提下，準用本協議」。

對於過去爭議的「已方人民不遣返」，上次會談已有文字修改，雙方同意在「遣返原則」增列「被要求遣返的對象，如係被要求方人員，由被要求方負責處理」，實現「已方人民不遣返」的精神。

有關偷渡人員的遣返，雙方同意協議名稱採用「違反有關規定進入對方地區人員的遣返及相關問題協議」，聯繫方式的具體事宜，由雙方各自成立的遣返小組相互聯繫，其他相關事宜由海基會與海協會聯繫。

在「適用範圍」條款，雙方同意增列「逾期停留則區分不同狀況遣返，必要時個案商定遣返」。這是針對上次會談海協會提出的「逾期居留」遣返問題而訂定。

有關「遣返費用」，雙方商定「於接回期限經催告仍未接回，或實施主動遣返時，接收方應償還他方催告或通知日起，因安置、運送及行政管理等所支費用，具體收費標準另行商定」。

有關「防制措施」，雙方同意「雙方採取共同嚴懲蛇頭，並應對非法入境人員予以宣導或懲處，並交換有關犯罪資料」。

劫機犯遣返協議是大陸方面急於簽訂的，以便早日要求台灣方面遣返十多起的劫機犯。偷渡人員遣返協議則是台灣方面希望早日簽訂的，以便要求大陸方面早日接回數以千計的偷渡人員。據聯合報記者游奇昌報導，海協會在釣魚台賓館已經掛出簽署協議儀式的布幕，當天下午又臨時將布幕取下來。後來雙方雖然沒有簽成協議草案，雙方還是依據「金門協議」不定期遣返偷渡人員、劫機犯、與刑事犯。

4

一月二十五日，雙方分組商談。經濟組由石齊平對趙正豫商談兩岸經濟交流問題。石齊平提出台商在大陸投資權益與人身財產安全問題，趙正豫說明海協會已經成立經濟小組，雙方要進一步解決台商權益問題，應以民間經濟交流會議來解決，並應讓主管經濟的官員上桌協商。

文教分組由李慶平對劉剛奇會談，李慶平提出在大陸常駐記者的計畫，劉剛奇表示未獲授權，但願意具體研究。後來大陸方面先開放台灣記者輪流常駐大陸採訪，台灣方面也同意大陸各媒體記者輪流住在台灣採訪，爲兩岸新聞交流邁進一步。

法律分組由許惠祐對孫亞夫討論漁事糾紛處理問題，雙方對爭議事項無法做決定，下午由焦唐會談處理，但是焦唐兩人也無法達成共識，必須經過請示才能決定。

當天下午，焦仁和會見大陸國台辦主任王兆國。王兆國除了提出「和平統一、一國兩制」原則外，並提出未來兩岸兩會交流四項原則：選擇雙方關心的主題、避開政治敏感問題、平等協商並相互尊重、在各自的立場上各作一些讓步。他並明白主張未來兩會領導人會面，可以設定議題，也可以不設定議題。

焦仁和則回應說，「一國兩制」不能爲台灣大多數民衆接受，台灣提出亞太營運中心規劃，是希望經濟交流互惠，若大陸對台灣的尊嚴、安全沒有具體承諾，台灣有能力改變計畫。

自立早報社論認爲，中共如要發展關係，如要第二次辜汪會談，必須落實王兆國自己所說的「避開政治敏感問題」，不必刻意去設定「一國兩制」前提，而是眞正就兩岸共同關心的議題，誠心對話協商。

但是，大陸方面卻經常以「一個中國」為原則，作為兩岸恢復會談的前提，要求對方「避開政治敏感問題」，這將作何解釋？是因為雙方缺乏互信，才提出「一個中國」作擋箭牌？還是設下圈套，只要同意談判，就是同意「一個中國」原則？各說各話、擱置爭議，或許是兩岸關係發展的關鍵。

5

漁事糾紛處理協議爭議的焦點在「公務船」試行和解條款，和調處規則的商定時間。海協會本來反對納入公務船舶試行和解條款，因為台灣方面堅持納入，在台北焦唐會談時，唐樹備同意以「一方水域」來表述，第六次事務性會談時，海基會要求對「一方水域」明確表述為「離岸較近之一方公務船可促成糾紛當事人試行和解」，大陸方面不同意，並且認為公務船只能列在保存證據項下。對何時商定「調處規則」，海基會認為應與漁事糾紛處理協議同時商定，併列為附件；海協會則主張在協議簽署後，由雙方調處小組另行商定。

據中國時報記者王銘義一月二十七日報導，唐樹備認為，最好的處理方法是，雙方應「維持各自的解釋空間，以及各自的運作空間，並不能損害各自的政治立場」。他說：「台灣公務船舶不需要海協認可其活動範圍，相對的，大陸公務船舶也不需要台灣認可其活動範圍。海基會何必蓄意要求寫入其他的文字？」（中國時報，一九九五年一月二十七日，王銘義報導）

唐樹備的說辭，正是兩岸無法迴避這項涉及台海中線概念的爭議所在。海基會在陸委會的授權方案指示下，堅持應將各項有關規定具體化，海協會不願意務實回應，並揚言刪除「公務船舶試行和解條款」。王銘義認為，海基會為求協議條文具體化、法律化、以及規範措施明確化，卻面臨海協會有意緊縮共識的回應，使得兩會薄弱互信基礎再度受到傷害，這是雙方最得不償失的會談結果。

對陸委會而言，爭取文字明確化才是重要的目的，傷害海基會與海協會的互信有何關係？如果雙方日後翻案，才是麻煩事。

據中央日報記者孟蓉華報導，海峽中線概念是馬英九提出的。台北焦唐會談期間，陸策組曾對公務船活動範圍有所討論。馬英九的哈佛大學博士論文涉及「海洋法」，因此提出兩岸公務船活動應以中線為界，陸策組成員後來想出用「離岸較近」四個字來表述，但是大陸方面不同意。當時馬英九認為我方為何不能堅持自己的原則，即使不能達成協議又有何關係？

第三次焦唐會談就是卡在「漁事糾紛處理協議」的「公務船舶」問題，雙方決定在二十七日延長會期一天，繼續討論。據聯合報記者尹乃馨報導，堅持「公務船舶試行和解條款」不能讓的是陸委會新任主委蕭萬長。

陸委會認為：「漁事糾紛現場在一方公務船舶規定活動範圍內，該方公務船舶得採取保存證據之措施，尊重並促進當事人自行和解。」這段文字表述過於含混，雙方若不能做補充修訂，反而會造成日後兩方公務船舶執行上的衝突。目前兩岸雖有公務船舶不超越海峽中線的默契，但是，以往案例中曾發生中共公務船舶超越海峽中線的例子，例如一九九三年九月「霞工緝二號」事件。

據自立早報引用海基會人員的話說，若一方公務船舶執行措施範圍只限於保存證據，一旦遇到一方漁船自行取物抵償後自行逃逸時，公務船如何發揮促進當事人自行和解或試行和解？

不過大陸方面基於不願明白表述海峽中線的概念，因此在漁事糾紛處理協議的「一方水域」公務船活動範圍與功能條款，不願退讓。即使延長一天的會期，也無法達成共識，雙方甚至沒有發表「共同新聞稿」，兩岸事務性會談到此畫下句點，雙方決定在更高層次的第二次「辜汪會談」尋求突破。

6　學術界與民意如何看待第三次焦唐會談呢？

文化大學法律系教授王志文發表專文認爲，「漁事糾紛協議一拖二，未免失策。」但是他也指出，即使雙方同意使用「離岸較近」的字眼，照樣無法顯示兩岸相互間的海域管轄範圍。（聯合報，一九九五年一月二十七日報導）

王志文說，去年八月台北焦唐會談對「公務船試行和解」條款，達成共識的表述文字是「如漁事糾紛現場在一方公務船舶規定活動範圍內，該方公務船舶得採取保存證據之措施，並依協議規定尊重並促進當事人和解」。然則何謂「一方公務船舶規定活動範圍」？

王志文說，首先必須澄清的是，兩岸之海域管轄界線與「海峽中線」無關。因海峽中線僅爲兩岸間某種軍事區隔線，而不具任何法律意義。其次，在我方所制定的兩岸關係條例中，雖多次提及「台灣地區」與「大陸地區」，但卻不曾明確界定此兩地區之「海域範圍」，僅規定大陸船舶未經許可不得進入我方「限制水域」或「禁止水域」。但此種水域之具體範圍則付之闕如，而我方公務船隻「活動範圍」是否等同於或僅限於我方之限制或禁止水域，則更無法確知。漁事糾紛調處協議即使改用「離岸較近」等字眼，照樣無法顯示兩岸相互間海域管轄範圍。再者，離我方海岸較近但卻超出我方限制水域或禁止水域範圍時又將如何？

他指出，大陸當局雖已於一九九二年制訂其領海及毗連區法，且將台灣海峽一帶海域視爲其領海範圍，但此種規定對於兩岸間海域管轄權之劃分問題並無適用餘地。海峽雙方對於國際法上「領海」、「鄰接區」等海域概念並不陌生，但卻不曾就分裂現狀下兩岸相互間特殊的「區域海域」劃分問題進行法律面的規劃與考量。

王志文認爲，報載將漁事糾紛協議之達成，作爲同時簽署兩項遣返協議之前提條件如果屬實，容或有其策略上之意義，但就法律觀點而言則屬失策，蓋即使簽署漁事糾紛調處協議，日後仍不免滋生法律爭議，不如按部就班先行簽署兩項遣返協議，至於漁事糾紛處理協議如一定要納入公務船試行和解條款，則最好等雙方先各自就「區域海域」之問題理出頭緒後再另行協商。

7

政大東亞所教授李英明撰文說：「以平常心看待兩會會談」。他說，過去長期以來陸委會在大陸事務方面的作爲只扮演某種政治鬧的角色，並無法賦予大陸政策更前瞻、更宏觀的戰略意涵，從而經常予人進一步退兩步的感覺；不過，在兩岸的政治生態沒有進一步形成更能寬容異己的方向發展的話，北京和台北的主事者，都很難做出多大的作爲，來突破兩岸的僵局，導引良性的互動方向。（中央日報，一九九五年一月二十七日報導）

淡江大學陸研所教授潘錫堂撰文說：「觀念不溝通，兩岸難相通。」他分析此次會談失敗的原因有三：一、就談判方案之折衝而言，以模糊化之文字表述處理敏感議題令台北無法接受；二、就談判策略之運用而言，「包裹簽署」之連環套談判設計致使「以一害二」；三、就談判之層級結構而言，焦唐會談層級及其結構性制約仍難以因應高難度的事務性議題。（中國時報，一九九五年一月二十九日報導）

他認爲，其中以第三項癥結尤爲核心關鍵。漁事糾紛議題彰顯海峽中線之領海問題，其背後所隱含高度複雜性的法律管轄權效力之事實與認可，實已超乎兩岸兩會次高層級之授權所能企及。

他說，兩岸當前接觸的重點應是「觀念的溝通」，一個缺乏充分觀念溝通的談判，難期獲致成果，唯有藉由兩岸兩會最高層級「政策性對話」的溝通管道，將兩岸攸關重大利益的政策性議題，列入雙方對話、交換意見的範圍，才有化解誤會、消弭兩岸政治僵持氣氛的可能。

不斷提高會談的層次，正是大陸方面談判的策略之一。當時兩岸已經透過空中對話放出「李江會」的氣氛，李登輝曾經提到他願意在國際場合與江澤民見面，但是江澤民只願意在北京與李登輝不拘形式的會面。兩岸最高層次的領導人會面既然時機尚未成熟，大陸方面在意的就是第二次「辜汪會談」了。大陸經由「辜汪會談」可以塑造兩岸高層會晤、氣氛緩和的形象，也可以解決兩岸經濟交流議題一拖兩年未能正式商談的問題。

8

新聞界對第三次焦唐會談的結果也有不同的看法與建議。自立晚報在二月二十八日發表專論〈中共要跳出一個中國框框〉指出，雙方的癥結點，就在於「一個中國」的雙方認知不同。中共一派唯我獨尊，而我國所認知的「一個中國」，是屬於歷史的、民族的、以及未來式的，只有在未來兩岸統一之後才有一個中國的事實。基本認知的差異，造成了幾度談判最終以無結論收場，毋寧也是預期中的事。

專論認爲，「一個中國」的意涵不清，定位不明，兩岸認知差異，不但扼殺了兩岸談判空間，也扼殺了台灣的外交空間，成爲台灣向外邁出腳步的「緊箍咒」。如果中共再執意於他們所謂一個中國，無視兩岸分裂而治的事實，則欲談出良好的結果，誠戛戛乎其難哉。

中國時報同一天的社論認爲，「兩岸應以互諒務實態度突破談判僵局」。社論說，倘事務性談判都因雙方缺乏互信而功虧一簣，又怎能期待將來更上層樓，進入政治性談判？而在沒有互信的情況下，所有的戰術性彈性都將只是枝枝節節，而且徒勞無功。所以今天最重要的，就是以務實與互諒的態度，培養雙方的互信。

時報社論認爲，當事務性談判陷入膠著的時候，適度提高層級，讓辜汪會談和焦唐會談同時存在，對談判的進展與氣氛的改善，都有相當的助益。

中時晚報記者陳國君於一月二十九日發表新聞分析〈兩岸關係的兩面性〉指出，兩岸關係是在矛盾中求取發展，衝突中取得平衡。

這篇文章分析李登輝的「新大陸政策」，是在矛盾的三種心態下形成的：一、國際新秩序顯示的「新主權觀」，強調國家主權不再是不可分割、不可超越，主權基礎是其經濟實力，這種說法基本上爲台灣在國際環境中找到新定位。同時，國民黨本土化政策已使「台灣優先」的概念深入民間，進而影響執政當局對大陸政策的規劃。

其次是維持平衡的心態。國民黨一方面要以「統一」對「台獨」，另方面又要以「獨台」對「統一」，因此有關當局在處理兩岸關係時，不得不以平衡心態隨時處理其間的誤差。所以，在國內幾次民意調查中發現，支持維持現狀的人幾占一半以上，相當程度顯示這種平衡心態對國人的影響。

第三，經濟現實需要與政治考量間的衝突。前任總統府副秘書長邱進益曾說，李總統認爲台灣作爲一個經濟腹地，只有兩千萬人，市場不夠大，根據經濟學家研究，若要成爲一個獨立自主的經濟體約需要七千萬人，因此李登輝認爲將來台灣若需要產業升級，恐怕需要大陸作爲腹地。這一點，從行政院近年積極推動台灣成爲亞太營運中心，提出現階段大陸政策以經貿爲主軸，陸委會通過「兩岸經貿交流規劃方案」，可以看出在台灣經濟轉型中，大陸將扮演的腹地角色。但是，此一經濟現實卻不時與兩岸的政治情勢相牴觸，第三次焦唐會談就是一個例子。

陳國君認爲，從發展的角度來看，「對等政治實體」前提下，「不統不獨」具有高度的不確定性，旣有和解的一面，也有分裂的一面。「不統不獨」遲早要倒向一面。當大陸以此種角度來審視台灣的看法時，自然很難有善意的回應。儘管如此，在大陸企圖勾住台灣，台灣不願與大陸正面衝突，及亞太區域經濟整合的趨勢下，兩岸關係依舊是矛盾中求取發展，在衝突中取得平衡。這種「時鬆時緊」的變化，也相對反映出大陸以「和戰兩手策略」與台灣「統獨兩手」互動下的兩岸關係。

其實，海基會與海協會也是在這種關係之下互動與發展，有衝突，也有平衡。工商時報記者梁寶華就認爲海協會刻意讓焦仁和空手而回，以凸顯海基會授權不足，並欲藉此引燃海陸兩會衝突點。

梁寶華在一月二十九日發表新聞分析說，陸委會高層在北京焦唐會談期間放話說，「前方的戲演得太亂」，讓陸委會看不懂，海基會內部也傳出「焦仁和向辜振甫求救」的說法。海陸兩會這種顯而易見的矛盾，就成爲海協會分化海陸兩會的下手處，故意讓焦仁和空手而回，以凸顯海基會授權不足，其目的是海協會企圖引爆焦仁和的滿腹委屈。

梁寶華認爲，在前方談判還需事事請示的談判授權，確是海陸兩會日後面對「一套人馬、兩塊招牌」的國台辦與海協會時，所必須修正的談判策略。

9

李登輝在一月二十八日發表談話說，兩岸談判不可能一次就成功，爲了國家人民的利益，就是談一百次也要談，談一百次只要一次成功就是成功了，因此，一百年也要談。

對於談判人員，李登輝說，在面對兩岸交流與談判時，我們的觀念要改，不要再有老觀念，雙方不要看了就鬥，看了就罵，也不要因爲報紙登得那麼大，就感到一時的快樂而去簽，最重要的是維護國家的尊嚴。

這就是李登輝的態度，一定要維護國家的尊嚴，不能隨便簽協議，一百年不簽也沒關係。中共對外談判何嘗不是如此？

成功大學政經所副教授吳新興立即作出分析，在聯合報發表文章，對李登輝的談話作出歸納，提出李登輝的談判觀點六點原則：一、以平常心看待兩岸的接觸與談判；二、兩岸談判乃是意志的考驗，必須失敗了再談，慢慢談；三、我們不怕談，也願經由談判來解決兩岸問題的基本立場；四、兩岸政府在處理問題的做法上，觀念與思想必須要有創意、彈性；五、國家尊嚴必須維持；六、我們的力量要展示出來。

或許吳新興是正確解讀了李登輝的心意，後來就被任用爲海基會的副秘書長，不久又高升爲僑委會副委員長、派駐菲律賓代表。

兩岸如果因爲各自堅持彰顯主權與司法管轄權觀念，而無法在事務性問題達成協議，那麼，是提高會談層次呢？還是不拘形式的會談，先溝通觀念，等到雙方能夠達成共識之時再正式商談？

大陸方面其實正在醞釀宣布重大的對台政策「江八點」，在第三次焦唐會談期間，從王兆國與汪道涵對焦仁和的談話中，已經露出蛛絲馬跡。王兆國對焦仁和說，中共中央即將對兩岸關係最新的形勢變化與發展，作出新的提議。汪道涵在會見焦仁和時也說，兩岸人民透過文化交流，總會找到相互認同之處。

事實上，據《執政告白實錄》記載，一九九四年十一月間，江澤民的辦公室主任曾慶紅曾與蘇志誠在珠海見面，重提兩岸簽署和平協議之事，並說江澤民願意與李登輝在第三地不期而遇，但不能在國際場合會面。李登輝要的是在國際場合會面，所以「李江會晤」因此沒有成功。（《執政實錄告白》，頁二〇二）

「江八點」發表前，大陸方面也曾透過管道希望台灣方面予以重視，並有善意的回應。因此，李登輝在新春團拜時就說，值得重視，並指示成立專案小組研究，後來也發表「李六條」予以回應。兩岸這些善意的互動，都爲第二次「辜汪會談」累積了動力與能量，使得兩岸在第三次焦唐會談失敗後，能夠邁向一個更高層次的第二次「辜汪會談」。

第廿七章

台北

第二次辜汪會談第一次預備磋商

1

一九九五（八十四）年一月三十日農曆春節前夕，大陸領導人江澤民發表八點有關「現階段發展兩岸關係、推進祖國和平統一進程的若干重要問題」的看法與主張，也就是一般通稱的「江八點」。台灣領導人李登輝也在四月八日的國統會議中發表談話，提出六點回應，也就是俗稱的「李六條」，雙方對統一問題、兩岸交流等問題，做了最高層的間接對話。

對國家統一問題，江澤民在第一點主張說：「堅持一個中國的原則，是實現和平統一的基礎和前提。」李登輝在第一點回應說：「在兩岸分治的現實上追求中國統一。」

有關國際活動空間問題，「江八點」的第二點說：「對於台灣同外國發展民間性經濟文化關係，我們不持異議。」並在第八點表示：「歡迎台灣當局的領導人以適當身分前來訪問，我們也願意接受台灣方面的邀請，前往台灣。」「李六條」的第四點回應說：「兩岸平等參與國際組織，雙方領導人藉此自然見面。」

對於解決兩岸問題的方式，江澤民在第三點主張說：「進行海峽兩岸和平統一談判，是我們一貫的主張。」並在第四點提出：「努力實現和平統一，中國人不打中國人。」說明不承諾放棄使用武力，主要是針對外國勢力干涉中國統一和搞「台灣獨立」的圖謀的。李登輝在第五點主張回應說：「兩岸均應堅持以和平方式解決一切爭端。」當中共正式宣布放棄對台澎金馬使用武力後，即在最適當的時機，就雙方如何舉行結束敵對狀態的談判，進行預備性協商。

對於兩岸經濟交流問題，江澤民在第五點說：「面向二十一世紀世界經濟的發展，要大力發展兩岸經濟交流與合作，以利於兩岸經濟共同繁榮，造福整個中華民族。」李登輝在第三點回應說：「增進兩岸經貿往來，發展互利互補關係。」台灣的經濟發展要把大陸列爲腹地，而大陸的經濟發展則應以台灣作爲借鑑。兩岸商務與航運往來，涉及問題相當複雜，在時機與條件成熟時，兩岸人士可進行溝通、了解問題、交換意見。

有關文化交流，江澤民認爲中華文化是維繫全體中國人的精神紐帶，也是實現和平統一的重要基礎，因此在第六點主張提出：「兩岸同胞要共同繼承和發揚中華文化的優秀傳統。」李登輝在第二點回應說：「以中華文化爲基礎，加強兩岸交流。」

對於台灣的地位問題，江澤民在第七點主張說：「要充分尊重台灣同胞的生活方式和當家作主的願望。」保護台灣同胞一切正當權益，加強與台灣同胞的聯繫，也歡迎台灣各黨派以理性、前瞻和建設性的態度推動兩岸關係發展。李登輝則藉由第六點主張：「兩岸共同維護港澳繁榮、促進港澳民主。」來推介「台灣經驗」，希望大陸經濟日益繁榮，政治走向民主，讓十二億同胞享有自由富裕的生活。兩岸可以分別展開民權及民生建設，進行和平競賽。

從江澤民與李登輝的間接對話中，可以看出兩岸最大的差異在於對現狀的看法，大陸認爲現在必須以「一個中國」的原則來談一切問題，台灣則主張大陸應承認兩岸分治的現實，才能談到未來的中國統一。台灣希望大陸宣布放棄對台使用武力，大陸則以顧慮「台獨」爲由，不承諾放棄對台使用武力。兩岸可以從事經濟、文化交流，但在國際活動空間方面，台灣要求平等參與國際組織，大陸只同意台灣可以發展民間性質的經濟文化國際空間。雙方雖然在言辭上表現善意，事實上雙方觀念的差異仍然很大。但是，兩岸仍然希望經由對話與談判來了解對方、進一步說服對方改變觀念，所以，兩岸會談的層次就逐漸升高了，第二次辜汪會談也就成爲雙方解決兩岸交流問題的希望所在。

2

在兩岸當局的推動下，海基會邀請大陸海協會常任副會長唐樹備於五月二十七、二十八日來台，進行第二次辜汪會談第一次預備協商。

據聯合報記者何明國於五月二十日發表的新聞分析指出，第二次辜汪會談政治對話意味濃厚，將是兩岸的一次政治宣傳競賽。

何明國認爲，大陸方面對二次辜汪會談的意圖有二：一是確定辜汪會談制度化定期召開，並建立制度化的政策性對話管道，由辜汪定期展開兩岸政策對話，再進一步導引進入政治談判。二是利用辜汪對話，對外宣傳凸顯兩岸坐下來和談的印象，排除國際插手兩岸事務的可能，避免台灣問題國際化，防堵台獨意識。

相對地，我方似乎希望利用辜汪會談既有管道，溝通兩岸政治障礙，建立互信、穩定兩岸關係。另方面也希望在實質問題，如九七後台港關係、兩岸文教交流等方面，取得共識，爲以後的具體協商排除障礙。

因此，雙方可能在辜汪會談交換意見，各說各話，並建立兩岸制度化的對話模式。這一點，可從中共在當年六月間以李登輝訪問美國爲由推遲第二次辜汪會談，到一九九八年兩會才恢復在大陸舉行「辜汪會晤」建設性對話，看出雙方都有意運用辜汪對話，說清楚己方的立場，爲政治對話預作準備。

當時，海陸兩會決策官員已經規劃由相關部會官員上桌與大陸官員直接對話協商遣返等三項議題，以及台商在大陸投資保障、智慧財產權保護、港澳事務、九七後台港航權、兩岸農業交流、境外航運中心等問題。（自由時報，一九九五年五月二十二日，林宏洋報導）

這項安排後來也成為事實，大陸方面來台的會談代表是海協會人員，也是國台辦人員，由唐樹備率領張金成、趙正豫、李亞飛、周寧、黃文濤、以及工作人員張壯民於五月二十六日來台，一向與許惠祐對談遣返等三項事務性議題的孫亞夫沒來，顯示海協會已經不要再談這三項議題了。

海基會參與這次預備磋商的代表，由焦仁和率領石齊平、李慶平、許惠祐、詹志宏、傅棟成、潘憲榮、歐陽聖恩、張全聲、孫起明、謝福源、高富月、林源芳、黃國瑞參與會談；其中，詹志宏是陸委會企劃處長，傅棟成是陸委會經濟處長，都是第一次參與兩岸談判，詹志宏後來更成為兩岸談判的重要支柱。

第二次辜汪會談預備會議是在兩岸微妙的氣氛下展開的。中共發表「江八點」，說是對台灣與外國發展經濟文化關係不持異議，但是卻阻撓台灣申辦二〇〇二年亞運。接著美國同意李登輝前往母校康乃爾大學訪問。據《執政告白實錄》說，當年三月間，蘇志誠還在珠海會晤時告訴曾慶紅，李登輝即將前往阿聯、約旦、及美國訪問。曾慶紅回應說，各有立場。當時，大陸方面認為李登輝去不成美國。所以，大陸當局還是讓唐樹備前來台灣磋商第二次辜汪會談有關事宜。

聯合報記者何明國在五月二十三日的特稿中，已經提到李登輝訪美可能的影響。他說：「李登輝訪美對中共可能的衝擊可想而知，其對我國際空間的打壓只會變本加厲，不可能減緩。」

他認爲，中共阻撓我申辦亞運、和李登輝訪美，已使兩岸氣氛發生微妙變化，連帶使人關切會不會影響二次辜汪會談的前景？

確實，中共方面也在評估可能的影響，據報導，一名大陸中新社的記者打電話到台北打聽李登輝將於六月間訪美的事，同時了解台北方面對第二次辜汪會談的看法。新聞報導同時透露，海協會在五月二十二日開了一整天的秘密會議，會議內容可能與李登輝訪美有關。（自由時報，一九九五年五月二十三日，林宏洋報導）

自由時報記者胡文輝則報導說，李登輝訪美、中辦亞運、辜汪會談，已經形成互相牽動的形勢，中共可能將此三件事形成「連環套」，如不能阻止李登輝訪美，在一環扣不成的情況下，可能在另一環更加扣緊，全力打壓，我方應分開處理這三個環節，亞運如爭不到，不必情緒性牽動辜汪會談或李登輝訪美，作出大動作來反應。

在這種氣氛下，陸委會也重申，對於中共阻撓我方申辦亞運，爲了保障台灣地區人民的權益，刻正籌畫召開的兩岸第二次辜汪會談，不會受到影響。

中共在發表抗議美國同意李登輝訪美的聲明後，海協會也在五月二十三日來函通知我方，唐樹備將於五月二十六日如期來台。顯示中共採取「觀察」態度，暫時不做激烈反應，因此，第二次辜汪會談第一次預備磋商如期舉行。

3

五月二十七日上午九時，焦仁和與唐樹備各率談判代表，在台北國際會議中心展開第一場次的會談，陸委會官員詹志宏與傅棟成正式登場，參加兩岸協商。

在第一場次的商談中，雙方達成共識，第二次辜汪會談定於七月二十日起在北京釣魚台國賓館舉行，會期三、四天，大陸方面將安排辜振甫會見大陸領導人，會見的層級將由焦仁和向我方主管單位請示後才能確定。

雙方也原則同意每年舉行一次辜汪會談，八十五年將輪到台北舉辦第三次辜汪會談。但是唐樹備則說，雙方雖有共識，明年以後的情況則留待辜汪正式協商時再談。唐樹備似乎話中有所保留，不知是外交官的習慣，還是大陸方面也是「且戰且走」？

對於第二次辜汪會談的議題，唐樹備說，海協會已獲得授權討論九七之後台港澳交流具體問題，只要海基會代表台灣正式提出協商，海協會可以代表大陸作討論。後來由於議題敏感，港澳交流問題沒有單獨列爲一項議題。

有關會談議題，雙方有共識，也有歧異，因此，當天下午，先由許惠祐與趙正豫在海基會會議室非正式交換意見，提供次日第二場焦唐會談作參考。

二十八日，焦唐會談決定第二次辜汪會談將商談八項議題：

一、回顧及加強兩會聯繫，強化兩會協商功能，有關劫機犯遣返等議題，將力求早日達成協議。

二、有關簽訂台商投資權益保障問題。

三、籌開兩岸民間經濟交流會議，並定期舉辦兩岸經貿糾紛研討會及智慧財產權研討會。

四、加強兩岸文教新聞交流。

五、兩岸農業交流問題。

六、兩岸科技交流。

七、兩岸旅行交流。

八、兩岸交流的其他重要問題。

對於劫機犯遣返等三項議題，海協會人員表示不願再談，焦仁和則說，將於辜汪會談前，完成簽署協議的準備工作。似乎海基會有意與海協會運用其他方式完成協議文本，但是，後來由於李登輝在六月七日訪美，海協會藉此理由在六月十六日來函推遲第二次辜汪會談，兩會就沒有再繼續商談三項協議文本，也沒有舉行任何協商，甚至連海基會人員都不能去大陸訪問，兩會陷入爲期三年的冰凍期。

五月二十九日上午，唐樹備等海協會代表到海基會拜會，雙方並簽署「第二次辜汪會談第一次預備性磋商共識」。中午，海協會代表團離台，結束預備磋商的行程，也結束了爲期四年半的兩岸會談，一直到一九九六年台海飛彈危機結束後，海基會才與海協會授權的香港船東協會商談九七之後的台港航運問題。

4

李登輝在六月七日赴美，前往母校康乃爾大學訪問，並發表演說，在此期間中共則連續發表五篇批評文章，強烈抨擊，並提到「武力保台」。李登輝在六月十二日返台的記者會說：「我們不是要製造兩個中國，中共方面不需要提出激烈的批評，我們是要讓國際眞正知道台灣的民心和台灣在國際所遭遇的困難。」

對於辜汪會談的期望，李登輝說：「辜汪會談並沒有牽涉政治問題，只是一個純技術性、事務性的交換意見的會議，本人希望大家不要情緒化，把它弄得太複雜，希望七月二十日辜汪會談能按計畫進行。」

李登輝運用美國國會的力量促使美國總統柯林頓同意李登輝訪問康乃爾母校，是中共對美外交的一個頓挫，在激烈抗議之餘，將箭頭指向台灣，一方面連續發表許多篇文章批評李登輝，並在六月十六日函告海基會推遲第二次辜汪會談，原定六月底舉行的第二次預備磋商也同時取消了，兩岸制度化聯絡管道遂告中斷。另一方面，中共在七月七日透過新華社發布，共軍將從七月二十一日至二十八日進行地對地飛彈發射演習，飛彈將射入東海公海。這是中共一連串武嚇的第一波行動。

七月三十一日，中共國防部長遲浩田說，解放軍對統一問題絕不會承諾放棄使用武力，如果台灣當局一意孤行製造分裂，絕不會坐視不管。

八月十日，中共新華社又說，共軍將於八月十五日至二十五日在東海海域進行導彈砲火實彈射擊演習。

次日，陸委會主委蕭萬長接受中國時報記者專訪說：「中華民國政府反對台獨立場相當堅定，也是幾十年不變的基本立場，但卻遭中共當局刻意扭曲。」

中共一連串的軍事演習，導致台灣海峽形勢愈來愈緊張。十月二十一日，中共中央軍委副主席張萬年接受「美國新聞與世界報導」專訪指出：「如果台灣宣布獨立一定動武。」

中共同時採取外交手段封殺台灣的國際空間，邀請美國總統柯林頓訪問北京，舉行「柯江會談」，十月二十四日達成以「三個公報」原則處理台海問題的共識，甚至誘導柯林頓在上海說出美國「不支持兩個中國或一中一台」、「不支持台灣獨立」、「不支持台灣加入聯合國」的「三不」政策。

同一天，台港航權談判也達成協議，雙方代表簽署會議記錄，爲台港之間的空中航權延續往來關係。

台港航權談判，是由陸委會授權委託台北市航空運輸同業公會，與香港國泰航空及港府進行談判。雖然香港主權距離一九九七年移交中共尚有兩年，當時陸委會也規劃將在第二次辜汪會談時，與海協會談判港台航權問題。後來第二次辜汪會談並未在七月間舉行，所以台港航權談判按照原定計畫由台港民航有關機構代表逕行協商，對航權安排取得共識。當時中共尚未能掌握香港當局的決策。

中共在雙十節之後展開海軍諸兵種聯合演習。十一月下旬，「南京軍區」在閩南沿海福建東山島舉行三軍聯合登陸演習，目標當然是針對台灣而來。

一九九六年三月八日，中共在基隆正東二十至四十海浬、高雄正西三十至五十海里的海域內進行地對地導彈試射訓練，發射了三枚飛彈。接著又於三月十三日在高雄外海發射第四枚飛彈。共軍則於三月十二日起在廈門至汕頭一帶舉行海空實彈演習，三月十八日則在福建平潭附近海面舉行陸空聯合演習，模擬攻占一個小島。這一連串的演習，吸引了全世界的關注，究竟台灣海峽會不會發生傳說中的「一九九五閏八月」攻台戰爭？還是中共只是爲了台灣在當年三月底的「總統直選」而發動一連串的文攻武嚇？

美國「尼米茲」號航空母艦戰鬥群於一九九五年十二月底經過台灣海峽前往香港。五角大廈解釋說，因爲「氣候因素」才從台灣海峽經過。

中共在三月八日宣布在台海軍事演習後，美國國務卿克里斯多福立即在三月十日宣布，「獨立號」航空母艦戰鬥群將前往台灣地區，「並處在一個必要時能提供幫助的位置」；接著，柯林頓總統又宣布「尼米茲」號航空母艦戰鬥群也將到「台灣附近的國際水域」，「以確保中國在台灣海峽進行的大規模軍事演習不會失控」。

美國國會參衆兩院也在三月十九、及二十一日分別通過決議案，敦促柯林頓政府確保台海和平與台灣的安全。

中共在這一連串的測試與挑戰行動之後，已經知道美國對台海和平的可能反應，因此，也就結束軍事演習，但是仍然不願意與台灣方面恢復談判，海基會在四月二十九日辜汪會談三週年當天去函建議恢復辜汪會談及制度化協商，海協會則在次日回函拒絕。

李登輝當選總統後，於五月二十日就職演說中，對兩岸關係提出三點目標：一、呼籲兩岸正式處理結束敵對狀態；二、兩岸隔海分治是事實，以追求國家統一爲目標也是事實；三、兩岸應開創「中國人幫中國人」的新局。

江澤民於六月二十六日訪問西班牙時，接受新聞界訪問說，兩岸和平統一談判，可以在「一個中國」原則下正式結束敵對狀態，進行談判協議。對兩岸領導人會面問題，歡迎台灣領導人以適當身分到大陸訪問。

兩岸問題的對話，最後又回到「一個中國」原則。大陸強調的是現在的「一個中國」，而台灣則認爲目前兩岸處於分裂分治狀態，是不可迴避的事實，只有未來統一後才有「一個中國」。如果現在就承認「一個中國」，台灣就會被貶爲地方政府，像香港一樣成爲一個「特區」，台灣當局怎能接受？台灣人民能接受嗎？

既然兩岸一時無法恢復談判，各自在法令許可範圍內推動兩岸交流，處理兩岸事務性問題，也就成爲必須的過程。台灣推動「亞太營運中心」計畫，同意高雄、基隆港與大陸福州、廈門港之間可以行使在國外註册的「權宜輪」，大陸則稱爲「試點直航」，雙方開始有貨輪往來兩地之間，便利兩岸之間的海上貨運。後來則更進一步在二〇〇一年一月起開放金門與廈門、馬祖與馬尾之間的「小三通」，作爲未來兩岸「三通」的實驗。台港之間的海運問題，也在一九九七年五月間商談完成，成爲兩岸之間的另一種協商方式。

第廿八章

旗幟之爭

九七後台港海運會談

1

香港在一九九七(八十六)年七月一日由英國政府移交給中共,成爲「香港行政特區」。九七之後台港之間的空運航權,已經由雙方的民航單位與航空運輸業者在一九九五年十月二十四日簽署了一個跨越九七的協議,暫時獲得解決。台港海運牽涉船舶懸掛旗幟與船舶證照問題,九七之後台港船舶往來如何懸掛旗幟,是有關各界亟需處理的難題。

一九九七年五月,台灣海基會代表與香港船東會代表在獲得有關主管單位授權下,歷經香港會談與台北會談之後,簽署「台港海運商談紀要」,雙方暫不掛旗,解決了台港海運的敏感問題,使得九七之後,台港之間繼續維持蓬勃的船舶往來。

2

台港海運會談是在兩岸關係逐漸解凍、台港經濟交流迫切需要的情況下,由兩岸當局授權中介團體,並結合有關業者參與的情況下,成功地達成旗幟原則問題的例子。協商過程充滿了兩岸的角力與談判策略的運用。

台港海運對雙方的經濟有重大的利益，香港更是兩岸之間人民往來的重要轉接站，對兩岸三地的關係有密切的影響，兩岸當局對九七之後繼續維持香港的轉運功能，都相當重視。海基會主談代表張良任在五月二日的香港會談致詞中，就明白地說，十年來兩岸人民經由香港往返的，已超過一千萬人次，以一九九六年統計爲例，台港貿易額是二八五億美元，台灣赴港旅遊者有一八二萬人次，占全年訪港人數的百分之十六。香港出口到台灣的貨櫃有四十八萬個標準貨櫃，台商在港成立的公司已有三千多家。台灣方面制訂的「港澳關係條例」已將九七之後的台港航運維持直航。

大陸方面也對台港關係做出定調。唐樹備說，中共主張在七月一日後的台港航線，在台灣註册船舶到香港，不應在旗幟上出現「兩個中國」的問題，在此原則下，海協會委託香港船東會與台灣方面進行商談。（聯合報，一九九七年四月三十日，張聖岱報導）

海基會副秘書長李慶平在九六台海危機之後，首次獲得大陸有關方面同意隨「公證學會訪問團」前往大陸地區訪問。他引述唐樹備的話說，中共中央七月一日後對香港問題只管兩個半：國防、外交兩個問題，與台灣半個問題，目前香港航運問題除了旗證之外，其他都好解決。

台港海運會談之前，其實雙方都已透過各種管道互相探底，了解對方的底線，與可能接受的方案。雙方也透過各種場合的公開談話，釋放出亦眞亦假的消息，一時之間好像消息混亂，其實，分析起來，大陸方面的底線是不要在船舶旗幟上出現兩個中國的問題，台灣方面則主張互不掛旗，避免使問題複雜化。

陸委會副主委高孔廉在四月三十日台港海運會談前夕說，希望北京以「維持現狀、變動最少、儘量單純、不節外生枝」四項原則來處理台港航運旗幟問題。

淡江大學大陸研究所所長張五岳於五月一日在聯合報發表專文〈不懸旗，我應守的底線〉，分析台港海運談判的策略。他說，若要解決未來台港間航運問題，不外乎有四種方式：

一、若以國際慣例、現狀持續考量，則以懸掛雙方國旗方式航行台港間最爲簡便，但大陸接受此方案的機會微乎其微。

二、若以避開旗幟敏感的務實考量，則以進出對方港口時降旗或不懸旗方式最爲可行。

三、如果雙方不掛國旗、又非得懸識別旗，則亦可懸掛「中性旗」（即如香港的紫荊花旗對台灣的梅花旗），但這未合國際慣例，如非必要，不宜輕率爲之。

四、萬一旗幟問題無法解決，則最後亦可使雙方輪船至外國註册變成權宜輪方式航行，這對航商無損，但將造成中華民國國輪大量出走（因國輪在境外航運中心及台港間都不能航行）。因此，張五岳認爲，台灣方面至少應堅守不懸旗爲底線，若無法獲致協議，亦可留待下次再行協商。

張五岳的建議，其實也是陸委會的底線。後來簽署的「台港海運商談紀要」中規定，台灣船舶進入香港期間暫不懸旗，香港船舶進入台灣港口期間船尾可懸紫荊花旗，雙方船隻也可懸掛各自的公司旗和信號旗。

3

台港海運會談於一九九七年五月二日在香港舉行，陸委會授權海基會副秘書長張良任爲主談代表，團員有陸委會經濟處長傅棟成、交通部航政司長謝明輝、台灣海峽兩岸航運協會理事長林省三、海基會經貿處長潘憲榮。

張良任曾獲得哈佛大學東亞研究碩士，對季辛吉撰寫的《白宮歲月》的談判技巧有仔細的研究。在轉任海基會副秘書長之前，張良任曾任新聞局聯絡室主任、陸委會聯絡處長、文教處長、港澳處長，也是黃昆輝的重要文膽，參與許多重要文稿的撰述，了解大陸政策、熟悉港澳業務，因此，被新聞界認爲是台港海運會談的最佳人選。

專欄作家陳子帛發表專文〈張良任終於熬出頭〉，認爲張良任可能是台灣有意栽培，並刻意予以多層次歷練的負責處理兩岸事務的戰略儲備幹部梯隊，他的永遠謙和、敬業的表現，對他日後的政治升遷將多有俾益。果然，張良任在二〇〇〇年民進黨政府成立後，出任駐香港代表。（香港信報，一九九七年四月二十四日報導）

陳子帛說，一九九六年陸委會改組，李登輝安排了許惠祐與林中斌出任陸委會副主委，張良任因此未能升任副主委，在焦仁和的力邀下，轉任海基會副秘書長。陳子帛認爲，許惠祐在海基會的作爲其實只是一味消極防堵，並忠實秉承李登輝與黃昆輝的意志，因此得以升任陸委會副主委，張良任必須靠自己的才智與能力，既能設法打破台海兩岸關係的僵局，又能切實解決兩岸三地九七之後的當務之急，而且還要能時時處處體察上意，統籌全局，做到有所爲有所不爲，任重道遠。

台港海運會談確實是兩岸關係轉化中的一次重要協商，大陸方面也避開了與海基會直接商談可能引發的對立效應，因而委託香港船東會與台灣授權的中介團體協商，海協會則在幕後操盤。

大陸新華社香港分社台灣事務部前部長黃文放於四月三十日在香港蘋果日報發表文章〈讓香港成爲兩岸潤滑劑〉，透露台灣開放境外航運中心，大陸貨物可經高雄轉運，不能報關入境，這項促成兩岸定點直航的談判，就是在香港低調進行的。

黃文放所說的「兩岸定點直航」，大陸方面稱爲「試點直航」，是由兩岸在國外註冊的「權宜輪」行駛福州、廈門與高雄港航線，可將大陸貨物在高雄轉運他地，後來又進一步開放大陸轉運貨物在高雄港加工後再轉出口，以增加高雄港的競爭力，便利兩岸貨物運輸，但由於貨源有限，「試點直航」的效果有限。

黃文放認爲，兩岸主事者都喜歡直接談判，並不喜歡經由香港順其自然地解決問題，雙方都喜歡就一些政治原則進行爭執，而不喜歡香港繞過政治爭拗而解決實際問題的運作方式。確實，海協會雖然委託香港船東會負責協商九七後台港海運問題，但仍在旗幟與「一個中國」問題作文章，因此，台港海運會談的主題不是航權與實務問題，反而是懸掛旗幟的原則問題。

香港船東會主席趙世光擔任這次會談中香港方面的主談代表，團員有金山輪船公司董事長梁敏行、中遠香港集團副總裁杜寶明、招商局集團副總裁吳世榮、香港隆星航業公司董事長程義。

趙世光是上海人，一九四八年舉家遷往香港，父親趙從衍在五十年代創辦了華光航業公司，與包玉剛、董浩雲齊名。趙世光從六十年代大學畢業後即投入香港的航運界工作，會談當時是華光航業公司的董事長兼總經理。

五月二日在香港舉行台港海運會談，張良任在會前已經明說，如果談不成，下次可以在台北再談，張良任並以「縮小議題、集中焦點、速談速決、求取共識」十六字，作爲此次會談的談判策略。

「縮小議題」是只談旗幟，不談船務文件問題，旗幟是要公開懸掛的，比較敏感，船證文件不必公開張貼，可以比照兩岸公文書認證方式處理。

「集中焦點」是集中討論掛不掛旗，掛什麼旗？不必再牽扯「一個中國」問題。

「速談速決」是希望一次會談就解決，必要時可在台北再會談一次，在七月一日香港回歸之前儘快解決。

「求取共識」是儘量擱置歧見，使會談能達成共識，解決問題。

事實上，台港海運會談就是在這樣的原則下進行的。在會談前，香港方面透露希望懸掛香港的紫荊花旗進台灣的港口，台灣可以懸掛梅花旗進入香港。台灣方面認爲雙方懸掛國旗進港是上策，但大陸方面不會同意。其次是「互不掛旗」，爭取對等。下策是懸掛梅花旗，因爲可能會被認爲與香港的紫荊花旗對等，造成不必要的誤解。最下策是行駛國外註册的「權宜輪」，因爲會造成國輪出走，到國外去註册，以便行駛兩岸與台港之間。

會談前，台港雙方原已達成「互不掛旗」的默契，但是，大陸方面似乎有疑慮。其實，大陸還是按照一貫的談判思維來處理台港航運，要先爭取最有利的條件，不願在會談前就讓步。所以，會談當天雙方各自陳述立場，趙世光在致詞時宣讀大陸方面準備的稿子，提到：「根據一個中國原則，港台海運的有關具體問題是可以得到及時和妥善解決的。」

據自立晚報記者陳威儐報導，香港方面原先希望會後發表「共同新聞稿」，趙世光宣讀了大陸方面準備的「共同新聞稿」，還是提到：「雙方同意以一個中國原則，處理九七後香港和台灣之間船舶互航及進入對方港口的有關技術性問題。」這樣的敘述根本不可能被台灣方面接受，張良任立即在致詞時宣稱兩岸對「一個中國」是「口頭各自表述」。所以陳威儐說，大陸寫的「共同新聞稿」處處都是陷阱。

北京所擬的「共同新聞稿」最後一段提到，雙方將按「國際慣例」辦理九七後香港與台灣之間互航的有關問題。陳威儐認爲，依國際慣例兩地船隻互航並沒有不掛旗的先例，北京可能擴大解釋爲台灣方面同意掛旗。爲避免遭到曲解，台灣方面也不同意這樣的敘述。

在這種政治因素影響下，當天的會談沒有達成共識。據聯合報報導，張良任在會後說，雙方已就彼此提案的可行性交換意見，我方認爲維持現況的變動最小，因此建議雙方互不掛旗。代表團回去之後，將建議對彼此意見的「灰色地帶」加以研究。

趙世光則說，他仍樂觀看待會談結果，而且雙方都有共識，七月後港台間航線仍應維持通航。這次會談氣氛良好，也約定了繼續談，只要有誠意，一定可以順利尋求圓滿結果。

通常一般的會談都是在第一次協商時各自表達立場，雙方說明看法，交換意見，以充分了解雙方提案的可行性。然後帶回去研究，確立讓步的方案，到第二次會談時再討論。所以，台港海運會談決定在台北舉行第二次的協商是合理的做法。

4

台港海運第一次會談結束後，雙方各自研擬因應之道，並透過新聞傳播與幕後溝通交換意見。

交通部次長許介圭說，下次會談交通部仍以「不掛旗」爲原則，如果所有方法都行不通，最後只有再讓「權宜輪」航行台港之間。（自由時報，一九九七年五月三日，蘇宇暉報導）

許介圭說，按照國際法和我方商港法的規定，船舶入港後應互掛船籍國的旗幟，在境外航運中心啓動後，我方也不反對掛五星旗的香港船隻，於七月一日後駛入各港口，但無奈大陸方面不接受。

陸委會副主委高孔廉則說，這次談判中共當局在背後擬定一個中國原則，與海協會來函指稱這次談判僅談技術性問題不相符合，如果台港航運不能繼續運作，將會導致兩敗俱傷。

高孔廉說，我方在談判前接獲的消息顯示，中共方面認爲只要中華民國國旗不出現，就可以解決九七後台港航運往來問題。

他說，我方對掛中共國旗的船舶往來台灣地區港口並不敏感，現在問題在於中共方面。不過，如果無法維持掛旗現狀，我方則堅持必須變動最小原則，亦即雙方互不掛旗。

大陸新華社則報導說，這次商談是個好的開始，爲下次談判奠定一個良好基礎，只要根據「一個中國」原則，台港航運的問題將獲解決。

張良任說，台港航運問題協商，雙方代表在二日上午就已經達成主桅部分不用掛旗、與證件按現在慣例辦理的口頭共識。（工商時報，一九九七年五月四日，周光前報導）

張良任說，當時大家甚至討論到諸如船頭公司旗、信號旗、通訊旗都可以照掛，就只有船艉掛旗問題沒有解決。下午雙方繼續進行磋商，當無法獲得共識時，對方代表就推翻先前的共識，推說他們是從整體角度進行考量。

高孔廉認爲，大陸方面採取「連環套」策略，才會對於台港代表達成共識的部分，不願意將其內容落實爲文字。大陸認爲「互不掛旗」違反國際作法，如果要根據國際慣例，台港兩地就應採取「互掛國旗」的辦法來解決，我們當然願意接受這個方案。

據中央日報記者黃如萍五月四日報導，台港航運懸旗問題可望折衷協議。這項報導引用未透露消息來源的分析說，在雙方均不堅持必須懸掛國籍旗於船艉、就船舶上所有旗幟懸掛的整體研究下，台港雙方將以「各說各話」的方式，讓香港船舶得以懸掛代表香港特區的紫荊旗，不過懸掛位置不得是國際上代表船籍國的船艉，而是如同信號旗、公司旗、只是提供船舶身分辨識的功能，懸掛於船竿上。我方船舶則仍將維持我方的提議，只懸掛公司旗及信號旗，不懸掛任何代表台灣的旗幟。

黃如萍的這項報導消息正確，後來簽署的「台港海運商談紀要」正是以「各說各話」的方式解決了問題，雙方同意在台灣登記商船進入香港時船尾暫不掛旗，香港註册的商船進入台灣各港口，船艉可懸掛香港特區旗幟。公司旗和信號旗則雙方都可懸掛。

台港海運會談無法一次談成，也是一種策略的運用。據聯合報記者楊羽雯五月四日報導，港方一名背景特殊的會談代表私下告訴我方在港重要人士，這次就是要證明兩岸關係還沒好轉，下次一定談得成。

據報導，一名港方會談代表指出，接下來這段時間，是兩岸較量僵持的能耐度，事情一定會在七月前解決，看誰耐不住先讓，另一邊自然贏得多些。「這也不是北京第一次玩這種招式，國泰航空和中國民航總局在台港航權的角力，就是這種佈局，國泰等不下去，先釋股讓步，可是北京國務院可從沒下過這種指示。」

在協商過程中，我方船運界代表林省三質問趙世光：爲何說好互不懸旗又不算數？趙世光說：「以前我是船東，現在是受海協會授權。」這證明大陸國台辦與交通部在通航主導權的鬥爭，已從境外航運中心延伸到台港海運。以前大陸交通部主導兩岸通航事務的「雙向互惠」，已被國台辦的「一個中國」政策介入。港方會談代表冷眼旁觀這次對話，認爲「國台辦拿香港作兩岸鬥爭的舞台，項莊舞劍，意在奪回主導權，而非眞在意旗幟。」

香港五位會談代表，杜寶明、吳世榮都是大陸企業的代表，立場自然傾向中共；梁敏行是董建華的堂妹婿，他與程義是候任特首董建華的代理人，趙世光接受海協會授權，自然要按照大陸國台辦的戲碼來演，因此，這次會談也就卡住了，其中意涵自然是要等國台辦同意才會有結果，大陸交通部的人早就透露「台港航線問題要捱上一陣子。」

5

台港海運會談第二回合於五月二十四日在台北海基會會議室舉行。在會談前，雙方已經進行檯面下的溝通，爲正式的會談鋪路。

據自立晚報記者陳威儐五月二十三日報導，台港雙方航商已經利用在新加坡舉行的亞洲船東協會會議的見面機會，私下交換意見。

報導指出，北京方面已經考慮讓香港特區政府以一年的時間，過渡處理七月一日之後台灣船隻進港所發生掛旗的主權爭議問題。在「一個中國」的原則下，香港可以同意台灣的船舶「暫不掛旗」進港，以維持台港海運繼續往來。在幕後操盤反對「香港會談」達成「互不掛旗」共識的是香港新華社台灣事務部，有意同意「暫不掛旗」的也是香港新華社，負責提供建議的則是香港海運學會。

台北會談的前一天，工商時報記者張佩芬從台北打電話到香港給香港船東會的成員，據對方透露，港方已於五月二十二日傍晚向台灣方面提出協議草案，台灣方面已經原則同意接受香港註册船舶懸掛紫荊花旗航行台灣各港口，香港方面同意台灣懸掛青天白日旗以外的任何旗幟進入香港，而台灣有意懸掛何種船籍港旗，尚未確定，雙方將在二十四日舉行的第二回合會談中落實爲文字協議。

民衆日報記者白水在二十四日報導，香港新華社台灣事務部前部長黃文放引述消息人士的話說，台港航運談判經董建華斡旋，已經達成基本共識。

黃文放說，經過兩星期的溝通，雙方都懸掛港口旗進入對方港口，香港船舶可懸紫荊花旗進入台灣港口，但需解釋紫荊花旗是港口旗；至於台灣要懸掛什麼旗幟，由台灣自行決定，只要不掛青天白日旗即可。

從這些消息可以看出，雙方確實經過幕後溝通，也採取了各說各話的方式，讓彼此都下得了台，紫荊花旗是香港特區的區旗，但也可解釋爲港口旗，台灣如懸掛基隆或高雄港的港口旗，也符合雙方的共識，台灣也不會被認爲是與香港特區處於相等的特區地位。雙方都不掛國旗，也符合對等原則。

五月二十三日，港方代表抵達台北，林省三在當天中午宴請雙方代表，餐會結束後，雙方進行「會前會」。據中國時報記者董孟郎報導，四十分鐘的會前會結束後，雙方各自向主管單位回報，尋求可行方案，以便在次日的正式會談中回應。

工商時報記者張佩芬報導，香港船東會代表抱怨，在會談前夕還沒看到我方提出掛旗的確實方案，港方對於透過文字認定懸掛的是船籍港旗或識別旗也有意見。

其實，陸委會一直堅持互不掛旗，後來則同意香港船舶懸掛紫荊花旗進港，我方船舶仍然不能懸掛任何旗幟，以免被國際間認爲我方船舶已經更改船籍旗，同時也避免被國內外拿來做文章。

我方交通部也在會談前夕放出有利消息，有意促使大陸方面儘速解決台港海運問題。交通部官員說，第二次台港航運協商如果順利達成協議，預料行政院將會很快通過解除陸資輪船公司來台營運的限制。（工商時報，一九九七年五月二十四日，張佩芬報導）

報導說，中共交通部官員在一月二十二日在香港出席兩岸航運會談時，曾經要求我方在開放境外航運中心的同時，必須配合解除陸資輪船公司的限制，大陸航商經營的權宜輪才能來台營運，陸委會在五月中旬公開表示同意解除限制，大陸方面則願核准台灣航商所申請的兼靠兩岸港口的定期航線，外輪不得參與兩岸載貨。

由此可見，兩岸之間如果擱置敏感的主權爭議等政治問題，很多事務性問題都可以獲得解決，台港海運會談也是如此。

台北方面在這次會談保持冷淡與低調，不願在事前多談對策，香港代表則一再表示樂觀，並宣稱只要會談一個上午，當天晚上就要飛回香港，似乎相當有把握，但也製造了時間的壓力。

二十四日上午，雙方會談三小時，還是沒有達成共識，最大的歧見還是船艉掛旗如何解釋、主桅是否要掛旗的問題。據報導，港方又要求我方船舶進入香港，除了主桅要紫荆花旗外，還要加掛五星旗。但雙方在中午十二時舉行的記者會，只說一部分有共識，一小部分有歧見，下午還要再談。

在下午的協商中，我方繼續堅持台灣註册船舶進入香港將不掛旗的底線，香港船舶到台灣各港口可以懸掛紫荆花旗，最後港方接受，雙方達成「台港海運商談紀要」。

據中央日報以製版刊出的「台港海運商談紀要」，全文只有五條：

一、在台灣登記的商船自進入香港至出港期間，在船艉旗桿，暫不掛旗，待雙方協商確定後，再行懸掛；在船舶主桅桿，也暫不懸掛旗。

二、在香港註冊的商船自進入台灣港口至出港期間，在船艉旗桿，只懸掛香港特別行政區區旗；在船舶主桅桿，暫不懸掛旗，待雙方協商確定後，再行懸掛。

三、在兩地登記（註冊）的商船自進入對方港口至出港期間，還可懸掛各自的公司旗和信號旗。此外，在兩地登記（註冊）的商船增懸掛任何旗幟或變更上述旗幟，應由雙方協商確定。

四、本商談紀要經財團法人海峽交流基金會、海峽兩岸關係協會核可並換文確認，於今年七月一日起正式生效。

五、本商談紀要於五月四日簽署，一式四份，雙方各執兩份。

「台港海運商談紀要」由張良任、趙世光簽署，只有日期，沒有紀年。

6

「台港海運商談」是兩岸分治四十多年來第一次間接協商敏感的旗幟議題，最後在各讓一步、各說各話、避開主權問題的原則下，解決了九七之後台港海運繼續來往的問題。

談判需要幕後溝通協調，但是，這種口頭達成的共識，在情勢、利益、策略的考量下，也是多變的，談判代表必須準備許多套應變方案，在雙方堅持原則的情況下，看誰先讓一步，問題就會順利突破。

五月二十四日當天中午談判即將破裂，港方同意下午繼續商談。從這一跡象看來，港方有意在當天達成協議。如果港方要讓台港海運協議成爲香港在七月一日回歸時的一項賀禮、而不是台港斷航的遺憾，那麼，港方就有時間的壓力。時間壓力會促成實際的讓步。（自立晚報，一九九七年五月二十四日，林繼鎔報導）

據聯合晚報記者黃國樑在次日報導，會談當天，港方一直堅持雙方船舶的船艉必須懸旗，到了下午三點多鐘，張良任看出對方可能有鬆手的跡象，也就繼續堅持「互不掛旗」的底線，將近四點鐘，港方代表突然同意我方船舶進香港期間主桅不必懸旗。黃國樑推測原因，應是爲避免協商無成，使得香港特首董建華上任時發生台港斷航的遺憾。

在此之前，雙方已經同意台灣船舶船艉可以不懸旗進入香港，香港船舶船艉可以懸掛紫荊花區旗進入台灣各港口，但是，對於表示禮貌的主桅桿懸旗，港方要求台灣船舶懸掛紫荊花區旗進入香港，香港船舶主桅桿要懸掛什麼旗幟進入台灣港口呢？照理應懸掛青天白日旗以示禮貌，但這是大陸與港方極力避免的，最後只有同意雙方船舶主桅桿都「暫不」懸旗，來避開敏感問題。「暫不」的期間可長可短，在下一次協商之前都可適用，而且對雙方的主管機關都有交代，雙方都有下台階。

據工商時報記者梁寶華報導，陸委會企劃處長詹志宏對談判結果表示「欣慰」，他表示，在台港空運、海運協議相繼完成後，七月一日以後的台港雙方應該可以維持既有的互惠互利關係。

陸委會主委張京育表示，這次談判結果，已經非常接近我們的想法，對這樣的結果也表示肯定。

海基會董事長辜振甫對我方談判代表張良任、傅棟成等的「不慍不火」的表現，表示高度的讚賞。

張良任則在會談後對新聞界說，這次協商的結果，絕對與兩岸直航沒有關係，也不適用於兩岸間的航運關係。

這是一種立場的說明，避免被國內外作爲未來引用的例子，畢竟兩岸的通航問題與台港航運問題的本質有所不同，而且更加複雜。兩岸如何運用，將來可再商談。

經濟日報記者劉秀珍在五月二十五日報導，海基會董事長在幕後折衝，居中協調，功不可沒。

報導說，辜振甫在八十五年底的國家發展會議中擔任兩岸關係分組的召集人，建議在共識稿中加入「兩岸會談以九七後台港關係往來與兩岸加入世貿組織」爲起點。

海協會在三月五日委託香港船東會協商九七後台港海運問題，辜振甫亟力表明此一議題涉及公權力，應授權海基會協商。當協商前後，我方政府內部意見不一，辜振甫即運用其與總統府的密切關係，從中協調解決。

辜振甫深受李登輝的信任，相信他確實在兩岸歷次談判中，發揮了相當的諮詢與建議功能。但是，他卻確保持低調，儘量配合主管機關陸委會的政策，陸委會對他也有相當的尊重。

因此，當七月一日香港舉行回歸儀式時，辜振甫應邀代表台灣當局前往香港觀禮，見證香港割讓給英國一百多年後再度回歸中國的歷史時刻。

辜振甫由張良任陪同參加香港回歸慶祝活動，其實還有與董建華會面、交換台港關係意見的作用，以及期望能與汪道涵不期而遇，化解兩岸僵局的目的。然而，大陸方面表示汪道涵另有要事不能到香港，因此，辜汪兩人也無法在香港會晤。

其實，大陸方面另有打算。兩岸從一九九五年六月七日李登輝訪美開始，關係轉壞，歷經一九九六年一連串的軍事演習與飛彈危機，到李登輝再度當選總統，在五月二十日的就職演說中，呼籲兩岸正視處理結束敵對狀態問題、正視兩岸隔海分治事實與追求國家統一目標、開創「中國人幫中國人」的新局。不論李登輝對這樣的大陸政策含有多少的誠意，大陸方面也必須逐漸緩和兩岸的緊張關係，才能減少國際間對台海危機的關切。

「台港海運商談紀要」簽署後，海協會與海基會在六月十六日完成換文手續。六月十六日是海協會在兩年前來函推遲第二次「辜汪會談」的日子，海協會選在這一天完成「台港海運商談紀要」完成換文手續，自然有其意義，至少代表雙方關係正在改善。

五個月後，海協會在十一月六日來函邀請焦仁和率海基會董監事赴廈門參加經貿研討會開幕式，並到廈門、上海、北京參訪。

這是兩岸關係解凍的跡象。當兩岸開始迎接春天的來臨，焦仁和卻被調離海基會，去擔任僑務委員會的委員長，陸委會副主委許惠祐接任海基會副董事長兼秘書長，形成唐樹備對許惠祐的一番競爭局面。

7

香港是兩岸之間一個很重要的轉接點與緩衝點，在二〇〇五年一月十五日的兩岸春節包機協商中，香港成為兩岸包機不落地的轉運站。

民進黨政府在二〇〇〇年五月成立後，兩岸曾經試辦台商春節包機，以我方飛機飛行上海台灣之間的春節載運台商回台過節的活動。後來雙方由於立場、政治形勢的僵持，沒有續辦。二〇〇四年底台灣立委選舉之後，兩岸又開始推動春節包機活動，在兩岸航空業者與兩岸當局的配合下，先由業者逕行磋商有關的問題，獲得雙方主管機關同意後，再由雙方官員與業者代表正式會商，在兩個多小時內達成「雙向對飛、經第三地而不降落」的共識。

這次協商是在澳門舉行，大陸方面由大陸民航總局港澳台辦公室主任浦照洲率領民航總局空中管理局處長高毅、港澳台辦助理丁明、運輸司班機審批員商可佳，以海峽兩岸航空運輸交通委員會名義參加會談，台灣的代表由交通部民航局局長張國政率領航政司專門委員方志文、台北市航空運輸商業同業公會理事長樂大信、總幹事蘇賢榮，以台北市航空運輸公會名義參加會談。

雙方在迴避政治問題的原則下，兩岸於一月二十九日至二月二十日之間，由兩岸六家航空業者提供包機，飛行於北京、上海、廣州與台北、高雄之間四十多個班次，載運台商及其眷屬往來兩岸過年，中途只飛經港澳情報區而不必在第三地降落，達成了兩岸過去一向堅持的「對等、雙向、互惠」原則。

這是陸委會繼台港空中航權談判之後，再度委託業者與大陸方面談判的另一個例子。海基會從此失去事務性談判的舞台了嗎？兩岸與公權力有關的事務性議題，會再由官方人員以海基會名義出面談判嗎？今後兩岸大概是不可避免的走向多管道、多層次的談判了。

第廿九章

無憾

焦仁和為兩岸關係盡力

1

在一九九八(八十七)年二月三日的海基會新春團拜中,焦仁和說:「第一道春風就把我吹走了」。

開春之日,焦仁和被內定為僑務委員會委員長,他對海基會同仁說,春天應該是規劃未來,辛勤耕耘的時節,但今年春天到了,他卻必須扛著鋤頭,去耕耘另一塊土地。

他說,他服務社會二十四年來,都是擔任一級主管,從未擔任過二級主管,但在離開工作崗位時,有的讓他滿懷悲憤,有的讓他覺得脫離苦海,不過,即將離開海基會,卻讓他覺得依依不捨。

2

焦仁和原籍河北清河縣,他的父親焦沛樹是國民政府的司法官員,焦仁和於一九四八(三十七)年十一月十一日在杭州出生。杭州古稱「仁和」,所以,以出生地取名。一九四九年焦沛樹帶著全家人,隨著國民政府來到台灣,焦仁和因此在台灣長大。一九七〇

（五十九）年自中國文化學院法律系畢業，以「華岡獎學金」赴美留學，獲得美國南美以美大學比較法學碩士、北俄亥俄大學法學博士。

一九七四年焦仁和回國，年僅二十六歲即擔任文化學院研究生部副主任，當時研究生部主任是八十七歲的新聞界碩彥曾虛白。焦仁和獲得文化學院創辦人張其昀的賞識，升任訓導長，不久即赴英國研究一年，認識了正在英國留學的胡志強，結為莫逆之交。

焦仁和回國後，接任文化學院教務長，一年之內即完成改制為文化大學的任務。但因為遭忌進讒而在一九八〇年九月離開文化大學，前往革命實踐研究院擔任秘書室主任。（工商時報，一九八四年八月十四日，梁寶華報導）

當時，經國先生兼任革命實踐研究院的主任，焦仁和開始接觸政治工作，在一九八二年轉任革實院的訓導處處長。在總統府秘書長馬紀壯的力邀下，翌年焦仁和轉到總統府工作，先以參事名義在馬紀壯秘書長的辦公室工作，後來再調到第一局，與馬英九並列副局長。經國先生於一九八八年一月去世，李總統繼任後，將焦仁和與馬英九同時調升為總統秘書。半年後，馬英九外派擔任行政院研考會主委，焦仁和則升為機要室主任，負責撰寫總統各類致詞文稿。焦仁和前後在府內工作了九年多。

一九九三年三月，李登輝安排副秘書長邱進益轉任海基會副董事長兼秘書長，焦仁和也同時轉任陸委會副主任委員，似乎是一種到海基會接班的預作安排。

3

焦仁和對兩岸關係也有一份關懷，在擔任總統府機要室主任期間，也參與國統綱領與大陸政策的制訂，對大陸政策有相當的了解。他從許多競爭者之中脫穎而出，被任命為海基會副董事長兼秘書長，自有其特殊的條件。

當初，陸委會面對一連串的海陸定位與權限之爭，導致前後三位秘書長陳長文、陳榮傑、邱進益憤而辭職，黃昆輝雖然深受李登輝的信任，畢竟利刃有兩面，己身也受到一定的傷害，因此，亟思避免再度發生海陸不和的問題，培養親信人員接掌海基會就成為黃昆輝努力的方向，副主委葉金鳳和許惠祐就是黃昆輝亟力推薦的人選。

不過，基於省籍平衡與海基會特殊功能業務需要的考量，辜振甫的建議獲得李登輝的同意，具有豐厚中國文化素養的焦仁和因而出線，在亟需改善兩岸關係的時刻，焦仁和在一九九三（八十二）年十二月成為海基會副董事長兼第四任秘書長。任務醞釀之初，他的太太談海珠並不贊成，家庭會議也不贊成他接任這一個職務，除了工作太忙之外，前幾任的下場也令人擔心。但是焦仁和說：「我不入地獄，誰入地獄？」海基會是一個非常敏感的地方，經常會受到反對人士的指責，甚至還要被罵「賣台」。然而，為了搭建兩岸關係的橋樑，焦仁和毅然接下這一個重擔。

一九九三年十月十四日，黃昆輝與辜振甫會商後，確定由陸委會副主委焦仁和接任海基會秘書長，消息傳出，記者開始報導焦仁和的感想。焦仁和說，大陸工作非常重要，對中華民國在台灣的生存發展、兩千一百萬人的權益福祉，關係重大。如果到海基會任秘書長，只是換了工作職務，以後還是會和陸委會一起推動大陸工作（聯合報，一九九三年十月十四日，尹乃馨報導）。

對於兩會關係，焦仁和認為，黃昆輝對他有信心，不管那位副主委出任海基會秘書長，應該都有助於協調兩會關係。

黃昆輝也確實注意維護海陸兩會關係的和諧，即使是在歷次「焦唐會談」期間，陸委會高層人士公開對焦仁和表示不滿，黃昆輝也總是盡力淡化這些傳言。不過，這並不表示焦仁和的努力，完全符合李登輝內心的想法，黃昆輝與許惠祐能夠完全依旨而行，才是李登輝最信任的人。這從黃昆輝與許惠祐後來不斷的升遷重要職務，和焦仁和與唐樹備的「會談共識」不斷遭到兩岸的翻案，就可以看出兩岸工作需要最高層的鼎力支持與完全信任。

4

一九九四年一月三十一日至二月五日的北京第一次「焦唐會談」，是焦仁和第一次與大陸官員的會談，他堅持立場，在對司法管轄權與主權問題不退讓的原則下，一度取消會談。在會見中共國台辦主任王兆國時，焦仁和認爲大陸方面應該對唐樹備有更大的授權，雙方才能討論漁事糾紛的議題。王兆國順水推舟，借用明代詩人林瀚的「誡子弟」詩：「何事紛爭一角牆，讓他幾尺也無妨，萬里長城今猶在，不見當年秦始皇」。王兆國吟誦的是後人改寫的詩：「千里修書爲一牆，讓他一尺有何妨；萬里長城今猶在，不見當年秦始皇。」（中央日報，一九八四年二月五日，施眞眞報導）

因此，第一次焦唐會談對遣返等三項議題達成共識，但是，陸委會立即發表談話，指稱焦唐尚有十項歧見，媒體也報導陸委會對焦仁和同意將經濟議題列入分組討論的議程「不太滿意」。後來陸委會在二月五日表示「全力支持」海基會所獲共識的談話，化解海陸兩會的誤解。雖然在後續的第四次事務性商談中，由許惠祐去翻案，畢竟陸委會處理海陸爭議問題已經逐漸成熟，只是有人喜歡放話而已。

內部爭議事件其實也可以作爲一種談判策略。在第一次焦唐會談期間，陸委會曾打了五通電話、發出三封密電給焦仁和、石齊平、許惠祐。五通電話是故意讓中共方面聽的，加密的傳員則是政策指示，密集的後方指示被新聞界解讀爲海陸兩會關係緊張，北京方面也傳出陸委會對焦仁和不太滿意的說法。焦仁和則公開說「我以個人名義簽署文件，就會負起完全責任」，這是說給大陸方面聽的，表示他有獲得充分的授權，大陸不必懷疑。不過，漁事糾紛議題涉及司法管轄權等敏感問題，大陸方面始終堅持以模糊空間處理法律問題，而陸委會則主張要清楚確認細節，以免將來無法執行或增加糾紛，這也就是兩岸談判無法取得共識的癥結所在，不是焦仁和所能扭轉的，他所做到的是改善了兩岸的氣氛，在他四年兩個月的秘書長任期內，是兩岸會談次數最多的，但是，也歷經了「千島湖事件」、海基海協兩會關係中斷、一九九六年飛彈危機等重大事故，大陸方面還是以「文攻武嚇」兩手策略對付台灣，台灣也需要海基會作爲兩岸關係的橋樑，任何個人都只是大環境之下的一粒沙而已。

5

焦仁和對海陸兩會的關係也很注意維持和諧，避免讓人作文章，然而，會談是要去解決問題，而不是要去塑造對立，因此，必須有退有進，能讓而後能得。副秘書長階層的談判必須忠實執行上層的決策，無法對原則性問題作出決定，這也是海基、海協兩會副秘書長層級會談無法達成協議的原因，而秘書長層級的會談，需要對有爭議的問題作出決定，不論是議題的安排、爭執焦點的化解、或退讓的幅度，都必須根據授權的範圍作出決定。

政府授權的談判方案雖有優先順序，但是陸委會總希望達成第一優先的方案，如果稍有退讓，立即會有人放話，指責談判人員超越授權，這也是焦仁和一再面對的問題。

第二次焦唐會談在台北舉行，有不少人覺得焦仁和的表現，過於沉潛，甚至有人認爲焦仁和刻意「無爲」，或是低姿態，就是爲了凸顯陸委會的無能。（工商時報，一九九四年八月十

四日，梁寶華報導）

其實，陸委會不是無能，而是完全執行李登輝的政策，毫無退讓的餘地，自然必須一再更改共識的內容，讓焦仁和面對後方決策一再改變的處境。所以焦仁和完全聽從陸委會的指示，外界反而覺得焦仁和「無爲」，兩岸談判眞是難爲。

梁寶華說，會談期間，焦仁和每天晚上都要向陸委會報告，也就是說，焦仁和第二天的談判策略，都是在陸委會前一天的指示之下，才制訂出來去和海協會談判的。難怪焦仁和會感嘆說：「我的授權不如唐樹備。」

梁寶華引用海基會內部人員的話說：「秘書長是一位比較深沉、陰柔的人，像這次會談，他雖然在陸委會的重重束縛之下，還能和海協會取得那麼大的進展，眞的是很不容易。」

在陸委會的政策指示下，焦仁和與唐樹備在一九九五年一月的第三次焦唐會談中，完成了「偷渡人員遣返」、「劫機犯遣返」等兩項協議，並在「漁事糾紛處理協議」中獲得大部分的共識，只剩下「一方海域」的明確改爲「較接近的一方海域」觀念的共識、與何時訂定調處細則的問題。但是，由於陸委會堅持要三項協議同時簽署，因此，已經達成共識的兩項協議也就擱置到現在，雙方仍各按有關規定處理問題。

第二次辜汪會談原訂一九九五年七月間在北京舉行，由於李登輝訪問美國，突破大陸當局的封鎖，以致引起大陸方面的「文攻武嚇」，不但推遲第二次辜汪會談，而且發動一連串的軍事演習，海基會在此一時刻也只能繼續處理兩岸人民交流的有關事宜，無法發揮兩岸中介機構的協商功能。

6

焦仁和的大陸工作理念，是認爲兩岸應該先從文教交流做起，交流可慢不可斷，不必談敏感的政治問題，雙方可以透過了解來化解歧異。

一九九四（八十三）年春節前夕，江澤民發表對台的八點主張，聯合報在二月四日邀集一些人士對「江八點」作分析。焦仁和認爲，大陸方面參與對台事務談判的人，自認爲已經做了很大的讓步，對於兩岸之間幾次事務性談判的結果感到相當無奈，但我們仍然認爲中共誠意不夠。

他說：「問題的關鍵，在於中共一直不願承認我們爲對等的政治實體，即使中共自認已作讓步，我們仍然認爲不夠受尊重，海基會仍然覺得是在一種不受尊重的屈辱中進行談判，雙方將很難達成眞正的共識。」

一九九四年四月二十日，香港明報前董事長查良鏞，也就是著名的武俠小說作者金庸，曾在海基會會晤焦仁和，談到鄧小平之後的兩岸關係。焦仁和認爲：「如果要和平統一，中共一定要做很大的讓步，台灣也是。鄧小平死後，他們內部會有權力鬥爭，沒有人敢對台灣做大的讓步，這樣的決定，一定要有一個強有力、威望很大的人來做。」（聯合報香港版，一九九四年四月二十二日，郭宏治報導）

對於兩岸關係，焦仁和認爲，要改善雙方的關係是比較長期的，要在友好的關係下先解決對彼此共同有利的問題。

這就是焦仁和在對大陸談判中所堅持的態度，兩岸應在友好的氣氛下互相讓步，加強文教交流，促進雙方的互相了解，才能以理性的態度互相比較雙方制度的優劣，進而互惠合作，縮短雙方的差異。

但是，這樣的理念，並不符合陸委會某些人士的觀點。陸委會在歷次「焦唐會談」中的層層限制，讓焦仁和有所感觸。焦仁和於五月二十九日應邀在中央社舉辦的「務實外交與兩岸關係」座談會說，兩岸關係「動者才有機，不動者無機可乘」，目前大陸政策由陸委會規劃，做法上稍嫌消極和逃避。他認爲，只要符合台灣兩千萬人民的利益，政策設計上便應主動出擊，而化解當前兩岸關係的僵局，萬事莫如溝通急，任何排斥、延緩溝通者，都是違反國統綱領的作爲。（自由時報，一九八四年五月三十日，林宏洋報導）

他說：「現在大陸工作的重點擺在談判上，以中共人治的體制而言，我方採取這種接觸模式一定會硬碰硬，而且事倍功半，因爲缺乏溝通的談判非常勞民傷財，使得兩岸關係的進展不太樂觀。」

當天，自立早報記者陳威儐引用陸委會接近黃昆輝的高層人士的話說，實在不了解焦仁和的一切作爲居心何在，他離開陸委會之後完全變了。對於焦仁和的眞正動機，將建議黃昆輝「研究一下」。

同一天，聯合晚報記者嚴智徑報導，辜振甫力主召開第二次辜汪會談，實質溝通兩岸問題，而陸委會卻逃避問題，怕遭民進黨批評，是導致兩會心結的主因。

報導指出，陸委會一位高層幕僚人士，長期以來在海陸兩會之間扮演放話的角色，經常利用特定媒體對外放話，在海基會有所動作時，放出負面消息扯其後腿，也是海陸兩會高層長期失和的主因。

黃昆輝則將矛頭轉向中共，說是中共將分化工作做到台灣來，他不會向辜振甫和焦仁和開戰，以免誤入中共分化的詭計。

黃昆輝對高層幕僚說，他和焦仁和都是自己人，不要在這上面（海陸大戰）作文章，絕對沒有海陸大戰這回事，外界報導海陸不和，只要一方忍讓兩三天不說話，事情就會過去。

黃昆輝是在媒體記者爲他舉行的就任主委三週年「慶生會」上，對有關第二次辜汪會談的問題，作出這項澄清，他說，政府施政有其整體性，在未作成決策前，任何人都不能隨便說話。（自由時報，一九八四年六月二日，林宏洋報導）

職位不同、似乎認知也有所不同。海基會在兩岸工作的第一線，負責直接處理兩岸人民權益有關的業務，感受到兩岸關係冷熱與民衆需求的呼聲，也就特別敏銳。陸委會則站在主導大陸政策的整體考量，希望兩岸關係緩慢發展，等到大陸當局對台灣有善意的回應，承認或不否認台灣的對等政治實體地位、願意給台灣國際生存空間時，再做進一步的發展。海基會需要解決兩岸交流的事務性實質問題，才能推動接受委託的數十項工作。似乎海陸兩會都有不同的各界壓力。

六月六日一篇題爲〈焦仁和勇於向決策理念挑戰〉的特稿報導說，海基會向政府提出突破兩岸談判僵局機密報告，在這項報告中，焦仁和認爲大陸工作重心放在談判的做法有可議之處，唯有加強兩岸高層溝通對話，才是可行之道。

報導說，黃昆輝已經裁決「不要再談辜汪會談了」，可是，焦仁和推銷兩岸兩會加強高層政策性對話和溝通理念的動作卻並未停止。焦仁和認爲，海基會應有保留民間團體性質的空間。記者林宏洋認爲，焦仁和急於溝通、卻不急於談判的「兩岸策略」，無疑是兩岸談判的另一種僵局。（自由時報，一九八四年六月六日，林宏洋報導）

記者或許有權根據己身的理念去批評別人，這也是民主社會中的「意見自由市場」的一種表現。不同立場的媒體，表達的意見自然也就不同，不足爲奇，就好像政府官員對同一件事情，因立場不同而有不同的主張一樣。焦仁和說的是他認爲該說的話。

7

兩岸自一九九一年海基海協兩會成立以來，已經對「辜汪會談共同協議」所列的事務性議題談判多次，雙方各有堅持，無法達成共識，三次焦唐會談就是一種高層的溝通方式，雙方逐漸縮小差異，最後達成劫機犯遣返、與偷渡人員遣返兩項協議，有關漁事糾紛的議題，只剩下一小部分觀念尚待溝通。如果眞的是爲了解決兩岸之間的事務性問題，或許可以逐一簽署協議來解決；然而，陸委會採取「連環套」策略，要三項協議同時簽署，否則寧可不簽。當陸委會同意提升會談層次，決定在一九九五（八十四）年七月舉行第二次辜汪會談時，李登輝則在六月間達成訪問美國的目的，突破大陸當局的封鎖，兩岸關係因此陷入另一次的僵局。

在兩岸停止會談期間，許惠祐被調任陸委會副主委，埋下接掌海基會的伏筆。焦仁和所主張的兩岸兩會高層加強溝通的理念，終於被兩岸當局所接受，促成一九九八年的「辜汪會晤」。

據《執政告白實錄》記載，一九九六（八十五）年六月二十一日，也就是李登輝當選連任就職之後一個月，美國外交政策全國委員會會長史瓦普（George Schwab）從大陸訪問回來後，秘密向辜振甫轉達汪道涵希望與辜振甫在夏威夷見面的口信。辜振甫向李登輝請示後，即請史瓦普教授協助安排。

然而，事隔八個多月，史瓦普在一九九七年三月四日回信說，中共駐聯合國代表團某團員說，由於「主客觀因素」，如九七香港回歸等，中共「十五大」之前兩岸僵局不會突破。

當年七月一日香港移交，辜振甫應邀出席觀禮，原擬藉機會晤汪道涵，但是大陸海協會由唐樹備代表參加，並表示不便會談，顯示大陸內部對兩岸復談問題尚未取得共識。一直到十一月六日，海協會來函邀請焦仁和率海基會董監事赴大陸參加經貿研討會開幕式，並到廈門、上海、北京參訪，兩岸關係才明顯好轉。

政府高層立即舉行會議，研判認為這項邀請動機不單純，會中有人建議應由辜振甫前往大陸訪問，李登輝裁示同意，因此，海基會在次日即回函建議由辜振甫率團往訪，並會晤有關人士，也歡迎海協會來訪。十二日海協會發布新聞說，焦仁和不能應邀，失去兩會負責人溝通的機會，經貿研討會因此取消。

十一月十四日李登輝召開國安會議，決定成立「兩岸關係策略小組」，十人小組研商提出「兩岸談判作業綱領」，設定未來談判目標先回到事務性協商，在策略上則以談判來維持現狀，事務性的協議可簽署，但政治性的協議要避免，政府應及早成立談判隊伍，並進行必要的訓練。「兩岸談判作業綱領」訂定的談判原則是「和平、主權、對等」，強調拉長事務性協商可以有助於兩岸培養共識，以免馬上進入政治性談判，避免兩岸可能因為談判破裂而造成緊張對立，中共履行協議的不可靠性太高，必須謹慎為之。（《執政告白實錄》，頁二〇七）

中共對兩岸協商也非常積極，據《執政告白實錄》說，中共國台辦主任陳雲林在當年十二月下旬，主動密約統一集團負責人、海基會董事高清愿到香港密談，請他帶話給李登輝，希望兩岸先進行程序性協商，然後再就其他議題談判。

這個時候，李登輝也決定透過「策略小組」對大陸決策及執行體系作一次徹底檢討。策略小組認為陸委會經常對海基會指揮失控，無法掌握財務狀況。一個對海基會相當不利的風暴正在醞釀，後來李登輝在一九九八（八十七）年二月將焦仁和調到僑委會當委員長，讓許惠祐擔任海基會副董事長兼秘書長。

兩岸關係即將進入另一個可以進行「建設性對話」的階段，李登輝勢必要安排可完全信任的人來海基會。所以辜振甫在二月三日的海基會新春團拜中說，因兩岸關係已進入新的發展階段，恢復協商的機率已大幅增加，兩岸談判隊伍重新整合是必須的。

焦仁和未能參與新階段的兩岸協商，心中或許有些遺憾，但是，在他的努力與退讓之下，海基會得以繼續從事兩岸協商的任務。所以他在調任僑委會委員長的消息公布後，坦然對記者說：「第一道春風就把我吹走了。」然而，他在四年兩個月的秘書長期間，已經爲兩岸關係盡了最大的努力，兩岸的會談次數是歷任秘書長之中最多的一位，海基會與陸委會的關係也穩定下來，他爲海基會同仁爭取到職位可與陸委會並列職等，秘書長不列職等，陸委會等政府人員在海基會工作後，回任時在海基會的年資可獲得承認，同時也開啓了陸委會人員來海基會任職的管道。

焦仁和在二月六日回到海基會，參加海基會同仁爲他舉行的歡送會。他說，他沒有更上一層樓的野心，沒有入閣的喜悅，他心中只有對海基會百分之百不捨之情。

辜振甫說，焦仁和是他的好朋友，能力強，是難得的好同事，焦仁和的離去，讓他萬分不捨。焦仁和視野寬闊，心思細膩，處理兩岸事務，不僅堅持原則，並具有彈性。在任期間兩岸發生很多事，焦仁和都能沉著面對，明快處理，對於兩岸關係助益很多。

當天，中國時報刊登特稿〈新談判佈局路線之爭掩蓋前瞻思維〉，認爲海基會的高層人事將逐步納入陸委會的實質掌控，總統府與行政院在這項人事鬥爭的較勁過程，只有「路線之爭」，卻完全看不到因應兩岸談判佈局的前瞻思維。（中國時報，一九九八年二月七日，王銘義報導）

王銘義說，焦仁和雖然也曾經是「國王的人馬」，但在經歷兩次「焦唐會談」後，已經逐漸成爲不再被層峰信任的談判代表。這是自陳長文、陳榮傑、邱進益以來，歷任海基會主談代表的難以逃避的「政治宿命」。

8

海基會像是一個火坑，糾纏難解的兩岸紛爭之火，鍛鍊了多少的英雄志士，有人被燒煉成鋼，不願妥協。有人像烈火重生的鳳凰，另謀發展。也有人愈燒愈旺，扶搖直上。心中的一把尺，決定了海基會人員發展的方向。

第三十章 轉變

辜汪會晤與辜江對話

1

兩岸歷經一九九六年的飛彈危機之後，到一九九八年兩岸復談，辜振甫率團訪問大陸，與汪道涵、江澤民進行「建設性的對話」，公開談論兩岸的定位問題，這是兩岸關係發展上一個很大的進展。對話沒有約束力，只是表明立場，促進雙方的互相了解。

其實，兩岸當局在「九八復談」之前，已經透過新聞媒介、特殊管道互相表明立場，進行了一連串的間接對話，在達到一定程度的了解後，才正式進行辜汪會晤與辜江對話。

一九九七年七月一日，香港舉行回歸儀式，海基會董事長辜振甫及夫人應邀觀禮，並拜會香港特別行政區第一任特首董建華，副秘書長張良任陪同前往。雖然沒有見到汪道涵，但已表達了台灣方面的善意。

李登輝則於七月三日在中外記者茶會中說，台灣不同於香港，「一國兩制」絕不適用於台灣，希望中共能確保香港的繁榮與法治。

同一天，陸委會主委張京育說，兩岸統一必須有四個前提：中共應尊重中華民國存在的事實、著重台灣安全、兩岸共同參加國際組織、中共放棄武力犯台。這是在為兩岸的復談加溫。

中共國防部長遲浩田則於八月一日建軍紀念中重申：「中國絕不放棄武力，這是針對台獨勢力、分裂祖國和外來勢力干涉。」

兩岸在一來一往的公開對話中，討論雙方關心的問題，表達自己的立場，雖然兩岸已經停止直接談判，但這種透過新聞報導的對話，也是一種間接的談判。

八月八日，陸委會副主委高孔廉說，中共應務實面對兩岸現狀，若大陸方面考慮以「台灣加上大陸等於中國」的文字表述「一個中國」原則，我方願意接受。

這是一個新的提議，過去台灣強調「一國兩府」、「一國兩區」的對等觀念，現在說法有變化，事實上還是「一國兩區」的觀念，但可以改變中共一向強調的「台灣是中國的一部分」的刺耳說法，並且顯示兩岸處於分立狀態，將來要加上台灣，才是一個中國。

李登輝在九月一日舉行的「亞太安全國際論壇」開幕典禮中說，他願意帶著兩千一百萬同胞的共識與意志，訪問中國大陸，從事和平之旅，也願意與中共最高領導當局會面，直接交換意見，為兩岸合作開啓新紀元。

台灣方面顯然開始發動有計畫的和平攻勢，連李登輝都要訪問大陸，這是雙方高層直接見面處理台灣問題的最好機會，但是，中共還是按兵不動，繼續觀察台灣方面的誠意與眞意。

同一天，新任行政院長蕭萬長發表對兩岸關係的看法，提出五點主張：擱置主權爭議、推動務實交流、進行對等協商、實現良性互動、建立正常關係。

十月九日、十月十日，蕭萬長、李登輝分別呼籲中共正視結束敵對狀態，李登輝並希望重開協商，進行和平競爭。

十月三十日，陸委會針對「柯江會談」後的兩岸關係提出呼籲，希望中共正視兩岸分治的政治現實，並主張兩岸應在不設前提與條件下，立即恢復「辜汪會談」和既有的協商管道。

原來兩岸都在進行「伐謀伐交」的策略。中共積極重建與美國的戰略夥伴關係，江澤民在十月二十六日至十一月二日應邀赴美訪問，十月二十九日與柯林頓舉行會談，發表聯合聲明，重申「中方強調，台灣問題是中美關係中最重要、最敏感的核心問題，恪守中美三個聯合公報的原則，妥善處理台灣問題是中美關係健康、穩定發展的關鍵。美方重申，美國堅持一個中國的政策，遵守中美三個聯合公報的原則。」（蘇格，《美國對華政策與台灣問題》，頁七五八）

中共取得美國支持「一個中國」政策的再度承諾，台灣李登輝也透過陸委會副主委高孔廉在八月八日表達了「一個中國」的新涵義，大陸海協會開始作試探性的接觸，於一九九七年十一月六日來函邀請海基會秘書長焦仁和率海基會董監事赴大陸參加經貿研討會開幕式，並到廈門、上海、北京參訪。

原來，海基會曾於一九九六（八十五）年七月三日函告海協會，有關海基會董監事建議與海協會理事互訪的事，七月五日海協會回函，沒有具體表示意見。事隔一年多，台灣主管機關趁海協會函邀焦仁和率領海基會董監事訪問大陸的機會，擬定對策，向海協會建議由辜董事長率團前往訪問，並願意會晤有關人士，也歡迎海協會來訪。海協會在十一月十一日宣布因為焦仁和不能應邀前往訪問，兩會負責人失去溝通的機會，乃取消經貿研討會。

台灣方面繼續公開喊話，催促海協會恢復對話。一九九八（八十七）年一月十三日，陸委會主委張京育表示，政府一貫立場是在不預設前提下先恢復辜汪會談和兩岸協商機制性、功能性的問題，並信守「一個中國、各自表述」的默契，以掃除兩岸經貿進一步發展的不確定性。

「一個中國、各自表述」的立場，是一九九二年十月香港會談之後兩會同意以口頭表述的默契，中共當局強調的是「一個中國」，在此原則下兩岸可以口頭表述其內涵。台灣方面強調的是「各自以口頭表述」，當時海基會於一九九二年十一月三日發布新聞稿，依照國統會「一個中國」的解釋公開表述。

在張京育對基本立場公開表述後，海基會於二月十九日再去函希望海協會有所回應，海協會於一九九八年二月二十四日回函表示願意協商安排兩會交流事宜，但強調「兩岸應進行政治談判」。顯然中共方面還在考慮互訪的層級與議題問題，但沒有拒絕辜董事長率團往訪，只是夾帶了政治談判，提高對話的層次，兩會人員可先協商安排兩會交流的事情。

海基會解讀了海協會的意思，乃於三月五日去函表示，將於近期內由會務負責人員前往大陸就會務進行交流，並磋商包括海基會辜董事長往訪等兩會往來後續事宜，也歡迎海協會適當層級人員來訪。

海協會常務副會長唐樹備在三月八日透過廣播說：「我還是希望兩岸先交流，交流後取得一些共識，然後為政治談判、重新商談作一下準備。」

中共顯然已經改變對台談判策略，不再糾纏於事務性問題，開始催促政治談判了。中共軍方研究台灣問題的辛旗，接受中央日報記者訪問說，一個中國原則應有三個內容：一是兩岸可對其政治意涵有不同的解釋，二是追求和平，三是進行政治性接觸及談判。（中央日報，一九九八年三月九日報導）

海基會辜董事長針對唐樹備談話所提、海基會回函中對政治談判沒有明確回應一事，說明「海基會在回函中表示願意就雙方關心的問題展開協商」，並沒有排斥政治談判，不過，從容易的事開始，再處理困難的問題，這是常識，應可以被大陸接受。（自立早報，一九九八年三月十日報導）

於是，海協會在三月十一日來函邀請適當層級人員率經貿或文教人士往訪，「也可就兩岸政治談判的程序性商談和辜振甫先生前來訪問等事宜非正式交換意見。」兩會審慎的函電往來，一步一步說明來意，終於在四月二十日海協來函中，同意由海基會副秘書長詹志宏率員往訪，就兩會互訪、交流相關事宜交換意見。

詹志宏當時是陸委會企劃處長、兼任海基會副秘書長，曾經多次參與兩岸協商的事務，在海陸兩會開始人員交流後，兼任海基會副秘書長，協調海陸兩會有關業務。此外，陸委會法政處副處長謝福源也兼任海基會法律處處長，協助規劃兩岸會談有關事宜。

2

一九九八年四月二十二日至二十四日，海基會副秘書長詹志宏率領法律處長謝福源、旅行處副處長蔡金美、專員林源芳、黃國瑞、梁玉珍、陳祖愉，前往北京與海協會副秘書長李亞飛、及海協人員張勝林、馬曉光、徐尚定、黃文儀舉行第一次預備性磋商。雙方就擴大兩會會務聯繫、交流互訪、及辜董事長率團訪問大陸相關事宜初步交換意見。

詹副秘書長並拜會唐樹備，祝賀海協會喬遷到裕龍大酒店。唐樹備重提，辜汪會晤可以就政治談判程序性安排、作非正式的交換意見，詹志宏則說，辜董事長訪問大陸應單純化，以參訪為主，並正式邀請海協會副秘書長率團來台，進行後續磋商。（海基會編，《辜汪會談與辜汪會晤》，頁六七）

大陸方面的策略，就是要讓雙方進入政治談判的程序，只要開個頭，以後就可以順理成章的繼續進行政治談判，這從辜振甫在十月間訪問上海，與汪道涵會晤後，唐樹備在記者會中搶先宣布「兩岸政治對話已經開始了」這件事，可以獲得印證。

五月十三日，海基會函邀海協會副秘書長來台訪問，大陸方面還不願意與台灣方面恢復正式會談，因此，由副秘書長李亞飛在七月二十四日以率領北京市中小學校外教育考察團名義來台，團員中還包括海協會的三位人員王小兵、馬曉光、徐尚定。

七月二十六日，雙方在海基會會議室進行磋商，李亞飛對海基會所提會務問題，以非其所掌職務爲由，不願正面回應，對於辜汪會晤的議題，則說，辜汪會晤不是正式協商，不同意先設議題，雙方無法對辜董事長率團訪問大陸一事、達成任何具體共識。

李亞飛顯然没有獲得授權談論有關安排辜董事長率團訪問大陸的事。這是大陸的談判策略，運用拒絕討論、冷淡處理的方式來製造壓力，讓對方明白只有政治談判才是中共的目標，否則就拉倒。中共過去對美談判也是如此，爭取談判的主導權，會用製造壓力、爭取友好人士等方式，等候對方採取相同的立場後，再開始談判。這是孫子兵法所說「策、作、形、角」的策略，是知彼的功夫。

九月三日，海基會函告海協會，建議由副董事長兼秘書長許惠祐率團赴北京進行磋商，海協來函表示同意。

3

許惠祐在一九九八年二月升任海基會副董事長兼秘書長，焦仁和則在兩岸出現恢復協商跡象時，被李登輝安排轉任僑務委員會委員長，顯示李登輝的大陸政策已經有了新的構想。

大陸方面也在審慎的佈局。六月二十五日，美國總統柯林頓從華府啓程訪問中國大陸的當天，海協會來函同意海基會辜董事長於九月或十月中旬率團訪問大陸。這是一種和平的形態，在國際宣傳上有意塑造兩岸即將和平協商的形象。

柯林頓於六月二十五日至七月三日訪問中國大陸，六月三十日在上海參加上海圖書館舉行的「建設二十一世紀中國」座談會時，口頭說出美國對台的「三不政策」：不支持台灣獨立、不支持兩個中國或一中一台、不支持台灣加入以國家為會員資格的國際組織，也重申美國希望兩岸和平解決兩岸問題的立場。

中共創造了有利的國際形勢後，李登輝也予以回應，在七月二十二日的國統會中提出「民主統一」的新宣示，重提兩岸在分治中國的現實基礎上，協商並簽署兩岸和平協定。

七月二十七日，在李亞飛訪問台灣的期間，中共國務院新聞辦公室發表「中國的國防」白皮書，強調不承諾放棄使用武力。

八月十三日，陸委會主委張京育談到兩岸協商，主張先事務、後政治，並呼籲大陸當局放棄泛政治化干擾，推動「通資訊、通思維、通文化」的新三通。

八月十九日，海協會來函表示，辜汪會晤時，兩人可就雙方共同關心或各自關心的議題，無拘束、非正式地交換意見。

各自關心的議題，是雙方意見分歧的代名詞，共同關心的議題，是求同存異。中共似乎已經同意採取將政治談判程序性協商、改為自由交換意見，這也是另一種方式的協商，雙方可以表達看法，等於是各自宣示立場，互相探測底線，作為未來進一步正式協商的準備。台灣方面不願意跟著大陸說政治談判，就創造了一個「建設性會談」的名詞，讓雙方的談話具有建設性，而不是破壞性。

八月二十一日，海協會再致函海基會，明確將兩岸司法管轄權劃入兩岸政治問題，應在「一個中國」原則下的兩岸政治談判中去討論。

九月三日，海基會回函，建議辜董事長參訪時程為十月十四日至十九日，舉行兩次會晤，並建議由許副董事長先行訪問北京，商定有關行程等相關事宜。

九月十四日，海協會來函，引述中共國台辦八月二十四日的談話，主張兩會應儘早進行政治對話，爲兩岸政治談判的程序性商談預作準備。由此可見，中共已經積極推動兩岸政治協商，要突破台灣「國統綱領」的限制防線，直接討論兩岸的定位問題了。

次日，海協會再來函，同意許惠祐先赴北京安排辜董事長率團訪問大陸的有關事宜。海基會乃於九月十九日函告海協會，許惠祐將於九月二十二日至二十四日前往北京。

許惠祐率領詹志宏、謝福源、林源芳、陳榮元、王正磊、梁玉珍、詹玉鳳，於二十二日抵達北京，當晚唐樹備在接待晚宴中，又提到「政治對話」，許惠祐說，相關對話應由辜汪兩位先生進行，沒有拒絕，也沒有同意。

二十三日，許惠祐和海協會秘書長張金成磋商，雙方同意安排辜汪兩人會面四次，包括一次正式交換意見，一次在京劇會堂會面，兩次餐會。海協會主動提議安排江澤民、錢其琛等與辜振甫等見面，經磋商後，同意於十月十八日安排會面。有關行程的安排，顯示雙方都有意進行高層對話，作爲穩定兩岸關係的基礎。會談對話的背後，則是密集而審慎的廟算研析，策作形角，利害兼慮，謀定而後動。

4

據《執政告白實錄》記載，當時台灣方面的策略是，將辜汪會晤定位在緩和兩岸關係，談判時間拉得愈長愈有利，因此，必須拉長談判的縱深，在程序上要由副秘書長、秘書長先協商，然後再進入辜汪會晤的實體。（《執政告白實錄》，頁二〇九）但是，大陸方面則採取下馬威的策略，在一九九八年四月詹志宏前往北京協商時，中共先宣布與台灣的友邦幾內亞比索建交。接著又計畫跳過「許唐會商」的階段，力促在當年六月舉行辜汪會晤，以便在美國總統柯林頓訪問北京之前，製造兩岸和平的氣氛，作爲向美國施壓停止對台銷售武器的藉口。

台灣方面不同意跳過「許唐會」，等待對方妥協，一直到九月十五日大陸方面才同意許惠祐在九月二十二日訪問北京。

九月十八日，台灣的策略小組開會，引述某位人士從大陸帶回來的敏感資訊說：「中共目前處理台灣問題的三階段是：坐下來、不分出去、祖國統一。」在坐下來的階段，準備邀請李登輝以「國民黨主席」、或「台灣方面領導人」身分前往大陸訪問，但不能使用中華民國總統頭銜。中共也將邀請民進黨主席訪問大陸，辜振甫則與江澤民見面。辜汪會後，國台辦主任陳雲林將邀請陸委會主委張京育見面，或由江澤民辦公室主任曾慶紅與總統府秘書長黃昆輝、國民黨秘書長章孝嚴見面。李登輝當時判斷對岸的態度是友善的。（《執政告白實錄》，頁二二〇）

九月三十日，國安會向李登輝提出辜汪會晤的策略報告，將辜汪會晤定位為參訪性質，主張繼續以兩岸會談方式彰顯「兩岸對等」，只要國際媒體報導，此一目的即已達成。但是調子不宜拉太高，辜汪會只是兩岸恢復常態對話的開始，避免國人與國際間有過高的期望。

在策略小組會議中，許惠祐提出「民主牌」，主張邀請汪道涵年底來台觀察選戰，外交部、陸委會都認為不宜，許惠祐堅持，李登輝裁示同意，因此，辜振甫在十月十四日的會談中曾提出「民主牌」。

十月十二日，海基會代表團出發的前夕，李登輝在接見代表團員時交代說，不要有什麼結果，不要簽協議，要談台灣民主，強調主權對等。

當時代表團的分工，由辜振甫主導，康寧祥作為政黨政治的代言人，蔡英文負責對國際媒體闡述政策，吳榮義則負責經濟議題的出擊，張榮恭負責在辜汪會後直飛美國，代表台灣對美國有關人士提出簡報，搶得國際認同的先機。

據《執政告白實錄》報導，海基會代表團取道日本回台，增加在國際間發聲的機會。在策略會議時，陸委會有所質疑，許惠祐仍堅持應由東京回台，因此，辜振甫在東京機場很自然地接受日本及國際媒體的訪問，透過國際媒體直接說明辜汪會晤的意義。

《執政告白實錄》是李登輝對自由時報記者鄒景雯口述執政十二年的許多重大事件的紀錄，屬於第一手資料，可以提供研究兩岸關係者對照研究。

5

辜汪會晤是兩岸關係發展史上，繼辜汪新加坡會談之後的另一件大事，雖然兩岸早已隔空政治對話、或秘密對話，這一次卻是兩岸公開進行建設性、政治性對話的開始，尤其是在十月十八日舉行的「辜江對話」，是兩岸第一次最高層的對話，雙方面對面宣示了各自的原則與立場，也充分交換了意見。

雙方都動員了大量的人力來舉行這一次的盛會。十月十二日，海基會副秘書長詹志宏率領先遣人員先到上海，安排會晤場地、參訪地點、住宿、記者會場地等問題。十月十四日，辜董事長率團抵達上海。

海基會大陸訪問團三十二人，包括正式團員十二人：辜董事長、副董事長兼秘書長許惠祐、國統會委員康寧祥、國統會研究委員吳榮義、包宗和、張榮恭、陸委會諮詢委員蔡英文、陸委會主秘鮑正鋼、陸委會企劃處長兼海基會副秘書長詹志宏、陸委會法政處長劉德勳、海基會法律處長謝福源、海基會法律處科長何武良。隨行及工作人員二十人：辜董事長夫人辜嚴倬雲、長公子辜啓允、女公子辜懷群、辜董事長機要葛保羅、隨行醫師謝炎堯、隨行護士章念雪、海基會主秘周繼祥、海基會秘書處長徐建、經貿處長廖運源、綜合處副處長方鵬程、陸委會科長張志宇、海基會專員陳榮元、梁玉珍、盧正愷、王正磊、組員張峰青、陳祖愉、彭雯漪、陸委會科員周道君、海基會焦德新。

十月十四日下午五時三十分，辜董事長率團與汪會長在上海和平飯店舉行第一次對話，引起海內外各界的重視與報導。海基會代表團參與會談。大陸海協會參與的除了汪道涵夫婦、唐樹備夫婦、還有上海市台辦主任張志群、副主任郭戈、海協副秘書長李亞飛等。

在將近兩個小時的對話中，汪道涵首先致詞，重申中共方面的主張，包括江澤民的「在一個中國的原則下，正式結束兩岸敵對狀態」、錢其琛主張的「希望兩會擴大交流與接觸，爲及早實現兩岸政治談判的程序性商談尋求共識」、以及陳雲林所說的「願意授權海協與台灣方面進行政治談判的程序性商談」等。

辜振甫在致詞時說，兩岸隔海對等分治、互不隸屬已近五十年，「一個分治的中國」，既是歷史事實，更是政治現實。他認爲，重要的是，唯有彼此對等定位，相互尊重，才會使所謂政治性對話具備實質內涵。希望雙方在尊重分治的現實基礎上，展開建設性對話，逐步尋求全體中國人的長遠福祉，全中國的民主統一。（聯合報，一九九八年十月十五日報導）

辜振甫又說，希望此行能藉交換意見增加理解，爲推動兩會會務營造良好氣氛，更爲重啓兩岸制度化協商管道帶來契機，進一步促成兩會領導人第二次會談儘早舉行。同時經由建設性對話，就雙方關切的重要問題交換意見，建立兩岸互信，尋求良性互動共識，爲兩岸關係改善與長期穩定創造有利條件。

辜振甫指出，大陸民主化發展，便是國家統一進程的決定因素，希望大陸方面充分了解台灣半世紀以來民主化的重大變化。

辜振甫爲了強調兩岸分治的事實，曾提到波茨坦宣言將台灣歸還給中華民國，而不是中華人民共和國。（中時晚報，一九九八年十月十五日，郭淑敏、呂庭華、唐湘龍報導）提到波茨坦宣言，可能是李登輝的策略。

據聯合報記者何振忠十六日引用熟悉李登輝理念的高層人士透露，李登輝不只一次提到開羅宣言和波茨坦宣言，就是想用國際上的宣言或條約，回到歷史來證明中華民國的正統、以及國祚的延續並未中斷，同時證明台灣屬於中華民國的事實。

自立早報記者周美里報導，辜振甫致詞後，康寧祥隨後也發言說，台灣已經在一九九一年宣示不以武力解決兩岸問題，希望大陸能有所回應。台灣人民到大陸交流有一千多萬人次，投資約兩百億美金，顯示台灣對於大陸的善意和改善兩岸關係的誠意，兩岸也應就有關人身安全的事務性議題開始談判。

張榮恭也發言指出，兩岸之間還是相當缺乏互信，如果把過去協商基礎暫時擺著，另闢議題，談政治性的問題，恐怕在互信不夠的情況下，兩岸關係能否向前，仍值得懷疑。

汪道涵看海基會代表一再坦率對話，馬上笑著說，大家若還有意見，等一下吃飯的時候再慢慢聊好了。會談一結束，唐樹備馬上以高亢的聲調對記者說，兩岸政治對話已經開始了。

在記者會中，唐樹備首先強調兩岸政治對話已經開始。在重申「一個中國」原則時，唐樹備說大陸方面「六個注意」，注意到「一國兩府」提出來，注意到「一個國家、兩個對等政治實體」提出來，注意到「以一個中國爲指向階段性兩個中國政策」提出來，注意到在聯合國要有兩個中國代表權的問題，注意到中華人民共和國在大陸、中華民國在台灣的問題提出來，注意到最近一個分治的中國的說法提出來。他又說，首先大家應在「一個中國」問題互信，兩岸應先結束敵對狀態，要三通。

許惠祐在記者會說，兩岸對「一個中國」的最大互信是在各說各話，若要有進一步內容共識，這已超越各說各話的範圍。

當時台灣新聞界對辜汪會晤的看法是，大陸方面主攻政治對話，台灣方面主攻對等分治的定位。自由時報綜合報導雙方在七項議題的對話情形。這七項議題是：對辜汪會晤的期許、恢復協商的議題以政治優先或事務優先、兩岸定位與一中問題、誠信與互信問題、結束敵對狀態問題、人民權益問題、新加坡協議的履行問題，雙方都沒有共識。

次日下午四時十五分，雙方代表在新錦江飯店舉行第二次對話，會場的安排像是分成四組的座談會，辜汪兩對夫婦單獨坐在主桌，其他團員分成三桌，顯示並非正式會談。在辜、汪、許、唐四人交錯會談中，達成四項共識：邀請汪道涵會長到台灣訪問、兩岸兩會加強對話、增加海基海協兩會各層級人員接觸往來、合作解決台灣民眾在大陸人身安全問題。這些共識，是中共在一九九六年發動台海危機以來第一次兩岸和平對話之後達成的，符合國內外的期望，兩岸及外國新聞媒體均大幅報導。

6

海基會代表團於十月十六日下午離開上海，飛抵北京。十七日上午，辜董事長率全體團員前往北京香山碧雲寺，向國父孫中山先生紀念堂獻花致敬。晚間接受國台辦主任陳雲林的晚宴，雙方各自表述立場，交換意見。

十月十八日上午九時，辜董事長率團員前往釣魚台賓館二號樓會見國務院副總理錢其琛，對「一中」問題各自宣示立場，雙方也同意多交流、多對話、多接觸，坦率交換意見。辜振甫也提出台灣願意積極參加「朝鮮半島能源開發組織」（KEDO），但是錢其琛沒有接話。

會見後，唐樹備在記者會中強調，在國際場合「台灣代表，我不去；我代表，你就離開」，完全否定我方代表希望兩岸在國際社會不要進行零和對抗的提議。這就是台灣方面擔心政治議題會在兩岸引起重大爭議、不利兩岸關係穩定發展的原因。

下午三時五分，辜董事長率團會見中共總書記江澤民。對話中，辜振甫表示，台灣方面願與大陸交流，分享民主化經驗，促進兩岸農業合作，並希望兩岸領導人在亞太經合會議（APEC）中會面。江澤民肯定「辜汪會晤」達成四項共識，但表示大陸人口多、教育不普及，不可能全面直選，民主化工作已在農村試驗中。兩岸宜創造氣氛，可先推動汪道涵先生訪台。雙方都同意兩岸今後要多進行面對面交談，促進互相了解。

對於台灣定位的問題，據聯合報報導，辜振甫與江澤民以巧妙的歷史觀進行對話。辜振甫陳述中華民國對兩岸互動歷史的看法，江澤民講了一段歷史回顧，並指著許惠祐和張榮恭說，你們應屬另一年代的，兩岸從以往到現在的理解，兩岸間的互動，這一代與上一代對歷史解釋會有不同。不過，江澤民說，他沒有反對辜振甫的立場。

辜振甫表示，兩人談話中，大部分時間都在討論民主化的問題。辜振甫委婉陳述台灣全面民主發展的過程經驗，表達希望兩岸交換民主經驗的建議。

江澤民強調大陸也追求民主化。但是他說，所謂民主，不是抽象的東西，而是具體與相對的。每個地區、國家都有不同國情，也有不同的民主。他以英國、日本爲例，現在還有女皇、天皇，而德國、法國、美國的總統權力又各不相同。

辜振甫也建議兩岸共同合作解決亞洲金融危機、和農業合作問題，江澤民沒有明顯的回應。

對話之後，辜董事長立即舉行記者會，簡要說明雙方對話情形，並表示大陸方面已經同意汪道涵在明年適當時機訪問台灣。

海基會代表團結束大陸訪問行程後，於十月十九日經由日本東京成田機場轉機回台。

從這次的對話看來，雙方採取坦率表達立場的策略，和中共一向主張各說各話、不怕表現分歧的策略一樣，在求同存異的原則下，可以經由不斷的對話與談判說服，逐漸教育對方，並等候有利時機的到來。

7

辜汪會晤之後，海內外各種反應紛紛顯現，幾乎都肯定兩岸高層人士對話對穩定兩岸關係的重要性。

李總統在十月二十日接見辜振甫及代表團成員。據中時晚報記者張麗伽、陳立宏報導，李登輝表示，兩岸對「一個中國」的歧見在短期內不會消失，最務實的方法就是坦承面對「一個分治的中國」相互尊重，繼續平等往來和對話。

李登輝說，大陸經濟成就想要可長可久，還是必須在政治民主化作出相對改革；台灣在這方面有經驗也有心得，可與大陸分享，「只要大陸民主化，一切都好談。」

他指出，雖然中共一再要求進行政治性談判，或者是政治性談判的程序性協商，但「我們認為在現階段應該繼續進行建設性對話，把關係兩岸人民權益的問題都拿出來談，這才是最務實的做法。我們相信這項主張，已經得到廣大民意的支持。」

確實，大多數台灣民眾對辜汪會晤表示滿意。據聯合晚報當天報導，國民黨公布民意調查結果，百分之七十二點七的受訪民眾，對辜汪會晤表示滿意，百分之八十五點六認為辜汪會晤有助於改善兩岸關係，百分之七十一點三的民眾贊成李登輝前往大陸訪問。

代表反對力量的康寧祥說，參訪團此行明確地表達出兩岸間的分歧，對開展未來兩岸關係具分水嶺的重要意義。

康寧祥說，辜汪會當天，辜振甫說要解決兩岸問題就要很坦率地表達意見，所以辜振甫就在文稿外多加了事前就已商討過的波茨坦宣言，和不結束敵對狀態簽署任何協定都沒有意義，像南北韓的情況一樣。當辜振甫逐一提出來時，對方的臉色也逐漸顯得凝重，隨後辜振甫點名他發言，他也老實不客氣地強調我方都可片面終止動員戡亂，但未見中共有任何善意回應，甚至還以飛彈演習回報，這種威脅性的做法如何讓台灣民眾支持台灣政府談下去？（聯合報，一九九八年十月二十一日，陶允正報導）

聯合報記者楊羽雯在二十日報導，在上海、北京兩場由兩會負責人許惠祐、唐樹備轉述辜汪、辜錢會晤的記者會上，竟成爲兩岸爲「一個中國」內涵針鋒相對的公開宣示。這個對話節奏與基調，與過去截然不同。儘管兩岸並未就政治談判進程達成共識，但已不再執意維持過去「一個中國，各自表述」的互動架構：我方決意將對話位置拉到「一個中國」架構下，兩岸的最遠對峙點—即兩個自稱代表中國主權的國家。

楊羽雯報導說，「一個中國，各自表述」的國家定位論述，使得台灣內外都遭逢定位不明引發的危機；主體意識苦無出路，自然走向分離。這個演變結果，使得台灣在後冷戰時期東亞地區戰略關係轉變時，面臨生存困境。

報導說，中共自此開始需面對此一兩岸對話的分水嶺，不能再以外交打壓因應，因爲在「一中一台」與「一個分治的中國」兩者間，中共必須有所選擇。

其實，這樣的定位，也不是李登輝所滿意的方式。他在當年八月間，已經成立「強化中華民國主權國家地位」小組，由蔡英文帶領一些年輕法政學者研究這項問題，這就是後來李登輝在次年七月九日對「德國之聲」記者說出「兩岸是國與國、至少是特殊國與國關係」的由來。

自立早報記者蔡惠媛於十九日自東京報導，許惠祐說，大陸一再以「三段論」來闡述其定位，並在國際上打壓我方的生存空間，這只會加深台灣人民對大陸的反感。目前有百分之八十的台灣民衆主張兩岸應維持現狀，大陸當局應認眞考慮這個問題。所謂「三段論」，就是中共常說的：「中國只有一個，台灣是中國的一部分，中華人民共和國是中國唯一的代表。」

蔡惠媛也報導，台大政治系教授、也是代表團團員的包宗和說，如果大陸要在國際關係上持續打壓台灣的空間，大陸想要贏得台灣民衆的情感，絕對是負面的，而且台灣人民也不會相信大陸的誠意。

政大俄羅斯研究所所長趙春山於二十日在聯合報撰文說，中共的戰略目標非常清楚，在事務性議題上可以彈性讓步，在政治立場上，卻是滴水不漏。面對其弱勢的部分（如民主化問題）則避重就輕，遇到其強勢部分（如外交問題）則聲勢逼人，言下毫不留情。面對對手的軟硬兼施，我們認爲辜振甫不卑不亢，主要源自於他的學養與自信。

大陸涉台部門初步總結「辜汪會晤」，難掩欣喜之色。在中共來說，達成海基會、海協會高層恢復接觸，兩會擴大交流，由兩會代表兩岸進行政治對話，在中外傳媒前聲明「一個中國」原則，藉兩岸對話將兩岸結束敵對狀態提上討論議程，已爲日後拉高兩岸政治談判層級設下伏筆。（聯合報，一九九八年十月二十日，王玉燕報導）

正是因爲傳說大陸當局可能藉汪道涵訪台時機發出不利於台灣的政治訊息，李登輝先下手，在汪道涵訪台三個月前先爲兩岸訂出「兩岸至少是特殊國與國關係」的定位，遂斷了汪道涵的來台路。

8

一九九九年五月是李登輝的大陸政策轉變的開始。據《執政告白實錄》記載，當時國安局秘書長殷宗文將蔡英文擬定的「強化中華民國主權國家地位」研究報告提給李登輝。這份報告的前言明確建議兩岸至少是「特殊國與國關係」，立論的依據是歷次修憲的演變。建議方案是透過修憲、修法，逐步廢除「國統綱領」，改以「兩岸綱領」替代，以「終局解決」取代「統一」。未來政治談判應在「兩岸互不隸屬」的基礎上進行。（《執政告白實錄》，頁二二六）

辜汪會晤之後五個月，爲了安排汪道涵來台事宜，海協會副秘書長李亞飛率領周寧、馬曉光、徐尚定於一九九九年三月十七至十九日來台磋商。海基會副秘書長詹志宏率領謝福源、何武良、林源芳、張峰青參與會商。

李亞飛來台的前一天，唐樹備對新聞界說，汪會長今年訪台，將在去年「政治對話」的基礎上，更加深入地進行兩岸政治對話。他又提到「江八點」有關兩岸統一的問題，是要分兩步走，第一步是先結束兩岸敵對狀態。（工商時報，一九九八年三月十七日報導）

當時海基會規劃邀請汪道涵訪台的時間是四月二十九日，也就是新加坡「辜汪會談」六週年紀念日，但是，海協會放話說，五月之前汪道涵的行程已經排滿了。總統府則對新聞界說，李登輝要以總統身分接見汪道涵，就像江澤民接見辜振甫，當然還具有國家主席、及總書記的身分。

台灣高層人士又對外放話說，李登輝要在四月八日國統會發表「李六條」四週年之日，再發表重要宣示。可見兩岸雙方都在爲即將來臨的汪道涵訪台之事，創造有利於己的形勢。

兩會副秘書長層級會商，是在沉悶的氣氛中開始，雙方在「辜汪會晤」的議題上爭論，海基會主張恢復事務性協商，海協會提出共同舉辦「兩岸論壇」，爲政治談判鋪路。在這種重大分歧之下，兩會沒有交集，會談結束，李亞飛說，下次要聽聽海基會對於「建設性對話」的意見。臨行前，還對新聞界說，他對海基會只關心汪道涵訪台的議題，表示不滿。詹志宏則回應說，「辜汪會晤」四項共識的執行情形，當然是討論的議題。其中加強對話，是爲了促成恢復兩岸協商，海基會提出對話的事務性議題時，海協會卻說沒有獲得授權，是誰在迴避協商？（台灣日報，一九九八年三月二十日報導）

同一天，自由日報報導，唐樹備接受日本產經新聞訪問說，李登輝總統即使卸任以後，也不得以國民黨主席身分訪問日本，陸委會立即批評唐樹備的談話「極不恰當」。

六月初，美國參衆兩院陸續提出「台灣安全強化法案」，中共中央軍委副主席張萬年在六月九日宣稱，任何國家如果向台灣出售戰區導彈防禦系統、或以任何形式將台灣納入戰區導彈防禦計畫，直接或間接地把台灣置於日美安全合作範圍之內，都是對中國主權和領土完整的嚴重侵犯。

在這種情勢之下，詹志宏在六月二十七至二十九日率團與李亞飛在北京舉行第二次汪道涵訪台事宜的程序性安排。海基會的團員有謝福源、何武良、高富月、劉慧玲、王正磊、盧正愷、張峰青、及陸委會張志宇。

雙方還是無法確定汪道涵訪台的確定時間，海基會決定以十月中旬爲規劃目標。對於劫機犯遣返、偷渡犯遣返、漁事糾紛、旅遊糾紛、台商安全保障等事務性議題，詹志宏說已進入實質商談，海協會則說，兩會副秘書長只是針對雙方應加強個案協助進行原則討論，雙方並未談及事務性協議。

9

就在雙方爭議日漸明顯之際，一個影響兩岸關係的炸彈爆發了。七月九日，李登輝在接受

「德國之聲」記者的訪問時表示：「中華民國自一九九一年修憲以來，已將兩岸關係定位在『國家與國家』，至少是『特殊的國與國關係』，而非一合法政府、一叛亂團體，或一中央政府、一地方政府的『一個中國』內部關係。」

李登輝爲何在此時提出「兩國論」？

據《執政告白實錄》記載，一九九九年七月初，蔡英文、張榮豐向陸委會主委蘇起簡報「兩國論」，總統府副秘書長林碧炤則向外交部長胡志強說明內容，以取得共識。當時預定七月中旬再到鴻禧會館集思廣益，但李登輝經過三天的思考，決定提早宣布。

「德國之聲」記者提出專訪李登輝的題目中，有一個問題提到：中共在國際間指台灣是「叛亂的一省」，李登輝深受刺激，決定自行撰寫答案，七月八日深夜，李登輝打電話告訴秘書，決定將「特殊國與國關係」加入訪答文稿。

七月九日上午九點多，黃昆輝、章孝嚴分別獲告知此事，黃昆輝閱覽文稿，心中猶豫，臨時通知林碧炤、張榮豐開會，林張兩人都認爲發表的時機尚未成熟，應另尋更有利的時機，可能是在汪道涵十月間來訪時提出，或是在九月間國大完成修憲時再提出作爲政策宣揚，李登輝不聽，於上午十一點接見「德國之聲」記者時提出。

第二天，李登輝召見參謀總長湯曜明，研商台海情勢，指示軍方加強外島防備，注意對岸的動態。可見李登輝已經預料到大陸會有激烈的反應。

據《執政告白實錄》記載，李登輝在一九九九年三月就已經接獲美國有關方面透露，中共安排汪道涵在九月間訪台，屆時正逢中共建政五十週年、及澳門回歸之前的有利形勢，李登輝因而亟思對應策略。

七月十一日，中共國台辦相繼批評李登輝是在玩火，同時也說要繼續全面發展兩岸關係，推動兩岸和平統一進程。

七月十三日，汪道涵對新聞界宣稱，李登輝的「特殊國與國關係」的言論，將使海峽兩岸兩會在「一個中國」原則下，授權進行相互接觸、對話與商談的基礎不復存在。

七月二十日，李登輝在接見國際扶輪社社員時說，提出兩岸關係定位在「特殊的國與國關係」之主要考量，是爲兩岸即將展開的政治談判尋求新的定位。這種說法，顯示出李登輝的談判策略，如果中共還要繼續政治談判，勢必要在兩岸定位問題糾纏不已。如果不能接受，就不要談。兩岸定位是一個可以談的議題嗎？兩岸有不同的看法。

七月三十日，辜振甫說，「特殊國與國關係」就是兩岸一九九二年所達成的「一個中國、各自表述」共識中，我方立場的表達。

這時，中共方面已經展開心理戰、文宣戰、外交戰等措施，八月十四日汪道涵宣稱，李登輝如果改變兩國論，他還是準備訪台。其實，據報導，中共北戴河會議已經在八月十二日確定取消汪道涵十月的訪台之旅了。（陸委會網站，「兩岸大事記」）汪道涵的說法，似乎顯示中共還是期待李登輝回心轉意。唐樹備則在八月十五日說，北京是否調整對台政策，以總統大選爲重要指標。

九月十三日，唐樹備又說，汪道涵原定今年秋天訪台，因爲「兩國論」，如今已不便成行。從此，海協會就斷絕與海基會的函電往來，只有在台灣發生天災的時候，對方才來函慰問，其他事務性的聯繫函電，都透過台灣有關的民間團體轉達。這也算是「間接路線」策略吧。

歲月催人老，在兩岸兩會僵持中，胡錦濤成爲中共的領導人，江澤民保留了中央軍委主席職位一段時間，錢其琛退休了。唐樹備屆齡退休，轉任海峽研究中心主任之後，再度交棒給孫亞夫了。李登輝卸任了，陸委會主委蔡英文在二〇〇四年五月堅持離開公職，許惠祐在二〇〇四年五月轉任海巡署署長，詹志宏升任陸委會主任秘書兼海基會副秘書長，陸委會副主委劉德勳兼任海基會秘書長。海基會和海協會都裁減人員，縮小編制，等待下次談判的來臨。

海基會董事長辜振甫，在為兩岸協商盡心盡力地服務了十四年後，不幸在二〇〇五年一月三日清晨因腎臟癌病逝，享年八十九歲，「辜汪會談」遂成為絕響。

辜振甫先生追思會於二〇〇五年二月二日上午在台北國父紀念館舉行，汪道涵先生派孫亞夫、李亞飛代表前來致意。在會場外，劉德勳、詹志宏曾與孫亞夫、李亞飛短暫晤談，對「一個中國」原則問題交換意見。這是兩岸在一九九九年七月之後的第一次接觸，能否為兩岸的和解帶來契機，有待日後揭曉。

10

二〇〇〇年三月十八日，民進黨候選人陳水扁當選總統，大陸對台政策改採「觀其言、察其行」的冷處理方式。五月二十日，陳水扁發表就職演說，提到「四不一沒有」。他說：「只要中共無意對台動武，本人保證在任期之內，不會宣布獨立，不會更改國號、不會推動兩國論入憲、不會推動改變現狀的的統獨公投，也沒有廢除國統綱領和國統會的問題。」

緊張的兩岸關係暫時穩住了，但是兩岸仍然在各種場合施展策略，鬥智鬥力，兩岸人民則繼續交流，台商在大陸投資繼續增加，海協海基兩會還是在等待有利的時機來臨，兩岸則繼續透過新聞界和人員往來進行政策對話。

二〇〇四年，陳水扁以一萬多票的些微差距當選連任，五月十七日，在陳水扁就職的前三天，大陸國台辦發表以〈台灣當權者必須做出選擇：是懸崖勒馬還是一意孤行〉為題的「五一七聲明」，提出五個「決不」：堅持一個中國原則的立場決不妥協，爭取和平談判的努力決不放棄，與台灣同胞共謀兩岸和平發展的誠意決不改變，堅決捍衛國家主權和領土完整的意志決不動搖，對台獨決不容忍。

大陸又提出解決辦法：「未來四年，無論什麼人在台灣當權，只要他們承認世界上只有一個中國，大陸和台灣同屬一個中國，摒棄台獨主張，停止台獨活動，兩岸關係即可展現和平穩定發展的光明前景。」

大陸所說的七個前景，就是恢復對話談判、適當保持兩岸密切聯繫、直接三通、經濟合作、密切交流、實現台灣追求和平的願望、妥善解決台灣國際活動空間問題。

但是，大陸當局也嚴厲警告：「如果台灣當權者鋌而走險，膽敢製造台獨重大事變，中國人民將不惜一切代價，堅決徹底地粉碎台獨分裂圖謀。」

陳水扁在連任就職演說中回應說：「公元二千年五二〇就職演說所揭櫫的原則和承諾，過去四年沒有改變，未來四年也不會改變。」他並主張成立「兩岸和平發展委員會」，擬訂「兩岸和平發展綱領」，共同策進兩岸和平穩定、永續發展的新關係。

兩岸局勢的發展，在二〇〇四年年底時更趨對立。台灣舉行立委選舉，民進黨提出要制憲、要將駐外單位都正名為台灣代表處，政府機構有「中國」字樣的都要改名。美國副國務卿阿米塔吉立即公開表示關切，並表示如果台灣片面改變兩岸現狀，美國「台灣關係法」並沒有規定要防衛台灣的義務。大陸則在二〇〇五年三月制訂「反分裂國家法」，以對付台獨。

由於兩岸的觀點有差異，今後在一段相當的時間內，雙方勢必繼續僵持原則，等待進一步變化的到來。台灣的未來，能否透過談判說服達到「不戰而屈人之兵」的和平發展目標，有待兩岸及國際社會用智慧來決定。海基會和海協會能否復談，也只有繼續等待明天了。

第卅一章

強硬路線

許惠祐、黃昆輝、李登輝的談判風格

1

許惠祐在海基會負責兩岸事務性談判約十三年，受到總統府秘書長黃昆輝、與總統李登輝的支持，在競選南投縣長失敗後，升任國民黨中央黨部秘書處主任，沒有多久，就在一九九八（八十七）年二月被提拔爲海基會副董事長兼秘書長，負責推動「辜汪會晤」，並在二〇〇四年五月出任行政院海巡署署長，受到民進黨政府的重用。

許惠祐是陳長文的學生，政大法律系的學士、碩士、博士，曾在西德慕尼黑大學研究法律一年，一九九〇年擔任台北地方法院士林分院法官時，陳長文奉命籌組海基會，許惠祐在衆多角逐者當中脫穎而出，成爲法律處的處長，從此，在七年內不斷晉升。

當許惠祐出任海基會秘書長時，一位記者報導說，現年四十六歲的許惠祐，以對法律的嫻熟及縝密的邏輯思考，而具備擔任兩岸談判的基本條件，但更重要的，是他還能充分掌握兩岸政治的敏感關鍵問題，使其上陣談判的言行分寸，拿捏得甚至比「國王人馬」出身的邱進益與焦仁和兩人，更獲得李登輝的賞識與信任。（台灣日報，一九九八年二月五日，陳增芝報導）

邱進益和焦仁和並非不了解李登輝的內心想法，「國統綱領」就是他們在總統府工作時，和許多研究委員研擬出來的。他們只是希望能以「雙贏」代替「零和」的對抗，爲台灣的發展爭取穩定的空間。

許惠祐受到黃昆輝的信任與提拔，才進一步受到李登輝的肯定，三個人的大陸政策觀念一致，李登輝透過黃昆輝、許惠祐，對大陸採取了軟中帶硬、不惜對抗的強硬路線。而辜振甫、陳長文、陳榮傑、邱進益、焦仁和代表的是「和解」路線，在和緩的兩岸關係中，讓兩岸和平發展，統合是「國統綱領」的遠程目標，代表兩岸未來的一個希望。

2

許惠祐是南投人，黃昆輝是雲林土庫人，李登輝是台北三芝人，三人都是主張對大陸關係要審愼緩進的人。

黃昆輝出身於貧苦的農家，從小要下田耕作，家境不好，虎尾初中畢業後，只能就讀台中師範學校，運用公費讀書。爲了賺取稿費，也曾苦讀《古文觀止》等古書，撰寫一些文章換取稿費。（商業周刊，一九九四年三月七日，彭杏珠報導）

一九五五（四十四）年師範畢業，當時二十歲，分發到土庫國小教書，三年後與同校女老師林滿結婚。在太太的支持下，婚後一年即考進國立師範大學攻讀教育，畢業後繼續在教育研究所進修，同時也通過教育行政高考。

一九六七年黃昆輝擔任師大教育系講師，兼辦教研所的行政業務，被派參加聯合國教科文組織教育行政與教育計畫研究，因此得以在印度新德里受訓半年，奠定了繼續發展的基礎。

後來黃昆輝申請到國家獎學金，前往美國北科羅拉多大學攻讀教育博士學位，回國後即在師大教書，接任教育系主任、所長。

在蔣經國時代培養本土精英的計畫下，黃昆輝於一九七七年被提拔出任台灣省政府委員，從此走入政治。一九七九年轉任台北市教育局長，獲得台北市長李登輝的賞識，翌年隨同李登輝前往省政府，擔任教育廳長。一九八三年豐原高中禮堂倒塌事件，黃昆輝辭職以示負起行政責任，獲得李登輝的信任，一九八七年東山再起，出任國民黨青工會主任，一九八八年李登輝繼任總統，安排黃昆輝出任行政院政務委員，從此逐步晉升，一九九一年五月在李總統與行政院長郝柏村的安排下出任陸委會主委。

海基會在一九九一年三月成立，五月黃昆輝接任陸委會主委，推動李登輝的大陸政策，採取審慎緩進的事務性談判策略，主張兩岸事務性談判應由處長層級開始，逐步進展提升層次。許惠祐當時擔任海基會法律處長，經常與黃昆輝一起打網球、高爾夫球，逐漸獲得黃昆輝的信任，因此，兩岸事務性會談也從陳長文、陳榮傑的秘書長層級，轉變為處長級的法律協商。從一九九二年三月起，許惠祐即負責兩岸文書驗證、掛號信函查證補償問題的談判。辜汪會談後，許惠祐升任海基會副秘書長，繼續主持兩岸偷渡犯、劫機犯遣返和漁事糾紛處理的協商。總共參與十多次事務性會談，最後升任秘書長，完成了一九九八年十月的辜汪會晤與辜江對話。

3

許惠祐在每次兩岸的事務性談判中，接受黃昆輝的授權，強硬地與大陸海協會代表大談法律問題，大陸對手周寧、孫亞夫、李亞飛都曾經與許惠祐交手，雙方都沒有退讓的餘地，只有秘書長以上層級才有決定是否退讓的權力。因此，許惠祐成為翻案專家，焦仁和與唐樹備達成的共識，陸委會不滿意，就讓許惠祐去翻案，與孫亞夫在談判桌上爭論不已，塑造了「鴨蛋代表」的形象，讓大陸方面深感頭痛。或許也因此而獲得黃昆輝與李登輝的充分信任。

當時，台灣地區民意對兩岸談判還有恐懼心理，尤其是民進黨的立委，經常利用兩岸談判作文章，好像兩岸一談判，海基會就會出賣台灣一樣，讓海基會的談判代表戰戰兢兢，唯恐一不小心說錯話，就要被民進黨人和新聞媒體臭罵一頓，在辜汪會談前夕，辜振甫也受到最大的傷害。可是，好像許惠祐還沒有被罵「賣台」，還一再升官，或許是受到李登輝的信任吧。

民意眞的支持兩岸對抗嗎？還是希望兩岸和平相處、和平發展？大陸政策推動的速度會太快嗎？「國統綱領」不是希望在近程階段促進兩岸交流嗎？

李登輝採取兩手策略，一方面讓邱進益轉任海基會秘書長，開好「辜汪會談」，達到在國際間宣示兩岸是對等政治實體的目標；另一方面讓黃昆輝在陸委會掌控大陸政策的緩慢推進，黃昆輝則希望完全掌握海基會，許惠祐就成爲推動緩慢審慎談判的代理人。

李登輝和黃昆輝都主張兩岸關係要在事務性談判中明確定位爲「對等政治實體」，大陸方面則要把兩岸事務性談判定位在「一個中國」原則下。一九九二年十月香港會談，許惠祐與孫亞夫對「一個中國」問題討論了十三種表述方式，都沒有獲得共識，最後許惠祐按照陸委會指示，建議雙方對「一個中國」問題各自以口頭表述其內涵。會談結束後，大陸海協會才打電話到海基會給秘書長陳榮傑，表示同意兩岸對「一個中國」可以口頭各自表述，十一月十六日正式函告海基會，海協會充分尊重並接受海基會「以口頭聲明方式各自表述一個中國原則」的建議，這就是所謂「九二共識」，也就是「一個中國，各自表述」的由來。

在「各自表述」的原則下，大陸方面解釋爲「兩岸都堅持一個中國」，北京是代表中國的中央政府。台灣方面則堅持「各自表述」，兩岸是對等的政治實體，分裂分治，互不隸屬，一個中國是未來的事。兩岸如果不擱置敏感的主權問題，這樣的爭論還會再持續下去。

《執政告白實錄》提到，在一九九八年兩岸復談之前，李登輝召開國安會議，通過「兩岸談判作業綱領」，明白表示：「未來談判目標在使兩岸談判先回到事務性協商，在策略上是以談判來維持現狀，事務性協議可簽署，政治性協議要避免。」（鄒景雯，《執政告白實錄》，頁三〇七）

一九九八年十月十四日上海辜汪會晤，汪道涵對「一個中國」提出八十六字的談話：「世界上只有一個中國，台灣是中國的一部分，目前尚未統一，雙方應共同努力，在一個中國的原則下，平等協商，共議統一。一個國家的主權和領土是不可分割的，台灣的政治地位應該在一個中國的前提下進行討論。」

一九九九年七月九日李登輝提出「兩岸是國與國、至少是特殊的國與國關係」後，兩岸已經停止會談與對話，許惠祐雖然是海基會副董事長兼秘書長，也失去了談判的舞台。

民進黨政府成立後，陸委會否認「九二共識」。陸委會副主委陳明通在二〇〇〇年五月二十八日的一項座談會中說，中共一再強調九二年共識「一個中國，各自表述」，但事實上九二年會談並沒有這項共識，一直談九二共識沒有太大好處，未來應有新思考、新格局。（聯合報，二〇〇〇年五月二十九日，羅曉荷報導）

同一天，許惠祐在座談會中說，對我方而言，九二年兩岸達成的共識是「一個中國，各自表述」，中共強調兩岸九二年達成堅持「一個中國」原則共識，根本是刻意扭曲，虛擬共識。（聯合報，二〇〇〇年五月二十九日，張青報導）

二〇〇〇年六月二十七日下午，陳水扁總統在總統府接見美國亞洲基金會會長傅勒（William Fuller）等人表示，新政府願意接受海基、海協兩會九二年「一個中國，各自表述」共識，但大陸方面卻反而不承認有這項共識了。

許惠祐在民進黨政府成立後受到重用，二〇〇四年五月出任行政院海巡署署長。

4

一九九八年二月十日，許惠祐接任海基會副董事長兼秘書長，陳長文在二月七日給海基會同仁一個書面文件「祝福許惠祐出任海基會秘書長」。陳長文在這個文件中肯定許惠祐，也對許惠祐與海基會同仁有所期許。

陳長文在期許中說，和緩與友善的兩岸關係是台灣與大陸地區同胞最大的安全保障，海基會同仁在與大陸溝通談判時自應體認此項期望，以誠懇與負責的態度展現台灣地區人民之善意。

陳長文說，「中國的、善意的、服務的」是海基會創會的三大信念。「中國的」是指「台灣與大陸的」、「歷史文化與血緣的」，海基會立足台灣處理兩岸問題，當然要能夠代表台灣的人民說話，但是，爲台灣的人民說話時，忘記「中國的」、忽略「中國的」、輕視「中國的」，或者是將「台灣的」與「中國的」對立起來，都不是正確的立場。

善意才能創造雙贏。海基會以「善意的」爲宗旨，當然不是要將談判對象當作敵人來解決。讓雙方共同把要談判的問題擺在桌子的對面，一起把問題妥善處理，才是「善意的」談判，才是雙贏。

陳長文又說，「服務的」海基會，要服務兩岸的人民，不是要替政治服務，才對得起歷史。沒有歷史眼光的人，不會到海基會來，我們的生命是短暫的，但要創造我們子子孫孫更好的生活條件。海基會的人，要做建設性的角色。

這樣的期望，被一些新聞界人士解讀爲抨擊海基會的路線，懷疑許惠祐有多少「中國情懷」。

許惠祐對記者表示，他絕不是「沒有中國情懷」的人，但兩岸協商的工作推動上，個人主觀的感情應放在後頭。（自立早報，一九九八年二月十一日，王興中報導）

秘書長交接典禮之後，許惠祐在記者會中說，對於外界有人質疑他的「中國情懷」有多少，他表示，他個人始終認爲兩岸事務是兩岸「中國人」的事務，但是在推動兩岸協商的工作上，應以完成政府或董監事交付的任務爲主要考慮，個人感情應放在後頭，但這絕不表示個人沒有中國情懷。

陳長文說，許惠祐的中國情懷知多少，這句話並非質疑許惠祐，他到現在也不了解自己有多少中國情懷，更何況他人。外界認爲他的動作是在質疑修理許惠祐，那是根本不了解他們之間的深厚情誼。（商業周刊，一九九八年二月十六日，黃原亮報導）

他說：「當年成立海基會，就是爲了要在兩岸之間避免問題且解決問題，但是今天主觀上我們把大陸當成敵人，試問十年前爲什麼兩岸要交流？如果要敵對，當初就不要開放，海基會也不必成立了。」

陳長文的父親官拜少將，一九四九年大陸危急時，將家人匆匆帶來台灣後，又火速趕回戰場，最後戰死在西康。當時陳長文只有五歲，他的母親至今不能理解，他的父親衝鋒陷陣，命殞沙場，究竟是爲了什麼？陳長文最有理由痛恨共產黨，但是，他說：「當我第一次到大陸時，看到了大陸的生活條件，我就已經原諒他們了。」

許惠祐代表的是本土路線，在黃昆輝、李登輝的政策下執行強硬的談判路線。據聯合報報導，大陸涉台官員聽到許惠祐出任海基會秘書長感到非常驚訝，並明白表示，台灣方面這次調換海基會主談代表，顯然有意爲兩岸政治談判的程序性協商「設置障礙」，甚至有不與大陸復談的打算。許惠祐大概讓大陸涉台灣官員很傷腦筋吧。（聯合報，一九九八年二月五日，王玉燕報導）

同一天，聯合報記者何振忠、陳鳳馨、楊羽雯、周怡倫聯合署名的報導說，行政院規劃的

「一套人馬、兩塊招牌」方案，是由陸委會副主委許柯生兼任海基會副董事長及秘書長，但是總統府高層人士亟力推薦國民黨秘書處主任許惠祐，一再強調「李總統曾說過未來在兩岸談判事務要再借重許惠祐的長才。」還說「過去十多次兩岸協商中，許惠祐主談沒有讓中共損及我方利益，經驗深厚應予重用。」因此，行政院長蕭萬長、海基會董事長辜振甫沒有堅持原案，也沒有堅持讓許柯生兼任海基會副董事長。

許惠祐早在農曆過年前就已經獲告知將接任海基會秘書長，當時他對記者說，他對兩岸關係抱持樂觀，「談比不談好，其實，不談，也是一種談判。」

大陸海協會始終沒有來電祝賀許惠祐接任海基會副董事長兼秘書長，過去的十多次談判已經讓大陸傷透腦筋，所以大陸涉台人士才會認為，台灣方面是為兩岸政治談判的程序性協商「設置障礙」。其實，李登輝已有一套計畫，要避免簽署任何政治協議。

5

兩岸在一九九八年十月辜汪會晤時恢復對話，許惠祐在上海與北京的記者會，都與唐樹備有尖銳的對話，雙方各自對「一個中國」等政治問題強硬的表達立場。辜振甫則以善意、圓融、不卑不亢的態度，與中共領導人江澤民暢談歷史、民主、與兩岸關係，希望為兩岸對立的氣氛融冰。

時代的大環境不斷的變遷，許惠祐常說，兩岸情勢不是一個人所能影響的。如今，代表兩岸關係緩和希望的辜振甫已經離去，回歸西方極樂世界。李登輝與黃昆輝組成「群策會」，推動李登輝的強硬路線理念。黃昆輝一度有意邀請許惠祐擔任「群策會」的秘書長，但是，許惠祐選擇留在海基會，等候時機，最後升任海巡署署長，離開了兩岸談判的舞台。

許惠祐會再回到海基會嗎？會在兩岸談判舞台繼續折衝嗎？陸委會已經修改「兩岸人民關係條例」，將兩岸談判可經由副委託轉授權給其他團體去談判，海基會已經由陸委會完全接收，副主委劉德勳兼任海基會副董事長兼秘書長，主任秘書詹志宏兼任海基會副秘書長，將來兩岸的重要談判，如果以海基會名義談判，也是官方對官方的直接談判了，海基會同仁還要繼續走下去，一直到謝幕，掌聲響起，微笑離去。

第卅二章

和信

辜振甫的兩岸關係理念

1

「開誠立信，謙沖致和」，是海基會董事長辜振甫的處世原則，也是他處理兩岸關係的重要理念。

從海基會成立開始，歷經新加坡「辜汪會談」、上海「辜汪會晤」、北京「辜江對話」、以及有關「九二共識」的爭議，辜振甫始終秉持「開誠立信、謙沖致和」的信念，處世待人，爲兩岸關係的和平發展而盡力，在兩岸關係發展史上，寫下令人懷念的一頁。

辜振甫能夠榮膺兩岸協調大任，主要原因來自層峰的信任、個人的特殊條件、以及歷史環境的際遇，可以說是「時代創造英雄，英雄創造時代」。

2

辜振甫家族的時代遭遇非常特殊，他的父親辜顯榮從鹿港發達起家，在台北大稻埕一帶從事貿易。中日甲午戰後，清廷將台灣割讓給日本，許多台灣民衆不服，擁戴台灣巡撫唐景崧爲「台灣民主國」總統，與日軍對抗，日軍來台，唐景崧離開台灣，回到大陸，民兵群龍無首，辜顯榮前往與日軍交涉，引導日軍進入台北城，避免一場無謂的戰爭。這一點，成爲民進黨在新加坡「辜汪會談」前夕策略性的攻擊目標，辜振甫一度辭職抗議。

辜振甫說：「日軍進入台北城之前，台北城哭聲滿城兩天兩夜，連巡撫都溜走了，沒人敢去跟日軍交涉，我父親冒著生命危險去，這叫漢奸嗎？這段歷史，連橫寫的《台灣通史》都記載得很清楚。敵人入侵不抗拒是不忠，要大家不接受是要大家都去死嗎？是清廷把台灣割讓給日本的，清廷才是罪魁禍首。這些話我本來是不想說的，我自己可以承擔台奸的罪名，但是，我不要我的子子孫孫再背負這些。」（自立晚報，一九九三年四月二十三日，陳惠玲報導）

歷史造化作弄人，辜顯榮與日軍談判，引導日軍進入台北城，受到反對者的指責；辜振甫爲了台灣的安定發展而奉李登輝之命參加「辜汪會談」，卻被反對者罵「台奸」，可見從事談判的人是多麼容易受傷害。

辜顯榮曾經協助蔣介石總統平定「閩變」，這段歷史也成爲辜振甫受到兩位蔣總統信任的原因。一篇題爲〈十六年前辜振甫擠身中常委秘辛〉指出，熟悉內情的一位政商界重量級人士說，當年的辜顯榮，儘管在日人統治下的台灣，是呼風喚雨，顯赫於權貴間。不過，對於大陸的國民黨，辜顯榮始終是抱著「身在曹營心在漢」的心情。（趙虹，工商時報，一九九七年八月一日）

報導說，一九三三（二十二）年，「一二八」松滬抗日戰役的名將蔡廷鍇、蔣光鼐等人，不滿中央的抗日政策，在福建成立人民政府，史稱「閩變」。中央政府派蔣鼎文率軍南下平變，日軍也派軍艦到閩江口對峙。

在此情況下，蔣介石派其親信張群的秘書李澤一密訪台灣，希望辜顯榮能夠提供必要的協助。辜顯榮前往會見台灣總督從中斡旋，日軍乃撤出閩江口，「閩變」順利平定。事後，蔣介石親自寫了一封謝函給辜顯榮，感謝辜顯榮「眷懷祖國，獨秉孤忠」。辜振甫曾在七月二十五日對來訪的美國在台協會理事主席卜睿哲提到這件事。（商業周刊，一九九九年八月九日）

一九三五（二十四）年，辜顯榮在蔣介石的邀請下，前往大陸訪問。當時蔣介石曾贈給辜顯榮一幅親筆題名的照片，辜顯榮則建議「中日雙方切勿輕起戰端，以免兩敗俱傷」。對日抗戰一直拖到二十六年「七七事變」之後才爆發。

一九四九年底，國民政府遷台，辜顯榮已經過世，辜振甫接掌了家族企業，也經由公營企業民營化的路而擔任台灣水泥公司總經理、董事長。在五十年代之初，先總統蔣公曾到省府講話，辜振甫也在列隊歡迎之列，蔣公還特別詢問辜家的狀況。

六十年代末期，蔣經國執政，據報導，在國民黨高層人士的解說下，經國先生也了解了辜顯榮過去這段協助處理「閩變」的歷史，因此，相當信任辜振甫，並提名辜振甫出任中常委，也經常賦予從事國民外交，協助促進中日關係的任務。

後來李登輝也與辜振甫建立相當信任的關係，在一九九〇（七十九）年郝柏村擔任行政院長、政府決定成立海基會時，辜振甫也就成爲海基會董事長最合適的人選。

據當時銜命籌組海基會的陳長文撰寫的〈現代墨子病榻不忘兩岸〉說，當時郝柏村詢及該敦聘哪一位望重賢達膺負海基會董事長的重任時，陳長文表示：「雅智相兼，仁德俱備，是台灣人也是中國人的辜先生是不二人選。」郝院長欣表贊同，而陳長文致電給正在日本的辜先生，辜振甫毫不猶豫地同意了。（陳長文，聯合報，二〇〇五年一月四日）

3

辜振甫從小接觸中國文化，受到相當的薰陶。他於四月十九日在台大通識教育論壇演講指出，他出生在台北市大稻埕淡水河畔，在日本人的統治下，母親經常教訓他不可以忘本。而不忘本的最好方法便是看戲，戲裡有中國的故事，做人的道理。他說，一聽戲便喜歡，喜歡就會一頭栽進去，想學唱戲，還想表演，蓋舞台。唱戲是他維持健康的方法，不但可以增加肺活量，腳底下感覺踏實，人生不如意，一唱戲就全都忘了。（今週刊，一九九九年四月二十五日，徐秀珍報導）

辜振甫說，他在台北高等學校（在台灣師大現址）唸書的時候，一直為去東京大學留學作準備，到了最後一分鐘卻放棄了，因為他的父親在民國二十六年生病了，他要留在台北繼承家業，當時他是台大政治系的一年級生，當了七家公司的董事長。他為了到日本觀察學習日本企業的經營方法，就在大學畢業後辭去所有的董事長職位，前往日本東京帝國大學研究工商管理，並進入大製糖公司，從最基層的辦事員做起，對日本企業的管理模式、團隊精神有充分的了解。

辜振甫認為，在日本求學做事的那段日子，非常辛苦，但是卻是他生命中的黃金歲月，也是他學習、磨練的基礎。他認為企業家的第二代切忌被權與利沖昏了頭。（聯合報，一九八四年五月二日，李文娟報導）

辜振甫認為他心目中最有價值的一句話，是孔子所說的「不患人之不知己，患不知人也」，也就是說，不要擔憂別人不知道你的優點，要擔心你不知道別人的長處、或你沒有優點讓別人知道。

他進一步引申這句話來說明他的處世與經營哲學：第一步要知人，第二步要會用人，藉由別人的導引來幫助達成事業目標和修練自己，第三步要懂得做人。

台灣光復後，辜振甫回到台灣經營事業，民國三十五年曾因與許丙、林熊祥談論台灣前途問題而遭人密告，在白色恐怖的時代被以「台獨」罪名判處兩年半的徒刑，坐牢一年半。當時他三十歲，元配妻子黃菖華已經去世，一九四九年十二月再與嚴倬雲女士結婚，赴香港經商，至一九五二（四十一）年才回台。

嚴倬雲女士是中國近代史上有名的北京大學前校長嚴復的親孫女。一九九九年七月十日，辜振甫伉儷曾以「辜公亮文教基金會」的名義出版一套《嚴復全集》，並在當年十月訪問大陸時，贈送一套給北京大學作紀念。

一九九九年十二月二十六日是辜振甫伉儷結婚五十週年的金婚紀念，辜振甫穿著西式禮服，打著領結，攙著身著白紗禮服的夫人嚴倬雲，在子女的簇擁下，再度步上設在台泥大樓的紅毯，共慶金婚。

台泥公司是他在一九六一（五十）年經由民營化而參與經營的公司，最初擔任總經理，老總統曾在一九五五年派他參加日內瓦國際勞資會議，成功地說服大會依照台灣人口比例、訂定台灣繳交會費的標準，並爭取到常務理事國的表決權，從此成為傑出的企業外交家。

一九五八年，辜振甫當選工商協進會理事長，積極參與太平洋經濟盆地理事會及太平洋經濟會議。一九七二年中日斷交時，辜振甫曾代表我方與日本簽定亞東關係協會相關協定，延續了雙方的實質關係。一九九四年四月卸下工商協進會理事長的職位，專職處理兩岸事務。

4

李登輝在一九八八（七十七）年一月十三日經國先生去世後，以副總統身分繼任總統，開始執政，當時權勢尚未穩固，乃以穩定內政為優先考量，一九九〇年當選總統後，決定尋求兩岸關係的穩定發展與清楚定位，並有意與大陸方面協商解決兩岸事務性問題。因此，國統會、陸委會、海基會的三層次大陸工作體系，在邱進益等幕僚群的規劃下乃告成立。

當時郝柏村擔任行政院長，主導成立海基會，陳長文在籌組海基會期間，已於一九九〇（七十九）年九月十九日以中華民國紅十字會總會秘書長的身分，與大陸中國紅十字會秘書長韓長林簽署「金門協議」，處理兩岸遣返事宜。據《執政告白實錄》記載，李登輝對於未能掌控簽署「金門協議」之事，頗為介意。但後來對於辜振甫出任海基會董事長則頗為支持，並在一九九二（八十一）年八月一日界定「一個中國」涵義之後，放心推動「辜汪會談」。

新加坡「辜汪會談」使辜振甫為兩岸關係的穩定發展成功地踏出堅實的第一步。但是，海基會深受傷害，第一任秘書長陳長文、第二任秘書長陳榮傑、第三任秘書長邱進益，都受到權力競爭的創傷，海基會仍在爭取更大授權的活動空間。辜振甫面對海陸兩會關係的衝突，與國內反對勢力的抗爭，也被捲進惡鬥的漩渦，聲譽受到嚴重挫傷，在辜汪會談前夕憤而辭職，由於李登輝的慰留與鼓勵，才勉力完成新加坡「辜汪會談」的歷史性任務。

「辜汪會談」簽署四項協議，為兩岸建立制度化的協商管道，開啓兩岸事務性協商的後續之路。

會談前，辜振甫帶著兩極化的爭議來到新加坡，肩負兩岸歷史性會談的使命，這一趟對他而言，實在是老驥伏櫪。（聯合報，一九九三年四月三十日，王美玉報導）

報導說，辜振甫在國際間參與談判無數，但是面對和中共首次直接打交道，他不諱言內心感受是很不一樣，這份不同的感受除了這次會談是歷史性意義的無形壓力外，他也承認國內缺乏談判人才，中共人才都是經過訓練，是我們最大的挑戰，無形中也造成他內心的壓力。

辜汪兩人實際會談的時間並不多，討論的重大議題也是各說各話，高手過招，四兩撥千斤，對於大陸方面的政治喊話，輕手揮過。

王美玉對汪道涵的表現，則認爲是老謀深算，收放自如。報導說，在心理作戰上，他比辜振甫占優勢，因爲大陸方面對辜汪會談的反應，不像台灣內部充滿質疑，反應兩極化。

汪道涵在致詞時夾帶統戰與三通議題，違反北京邱唐會談將「辜汪會談」定位爲「民間性、事務性、經濟性」的共識，他卻將「三通」解釋爲事務性問題。當會談陷入僵局時，汪道涵相當鎮靜，強調需要進一步推敲文字，顯示出談判者的堅定態度。對於是否宣布結束敵對狀態問題，他斷然否認，還以這次會談是「民間性、事務性」爲理由，不談政治問題。一收一放，流露出老謀深算、和兩手策略的本事。

其實，辜振甫也是具有豐富國際談判經驗的人，只是限於陸委會的大陸政策、和台灣內部缺乏共識的不利環境，無法隨心所欲地反駁大陸方面的談判攻勢。他在種種不利的條件下，仍然堅守台灣當局的大陸政策，爲爭取台灣的利益而盡了力。

同一天，中國時報報導，政大國關中心主任、後來出任總統府副秘書長的林碧炤相當肯定「辜汪會談」的成就。他認爲，大陸方面雖然對國際媒體不斷放話，重彈和平統一的老調，然而國際上對中共的做法已有一定程度的了解，國際間亦無力量要推動兩岸統一，因此這可說是中共一廂情願的想法，我們不必太擔心。

或許這就是當時我方採取不回應政治喊話的策略所在，避免觸及國際間對兩岸是否已經開始政治談判的敏感神經。辜振甫當然知道政府當局的談判策略。

辜振甫說，這次會談「不能算成功，但還可以交代」。（聯合報，一九九三年四月三十日，何振忠、劉淑婉報導）

或許這是實在話，如果拿來和他過去參加的國際談判成果相比較，兩岸談判確實比國際談判更難放手一搏。

他說：「大概從一九五五年參加國際勞資會議開始，我就開始參與國際事務，超過四十年的時間。但是都是國與國關係，這次會談總與其他會議不同，算是史無前例的，不知道該如何拿捏，而且是自己國家分裂，加上對大陸關係國內有不同的意見，所以有人說綁手綁腳，的確很難。過去國際間的雙邊談判或多邊談判，發言都要很小心，可是這次顯然更為困難。凡事必須是謹慎而且有尊嚴的進行，每個節奏都必須是平等協商，希望國內朋友知道我們的難處。」

對於中共的談判策略，他分析說：「他的重點還是政治色彩濃厚，不過大陸經常如此，每件事都有政治考慮。他希望召開經濟交流會議，但我們覺得還是有政治色彩，應該避免。我們的原則不會輕易放掉，凡事都會保持我們的尊嚴。」

辜振甫說話不急不徐，溫和有禮，即使是心中另有一把尺，也不會說出不得體的話，這就是他人生豐富歷練的結果。辜汪會談之後，他有退休交棒之意，一方面是因爲會談前深受反對人士的傷害，另一方面他也想「新陳代謝」，所以他對記者說：「我現在年齡也差不多，我認爲應該新陳代謝，最重要的是看誰最合適。中國人常說駕輕就熟，能者多勞，我認爲應該可以改，要隨時可以替換。大家都講國事，但像我這樣拚命的其實不多。」

辜先生擔任海基會董事長，代表兩岸關係和諧的一個希望。雖然兩岸環境的發展不能如他
5 所願，但是，台灣內部尚無人可以替代他的位置。

辜汪新加坡會談之後，兩岸根據「辜汪會談共同協議」的共識，展開一連串的後續事務性會談，但是，由於牽涉到兩岸主權觀念與司法管理權的問題，雙方各自堅持立場，因此會談沒有顯著的進展，即使舉行三次副董事長層級的「焦唐會談」，達成了共識，雙方內部還是有意見，導致必須重新討論協議文字的落實問題。

大陸方面的策略一向是逐步提高談判層級，再由高層會談來解決問題。然而台灣當局則希望拉長談判縱深，讓談判由副秘書長層級開始，慢慢提升到副董事長層級，最後才在一九九五（八十四）年同意舉行第二次辜汪會談。

海基會與海協會雖然已經敲定於一九九五年七月間在北京舉行第二次辜汪會談，由於李登輝獲得美國同意前往母校康乃爾大學訪問，突破了中共的外交封鎖，因此導致中共一連串的文攻武嚇，第二次辜汪會談也因此無限期推延下去。

在一九九六年台海危機期間，中共舉行一連串的軍事演習，美國派遣兩個航空母艦戰鬥群到台海附近「觀察」，傳達了美國關切台海危機的訊息。李登輝再度當選總統後，台海危機逐漸平息，但是兩岸仍然處於僵持局面，辜振甫不只一次地呼籲大陸方面恢復兩岸制度化協商，穩定兩岸關係。

一九九七年是香港回歸中國的重要里程碑，大陸方面盡全力準備穩定過渡九七。大陸海協會會長汪道涵於一九九七年一月初在美國演講指出，兩岸不能恢復會談，與台灣不回應「三通」及「一個中國」有關。

辜振甫回應說：「一個中國」是議題，不是會談前提，把它當做重開會談的前提，是強加於人。兩岸已經在前（一九九五）年針對第二次辜汪會談舉行預備磋商，如果大陸方面認為可

以會談，我方隨時可以就重啟會談舉行預備性磋商，安排雙方都關切的重大議題。（中央日報，一九九七年一月十六日報導）

對於「三通」問題，辜振甫說，他在一九九六年代表總統參加亞太經合會議（APEC）曾說，兩岸加入世貿組織後，「三通」問題勢必要端上檯面。因此，他認爲兩岸現在就可以談「三通」。

大陸方面在處理完一九九七的香港回歸事宜後，兩岸關係已經逐漸緩和。辜振甫應邀前往參加七月一日香港回歸的觀禮活動，但汪道涵沒有參加，因此兩人沒有機會就兩岸問題交換意見。

辜振甫於八月十一日在工商協進會以「香港的回歸」為題發表演說。他認為：「對於一國兩制的實驗，我國朝野抱著審慎樂觀的態度，但這不表示在香港實驗一國兩制成功後，可以用同樣的模式來處理海峽兩岸的問題。因一國兩制是以社會主義為主體，中央政府對地方政府的設計，其政策目標在於經過一定期間後過渡到社會主義的範疇。」

他強調，香港特區是隸屬於北京的地方政府，但存在海峽兩岸的卻是互不隸屬的兩個對等政治實體，這是無可否認的政治現實，因此，兩岸都應該站在這事實基礎上，認同「因為國土的長期分治，雙方都在追求國家和平統一的過程之中。」

辜振甫對兩岸關係有一分和平穩定發展的期待。他說：「兩岸統一過程需要雙方的寬容與時間，讓台灣本土意識能與中國意識融合，共產體制能朝資本主義方向修正相容。」（聯合報，

一九九七年八月二十二日，楊羽雯報導）

對於會談的前景，辜振甫認爲在中共完成「十五大」提出「社會主義初級階段論」之後，改變就會開始，中共不僅需要與美國維持良好關係，也必須與台灣共同保持台海穩定，相信不久之後大家會見面對話，見面才能解決問題。政府的大陸政策也要調整，把握彼此追求和平的需要。

辜振甫這樣推論應該是有所根據的，至少是兩岸人士已經有了溝通。一九九六年六月二十一日，美國外交政策全國委員會會長史瓦普（George Schwab）從大陸訪問後轉機來台，秘密向辜振甫轉達汪道涵的口信，盼在夏威夷見面，辜振甫請示李登輝，獲得同意，即請史瓦普教授協助安排。事隔半年多，史瓦普在九七年三月四日回信，表示中共駐聯合國代表團某人士說，由於「主客觀因素」，也就是香港回歸、「十五大」之前，兩岸關係不會突破。（《執政實錄告白》，頁二〇六）

所以，辜振甫必定是已經了解兩岸關係的突破，要等「十五大」定調之後、江澤民與柯林頓會談對台灣問題達成共識，中共才會推動。果然，海協會在十一月六日函邀海基會秘書長焦仁和率海基會董監事參加廈門「兩岸經貿研討會」開幕儀式，並順道訪問廈門、上海、北京等地。

大陸似乎有意藉由焦仁和的率團訪問先行溝通，再進一步恢復兩會對話。台灣高層立即開會研商，認爲動機不單純，不如直接由辜振甫前往大陸訪問。大陸方面也迅速研商對策，提出進行政治對話程序性安排的條件。台灣方面評估未來兩岸無法避免政治對話，但是要拉長縱深，因此，「兩岸關係策略小組」提出「兩岸談判作業綱領」，設定未來談判目標在回到事務性協商，以談判來維持現狀，可簽署事務性協議，但要避免政治性協議，及早成立談判隊伍，進行必要的訓練。

在兩岸當局的主導下，雙方決定進行辜汪會晤，進行「建設性對話」，大陸方面並表示要安排辜振甫與江澤民見面。這就是一九九八年十月的上海「辜汪會晤」與北京「辜江對話」。

6

辜振甫與汪道涵已經成爲兩岸和解的象徵，只要兩人能夠會面，就表示兩岸關係已經好轉，而且有和平對話的希望。

一九九八年十月十四日，辜振甫率團訪問大陸，與汪道涵在上海和平飯店舉行第一次會談，雙方對兩岸關心的問題交換意見。次日兩人又在新錦江飯店舉行第二次會談，達成邀請汪道涵訪台、加強對話促成恢復制度化商談契機、促進兩會各層級人員組團互訪、就交流衍生個案積極相互協助處理四項共識。

十月十八日，辜振甫在北京與江澤民對話，對民主制度、台灣在波茨坦宣言的地位、台灣的歷史、兩岸合作等議題，充分交換意見。大陸方面認爲這次辜汪會晤，是兩岸政治對話的開始，台灣方面則認爲這是兩岸關係恢復對話的開始。

辜振甫自認爲這是一趟「融冰之旅」。十月十八日當天，他接受中國時報記者夏珍、王銘義、董孟郎的專訪，提到北京故宮有一塊石頭，是一路運水結冰後，利用冰滑的特性，一路推到故宮(似乎暗指結冰也有功能)。

辜振甫說：「我想，這一路，冰是沒全破，但希望它快點溶化。我曾講過一句話：『但知春意發，誰識歲寒心。』大家都感覺春天快到了，可是得熬過冰霜之苦，才能等得春天來臨，事件進行順利的背後總有許多挫折波折要克服。這回來，這個時間東北又快結冰了，希望結得薄一點，能快點融化。」言下之意，他是希望兩岸關係趕快解凍吧。

兩岸最大的爭議，是對「一個中國」的認知不同，辜振甫認爲這個問題不是很快能解決的，從各自表述的階段出發，進行溝通，兩岸的對話交流不必預設前提。

對於辜振甫的民主觀念，江澤民有他的一套看法。辜振甫轉述說，江先生認爲，民主化是否是全世界唯一的政治體制，得研究研究。辜振甫則認爲，民主化其實就是國家的現代化，我們相信民主，沒有民主作爲經濟發展的基礎，發展是會碰壁的。從國家現代化的角度看民主，體會更深刻。

辜振甫又說，當然，民主有很多模式，美式民主或其他國家的方式，不論如何，民主最重要的內涵就是政黨政治的問題。

辜振甫在會見江澤民之前，曾先與中共副總理錢其琛見面。對於台灣方面抗議中共在國際上打壓台灣的空間，錢其琛坦白說，這是客觀形勢發展必然的結果，這種趨勢還會繼續發展下去。

辜振甫當時曾對錢其琛說，如果大陸方面刻意片面否認中華民國的存在，而且在國際上對我打壓，只會激化台灣民衆的反感，也無從進行政治性的對話，實際上阻隔了兩岸由分治狀態越走越近的道路。他並提議兩岸共同參與國際事務，以結束零和對抗，作爲兩岸結束敵對狀態的第一步。（自立早報，一九九九年十月十九日，秦蕙媛報導）

唐樹備對於此一問題，也坦白說，台灣的國際空間問題，只有透過政治談判來解決。唐樹備說，討論政治問題有分歧是難以避免的事，如果要取得進展，一定要有幾個前提，其中之一即台灣應本著「一個中國」原則，以及台灣堅持為中國的一部分，台灣為中國主權領土完整是不容分割的前提。（自立早報，一九九九年十月十九日，周美里報導）

這樣的前提，台灣能接受嗎？辜振甫曾對江澤民回顧台灣的歷史，從台灣人民如何跨過海峽來到台灣，拓墾台灣，忍受清廷割台，到現在的狀況。他也對錢其琛談到，中華民國自一九一二年成立迄今，台灣於二次大戰後依波茨坦宣言回歸，一九四九年起兩岸隔海分治，任何一方的管轄權從未及於對方，「一個分治的中國」是不容否認的客觀現實。

7

辜汪會晤之後，兩岸似乎開始融冰了，汪道涵擇定於一九九九年十月間來台訪問。但是，李登輝依據蔡英文所領導的「強化中華民國主權國家地位」小組提出的初步研究報告，提前在一九九九年七月九日對「德國之聲」記者說出「兩岸是國與國、至少是特殊國與國關係」的新定位。

「兩國論」阻斷了汪道涵的來台路，也阻斷了辜汪兩老第三次見面的機會，兩岸關係陷入另一階段的結冰期。民進黨政府在二〇〇〇年五月二十日執政後，質疑「九二共識」，引起兩岸之間對「一個中國，各自表述」的再爭論。

辜振甫在二〇〇〇年四月底「辜汪會談」七週年時，曾呼籲兩岸回到「各自以口頭表述一個中國」的共識，重啓會談。民進黨政府上台後，對於「一個中國」問題尚未形成新的論述，又不願直接概括承受國民黨政府的大陸政策，即使陳水扁對美國人表示願意接受九二年「一個中國，各自表述」的共識，也立即被國安會、陸委會澄清，大陸方面立即宣稱「九二共識」是「兩岸均堅持一個中國原則」，這與海基會所說的「一個中國，各自表述」有所不同，使得爭議更加擴大。

8

辜振甫因為腎臟出現血尿問題，於二〇〇〇年十月間前往美國治療，在德州養病三個月。在春寒料峭、風起葉落，等待融冰的氣氛下，對一生的遭遇、與善意的期盼，不免有所感觸，陸續寫下三首詩：

「毿毿」說的是園中荒草漸長，病中扶步整理庭園，不知何日可從池塘倒影中看見喜鵲的身影，牆角青苔結霜如矛、又見落葉，暗諭期待早日回春、帶來喜訊的心情：

雨霽荒園一畝餘，撐持躡步下前除；
塘中何日見鵲影，牆角毿毿落葉初。

「沉沉」寫的是月圓之夜，月光、落葉、起風情境下的感受：

中天懸滿月，遍地照離心；
落葉隨閑步，風起夜沉沉。

「點點」描述的是落葉成堆，風起飄動，人生如寄的感觸：

搖落金風勁，長林點點秋；

成堆輕倏聚，作陣漫難收。
峰出樵尋易，枝空鳥宿愁；
每於飄動處，頓覺此生浮。

9

二〇〇一年一月十二日辜振甫回到台北，繼續養病，到三月一日首次前往海基會視察，接受新聞界的採訪。（聯合報，二〇〇一年三月二日，楊羽雯報導）辜振甫說：

在美國那一百多天，平均二十五天動一次手術，別人看我年紀這麼大，都說算了吧，別那麼累；但我的意志力還是很堅強，至今對生命沒有那麼悲觀，我要創造自己的人生。

辜振甫不但與生命之神搏鬥，也與冰冷的情勢搏鬥。他強調，兩岸九二年達成的共識，是「一個中國各自以口頭表述」，而非「堅持一個中國原則」，兩岸應理性、正確地回到事實，雙方才有對話的基礎。

他希望兩岸當局應在上半年創造契機重啓對話，促使雙方關係正常化。如果身體健康許可，他願意「再去大陸跑跑」，和海協會汪道涵先生談談。

辜振甫說，九三年辜汪會談時，他曾向汪道涵表示，雙方制度不同，生活方式也不一樣，我方建議各自以口頭聲明方式，把有關「一個中國」爭議擱置，希望透過經貿、文化交流，慢慢走下去，總有一天可以形成「政治融合」，當時對方不置可否。九八年汪道涵提出的八十六字對於「一個中國」含意的談話中提到，「世界上只有一個中國，目前尚未統一」，兩岸要「平等協商，共議統一」。

辜振甫認爲：「『一個中國』的問題，一定要坐下來面對面談，畢竟兩岸所追求的是不同的『一個中國』。陳總統所宣示的『統合論』，也需要雙方共同思考『從什麼開始統』，歐洲的例子很值得借鏡，兩岸從經濟、文化開始融合是可行的方向。」

畢竟事與願違，民進黨政府忙於鞏固政權，雖然釋放善意，從二〇〇二年元旦起試辦金門馬祖「小三通」，允許金馬居民與廈門、馬尾居民進行海上直航，互相往來，後來也擴大適用範圍，同意台商經由「小三通」管道往來兩岸。陳水扁也呼籲兩岸領導人見面，畢竟大陸方面對民進黨政府還在觀察階段，尚未建立互信，辜汪兩人也無法見面。

歲月催人老，辜振甫在二〇〇五（九四）年一月三日清晨病逝，享年八十九歲，病榻中仍然不忘兩岸事務。海基會創會秘書長陳長文去探病時，辜振甫談的全是對兩岸事務的關心，隻字不提私人的事。

陸委會前主委蔡英文說，辜振甫代表兩岸間一份感情、一種期待和一個可能性，辜汪兩老的聯繫，是兩個相互尊敬的人之間的接觸，辜老過世，對兩岸關係有絕對的影響，後繼者必須加倍努力。（聯合報，二〇〇五年一月四日，羅嘉薇、陳一雄報導）

蔡英文回憶說，辜振甫是台灣人共同的資產，他總是能在針鋒相對的情況下占對手上風，又不會讓對手感覺被冒犯。九八年她隨辜振甫訪大陸，在一場餐會上，國台辦主任想吃台灣豆腐，只見辜振甫不急不徐站起來，很有禮貌地讓對方把話吞回去，談判功力之高，已至爐火純青的地步。

汪道涵今年九十歲，已經休養了一年，接獲辜振甫去世的消息，非常悲痛，這或許是朋友相知特有的感受吧。汪道涵在唁電中說：

振甫先生致力於兩岸關係凡一十四年，夙慕屈平詞賦，常懷國家統一，私志公益，每與道涵相契。辜汪會談，兩度執手；九二共識，一生然諾。而今風颯木蕭，青史零落，滬上之晤，竟成永訣。天若有情，亦有憾焉。

陳水扁總統當天下午前往靈堂向辜老的遺孀致意，並推崇辜老一生功在國家，深爲國人所敬重，也爲國際社會所推崇，賢者驟逝是國家重大的損失。

國民黨主席連戰對於辜振甫的辭世感到十分難過，他推崇辜老「溫文儒雅、博學多聞、雍容大度」，長年對國家及經濟發展有重大貢獻。（中國時報，二〇〇五年一月四日）

陸委會主委吳釗燮說，辜老成功開啓兩岸協商的時代，陸委會對於辜振甫的貢獻表達最高度的肯定。政府推動台海兩岸和平的努力，不會因爲辜老過世而有所挫折，政府會持續推展辜振甫生前所努力推動的兩岸協商項目。雖然「辜汪會」已成爲絕響，但我方邀請汪道涵來台的意願不變。

10

二〇〇五年二月一日，大陸方面委派國台辦副主任兼海協會副會長孫亞夫、海協會秘書長李亞飛、綜合部主任馬曉光前來台北，代表汪先生向辜夫人致意，並參加二月二日的追思會。這是一九九九年七月以來，海協會人員第一次來到台北，表達了兩岸在善意互信的情況下，仍有互相尊重的空間。

追思會當天，陳總統致詞說，二〇〇四年年底的一個晚上，是他最後一次與辜老見面，辜老念念不忘的是與好友汪老再見面。

陳水扁說，兩岸僵局猶如一齣戲，終有落幕之時，重要的是兩岸領導人能否發揮智慧，以全新的思維與格局，共同面對和處理兩岸未來的問題，而留下一個漂亮的背影。

陳總統肯定「辜汪會談」所展現的「存異求同」精神。他說，雖然「辜汪再會」已經不可能，我們仍然歡迎海協會會長汪道涵先生來台灣走走看看。

陸委會副主委邱太三則說，如果汪道涵願意來，考量其身體狀況，我方願意安排專機接送。（聯合報，二〇〇五年二月三日，羅嘉薇報導）

辜老的去世，爲兩岸搭起了善意的舞台。大陸國台辦副主任孫亞夫、海協會秘書長李亞飛，在參加辜老的追思會後，曾與陸委會副主委兼海基會副董事長、秘書長劉德勳、副秘書長詹志宏，在國父紀念館短暫會晤。據報導，雙方曾就「九二共識」與「九二會談」的涵義交換意見。

消息人士說，海協會方面指出，所謂「九二共識」，就是雙方各自以口頭表述堅持一個中國原則。海基會則表示，「九二共識」的概念是模糊的，不確定的，連辜振甫都認爲不精確，但陳水扁總統提出的「九二香港會談」，包括其內容與過程，都是客觀存在的事實，有具體過程可檢驗。（聯合報，二〇〇五年二月三日，羅嘉薇報導）

孫亞夫則說，他會將此行「聽到的、看到的、體會到的」，回到上海後向汪會長彙報。

辜振甫的遺憾，就是不能再爲兩岸關係的和平穩定貢獻一份心力，辜老去後，爲兩岸官方搭建了會面的機會與舞台，不知能否因此而觸發兩岸的復談契機？

勁寒梅香，薰得春暖。但知春意發，誰識歲寒心？

附錄一 海基會、海協會簡介

【台灣海基會簡介】

一、成立經過

依據「國家統一綱領」的構想，成立總統府國家統一委員會（國統會）、行政院大陸委員會（陸委會）、財團法人海峽交流基金會（海基會），以處理兩岸事務。海基會於一九九〇（七十九）年二月獲准設立，十一月由政府與民間共同籌設完成，十一月二十一日舉行捐助人會議、第一屆董監事會第一次會議，通過組織章程，推選辜振甫爲董事長。一九九一年二月八日獲陸委會准予設立，三月九日正式掛牌運作。

二、組織架構

董監事會設董事四十三人、監事六人，秘書長一人、副秘書長一至三人、主任秘書一人，另設文化服務處、經貿服務處、法律服務處、旅行服務處、綜合服務處、秘書處（會計室、人事室後來獨立設置）。

董事長任期三年，辜振甫從創會的第一任起，連任五任，於二〇〇五年一月三日凌晨去世。副董事長三人，歷任副董事長有陳長文、許勝發、邱進益、謝森中、焦仁和、許惠祐、張俊宏。

秘書長由董事長提名，經董監事會議通過後正式任命，任期三年。歷任秘書長有陳長文、陳榮傑、邱進益、焦仁和、許惠祐、現任秘書長劉德勳（陸委會副主委兼任）。

副秘書長一至三人，由秘書長提請董事長任命，歷任副秘書長有石齊平、李慶平、許惠祐、張良任、吳新興，現任副秘書長詹志宏（陸委會主秘兼任）、顏萬進。

主任秘書在焦仁和秘書長任內增設，歷任主任秘書有吳恕、周繼祥、黃玉霖，現任主秘林淑閔。

文化處負責處理兩岸教育、文化、科技、學術等交流事務。歷任處長有周逸衡、朱榮智、歐陽聖恩，現任處長孫起明。

經貿處負責兩岸經貿交流、糾紛調處、經貿諮詢服務等業務，設有兩岸經貿網站、出版兩岸經貿月刊。歷任處長有張宗麟、潘憲榮，現任處長廖運源。

法律處負責兩岸法律事務談判之規劃與執行、兩岸法律之研究，另設法律服務中心、中區服務處、南區服務處，處理兩岸文書驗證、法律諮詢等服務工作。歷任法律處長有許惠祐、林貴美、游瑞德、謝福源、林淑閔，現任處長何武良。

旅行處負責處理兩岸旅行、糾紛調處、偷渡遣返等有關業務，歷任處長有歐陽聖恩、張全聲、潘憲榮，現任處長劉克鑫。

綜合處負責處理新聞聯繫等有關業務，出版《交流》中英對照雙月刊，辦理海基會網站。歷任處長有張全聲、孫起明，現任處長林昭燦。

秘書處負責總務、秘書等業務。歷任處長有歐陽聖恩、趙淦成、吳恕、潘憲榮、廖運源，現任處長徐建。

人事、會計主任由陳耀煌兼任。

海基會總機：(02)2718-7373

地址：台北市民生東路三段一五八號十七樓。

【大陸海協會簡介】

一、成立經過

大陸國務院對台事務辦公室於一九九一年十二月十六日成立「海峽兩岸關係協會」（海協會），通過協會章程，設立理事會，聘任理事七十三人、會長一人、常務副會長一人、副會長若干人、秘書長一人。另設研究部、經濟部、秘書部、協調部、綜合部、聯絡部六個部門。附屬單位有：海峽旅行社、台灣事務法律諮詢中心、海峽兩岸關係研究中心、兩岸關係雜誌社。

二、組織架構

海協會會長汪道涵，自一九九一年創會起連任至今。

常務副會長唐樹備，已屆齡退休。現任常務副會長李炳才（國台辦常務副主任兼任）。

副會長三人，曾任副會長的有鄒哲開、張金成、劉震濤，現任副會長爲孫亞夫（國台辦副主任兼任）。

秘書長一人，歷任秘書長有鄒哲開、張金成，現任秘書長李亞飛。

副秘書長若干人，歷任副秘書長有劉剛奇、趙正豫、李亞飛、孫亞夫、楊曉明、張曉布。現任副秘書長王小兵。

專員的職位高於各部，曾任專員的有：徐志勤、許家現、林家森、王鐵良、沈智煥、王福生。

秘書部負責後勤業務。
協調部負責與台灣海基會、台灣各界人士赴大陸訪問的聯絡與接待。
聯絡部（原諮詢部），負責提供法律、經貿等服務諮詢業務。
研究部負責研究對台政策與談判。
綜合部專責對台談判。
經濟部負責台商聯絡與服務、以及促進兩岸經貿的業務。
海協會地址：北京市宣武區廣安門南街6-1號。
電話：86-10-8353-6622

附錄二

兩岸關係大事記

一九一二（民國元年）
一、一　中華民國開國元年元旦。

一九四九（三十八年）
十、一　中國共產黨在北京成立中華人民共和國。
十二、七　國民政府遷台，兩岸時代開始。

一九七二（六十一年）
二、廿七　美國總統尼克森訪問北京，簽署「上海公報」。

一九七八（六十七年）
十二、十六　美國總統卡特訪問北京，發表「建交公報」。

一九七九（六十八年）
一、一　美國與中華人民共和國建交，中共「人大常委會」發表「告台灣同胞書」，提議兩岸商談結束軍事對峙狀態。
四、四　蔣經國總統提出「不談判、不接觸、不妥協」的「三不」政策。

一九八一（七十年）
九、三十　中共「人大」委員長葉劍英發表「葉九條」，提出實現「和平統一」的九條方針政策。
一九八二（七十一年）
四、二　國民黨「十二全」通過以「三民主義統一中國」政策。
八、十七　美國總統雷根訪問北京，中共與美國發表「八一七公報」。
一九八三（七十二年）
六、廿六　中共領導人鄧小平提出「兩岸和平統一」的構想。
一九八四（七十三年）
六、廿三　鄧小平提出「一個國家、兩種制度」政策。
一九八七（七十六年）
十一、二　台灣開放民衆赴大陸探親，進入兩岸人民交流時期。
一九八八（七十七年）
七、七　中共國務院公布「關於鼓勵台灣同胞投資」的二十二條規定。
八、十八　行政院成立任務編組的「大陸工作會報」，協調處理有關大陸事務。
一九九〇（七十九年）
六、廿九　台灣召開「國是會議」，與會人士主張「兩岸功能性交流從寬、政治談判從嚴」，並建議成立專責機關和民間性質的中介團體處理兩岸關係。
九、十二　兩岸紅十字會在金門簽訂「金門協議」，作爲雙方處理遣返違反有關規定進入對方地區人民、刑事犯、嫌疑犯的依據。（六章，3節）

十、七　總統府成立「國家統一委員會」，研訂「國家統一綱領」。

十一、廿一　海基會舉行第一次董監事會議，推舉辜振甫擔任董事長、陳長文、許勝發為副董事長，並由陳長文兼任秘書長。（一章）

一九九一（八十年）

一、三十　行政院大陸委員會成立。

二、十九　陸委會許可「財團法人海峽交流基金會」（海基會）設立。

二、廿三　國統會通過「國家統一綱領」。（一章）

三、九　海基會正式掛牌運作。（一章）

三、十四　行政院院會通過「國家統一綱領」，成為政府大陸政策最高指導原則。

四、廿八　海基會秘書長陳長文率領海基會代表團第一次訪問大陸。（二章）

五、一　台灣宣告終止動員戡亂時期。

六、七　中共中央台辦發表「六七談話」。

十一、三　海基會代表團第二次訪問大陸，討論兩岸協商共同打擊海上犯罪之程序性問題及其他相關問題。（五章，2節）

十二、十六　大陸海峽兩岸關係協會（海協會）成立，汪道涵擔任會長、唐樹備擔任常任副會長。（五章，3節）

一九九二（八十一年）

一、八　海協會函邀海基會董事長、副董事長、或秘書長率團訪問大陸、就加強雙方聯繫與合作事宜交換意見。

二、十三　海基會秘書長陳長文辭職，專任副董事長。（六章）

二、廿四　海基會副秘書長陳榮傑升任秘書長。（七章）

三、廿二　海基會海協會在北京第一次協商「兩岸公文書查證」及「兩岸掛號信函查詢補償」問題。（八章）

八、一　國統會通過關於「一個中國」的涵義說明。（五章，4節）

八、四　大陸海協會會長汪道涵，來函邀請海基會董事長辜振甫會晤，就當前經濟發展及雙方會務、交流等問題交換意見。

八、廿二　辜振甫回函接受汪道涵邀請，建議在新加坡會晤。

十、廿七　海基會與海協會在香港會談「兩岸文書驗證」等問題，並討論有關「一個中國」的十三種表述方式，未獲結論。海基會最後建議「各自以口頭表述一個中國」問題，此即「香港九二會談」。（九章）

十一、三　海協會副秘書長孫亞夫電告海基會秘書長陳榮傑，接受海基會的建議，雙方各自以口頭表述「一個中國」原則。（九章）

十一、十六　海協會致函海基會，充分尊重並接受建議，「兩會各自口頭聲明的方式表述一個中國原則」，並表示在兩岸事務性商談中，不涉及「一個中國」的政治涵義。（九章）

一九九三（八十二年）

一、三十　海基會秘書長陳榮傑辭職，副秘書長石齊平代理秘書長。（十章）

三、十二　總統府副秘書長邱進益轉任海基會副董事長兼秘書長。（十一章）

三、廿六　海基會海協會在北京協商「兩岸文書查證」及「掛號信函遺失查詢補償」問題，獲致協議。（十二章）

四、七　海基會副董事長邱進益與海協會副會長唐樹備，在北京舉行「辜汪會談預備性磋商」，草簽「兩岸文書查證」、「兩岸掛號信函遺失查詢補償」兩項協議，並在四月十日達成七點共識。（十三章）

四、廿三　邱進益與唐樹備在新加坡舉行「辜汪會談」第二次預備性磋商。

四、廿七　海基會董事長辜振甫與海協會會長汪道涵，在新加坡舉行「辜汪會談」，討論建立兩會聯繫會談制度等問題，達成共識。（十五章）

四、廿九　辜振甫與汪道涵簽署「兩岸公證書查證」、「兩岸掛號信函遺失查詢補償」、「兩會聯繫及會談制度」、「辜汪會談共同協議」四項協議。（十五章）

八、廿九　辜汪會談後續第一次事務性會談在北京舉行，討論「偷渡人員遣返」、「兩岸漁事糾紛處理」等問題，至九月二日結束。（十八章）

八、卅一　中共發表「台灣問題與中國統一」白皮書。

九、十六　陸委會發表對中共「台灣問題與中國統一」白皮書的回應聲明：「只有『中國問題』，沒有『台灣問題』。」

十一、二　辜汪會談後續第二次事務性商談在廈門舉行，討論「偷渡人員遣返」、「劫機犯遣返」、「漁事糾紛處理」、及兩會會務人員入出境便利通關等問題，雙方仍有歧見，至七日結束。（十九章）

十二、二　海基會副董事長兼秘書長邱進益辭職，陸委會副主委焦仁和接任。（廿章）

十二、十九　辜汪會談後續第三次事務性商談在台北舉行，討論「偷渡人員遣返」、「劫機犯遣返」、「漁事糾紛處理」等協議，仍有爭議。（廿一章）

一九九四（八十三年）

二、一　海基會副董事長焦仁和與海協會常務副會長唐樹備，在北京舉行第一次「焦唐會談」，至五日結束，發表「共同新聞稿」，達成五項共識。（廿二章）

三、五　中共「人大」通過「台灣同胞投資保護法」。

三、廿五　辜汪會談後續第四次事務性商談在北京舉行，繼續討論「偷渡人員遣返」、「劫機犯遣返」、「漁事糾紛處理」等協議，雙方爭議再起，至三十一日結束。（廿三章）

三、卅一　「千島湖事件」發生，二十四位台灣旅行團旅客搭乘遊艇「海瑞號」，在浙江千島湖被殺害，導致兩岸交流暫停。

五、八　海基會副秘書長許惠祐率領「千島湖事件」罹難家屬代表、專家、及海基會人員共二十二人，前往杭州聽取案情說明，提出問題，了解眞相，至十四日返回台北。（廿三章，6節）

六、十二　大陸審判三名「千島湖事件」的兇嫌，並迅速處決結案。

七、五　陸委會公布大陸政策白皮書「台海兩岸關係說明書」。

七、三十　辜汪會談後續第五次事務性商談在台北舉行，討論「偷渡人員遣返」、「劫機犯遣返」、「漁事糾紛處理」等協議，未能達成共識。（廿四章）

八、四　海協會常務副會長唐樹備來台，與海基會副董事長焦仁和舉行第二次「焦唐會談」，至七日達成八項共識，八日簽署「共同新聞稿」。（廿四章）

十一、廿一　辜汪會談後續第六次事務性商談在南京舉行，雙方繼續討論「偷渡人員遣返」、「劫機犯遣返」、「漁事糾紛處理」三項協議的條文，對刑事犯遣返「準用條款」、漁事糾紛調處規則、公務船試行和解等問題，尚有爭議，會

談至廿八日結束。（廿五章）

十二、十三　經建會主委蕭萬長主張規劃境外航運轉運中心，以貨物不通關的方式，擴大兩岸間的實質往來。

一九九五（八十四年）

一、廿二　第三次「焦唐會談」在北京舉行，同時交叉進行辜汪會談後續第七次事務性商談，至廿四日雙方對「劫機犯遣返」、「偷渡人員遣返」兩項協議達成共識，但對「漁事糾紛處理」協議中的「一方水域」公務船活動範圍與功能條款，無法達成共識，三項協議遂無法同時草簽。（廿六章）

一、三十　中共總書記江澤民在春節前夕發表談話，對兩岸統一問題提出八點主張（俗稱「江八點」）。

四、八　李登輝總統於國統會發表談話，對「江八點」提出六項回應（俗稱「李六條」）。

五、廿七　海基會副董事長焦仁和與海協會常務副會長唐樹備，在台北舉行第二次辜汪會談預備性磋商，至二十九日結束，雙方達成共識，預定七月二十日起在北京舉行第二次辜汪會談，討論八項議題。（廿七章）

六、七　李登輝總統赴美國康乃爾大學訪問，發表演說，至十二日返台。

六、十六　海協會來函推遲第二次辜汪會談，並取消與定六月底舉行的第二次預備性磋商。

七、廿一　中共在東海舉行飛彈發射演習，至廿八日結束。

七、廿三　中共新華社開始發表一連串批評李登輝總統的文章。

八、十五 中共在東海進行導彈炮火實彈射擊演習，至廿五日結束。

十、廿四 「台港航權談判」達成協議，雙方民航界代表簽署協議，自十二月三十日起生效。（廿七章，4節）

美國總統柯林頓在北京與中共領導人江澤民舉行「柯江會談」，達成以「三個公報」原則處理台海問題的共識。

十一、廿五 中共新華社宣布，「南京軍區」在閩南沿海舉行的三軍聯合登陸演習已結束。

一九九六（八十五年）

三、五 中共宣布，將於三月八日至十五日，在基隆正東二十至四十浬、高雄正西三十至五十浬海域內，進行地對地導彈發射訓練。

三、八 中共對基隆外海、高雄外海發射三枚飛彈。

三、十 美國宣布，「獨立號」、「尼米茲號」兩個航空母艦戰鬥群將前往台海附近，確保台海情勢不會失控。

三、十二 共軍在廈門至汕頭一帶進行海空實彈演習。

三、十三 中共在高雄外海發射第四枚飛彈。

三、十八 共軍在福建平潭附近海面進行陸空聯合演習。

四、廿九 辜汪會談三週年，海基會去函海協會，建議恢復兩會會談。

四、三十 海協會回函拒絕恢復辜汪會談及制度化協商。

五、二十 李登輝總統在就職演說中，提到兩岸隔海分治及追求國家統一的目標。

六、廿六 中共領導人江澤民在西班牙接受訪問說，兩岸和平統一談判，可以在「一個中國」原則下，就正式結束敵對狀態，進行談判，並歡迎台灣領導人以適當身分到大陸訪問。

七、三 海基會函告海協會詢問有關兩會董監事組團互訪的意見。

七、五 海協會回函，未拒絕兩會董監事互訪的提議。

八、廿一 中共發布「台灣海峽兩岸間航運管理辦法」。

十二、廿三 國家發展會議在台北舉行，對兩岸關係議題達成三十六項共識。

一九九七（八十六年）

三、十二 行政院長連戰宣示，不排斥兩岸直接會談。

四、廿六 總統府正式成立國家發展諮詢會議，分設憲政體制、兩岸關係、經濟發展三個小組。

五、二 海基會副秘書長張良任、與香港船東會主席趙世光，在香港商談「九七後台港海運」問題，對船舶懸旗問題未能達成協議。（廿八章）

五、廿四 第二次「台港海運會談」在台北舉行，雙方達成主桅桿暫不懸旗的共識，並簽署「台港海運商談紀要」。

六、十六 海基會與海協會確認「台港海運商談紀要」，完成換文手續。

七、一 香港主權由英國移交中共接管，終止英國一五六年的殖民統治。海基會董事長辜振甫夫婦應邀觀禮。

十一、六 海協會來函邀請海基會副董事長焦仁和，率董監事赴大陸參加經貿研討會，並到廈門、上海、北京參訪。

十一、七 海基會回函海協會，建議由董事長辜振甫率團訪問大陸，並願會晤有關人士，也歡迎海協會來訪。

十一、十一　海協會因焦仁和不能應邀往訪，宣布取消廈門經貿研討會。

一九九八（八十七年）

一、十九　海基會致函海協會，促其回應有關辜董事長訪問大陸之事。

二、四　海基會副董事長兼秘書長焦仁和升任僑務委員會委員長，國民黨秘書處主任許惠祐接任海基會副董事長兼秘書長。（廿九章，8節）

二、廿四　海協會回函，願意協商安排兩會交流事宜。

三、五　海基會函告海協會，將由會務負責人率團訪問大陸，磋商兩會交流與辜董事長往訪等事宜。（三十章）

三、十一　海協會來函邀請海基會適當層級人員率經貿或文教人士往訪。

四、廿六　海基會副秘書長詹志宏率團前往北京，與海協會副秘書長李亞飛商談有關辜董事長率團往訪事宜。

七、廿六　海協會副秘書長率「北京市中小學校外教育考察團」來台，並與海基會副秘書長詹志宏磋商辜董事長赴大陸訪問事宜。

九、廿二　海基會副董事長許惠祐前往北京，與海協會常務副會長唐樹備磋商辜董事長往訪事宜。

十、十四　海基會董事長辜振甫率團訪問上海，與海協會會長汪道涵在上海和平飯店舉行第一場會談。（三十章）

十、十五　辜董事長與汪會長在上海新錦江飯店舉行第二場會談，達成邀請汪會長訪台等四項共識。

十、十八　海基會董事長辜振甫率團，上午會見中共副總理錢其琛，下午會見中共領導人江澤民，進行「建設性對話」，十九日率團經東京返回台北。

一九九九（八十八年）

三、十七　海協會副秘書長李亞飛來台，與海基會副秘書長詹志宏磋商有關汪道涵訪台事宜。

六、廿七　海基會副秘書長詹志宏前往北京，磋商有關海協會會長汪道涵訪台事宜。

七、九　李登輝總統接受「德國之聲」記者訪問說，「兩岸是國與國，至少是特殊的國與國關係」，而不是一合法政府、一叛亂團體，或一中央政府、一地方政府的「一個中國」內部關係。

七、二十　李登輝總統對國際扶輪社社員說，提出兩岸關係定位在「特殊國與國關係」之主要考量，是爲兩岸即將展開的政治談判尋求新的定位。

九、十三　海協會常務副會長唐樹備說，汪道涵會長原訂秋天訪台，如今因爲「兩國論」，已不便成行。海協會因此斷絕與海基會的往來。

二〇〇〇（八十九年）

五、二十　陳水扁總統在就職演說中，提出「四不一沒有」，表示：「只要中共無意對台動武，本人保證在任期之內，不會宣布獨立、不會更改國號、不會推動兩國論入憲、不會推動改變現狀的統獨公投、也沒有廢除國統綱領和國統會的問題。」

二〇〇四（九十三年）

五、十七　中共國台辦發表「五一七聲明」，提出五個「決不」：「堅持一個中國原則的立場決不妥協，爭取和平談判的努力決不放棄，與台灣同胞共謀兩岸和平發展的誠意決不改變，堅決捍衛國家主權和領土完整的意志決不動搖，對台獨決不容忍」。

五、二十　陳水扁總統在連任就職演說中說：「公元兩千年五二〇就職演說所揭櫫的原則和承諾，過去四年沒有改變，未來四年也不會改變。」（三十章，10節）

海基會副董事長兼秘書長許惠祐升任行政院海巡署署長，陸委會副主委劉德勳兼任海基會副董事長兼秘書長，陸委會主任秘書詹志宏兼任海基會副秘書長。（卅一章）

二〇〇五（九十四年）

一、三　海基會董事長辜振甫因病去世，享年八十九歲。海協會會長汪道涵發表唁電悼念。（卅二章）

一、十五　兩岸航空業者與民航局代表，在澳門協商春節台商包機事宜，獲得共識，在「對等、中途不落地」的原則下，兩岸六家航空業者在一月廿九日至二月廿日春節期間，飛行台商春節包機四十多個班次。（廿八章，7節）

一、十九　大陸中國民航等包機，自北京、上海、廣州往返台北、高雄，台灣長榮、中華航空等春節台商包機往返北京、上海、廣州三地，載運台商返鄉過年。

二、二　海基會故董事長辜振甫先生追思會，在台北市國父紀念館舉行，海協會副會長孫亞夫、秘書長李亞飛等，代表汪道涵會長前來致意，並與海基會副董事長兼秘書長劉德勳、副秘書長詹志宏短暫交談有關「一個中國」原則問題。

二、二十　陳水扁總統邀請汪道涵會長來台灣走走看看。春節台商包機結束行程。

二、廿四　陳水扁總統與親民黨主席宋楚瑜在台北國賓館舉行會談，達成十項結論，並發表聯合聲明，對現階段兩岸關係的做法達成共識，陳總統並重申「四不一沒有」。(附錄三)

三、四　中共國家主席胡錦濤發表對現階段兩岸新形勢的四點看法，對「扁宋會」十點結論有所回應。(附錄三)

三、八　中共全國人代會副委員長王兆國向「人大」提出「反分裂國家法」草案。

三、十四　中共全國人大會議通過「反分裂國家法」，由國務院與中央軍委，針對台灣一旦發生法案明訂的三種狀況時，決定何時採取非和平的手段。(附錄三)

四、廿六　中國國民黨主席連戰率領國民黨代表團訪問大陸，成爲國民黨主席自一九四九年離開大陸以來第一次與共產黨在大陸見面的「和平之旅」。

四、廿九　新加坡辜汪會談簽署四項協議十二週年紀念。上午，連戰在北京大學發表演講，期許兩岸「堅持和平，互惠雙贏」。下午三時，連戰與中共總書記胡錦濤在人民大會堂會面，達成發表兩岸共同發展和平願景的新聞公報，將共同促進兩岸談判，平等協商，建立互信機制，黨對黨對話平台，兩岸經濟合作等共識。(附錄四)

五、五　親民黨主席宋楚瑜在「扁宋會」十點共識的基礎上，應邀率領親民黨代表團訪問大陸。

五、十二　宋楚瑜與中共總書記胡錦濤會面，爲兩岸恢復制度化往來鋪路。(附錄四)

附錄三 「反分裂國家法」、「扁宋會十項結論」、與「胡四點」

【中共制定「反分裂國家法」】

中共在二〇〇五年三月八日正式提出「反分裂國家法」（草案），並於三月十三日在分組審查中修正若干條文，提經第十屆人大第三次會議三月十四日會議通過，完成立法程序。中共國家主席胡錦濤隨即簽署發布生效。

這項法案主張「透過台灣海峽兩岸平等的協商和談判，實現和平統一」（第七條），但是，原先規定針對「『台獨』分裂勢力以任何名義、任何方式造成台灣從中國分裂出去的事實，或者發生將會導致台灣從中國分裂出去的重大事變，或者和平統一的條件完全喪失，國家得採取非和平方式及其他必要措施，捍衛國家主權汗領土完整」（第八條），在海內外的嚴重關切下，分組審查將「和平統一的條件完全喪失」，修改爲「和平統一的可能性完全喪失」。

原來第九條規定授權中共國務院、中央軍委決定何時採取非和平方式及其他必要措施，分組審查將第八條與第九條合併，並將第二款修改爲「依照前款規定採取非和平方式及其他必要措施，由國務院、中央軍事委員會決定和組織實施，並及時向全國人民代表大會常務委員會報告」，取消了授權的字樣。

第二條的「一中三段論」也有修改，原先條文說是「台灣是中國的一部分」，現在改為「大陸與台灣同屬一個中國」。

中共制定這項法案，已經引起台灣、美國政府與其他國家的嚴重關切，若無幕後或公開的協調與溝通，勢必對兩岸關係的穩定發展造成重大的影響。

茲將中共制定的「反分裂國家法」全文條列於後，以供關心兩岸局勢的讀者們與研究者參考：

「反分裂國家法」

第一條　為了反對和遏制「台獨」分裂勢力分裂國家，促進祖國和平統一，維護台灣海峽地區和平穩定，維護國家主權和領土完整，維護中華民族的基本利益，根據憲法，制定本法。

第二條　世界上只有一個中國，大陸和台灣同屬一個中國，中國的主權和領土完整不容分割。維護國家主權和領土完整是包括台灣同胞在內的全中國人民的共同義務。

台灣是中國的一部分。國家絕不允許「台獨」分裂勢力以任何名義、任何方式把台灣從中國分裂出去。

第三條　台灣問題是中國內戰的遺留問題。解決台灣問題，實現祖國統一，是中國的內部事務，不受任何外國勢力的干涉。

第四條　完成統一祖國的大業是包括台灣同胞在內的全中國人民的神聖職責。

第五條　堅持一個中國原則，是實現祖國和平統一的基礎。以和平方式實現祖國統一，最符合台灣海峽兩岸同胞的根本利益。國家以最大的誠意，盡最大的努力，實現和平統一。國家和平統一後，台灣可以實行不同於大陸的制度，高度自治。

第六條　國家採取下列措施，維護台灣海峽地區和平穩定，發展兩岸關係：

㈠鼓勵和推動兩岸人員往來，增進了解，增強互信；

㈡鼓勵和推動兩岸經濟交流與合作，直接通郵、通航、通商，密切兩岸經濟關係，互利互惠；

㈢鼓勵和推動兩岸教育、科技、文化、衛生、體育交流，共同弘揚中華文化的優秀傳統；

㈣鼓勵和推動兩岸共同打擊犯罪；

㈤鼓勵和推動有利於維護台灣海峽地區和平穩定、發展兩岸關係的其他活動。國家依法保護台灣同胞的權利和利益。

第七條　國家主張透過台灣海峽兩岸平等的協商和談判，實現和平統一。協商和談判可以有步驟、分階段進行，方式可以靈活多樣。台灣海峽兩岸可以就下列事項進行協商和談判：

㈠正式結束兩岸敵對狀態；

㈡發展兩岸關係的規劃；

㈢和平統一的步驟和安排；

㈣台灣當局的政治地位；

㈤台灣地區在國際上與其地位相適應的活動空間；

㈥與實現和平統一有關的其他任何問題。

第八條　「台獨」分裂勢力以任何名義、任何方式造成台灣從中國分裂出去的事實，或者發生將會導致台灣從中國分裂出去的重大事變，或者和平統一的可能性完全喪失，國家得採取非和平方式及其他必要措施，捍衛國家主權和領土完整。

依照前款規定採取非和平方式及其他必要措施，由國務院、中央軍事委員會決定和組織實施，並及時向全國人民代表大會常務委員會報告。

第九條　依照本法規定採取非和平方式及其他必要措施並組織實施時，國家盡最大可能保護台灣平民和在台灣的外國人的生命財產安全和其他正當權益，減少損失；同時，國家依法保護台灣同胞在中國其他地區的權利和利益。

第十條　本法自公布之日起施行。

【台灣「扁宋會」十項結論】

陳水扁總統領導的台灣民進黨政府，在二〇〇四年十二月的立法委員選舉中，所得國會席位未能超過半數，乃決定採取與在野黨派和解策略，化解政黨嚴重對立的狀態。透過幕僚人員的溝通與協商，促成了陳水扁總統與親民黨主席宋楚瑜在二〇〇五年二月二十四日舉行會談。「扁宋會」在台北賓館舉行，經過兩個多小時的討論，達成十項結論，並簽署聯合聲明，確認現階段兩岸關係的最高原則，應爲遵守憲法、維持現狀，共創和平，在兩岸和平的前提下，陳水扁總統承諾，在任期之內堅守「四不一沒有」的承諾：「不會宣布獨立、也不會更改國號、不會推動兩國論入憲、不會推動改變現狀的統獨公投、也沒有廢除國統綱領和國統會的問題」。「扁宋會」的十項結論，對兩岸關係的良性發展、和台灣內部嚴重對立的緩和，具有重大的意義。茲將這項重要文獻轉錄如下：

「扁宋會十點結論」全文

為了維護中華民國的整體國家利益、並確保台灣人民追求自由、民主、和平與繁榮的權利、台海之間的永久和平以及兩岸關係的正常化，是當前必須嚴肅面對並且要儘速解決的重大課題，朝野應超越各自黨派的立場，以宏觀前瞻的歷史角度，共同思考包括兩岸和平、國防安全和族群和諧等重要議題，對此，陳總統與宋楚瑜一致認為，必須透過朝野協商與對話，積極凝聚國家發展的共識、才能為台灣前途開創一個安定的新局。

雙方經坦誠溝通，達成以下十點的共同結論，包括：

一、依照中華民國憲法所揭櫫的國家定位，即為兩岸目前在事實和法理上的現況，此一中華民國主權現況，必須受到兩岸和國際的承認和尊重。

二、現階段的兩岸關係的最高原則，應為遵守憲法、維持現況、共創和平，在兩岸和平的前提下，陳總統承諾，在其任期之內，不會宣佈獨立、也不會更改國號、不會推動兩國論入憲、不會推動改變現況的統獨公投、也沒有廢除國統綱領和國統會的問題，宋楚瑜對此表示同意與支持。

三、為提升國家整體的競爭力與政府管理的效能，有必要凝聚朝野共識、進行憲政改革，陳總統和宋楚瑜共同承諾，憲政改革的推動不涉及國家主權、領土及台海現況的改變，並依憲法所規定的程序進行修改。

四、武力威脅或壓縮台灣的國際空間，均不利於兩岸關係的改善，為促成兩岸關係的正常化，並建立一個和平穩定的互動架構，雙方將凝聚朝野共識，共同推動有關兩岸和平的機制與法制化。

五、加強推動兩岸經貿、文化與學術等交流，並以春節包機成功的模式，透過與對岸的協商與談判，逐步推動貨運便捷化，乃至於全面三通。經發會召開至今已超過三年，對影響產業發展及國家整體競爭力的管制，將儘速予以檢討和修正，以落實生根台灣、佈局全球的經發會共識。

六、任何台海現況的改變，必須獲得二千三百萬台灣人民的同意，並在兩岸善意的基礎上，不排除兩岸之間未來發展任何關係模式的可能。

七、台灣必須要有足夠的國防力量，才能確保台海的和平，未來將在國家安全、台海穩定、區域和平的戰略目標下，全面充實符合我國國防戰備所需的武器裝備。

八、無意與對岸進行武器軍備競賽，以緩和台海緊張情勢，並積極推動兩岸軍事緩衝區及建構台海軍事安全互信機制。

九、依照憲法民族平等的精神，任何對族群具有歧視或攻擊性的語言和行為，均應受到法律制裁和約束，雙方將共同推動保障族群權益及促進族群和諧、平等的基礎法制。

十、陳總統與宋楚瑜均承諾，致力於消弭族群對立、積極促進族群的和諧與團結，政府並應在經濟、社會、教育、文化和考試領域，確保各族群享有公平的權利與地位。

我們一致主張，兩岸問題的解決，應重視台灣優先的原則，兩岸的未來，應由兩岸人民共同以智慧來協調解決，朝野都應以更大的包容和愛心，尊重不同黨派與族群的主張和理念，才能以更大的智慧來突破朝野的對立和兩岸僵局。

我們堅信沒有不能解決的衝突、也沒有不能化解的仇恨，更沒有不能消弭的歷史恩怨，只有真正走出五十年來政治的陰霾，國家整體發展才會有嶄新的機會。

陳總統及宋主席在本次會談中均坦誠交換意見，充分溝通，並一致認為針對未來國家發展及民眾利益迫切相關的重大議題，將持續進行對話與協商，以提升全民整體的共同福祉。

【中共國家主席胡錦濤發表四點原則】

中共國家主席胡錦濤，在二〇〇五年三月四日會見參加政協會議的民革、台盟、台聯的委員時，以「新形勢下發展兩岸關係」爲題，發表四點意見（簡稱「胡四點」）。

「胡四點」

一、堅持一個中國原則決不動搖。

二、爭取和平統一的努力決不放棄。

三、貫徹寄希望於台灣人民的方針決不改變。

四、反對「台獨」分裂活動決不妥協。

胡錦濤曾提到台海緊張局勢「出現了某些緩和的跡象」，一般認爲是指台灣「扁宋會」發表的十項聲明而言，因此，「胡四點」可能是對「扁宋會」的正面回應。

胡錦濤也希望台北履行扁宋共同聲明所重申的「四不一沒有」承諾、和不透過憲改進行「台灣法理獨立」的承諾，並回到九二共識，從而恢復兩岸談判。（中央社，三月四日報導）

中共新華社也在三月五日發表評論說，胡錦濤表示，只要台灣當局承認九二共識，兩岸即可復談，而且什麼問題都可以談，只要承認一中，無論何人、何黨，也無論他們說過、做過什麼，中共都願意和他們談如何發展兩岸關係與和平統一。

新華社這篇文章指出，胡錦濤此言，「既是對一貫政策的強調與重申，又是對新形勢下發展兩岸關係的新宣示、新闡述」，對「解決台灣問題」將起重要指導作用。

然而，由於中共全國人大會議在三月十四日通過「反分裂國家法」，對兩岸關係造成衝擊，可能必須等待雙方有所溝通協調後，兩岸制度化的協商談判、或進一步的協商貨運直航，才可能恢復。

附錄四

突破兩岸僵局的和平與搭橋之旅

【連戰的「和平之旅」與「連胡會談」】

國民黨主席連戰，應中共總書記胡錦濤的邀請，率領國民黨代表團，於二〇〇五年四月廿六日啓程訪問南京、北京、西安、上海，進行八天七夜的「和平之旅」。

四月二十九日，新加坡「辜汪會談」簽署四項協議十二週年的這一天，連戰與胡錦濤的會談，以及雙方發表的「新聞公報」，不僅突破國共兩黨領導人六十年來不見面對話的歷史紀錄，也爲兩岸未來的對話協商，初步達成五項共識：㈠促進儘速恢復兩岸談判，共謀兩岸福祉。㈡促進終止敵對狀態，達成和平協議。㈢促進兩岸經濟全面交流，建立兩岸經濟合作機制。㈣促進協商台灣民衆關心的參與國際活動的問題。㈤建立黨對黨定期溝通平台。

「連胡會」的共識受到國內外的重視。美國總統布希除了肯定這是一次「突破歷史」之旅，也與胡錦濤通話，希望促成兩岸領導人見面對話。中國時報在四月二十九日所做的民意調查也發現，五成的受訪者認爲「連胡會」對兩岸關係有正面影響，五成四的民衆不認爲連戰有出賣台灣利益的嫌疑。以下是「連胡會談」新聞公報：「兩岸和平發展共同願景」全文：

應中國共產黨中央委員會總書記胡錦濤邀請，中國國民黨主席連戰率國民黨大陸訪問團，於二〇〇五年四月二十六日至五月三日訪問大陸。這是國共兩黨一次重要的交流與對話。在兩黨「正視現實，開創未來」的共同體認下，四月二十九日，連主席與胡總書記在北京舉行會談。雙方就促進兩岸關係改善和發展的重大問題及兩黨交往事宜，廣泛而深入地交換了意見。這是六十年來國共兩黨主要領導人首次會談，具有重大的歷史和現實意義。四月二十八日，中共中央政治局常委賈慶林會見了國民黨訪問團全體成員，兩黨工作機構負責人進行了工作會談。

基於兩黨對促進兩岸關係和平穩定發展的承諾和對人民利益的關切，連主席與胡總書記決定共同發佈「兩岸和平發展共同願景」。全文如下：

五十六年來，兩岸在不同的道路上，發展出不同的社會制度與生活方式，十多年前，雙方本著善意，在求同存異的基礎上，開啟協商、對話與民間交流，讓兩岸關係充滿和平的希望與合作的生機。但近年來，兩岸互信基礎迭遭破壞，兩岸關係形勢持續惡化。目前兩岸關係正處在歷史發展的關鍵點上，兩岸不應陷入對抗的惡性循環，而應步入合作的良性循環，共同謀求兩岸關係和平穩定發展的機會，互信互助、再造和平雙贏的新局面，為中華民族實現光明燦爛的願景。

兩黨共同體認到：

—堅持「九二共識」，反對「台獨」，謀求台海和平穩定，促進兩岸關係發展，維護兩岸同胞利益，是兩黨的共同主張。

—促進兩岸同胞的交流與往來，共同發揚中華文化，有助於消弭隔閡，增進互信，累積共識。

—和平與發展是二十一世紀的潮流，兩岸關係和平發展符合兩岸同胞的共同利益，也符合亞太地區和世界的利益。

兩黨基於上述體認，共同促進以下工作：

一、促進儘速恢復兩岸談判，共謀兩岸人民福祉

促進兩岸在「九二共識」的基礎上儘速恢復平等協商，就雙方共同關心和各自關心的問題進行討論，推進兩岸關係良性健康發展。

二、促進終止敵對狀態，達成和平協議

促進正式結束兩岸敵對狀態，達成和平協議，建構兩岸關係和平穩定發展的架構，包括建立軍事互信機制，避免兩岸軍事衝突。

三、促進兩岸經濟全面交流，建立兩岸經濟合作機制

促進兩岸展開全面的經濟合作，建立密切的經貿合作關係，包括全面、直接、雙向「三通」，開放海空直航，加強投資與貿易的往來與保障，進行農漁業合作，解決台灣農產品在大陸的銷售問題，改善交流秩序，共同打擊犯罪，進而建立穩定的經濟合作機制，並促進恢復兩岸協商後優先討論兩岸共同市場問題。

四、促進協商台灣民眾關心的參與國際活動的問題

促進恢復兩岸協商後，討論台灣民眾關心的參與國際活動的問題，包括優先討論參與世界衛生組織活動的問題。雙方共同努力，創造條件，逐步尋求最終解決辦法。

五、建立黨對黨定期溝通平台

建立兩黨定期溝通平台，包括開展不同層級的黨務人員互訪，進行有關改善兩岸關係議題的研討，舉行有關兩岸同胞切身利益議題的磋商，邀請各界人士參加，組織商討密切兩岸交流

的措施等。

兩黨希望，這次訪問及會談的成果，有助於增進兩岸同胞的福祉，開闢兩岸關係新的前景，開創中華民族的未來。

【宋楚瑜的「搭橋之旅」與「宋胡會談」】

親民黨主席宋楚瑜，在中國共產黨總書記胡錦濤的邀請下，於二〇〇五年五月五日至十三日率領親民黨代表團前往大陸西安、南京、上海、長沙、北京訪問，並於五月十二日與胡錦濤舉行會談，達成六點共識，雙方發表會談公報，全文如下：

親民黨主席宋楚瑜應中國共產黨中央委員會總書記胡錦濤的邀請，於二〇〇五年五月五日至十三日率親民黨大陸訪問團正式訪問大陸。這是親民黨與中國共產黨之間首次進行的兩黨交流對話，具有重要意義。五月十二日，宋主席與胡總書記在北京舉行正式會談，雙方就促進兩岸關係改善與發展的重大問題及兩黨交往事宜，坦誠、深入地交換了意見。五月十一日，中共中央政治局常委、書記處書記曾慶紅會見了親民黨訪問團全體成員。

兩黨認為，當前兩岸關係發展正處於重要關鍵時刻，兩黨應共同努力，促進兩岸關係的緩和，謀求台海地區和平穩定，增進兩岸人民福祉，維護中華民族的整體利益。

一、促進在「九二共識」基礎上，儘速恢復兩岸平等談判。

一九九二年兩岸達成的共識應受到尊重（一九九二年兩會口頭表述原文：海基會表述─「在海峽兩岸共同努力謀求國家統一的過程中，雙方雖均堅持一個中國的原則，但對於一個中國的涵義，認知各有不同」；海協表述─「海峽兩岸均堅持一個中國原則，努力謀求國家統一，但在兩岸事務性商談中，不涉及一個中國的政治含義」。）

在前述兩岸各自表明均堅持一個中國原則，即「九二共識」（「兩岸一中」）的基礎上，儘速恢復兩岸平等協商談判，相互尊重、求同存異，務實解決兩岸共同關心的重大議題。

二、堅決反對「台獨」，共謀台海和平與穩定。

「台獨」主張傷害兩岸人民情感，不利台灣與大陸發展正常的互利合作關係，更嚴重破壞台海及亞太地區的安全與穩定。雙方對任何推動「正名」、「公投制憲」等破壞台海現狀的「台獨」活動，均堅決反對。

希望台灣當局領導人切實履行二月二十四日重申的「四不一沒有」的承諾和不通過「憲改」進行「台灣法理獨立」的承諾。只要台灣沒有朝向「台獨」發展的任何可能性，才能有效避免台海軍事衝突。

三、推動結束兩岸敵對狀態，促進建立兩岸和平架構。

兩岸應通過協商談判正式結束敵對狀態，並期未來達成和平協議，建立兩岸軍事互信機制，共同維護台海和平與安全，確保兩岸關係和平穩定發展。

四、加強兩岸經貿交流，促進建立穩定的兩岸經貿合作機制。

兩岸合則兩利，分則兩害，通則雙贏。雙方願促進加強推動兩岸經貿等實質性交流；在互惠合作、創造雙贏的基礎上，開展兩岸關係良性互動。

—積極推動兩岸通航。促進以二〇〇五年春節包機成功的模式，實現客運包機節日化、常態化，並逐步推動貨運便捷化，逐步促成二〇〇六年開始全面、直接、雙向通航。

—促進實現兩岸直接貿易和直接通匯，進一步實現兩岸經貿關係正常化。

—促進兩岸恢復協商後，就建立兩岸貿易便利和自由化（兩岸自由貿易區）等長期、穩定的相關機制問題進行磋商。

—加強兩岸農業合作，擴大台商在農業領域的投資，增加台灣農產品在大陸的銷售。大陸方面提供通關、檢驗、檢疫便利和部分農產品(水果)零關稅等優惠待遇,以協助解決台灣水果豐收季節之滯銷問題。台灣方面落實農產品(水果)的直接運輸。

—促進實現兩岸企業雙向直接投資。推動兩岸銀行、保險、證券、運輸、醫療等服務業的具體合作。促進兩岸展開全面經濟交流,進而建立穩定的經貿合作機制。

—促進兩岸在互惠互利基礎上商談解決保護台商投資權益的問題;商談處理避免對台商雙重課稅的問題。

—擴大兩岸民間交往,為兩岸人員往來提供便利。大陸方面進一步簡化台灣同胞往來大陸的入出境手續。

—大陸方面儘快實施在大陸就學的台灣學生與大陸學生同等收費標準、並爭取於年內設立台灣學生獎學金。

—擴大兩岸人才交流。大陸方面逐步放寬政策,鼓勵和促進台灣同胞在大陸就業。

五、促進協商台灣民眾關心的參與國際活動的問題。

促進恢復兩岸平等協商後,討論台灣民眾關心的參與國際活動的問題,包括優先討論參與世界衛生組織(WHO)活動的相關問題。雙方共同努力,求同存異,逐步尋求最終解決辦法。

六、推動建立「兩岸民間菁英論壇」及台商服務機制。

匯集兩岸專家學者及各界傑出青年之智慧與經驗,籌設「兩岸民間菁英論壇」,集思廣益,研討兩岸關係發展的各項政策性建議。雙方共同推動建立和完善為台商服務的機制。

兩黨相信,兩岸關係和平穩定發展,符合兩岸人民的共同利益,也符合亞太地區和全球的利益。兩黨領導人的會談成果,將有助於增進彼此互信,對促進兩岸關係改善與發展產生重要的積極影響。兩黨願為兩岸同胞福祉和中華民族整體發展共同努力。

台灣海基會的故事 ／ 方鵬程著. -- 初版. --
臺北市：臺灣商務, 2005[民 94]
面： 公分.

ISBN 957-05-1970-3（平裝）

1. 海峽交流基金會 2. 兩岸關係

573.09 94007457

台灣海基會的故事

定價新臺幣 550 元

著 作 者 方 鵬 程
責任編輯 李俊男
美術設計 吳郁婷
校對人員 楊福臨
發 行 人 王 學 哲
出 版 者
印 刷 所 臺灣商務印書館股份有限公司
臺北市 10036 重慶南路 1 段 37 號
電話：(02)23116118 · 23115538
傳眞：(02)23710274 · 23701091
讀者服務專線：0800056196
E-mail：cptw@ms12.hinet.net
網址：www.cptw.com.tw
郵政劃撥：0000165 — 1 號
出版事業登記證：局版北市業字第 993 號

· 2005 年 6 月初版第一次印刷

ISBN 957-05-1970-3（平裝） 43348010

廣 告 回 信
台灣北區郵政管理局登記證
第 6 5 4 0 號

100臺北市重慶南路一段37號

臺灣商務印書館 收

對摺寄回，謝謝！

傳統現代 並翼而翔

Flying with the wings of tradition and modernity.

讀者回函卡

感謝您對本館的支持，爲加強對您的服務，請填妥此卡，免付郵資寄回，可隨時收到本館最新出版訊息，及享受各種優惠。

姓名：________________________ 性別：□男 □女

出生日期：_____年_____月_____日

職業：□學生 □公務（含軍警） □家管 □服務 □金融 □製造

□資訊 □大眾傳播 □自由業 □農漁牧 □退休 □其他

學歷：□高中以下（含高中） □大專 □研究所（含以上）

地址：□□□ ____________________________________

____

電話：（H）____________________ （O）____________________

E-mail: ____________________________________

購買書名：____________________________________

您從何處得知本書？

□書店 □報紙廣告 □報紙專欄 □雜誌廣告 □DM廣告

□傳單 □親友介紹 □電視廣播 □其他

您對本書的意見？（A/滿意 B/尚可 C/需改進）

內容_______ 編輯_______ 校對_______ 翻譯_______

封面設計_______ 價格_______ 其他_______

您的建議：

____

____

____

臺灣商務印書館

台北市重慶南路一段三十七號 電話：（02）23116118・23115538

讀者服務專線：0800056196 傳眞：（02）23710274・23701091

郵撥：0000165-1號 E-mail：cptw@ms12.hinet.net

網址：www.cptw.com.tw